Le Moyen-Orient au 20e siècle

Chez le même Éditeur

Ageron (Ch.-R.)	*La guerre d'Algérie et les Algériens.*
Ageron (Ch.-R.), Meyer (J.) (sous la direction de)	*Histoire de la France coloniale.* T. 1 : *De 1600 à 1914*, 1991. T. 2: *De 1914 à nos jours*, 1994.
Audouin-Rouzeau (S.)	*1870, la France dans la guerre.*
Barbier (F.)	*Finance et politique.*
Bloch (M.)	*Apologie pour l'Histoire, ou métier d'historien.*
Bloch (M.)	*Les caractères originaux de l'histoire rurale française.*
Bloch (M.)	*Histoire et historiens.*
Bloch (M.)	*Écrits de guerre (1914-1918).*
Bloch (M.)	*La terre et le paysan.*
Caron (J.-Cl.)	*Générations romantiques.*
Dalloz (J.)	*La France et le monde depuis 1945.*
Delfante	*Grande histoire de la ville, de la Mésopotamie aux États-Unis.*
Duroselle	*Tout empire périra.*
Girault (R.), Frank (R.)	*Histoire des relations internationales contemporaines* t. 1 : *Diplomatie européenne, Nations et impérialismes (1871-1914)* t. 2 : *Turbulente Europe et nouveaux mondes (1914-1941).*
Grinberg (I.) (sous la dir.),	*Industrialisation et société. Le cas de l'aluminium.*
Heffer (J.)	*Les États-Unis de 1945 à nos jours.*
Kastoryano (R.)	*La France, l'Allemagne et leurs immigrés.*
Lacroix-Riz (A.)	*Le Vatican, l'Europe et le Reich.*
Laran (M.), Van Regemorter (J.-L.)	*La Russie et l'ex-URSS de 1914 à nos jours.*
Laurens (H.)	*Paix et guerre au Moyen-Orient. L'Orient arabe et le monde de 1945 à nos jours.*
Laurens (H.)	*Le Royaume impossible. La France et la genèse du monde arabe.*
Laurens (H.)	*L'Orient arabe. Arabisme et islamisme de 1798 à 1945.*
Miller (M. B.)	*Au bon marché (1869-1920).*
Miquel (A.)	*L'Islam et sa civilisation, 1991* (6e éd.).
Nouailhat (P.)	*Les États-Unis et le monde au* XX*e siècle.*
Nouschi (A.)	*Pétrole et relations internationales depuis 1945.*
Nouschi (A.)	*La Méditerranée au* XX*e siècle.*
Nouschi (M.)	Le XXe siècle.
Renouvin (P.), Duroselle (J.-B.)	*Introduction à l'histoire des relations internationales.*
Rivière d'Arc (H.)	*L'Amérique du Sud aux* XIX*e et* XX*e siècles.*
Vaisse (M.)	*Les relations internationales depuis 1945.*

Vincent Cloarec • Henry Laurens

Le Moyen-Orient au 20e siècle

Armand Colin

Collection U • Histoire Contemporaine

NB : Les astérisques renvoient aux termes développés dans la rubrique Clés et repères, en fin d'ouvrage.

Illustration de couverture :
Tank israélien en position d'observation
à Tulkarem, 2002.
Ph © Levine Heidi/Sipa Press

ISBN : 978-2-2002-6614-1

Armand Colin • 21, rue du Montparnasse • 75006 Paris

SOMMAIRE

Chapitre 1

Le Moyen-Orient au début du 20e siècle

LE MOYEN-ORIENT ou *Middle East* est une expression qui apparaît au début du XXe siècle. Il désigne alors la zone comprise entre les Indes et le Proche-Orient (le littoral méditerranéen des Balkans à l'Égypte), c'est-à-dire la région de la Péninsule arabique et du Golfe. Cette définition correspond avant tout à des conceptions géopolitiques et non géographiques. Les Britanniques, en utilisant ce terme, conçoivent une zone d'influence nouvelle entre l'Égypte et les Indes. L'absence de définition géographique claire explique la grande plasticité du terme. Pour la doctrine Eisenhower*, il s'agit seulement des États arabes du Moyen-Orient. Pour l'ONU, il faut y intégrer l'Iran, l'Afghanistan et l'Éthiopie mais pas le Soudan. L'historien Jacques Thobie propose une définition plus extensible encore, incluant la Turquie et la Somalie.

De toute évidence, l'expression est fonction de celui qui l'utilise et de ses vues géopolitiques. Elle demeure très floue bien que toutes les définitions excluent l'Afrique du Nord. Pour des raisons de compréhension du sujet, nous renverrons le plus souvent la définition du Moyen-Orient à une expression géographique, l'Orient arabe. Celui-ci désigne tous les États arabes de l'Orient, à savoir les pays dit du « croissant fertile »* (Irak, Syrie, Liban, Israël et Palestine), les pays de la Péninsule arabique (Arabie saoudite, Yémen du Nord, Yémen du Sud, Oman, Qatar, les Émirats arabes unis, Bahrein et le Koweit) et les pays de la vallée septentrionale du Nil (Égypte et Soudan). Les historiens et géographes arabes utilisent le terme *Mashriq* (Orient) pour désigner cette région, par opposition au *Maghrib* ou Maghreb (Occident). Ce manuel n'abordera donc pas l'histoire de certains pays dits du Moyen-Orient tels que la Turquie ou l'Iran, sauf si l'évolution de ces derniers agit sur les pays arabes.

1 SOCIÉTÉS ET TERRITOIRES AU MOYEN-ORIENT AU DÉBUT DU SIÈCLE

1.1. La composition ethnique du Moyen-Orient

1.1.1. Les Arabes

Les Arabes constituent la très grande majorité de la population de la région. Une vision classique amalgame Arabes et musulmans. Or les Arabes ne sont pas tous musulmans et les musulmans ne sont pas tous Arabes. Ces derniers ne représentent que le quart de la population islamique mondiale. On ne peut pas non plus parler de race arabe tant les brassages de population ont marqué la région.

Les Arabes sont originaires de la Péninsule arabique et du désert syro-mésopotamien. Ils sont de souche sémitique, tout comme les Hébreux ou les Berbères. Leur existence est attestée au IXe avant J.-C. Les premiers écrits arabes apparaissent au IIIe siècle après J.-C.

Les Arabes se définissent d'abord par leur langue et par leur généalogie. Est Arabe celui qui descend d'un ancêtre venant de la Péninsule. Avec l'apparition de l'Islam, les Arabes essaiment dans l'ensemble du Moyen-Orient et de l'Afrique du Nord. Les populations locales sont rapidement arabisées. Elles adoptent la langue arabe et se fabriquent des généalogies fictives. L'arabité, ou le sentiment d'être Arabe, réunit donc tous les arabophones. Il faut y ajouter une volonté individuelle ou collective d'être Arabe. Les Maltais parlent arabe mais ne se considèrent pas comme Arabes.

1.1.2. Les Turcs

Les Turcs apparaissent dans la région au IXe siècle après J.-C. Ce sont des mercenaires au service du Califat abbasside de Bagdad. Au XIe siècle, les Turcs se mettent au service du Sultanat seljoukide d'Iran. Ils constituent ainsi en Orient de véritables aristocraties militaires. Les régions arabes ne sont toutefois pas turquifiées, la langue et la culture arabes demeurant prédominantes. À partir du XIe siècle, les Turcs entreprennent la conquête de l'Anatolie pour le compte des Seljoukides. Cette conquête entraîne l'islamisation et la turquification des populations de la région. Au XIIIe siècle, fuyant les invasions mongoles, une nouvelle vague turque arrive en Anatolie.

Les Turcs entreprennent alors la conquête de l'Empire byzantin. Ils s'emparent des Dardanelles, passent en Europe et conquièrent la Thrace au début du XIVe siècle. Constantinople tombe aux mains des Turcs en 1453. Au début du XVIe siècle, ces derniers complètent leur dispositif de conquêtes en s'emparant de l'ensemble de l'Orient arabe puis de l'Afrique du Nord. La souveraineté ottomane s'établit sur les Arabes jusqu'au XXe siècle.

Les régions arabes ont été fortement marquées par la présence turque mais les Ottomans n'ont jamais entrepris de colonisation de peuplement. Il existe toutefois aujourd'hui quelques populations de souche turque dans l'Orient arabe : les Circassiens, originaires du Caucase, vivent encore en Syrie et en Jordanie ; les Turcomans constituent en Irak une minorité de 500 000 personnes.

1.1.3. Les Kurdes

Les Kurdes apparaissent plusieurs siècles avant J.-C. Contrairement aux Turcs, ils se sont installés dans certaines régions arabes. Ils parlent une langue indo-européenne. Ils habitent les régions montagneuses aux confins de l'Iran, de l'Irak et de la Turquie. On trouve également quelques Kurdes dans le Caucase et en Syrie. Ils représentent en Irak près de 40 % de la population, essentiellement concentrés dans le nord du pays. Les estimations démographiques totales tournent autour de dix millions.

Tout en conservant une identité ethnique distincte, certains Kurdes sont arabisés. Ils appartiennent à une confession islamique relevant du sunnisme. On compte en Irak également quelques tribus kurdes chrétiennes.

1.1.4. Les Arméniens

Les Arméniens seraient apparus autour du VIIe siècle avant J.-C. Leur origine est mal connue. Au début de l'ère chrétienne, ils habitent les régions anatoliennes entre la mer Noire et les lacs de Van et d'Ourmia. Les Arméniens sont chrétiens. Le premier royaume chrétien remonte au IVe siècle. Leur position géographique en fait une zone de passage des différentes invasions. Les Arméniens perdent leur indépendance à l'époque byzantine ou à la suite de la progression des Turcs.

Au début du siècle, ils sont sous la souveraineté ottomane. Leurs zones de peuplement sont distinctes de celles des Arabes. Toutefois, le génocide de 1915 entraîne une fuite des Arméniens vers les régions arabes, essentiellement en Syrie et au Liban. Dans ce dernier pays, ils forment une communauté reconnue politiquement et ayant ses propres députés au Parlement.

1.2. Une mosaïque religieuse

1.2.1. L'Islam sunnite majoritaire

L'Islam sunnite est celui qui se réclame de la *Sunna*, c'est-à-dire la tradition. Cette dernière est détenue par les textes sacrés, le Coran et les *hadith* (paroles rapportées) du Prophète Mahomet. La légitimité religieuse de ce dernier est, pour le sunnisme, fondamentale. Le sunnisme, très nettement majoritaire dans l'ensemble des pays de l'Orient arabe, est partagé entre quatre rites plus ou moins rigoureux.

Depuis les débuts de l'Islam, le sunnisme est un instrument de légitimité des pouvoirs en place. Garants de l'orthodoxie, ces derniers y voient un moyen de cimenter des populations aux pratiques sociales variées et aux allégeances incertaines. En ce sens, les différentes autorités en Islam ont très souvent étouffé toute floraison intellectuelle et philosophique se détachant de l'orthodoxie et châtier les dissidences religieuses de l'Islam.

1.2.2. Les minorités musulmanes

Comme nous venons de le voir, le pouvoir politique se porte garant de la stricte orthodoxie de l'Islam et de l'unité du monde des croyants. Toute déviation est donc condamnée et interdite. Les hérésies et schismes en Islam doivent donc se cacher pour continuer d'exister. Aucun statut ne leur est reconnu. Les principales minorités musulmanes sont :

– Les chi'ites : ils forment la plus importante minorité islamique dans l'Orient arabe. Les chiites se trouvent au Yémen (chi'isme dit zaydite). Les duodécimains (attendant le retour du douzième Imam) sont à Bahrein, en Irak (60 % de la population arabe) et au Liban (30 % de la population). Les lieux saints du chi'isme sont les villes de Najaf et Kerbala, dans le sud de l'Irak, mais le centre d'impulsion du chi'isme est avant tout l'Iran où le chi'isme est religion d'État depuis le XVIe siècle. En marge du chi'isme existe également une communauté d'Ismaéliens (ou chi'ites septimains) vivant essentiellement en Syrie. Le chi'isme respecte la tradition et les textes sacrés comme le sunnisme, mais il s'écarte de ce dernier par sa conception du pouvoir. Il ne reconnaît de légitimité qu'à Ali, gendre et fils adoptif de Mahomet et à la lignée des Imams qui lui ont succédé. L'affrontement entre partisans d'Ali et partisans de Mahomet aux VII-VIIIe siècles a entraîné le schisme. Un imam, descendant d'Ali et revêtu des pouvoirs divins, doit mener la communauté. Un nouvel imam doit lui succéder. Le chi'isme défend la croyance eschatologique au retour d'un imam caché, le septième imam pour les septimains, le douzième (disparu au XIe siècle) pour les duodécimains (Irak et Liban). Contrairement au sunnisme, le chi'isme est encadré par un important clergé. Les chefs du clergé sont les *ayatollah*, qui à partir du XIXe siècle revendiquent progressivement des pouvoirs analogues à ceux des Imams, en tant que délégués généraux de ces derniers.

- Les kharidjites ou ibadites : ils rejettent à la fois l'orthodoxie sunnite et la doctrine chi'ite. Le kharidjisme règne dans le sultanat d'Oman.
- Les wahhabites : le wahhabisme est fondé dans la Péninsule arabique durant la seconde moitié du XVIIIe siècle par Muhammad ibn Abd el-Wahhab. C'est une forme radicale et puritaine du sunnisme. Le principe absolu du wahhabisme est celui de l'unité divine. Il condamne comme association à Dieu toutes les pratiques religieuses populaires couramment admises en Islam (culte des saints, soufisme, culte des imams, etc.). Trouvant un certain écho dans le Nadj, le wahhabisme est finalement soutenu par Ibn Sa'ud, un des principaux chefs de clans de la région. Ibn Sa'ud se convertit à la doctrine wahhabite. La loi islamique est alors appliquée avec un rigorisme total et les peines islamiques le sont à la lettre. Le but d'Ibn Sa'ud est de répandre la prédication wahhabite. Aujourd'hui, le wahhabisme est la doctrine religieuse officielle de l'Arabie Saoudite et est pratiqué à Qatar. Longtemps rejeté comme hérétique, il est devenu une des références essentielles du sunnisme contemporain.
- Les alaouites : essentiellement en Syrie (10 % de la population), il s'agit d'une secte hétérodoxe issue du chi'isme. Le chef d'État syrien, Hafez el-Assad, est un Alaouite.
- Les druzes : ils représentent 6 % de la population libanaise et 3 % de la population syrienne. Il s'agit également d'une secte issue du chi'isme au XIe siècle pratiquant un ésotérisme syncrétique inaccessible au non-initié.

1.2.3. Les communautés non musulmanes

Si les minorités musulmanes sont brimées et combattues, les religions monothéistes concurrentes de l'Islam ont presque toujours été admises par les pouvoirs sunnites en place. En vertu de la loi islamique, les Gens du Livre (la Bible) sont protégés par les autorités officielles. Cette protection s'appelle la *Dhimma*. Elle impose en échange un impôt *per capita* aux chrétiens et aux Juifs, ainsi que le port d'un insigne, l'interdiction de monter à cheval ou de porter certains vêtements. Les Gens du Livre étaient exemptés du service militaire. L'Empire ottoman a laissé une grande liberté d'action à ces communautés, permettant à leurs chefs d'exercer un pouvoir autonome et de gérer librement leurs affaires intérieures. C'est ce qu'on appelle le système du *Millet* (ou communauté autonome).

- Les minorités chrétiennes : presque toutes arabisées au niveau de la langue et de la culture, elles sont présentes en Égypte avec les Coptes (8 % de la population), en Syrie (10 %), au Liban (45 %), en Irak (3 %) et en Palestine (9 %) pour les autres communautés chrétiennes : les maronites au Liban (rattachés à Rome), les Grecs-orthodoxes (rattaché au Patriarcat grec) et les Grecs-melkites (également rattachés à Rome). En Irak, on trouve encore quelques communautés chrétiennes non arabisées qui utilisent le syriaque comme langue : ce sont les assyriens.
- Les minorités juives : dans le passé, elles furent importantes en Égypte, au Yémen et en Irak où leur existence remontait à la période préislamique. Aujourd'hui, ces communautés ont été presque toutes expulsées et se sont réfugiées en Israël.

1.3. La gestion ottomane des populations et des espaces du Moyen-Orient

1.3.1. L'organisation administrative ottomane du Moyen-Orient

Depuis les conquêtes du XVIe siècle, l'ensemble du monde arabe est passé sous le contrôle de l'Empire ottoman. Le système administratif ottoman est celui d'un État centralisé autour d'un gouvernement appelé la Porte ou la Sublime Porte. Le gouvernement est nommé par le sultan, souverain de l'Empire. Le problème essentiel est celui de la distance géographique entre la capitale, Constantinople, et les provinces. La Porte a nommé dans ces dernières des gouverneurs, mais elle a constamment lutté contre les tendances autonomistes de ces derniers. Dans la seconde moitié du XIXe siècle, des réformes administratives ont été mises en œuvre par les autorités ottomanes, le plus souvent sur le modèle français. Dans les régions arabes, comme dans le reste de l'Empire, les territoires sont réorganisés en *vilayet* (équivalent d'une préfecture), eux-mêmes divisés en *sandjak*. Ce découpage administratif est doublé d'un découpage militaire. Ainsi, dans chaque *vilayet*, le gouverneur (appelé *vali*) est assisté d'un chef militaire (le *muchir*).

Au début du siècle, l'Orient arabe est organisé comme suit : trois *vilayet* syriens (Alep, Damas, Beyrouth) et trois *vilayet* mésopotamiens (Mossoul, Bagdad, Bassorah). Dans la zone syrienne, deux régions ont un statut à part. Le *sandjak* de Jérusalem, bien que sous-division administrative, ne dépend d'aucun *vilayet* mais directement de la Porte. Cette situation d'exception a été mise en place au milieu du XIXe siècle en raison de la tension internationale autour des Lieux-Saints* de la chrétienté, nécessitant un suivi direct de la zone par les autorités ottomanes. Le Mont-Liban (zone montagneuse dans l'arrière-pays de Beyrouth) possède un statut spécial d'autonomie, mis en place sous la pression des Européens en 1861. La région est administrée par un gouverneur (*mutassarif*) nommé directement par la Porte et obligatoirement de confession catholique. Il est assisté par un conseil administratif composé de représentants élus de toutes les confessions de la Montagne. Les Maronites y possèdent une majorité de sièges.

1.3.2. L'Égypte

Le statut de l'Égypte est particulier. Après les désordres politiques créés par l'expédition de Bonaparte, un gouverneur énergique, d'origine albanaise, Muhammad Ali, s'est imposé par la force. Celui-ci entend rapidement se rendre maître de l'ensemble des régions arabes et entre en conflit avec l'autorité ottomane. L'épreuve de force s'est achevée par le traité de Londres de 1841 qui accorde à l'Égypte un statut de province autonome, demeurant sous l'autorité formelle du Sultan. Le gouvernement du pays est reconnu héréditaire dans la famille de Muhammad Ali avec le titre de vice-roi. L'entourage des vice-rois n'est que faiblement composé d'Égyptiens de souche et reste avant tout turcophone. Les dirigeants égyptiens favorisent la modernisation du pays, sur un modèle emprunté en apparence à l'Europe. Le projet le plus éclatant est la construction du canal de Suez, inauguré en 1869. En 1866, la Porte a accordé aux vice-rois le titre de Khédive qu'ils conservent jusqu'en 1914. Ce titre fait du gouverneur de l'Égypte l'un des premiers fonctionnaires de l'Empire. À mesure que la dynastie khédiviale s'implante durablement dans le pays, la conscience nationale égyptienne se développe chez ses membres et de plus en plus de hauts fonctionnaires sont recrutés dans le pays. En revanche, le sentiment de l'arabité est très secondaire.

L'occupation militaire de l'Égypte par les Britanniques en 1882 ne modifie pas le statut administratif de l'Égypte. Officiellement, cette occupation est provisoire et le représentant de Londres en Égypte ne porte que le titre de consul. Le pays demeure officiellement suzerain du Sultan ottoman, même si dans la réalité, la Grande-Bretagne contrôle son avenir. La présence britannique a pour effet de renforcer le sentiment national égyptien. Au début du siècle se forment des partis nationalistes qui réclament le départ des Britanniques et l'instauration d'un régime constitutionnel et parlementaire en Égypte. La figure politique égyptienne la plus marquante à la veille de la guerre est celle de Saad Zaghloul*, membre dirigeant du *Parti national*. En 1914, la Grande-Bretagne établit une assemblée consultative en partie élue par des notables au suffrage indirect et dont les pouvoirs sont limités. Zaghloul en devient le vice-président.

1.3.3. La péninsule Arabique

Les régions arabes de la Péninsule sont demeurées, depuis la conquête du XVIe siècle, largement insoumises à l'autorité ottomane, à l'exception du Hedjaz, région nord-ouest de la Péninsule où se trouvent les villes saintes de l'Islam, La Mecque et Médine. Cette région est confiée à l'autorité d'un émir*, le chérif* de La Mecque. La construction des voies de communications modernes, à partir de la fin du XIXe siècle, permet à la Porte d'établir son autorité plus fermement dans la Péninsule. À partir des années 1870, l'ouverture du canal de Suez permet aux Ottomans de dépêcher des soldats dans la région. Au début du XXe siècle, la construction du chemin de fer du Hedjaz, reliant la capitale à Médine via Damas, complète le dispositif ottoman, tandis que le projet de chemin de fer de Bagdad doit permettre d'atteindre rapidement la partie orientale de la Péninsule. L'Empire rétablit ainsi son autorité au Yémen, bien que celui-ci soit l'objet de guérillas continuelles contre la présence militaire ottomane jusqu'en 1914. Les émirs locaux de la Péninsule sont investis du titre de gouverneurs en échange de la reconnaissance de la souveraineté ottomane. C'est le cas notamment de l'émir du Koweit.

Le fait le plus marquant de l'histoire de la Péninsule au tournant du siècle est l'émergence de la dynastie saoudienne. Cette dernière était parvenue à unifier l'Arabie centrale au XVIIIe siècle et à imposer son autorité sur les émirats du Golfe. Elle s'était servie du wahhabisme comme facteur d'unité et instrument de combat. Au cours du XIXe siècle, cette force politique a largement décliné. Au début du XXe siècle, ses principales positions ont été conquises par ses ennemis et ses membres se sont réfugiés au Koweit. C'est de ce pays que le jeune Ibn Sa'ud lance en 1901 un raid contre les ennemis de sa famille et parvient à reprendre la ville de Riyad. L'ambition d'Ibn Sa'ud est de reconstituer l'ancien État des Saoudiens. Pour parvenir à ses fins, il considère l'alliance avec la Grande-Bretagne comme impérative. Les premiers contacts sérieux sont pris en 1910 mais Londres reste sur sa réserve. Ibn Sa'ud remporte des succès militaires sur ses rivaux, y compris sur les forces ottomanes, mais, sans appui extérieur solide, doit reconnaître la souveraineté de la Porte sur la Péninsule. Pour contrecarrer les ambitions saoudiennes, l'autorité ottomane soutient l'émir du Hedjaz, le chérif Hussein. L'opposition entre ce dernier et Ibn Sa'ud marque l'histoire de la Péninsule jusqu'en 1924. En 1913, Ibn Sa'ud s'empare de la région côtière du *Hasa*, sur le golfe Persique. Cette région recèle des gisements pétroliers considérables mais alors insoupçonnés. Comme au XVIIIe siècle, la renaissance de l'État saoudien s'accompagne d'un renouveau de la prédication wahhabite. Les religieux tenants de cette secte regroupent les croyants dans des fraternités qui transcendent les appartenances tribales. Ces fraternités forment l'*Ikhwan*, force à la fois religieuse et militaire (les croyants sont également des combattants du *djihad*, la guerre sainte), qui devient rapidement le fer de lance de la politique expansionniste d'Ibn Sa'ud.

2 UNE RÉGION SOUS INFLUENCE OCCIDENTALE

2.1. La question d'Orient

2.1.1. Les Capitulations

Depuis le XVIe siècle, l'Empire ottoman a conclu des traités avec les principales puissances européennes. Ces traités portent le nom de Capitulations. Ils octroient à des pays européens des tarifs douaniers préférentiels et un droit de protection consulaire sur leurs ressortissants (ces derniers ne sont justiciables que des tribunaux de leur pays). Avec la montée en puissance de l'Europe, ces traités, concédés gracieusement par la Porte, deviennent au XIXe siècle des instruments de domination des puissances européennes. L'impossibilité pour la Porte de rectifier les tarifs douaniers entraîne la ruine de toute initiative industrielle locale et une dépendance croissante de l'Empire dans les importations de produits manufacturés européens. Par ailleurs, les Puissances parviennent à étendre les protections consulaires à des pans entiers de la population ottomane, essentiellement auprès des chrétiens et des Juifs. Les tribunaux consulaires, installés par les États européens dans l'Empire, deviennent tout puissants jusqu'à la veille de la guerre.

L'autorité de l'Empire ottoman ne s'exerce donc que très difficilement sur une grande partie de ses sujets, c'est-à-dire sur tous les « protégés » des puissances européennes. Comme ces protégés sont exemptés de l'impôt ottoman, l'Empire voit ses ressources fiscales décroître dangereusement tout au long du XIXe siècle. Les bénéfices des Capitulations sont complétés, à partir du milieu du XIXe siècle, par une grande offensive missionnaire. La Grande-Bretagne et les États-Unis tentent d'implanter le protestantisme dans l'Empire. L'Église catholique répond par l'envoi de missionnaires italiens et surtout français. La Russie tsariste étend son action sur les Chrétiens-orthodoxes. Les populations converties passent évidemment sous protection consulaire et les puissances européennes se constituent ainsi de véritables protectorats au sein de l'Empire.

2.1.2. La rivalité des puissances à la veille de la guerre

Cette percée européenne dans l'Empire a entraîné très rapidement des tensions entre les puissances. C'est de ce qu'on appelle la question d'Orient, c'est-à-dire le problème de l'avenir de l'Empire ottoman, et par extension de l'ensemble de l'Orient. Comme cette question voit surtout s'affronter les Européens, Arnold Toynbee a proposé en 1922 de parler de « question d'Occident ». La question d'Orient s'est cristallisée essentiellement autour de deux dossiers tout au long du XIXe siècle : les détroits et les lieux-saints. La Russie recherche pendant des décennies à forcer le passage des détroits du Bosphore et des Dardanelles afin de pouvoir faire passer sa flotte de guerre en Méditerranée. Elle convoite donc cette région qui, en outre, abrite la capitale de l'Empire. Championne de l'orthodoxie, la Russie ne verrait qu'avantage à restaurer cette religion dans l'ancienne capitale byzantine. À partir du milieu du XIXe siècle, l'offensive missionnaire européenne entraîne un regain d'intérêt pour la Terre Sainte, la région de Jérusalem. Les convoitises européennes se cristallisent dans cette région qui devient une véritable caisse de résonance internationale. En 1854, des heurts entre orthodoxes et catholiques à Jérusalem entraînent une crise internationale entre la Russie d'une part, la France et la Grande-Bretagne de l'autre, débouchant sur la guerre de Crimée. Jusqu'en 1914, cette guerre constitue le précédent dangereux qu'il faut à tout prix éviter.

À partir de la fin du XIXe siècle, deux nouvelles puissances sont entrées dans la question d'Orient, l'Allemagne et l'Italie, venant davantage encore compliquer le jeu diplomatique dans la région. Ne pouvant s'emparer d'une région de l'Empire sans déclencher immédiatement une crise internationale, chaque puissance cherche à préparer l'éventualité d'une disparition de l'Empire en établissant son influence sur une région. La Russie convoite l'Anatolie orientale et entend exercer une protection sur les Arméniens. L'Italie développe des vues sur les côtes méditerranéennes de l'Anatolie et s'empare de Rhodes en 1912. La France revendique un droit d'influence exclusif sur la Syrie. La Grande-Bretagne, qui possède Chypre depuis 1878 et occupe l'Égypte depuis 1882, cherche à établir son influence exclusive sur la Péninsule arabique et sur la Mésopotamie. L'Allemagne, enfin, revendique une influence économique sur l'Anatolie centrale mais développe aussi des visées sur le nord de la Syrie et sur la Mésopotamie.

Entre 1911 et 1913, des accords diplomatiques passés entre les puissances pour déterminer les concessions ferroviaires de chacune d'entre elles semblent devoir apaiser les tensions et il ne semble pas que la question d'Orient soit une des causes immédiates du déclenchement de la Première Guerre mondiale. Pour prix de son relèvement après les désastreuses guerres balkaniques, l'Empire ottoman octroie aux États européens des droits de construction et d'exploitation de lignes de chemins de fer dont les tracés correspondent aux zones respectivement convoitées par ceux-ci. Des accords bilatéraux règlent directement entre les puissances les litiges locaux. Ainsi, un accord franco-allemand en 1914 détermine les zones ferroviaires des deux puissances dans la Syrie du Nord. Grâce à ces accords, la question d'Orient est mise en veilleuse à la veille de la guerre.

2.1.3. La réponse orientale à l'ingérence européenne

Dès les premières ingérences européennes, l'Empire a tenté de réagir en adoptant des réformes sur le modèle européen. Cet emprunt à l'Occident est pensé en terme de survie. La réponse politique a été la mise en place de réformes administratives et institutionnelles. En 1876, l'Empire se dote d'une Constitution et d'un régime favorable à la remise en cause du pouvoir du Sultan. Mais dès 1878, le Sultan Abdul Hamid II* suspend la Constitution et rétablit un régime autocratique jusqu'à sa déposition en 1909.

Devant les ingérences européennes croissantes, les Ottomans ont également répondu par l'internationalisation des crises. Lorsqu'une puissance cherche à s'emparer d'une région de l'Empire, il n'est pas rare que la Porte incite une autre puissance à développer ses prétentions sur la même région, entraînant une crise qui finit par neutraliser les deux parties. Ainsi, en 1880, le Sultan parvient à éloigner la menace d'une mainmise de la Grande-Bretagne sur la Syrie en impliquant la France dans la question et en l'incitant à y développer son action.

Cette façon de procéder se retrouve à l'échelon provincial. Les populations qui constituent des clientèles protégées par différentes puissances défendent leurs privilèges vis-à-vis de la Porte en développant des revendications en faveur de l'occupation de la région par leur puissance tutélaire. C'est une manière de défendre leur position devant l'autorité ottomane mais rarement ces populations ne souhaitent l'installation d'une puissance européenne. Ces comportements sont particulièrement importants pour comprendre l'avenir du Moyen-Orient. Depuis le XIXe siècle, la dimension internationale et diplomatique de la région est concrètement perçue par les acteurs locaux et elle constitue un facteur de l'action politique de ceux-ci. On ne peut comprendre l'attitude des Arabes durant la guerre si l'on ne garde pas à l'esprit cette dimension.

2.2. La domination britannique ou la *pax britannica*

2.2.1. L'Égypte

En 1882, la flotte de guerre britannique est intervenue en Égypte pour mettre fin au mouvement révolutionnaire mené par un officier d'origine égyptienne, Urabi Pacha. Ce dernier est battu par des troupes débarquées à Tel el-Kebir le 13 septembre. Le Khédive s'est rallié aux Britanniques contre les révolutionnaires et a donc favorisé l'installation de ceux-ci dans le pays. Au début, Londres affirme que l'occupation sera provisoire, le temps de remettre de l'ordre dans l'administration et les finances égyptiennes, mais les affaires soudanaises donnent un prétexte à une installation durable. La prise de Khartoum par les mahdistes* en 1884 et la mort du héros britannique Gordon Pacha permettent aux Britanniques de justifier stratégiquement leur présence en Égypte. Ils installent progressivement des conseillers de la Métropole aux postes clés de l'administration. L'armée anglo-égyptienne est commandée par un officier britannique.

En 1892, le nouveau Khédive Abbas Hilmi II tente de s'affranchir davantage de la tutelle des Britanniques, mais sa marge de manœuvre est réduite. Les forces nationalistes égyptiennes, qui se développent à la fin du siècle, essayent de leur côté de jouer sur l'opposition entre la Grande-Bretagne et la France, cette dernière n'ayant jamais accepté l'occupation de l'Égypte par la première. En 1896, l'épisode de Fachoda renforce l'antagonisme franco-britannique dans la région. Par le système des capitulations égyptiennes, la France entrave l'action de Londres dans le pays et fait passer sous sa protection consulaire de nombreux responsables nationalistes. En 1904, l'Entente cordiale met fin à la tension entre les deux pays. Cet accord prive les nationalistes égyptiens du soutien français.

En 1906, une rixe entre militaires britanniques et paysans égyptiens dans le Delta provoque la mort de plusieurs soldats. Plusieurs paysans sont pendus ou condamnés à des peines de prison. L'émotion publique égyptienne est considérable. Devant les réactions internationales, Londres rappelle le consul d'Égypte, lord Cromer et le remplace par une personnalité plus libérale, Eldon Gorst. Ce dernier cherche à restreindre la présence britannique dans le pays. Mais cette politique est sans suite. Kitchener, successeur de Gorst en 1911, s'empresse d'adopter l'attitude inverse et mène une répression politique sévère contre les nationalistes égyptiens. Dans le même temps, Kitchener cherche à limiter l'influence du Khédive. Il établit en 1914 une assemblée représentative, sans grand pouvoir, mais destinée à limiter le pouvoir d'Abbas Hilmi II.

2.2.2. La route des Indes

La préoccupation stratégique essentielle des Britanniques au Moyen-Orient depuis le XIXe siècle est le contrôle de la route des Indes. Afin d'assurer ce contrôle, la Grande-Bretagne cherche à dominer l'espace entre la Méditerranée et l'océan Indien, c'est-à-dire la Péninsule arabique. Il ne s'agit pas pour Londres de s'emparer de la région. Les villes saintes de l'Islam doivent notamment demeurer sous le contrôle des musulmans car une occupation européenne de ces dernières entraînerait des troubles dans les possessions musulmanes de l'Empire britannique, notamment en Inde. La Grande-Bretagne établit donc une sorte de chasse gardée dans la Péninsule, interdisant ou entravant tout développement de l'influence d'une puissance rivale. Ainsi, la plupart des émirats côtiers sont passés sous une sorte de protectorat britannique. Ces émirats se sont engagés à ne pas traiter avec des étrangers sans l'autorisation du représentant britannique, le résident permanent. En retour, la Grande-Bretagne ne s'ingère pas dans les affaires intérieures de ces pays, sauf dans deux régions qu'elle considère stratégiquement utile, l'émirat du Koweit et celui de Muhammara à l'embouchure du Tigre et de l'Euphrate (*Shatt el-Arab*), dépendant théoriquement de la Perse. L'activité principale de ces émirats est le commerce maritime avec l'océan Indien et la pêche des perles.

La seule présence militaire britannique importante dans la région est à Aden, dans le sud du Yémen, où Londres dispose d'une base maritime depuis le XIXe siècle. Militaires et civils sont sous l'autorité du gouvernement de l'Inde. Les Britanniques s'intéressent peu en revanche à l'intérieur de la Péninsule. Les tentatives de certains agents pour étendre l'influence de leur pays dans l'intérieur sont systématiquement sanctionnées et c'est en raison de ces hésitations que l'on doit comprendre les réticences britanniques à conclure un accord avec Ibn Sa'ud avant la guerre.

2.2.3. Les visées syro-palestiniennes de Londres

En 1906 éclate une crise diplomatique entre la Porte et la Grande-Bretagne à propos du tracé de la nouvelle ligne de chemin de fer du Hedjaz. Les autorités ottomanes souhaitent créer un embranchement partant de la ligne Damas-Médine et rejoignant le port d'Akaba sur la mer Rouge. Pour la Grande-Bretagne, ce projet constitue une menace directe contre l'Égypte. La nouvelle ligne permettrait aux Ottomans d'acheminer vers le Sinaï des troupes importantes et de s'emparer rapidement du canal de Suez. À la suite d'une démonstration navale britannique, l'Empire ottoman abandonne le projet. Le secteur de Taba, à proximité d'Akaba, est intégré à l'Égypte. La conséquence diplomatique de cette crise est un rapprochement de la Porte avec l'Allemagne. Ainsi, en cas de guerre, celle-ci envisage une alliance avec les Ottomans qui lui permettrait de transférer des troupes au Moyen-Orient et de menacer la présence britannique en Égypte.

La Grande-Bretagne prend immédiatement conscience de cette menace pour ses intérêts dans la région. Pour parer ce danger, les stratèges britanniques considèrent dès 1907 que la Palestine doit être intégrée d'une manière ou d'une autre au système de défense impérial. En cas de guerre, la Grande-Bretagne débarquerait un corps expéditionnaire en Syrie (probablement dans la région d'Alexandrette) et soutiendrait un mouvement insurrectionnel arabe. Le consul d'Égypte Kitchener s'intéresse particulièrement à ce projet. Il établit des contacts avec les autonomistes arabes de Syrie et d'Égypte et il envisage le rattachement de la Syrie et de la Palestine à l'Égypte khédiviale. Abbas Hilmi II est séduit par ce projet et mène de son côté une action de propagande en Syrie. Ces régions demeureraient, bien entendu, sous étroit contrôle britannique et formeraient ainsi le glacis stratégique nécessaire à la protection du Sinaï et du canal de Suez.

2.3. L'influence française au Moyen-Orient

2.3.1. Le Protectorat catholique de la France en Orient

Bien que la France n'ait aucune présence directe au Moyen-Orient, son influence est considérable. Le premier instrument de celle-ci est le Protectorat catholique. Le Vatican n'ayant aucune relation diplomatique avec l'Empire ottoman, la France a obtenu au XVIIIe siècle l'exclusivité de la protection consulaire de tous les religieux catholiques envoyés par le Saint-Siège dans l'Empire à des fins missionnaires. La France a peu à peu tiré prétexte de ce privilège pour étendre sa protection à tous les catholiques orientaux, théoriquement sujets de la Porte, tels les Maronites ou les Melkites. Les chefs des communautés catholiques d'Orient, les patriarches, sont ainsi des protégés français et la Porte n'a que peu d'autorité sur eux. L'exemple le plus frappant est celui de la communauté maronite du Mont-Liban. La France républicaine et laïque a été le principal artisan de cette politique pro-catholique parce qu'elle permet au pays d'assurer son rang en Orient.

Les relations de la France avec les Maronites constituent un des outils majeurs du maintien de ce rang. Contrairement à une idée reçue, ces relations sont récentes et elles ne deviennent durablement positives qu'après l'expédition française de 1860 à Beyrouth en vue de protéger cette communauté des massacres perpétrés par les musulmans libanais. Le statut autonome accordé au Mont-Liban en 1861 a consacré l'influence décisive de la France sur cette région et fait des Maronites les clients de cette puissance. En revanche, la Porte est parvenue à interdire le poste de gouverneur du Mont-Liban à un catholique libanais. La France dispose toutefois d'un droit de regard sur le choix de ce dernier. Les membres catholiques du conseil administratif élu, chargé d'assister le gouverneur et de veiller à l'autonomie du Mont-Liban, sont également étroitement contrôlés par la France. Pour parfaire son influence sur le pays, la France entretient des relations solides avec l'influent clergé maronite, et notamment avec son chef le patriarche. À la veille de la guerre, la fonction patriarcale échoit à un prélat énergique, Mgr Houayek.

2.3.2. L'influence économique et culturelle

À côté de cet instrument traditionnel, la France a développé, depuis les années 1880, une influence économique et culturelle de premier ordre dans l'ensemble de l'Empire ottoman. Sur le plan économique, les Français ont créé de nombreuses entreprises, essentiellement dans le domaine des communications (chemins de fer, routes, ports) et des travaux publics. Ces sociétés portent des noms ottomans mais sont sous le contrôle des capitaux français. Dans le domaine financier, la France est la première créancière de la Porte. Elle dirige, avec la Grande-Bretagne, la puissante administration de la dette ottomane. Un important réseau bancaire français couvre par ailleurs l'ensemble du territoire de l'Empire. En 1914, les capitaux français représentent les deux tiers des capitaux étrangers placés en fonds publics ottomans.

Cette influence économique se double d'une influence culturelle. La France subventionne et soutient ainsi dans l'Empire un important réseau d'écoles et d'établissements charitables et médicaux. Paris apporte son aide aussi bien aux fondations religieuses qu'aux établissements laïques. Ces « œuvres morales », comme on les appelle alors, sont surtout présentes dans les grandes villes de l'Empire, telles Constantinople, Salonique, Smyrne, Beyrouth, Jérusalem, Le Caire, ou bien dans certaines régions d'élection comme le Mont-Liban. Par ce réseau, la France scolarise près de 90 000 enfants ottomans par an, essentiellement des non-musulmans et les enfants des notables et fonctionnaires ottomans locaux. La scolarisation se fait évidemment en français et contribue ainsi à étendre l'espace francophone à l'ensemble de l'Empire ottoman.

2.3.3. La France et la question syrienne

En raison de l'ampleur de ses intérêts économiques et culturels dans l'Empire, la France se pose en garante du maintien de l'intégrité de l'Empire ottoman depuis la fin du XIXe siècle. Bien entendu, si ce dernier venait, malgré elle, à disparaître, la France réclamera une zone d'influence ou un territoire sous son protectorat. Après avoir envisagé la région de Smyrne dans les années 1890, la France se tourne de plus en plus vers les régions syriennes. Celles-ci comprennent le Mont-Liban, les *vilayet* de Beyrouth, Damas et Alep, la région d'Alexandrette. Les responsables français sont partagés pour savoir s'il faut inclure dans le lot français la Palestine et les Lieux-Saints. Dans les années 1910, un groupe colonial en faveur de la prise de possession de la Syrie se constitue dans l'entourage parlementaire et gouvernemental.

Bien que refusant toute idée d'occupation de la Syrie, la France s'oppose systématiquement à toute velléité analogue de la part d'une autre puissance européenne. Les projets britanniques en direction de la Syrie sont très mal accueillis. En 1912, un accord naval franco-britannique permet de mettre fin provisoirement à tout contentieux entre les deux pays sur ce sujet. La Grande-Bretagne a besoin de concentrer toute sa flotte de guerre dans les eaux métropolitaines en cas de conflit européen. Elle accepte de confier la défense de ses possessions en Méditerranée orientale à la flotte française en échange d'une protection des côtes françaises par ses navires. Son retrait naval de Méditerranée rend toute action en direction de la Syrie sans objet. En décembre 1912, le gouvernement britannique déclare à la France qu'il n'a pas de visées politiques en Syrie. La déclaration est reprise publiquement par Poincaré, chef du gouvernement, au Sénat. En février 1914, un accord ferroviaire avec l'Allemagne donne à la France un droit exclusif d'exploitation en Syrie et en Palestine. La France ne semble plus avoir désormais de rivales dans la région.

3 LES ORIGINES DU NATIONALISME ARABE

3.1. L'arabisme culturel

On ne peut parler de nationalisme arabe avant la Première Guerre mondiale. L'idée de nationalisme implique un projet politique séparatiste et il est assez difficile de déceler un tel projet dans les idées politiques des associations arabes d'avant-guerre. On parlera donc plutôt d'arabisme, c'est-à-dire de la revendication d'une conscience arabe, distincte des autres groupes ethniques de l'Empire, basée sur la langue et l'histoire, mais désireuse de demeurer dans le giron de l'Empire ottoman.

Jusqu'au milieu du XIXe siècle, l'arabité, la conscience d'être Arabe, est un fait secondaire dans la définition des populations de la région. Elle renvoie à une définition strictement généalogique : est Arabe celui qui descend d'un ancêtre venu de la Péninsule arabique lors de la conquête des premiers siècles de l'Islam. Pour les sédentaires, ruraux comme urbains, le terme désigne également, de façon d'ailleurs péjorative, les bédouins des déserts de Syrie et de la Péninsule. En aucun cas, on ne considère les Égyptiens ou les Nord-Africains comme des Arabes, bien que les conquêtes arabo-musulmanes se soient étendues jusqu'en Espagne.

Les premières idées arabistes émergent dans la seconde moitié du XIXe siècle en Syrie. Elles sont l'œuvre de chrétiens désireux, après les massacres de Syrie et du Mont-Liban, de dépasser les clivages religieux avec les musulmans en définissant une identité ethnique valable pour tous. Cette identité doit être fondée sur une renaissance de la langue et de la culture des Arabes. Un groupe d'intellectuels chrétiens publie ainsi des textes fondamentaux de la littérature arabe classique. Des publications et des conférences diffusent leurs idées. Les Arabes, toute confession confondue, forment une patrie unique. Ils partagent les mêmes droits et les mêmes devoirs et l'amour de la patrie exclut tout antagonisme religieux. Cette entente suppose des conditions fondamentales telles la fidélité aux valeurs de la religion et surtout une autorité civile efficace et solide ainsi qu'une législation rigoureuse et équitable. Les arabistes soutiennent donc les réformes constitutionnelles adoptées par l'Empire et appellent les autorités ottomanes à instaurer un ordre politique durable dans la région.

Ces idées ne sont alors pensées que dans le cadre géographique de la Syrie. L'amour de la patrie est celle de la Syrie, fondé sur l'arabité et encadré par la puissance ottomane. Ces penseurs penchent progressivement vers une solution fédérale sur le modèle américain. Ils sont favorables à l'instauration d'un régime constitutionnel dans l'Empire et rejettent le pouvoir autocratique des Sultans. En Syrie, ils souhaiteraient la mise en place d'une monarchie demeurant sous la suzeraineté ottomane.

3.2. Le réformisme musulman

3.2.1. La *Salafiyyah*

À côté de l'arabisme, apparaît également à la fin du XIXe siècle le second grand courant qui traverse l'histoire du Moyen-Orient au XXe siècle, l'islamisme. Ce courant est issu de la prise de conscience, par certains penseurs et idéologues musulmans, du retard du monde de l'Islam sur l'Europe. Pour combler ce retard, il est nécessaire de réformer l'Islam. Cette réforme est surtout conçue comme un retour aux sources de la religion musulmane, un retour à l'Islam des premiers temps, épuré de toutes les déviations qu'il a connues par la suite. Ce mouvement réformiste prend le nom de *Salafiyyah* ou réformisme musulman.

Face à l'agression européenne, l'Islam doit être un instrument de combat. Sur le plan intérieur, il doit être un moyen de transformation de la société. Regroupés essentiellement en Égypte, pour la plupart francs-maçons, les animateurs de la *Salafiyyah* combattent la domination politique occidentale. Ils contestent les nationalités dans l'Islam car ces dernières brisent l'union qui doit absolument exister entre les musulmans. Cette absence de solidarité est la cause de la décadence de l'Islam. Dans cette optique, les réformistes condamnent les pouvoirs en place et participent aux mouvements révolutionnaires de la région. Ils sont opposés à toute forme de despotisme politique et prônent une voie institutionnelle fondée sur le principe religieux traditionnel de la consultation populaire.

Les réformistes condamnent les emprunts à l'Occident. Seule une application totale de la loi islamique permettra un retour de la puissance du monde musulman. Les valeurs sociales et humaines de l'Islam sont mises en avant davantage que les valeurs proprement spirituelles. Cette application de la loi islamique doit se fonder sur une lecture des textes fondamentaux de l'Islam, à commencer par le Coran. En conséquence, ceux qui lisent l'arabe sont les mieux placés pour mener ce travail de retour aux sources. Les réformistes prônent également le développement de l'instruction du monde musulman et appuient la renaissance de la langue arabe.

3.2.2. La question du califat

L'influence des réformistes est considérable dans le monde musulman au début du siècle. L'héritier de ce courant, dans la première moitié du XXe siècle est le Syrien Rashid Rida*, installé en Égypte à partir de 1897, où il meurt en 1935. Pour lui, le progrès dépend avant tout de l'adoption de conduites morales et de principes intellectuels, qui résident dans la loi islamique. C'est dans l'entourage de Rida que le lien entre islamisme et arabisme est clairement établi : prôner un retour à l'Islam des premiers temps revient à affirmer la primauté des Arabes dans l'Islam. C'est parce que des non-Arabes se sont convertis à l'Islam – notamment les Turcs – que la religion musulmane a été entraînée dans la décadence. Ce milieu en vient donc à condamner le pouvoir ottoman, accusé d'être responsable du retard pris par le monde musulman sur l'Europe. La conduite de l'Islam devrait donc logiquement revenir aux Arabes, dépositaires de la langue du Coran et d'une plus grande moralité politique que les Turcs.

Ces réformistes, tous arabes, proposent l'établissement d'un Califat à La Mecque, entre les mains d'un descendant du prophète Mahomet, dénué de tout pouvoir temporel mais ayant une autorité spirituelle sur l'ensemble du monde musulman. Ce projet supposerait la fin du califat ottoman en vigueur depuis le XVIe siècle et la conquête des villes saintes de l'Islam par les Ottomans. L'idée de restauration d'un califat arabe connaît un certain succès, notamment dans les régions syriennes. Des chrétiens se rallient à ce projet, dont le maronite Négib Azoury. On soupçonne également le khédive d'Égypte de soutenir ces idées dans le but de contester l'autorité ottomane et de favoriser un démantèlement de l'Empire à son profit.

3.3. Le constitutionnalisme

3.3.1. La lutte contre le régime hamidien

À partir des années 1880, un certain nombre de réformistes musulmans et d'arabistes ont nourri les rangs de l'opposition au régime autoritaire d'Abdul Hamid II. Favorables au libéralisme politique et aux idées constitutionnelles, ils fuient la censure et la répression en s'installant en Égypte ou en Europe. Certains poursuivent toutefois leur action dans l'Empire ottoman. Ainsi en 1880, des affiches politiques sont placardées à Beyrouth, réclamant le retour du constitutionnalisme et une large autonomie des provinces syriennes. Revendications autonomistes et revendications libérales sont souvent liées. Le but recherché est toujours le même : trouver les moyens de rattraper le retard sur l'Occident et assurer la survie de l'Empire.

Une partie de l'opposition libérale se tourne, à la fin du XIXe siècle, vers une option radicalement laïque et positiviste, inspirée des idées politiques françaises. En 1889, cette opposition a fondé à Constantinople le Comité Union et Progrès (CUP). Le CUP recrute surtout ses membres dans le milieu des écoles militaires de la capitale. Il diffuse ses idées à travers l'Empire par la formation de cellules clandestines composées surtout de fonctionnaires et d'officiers. On compte de nombreux Arabes dans ses rangs, notamment au sein des cellules fondées hors de l'Empire, en Égypte ou à Paris par exemple. C'est dans cette dernière ville que se tient le premier congrès du CUP en 1902, avec l'appui organisationnel important des chrétiens syriens exilés en France.

Le CUP est partagé entre deux voies politiques : une voie décentralisatrice, qui recueille les suffrages de ses membres arabes, propose une large déconcentration des pouvoirs vers les provinces afin de désamorcer les conflits ethniques et religieux. Une voie centralisatrice et autoritaire prône la concentration des pouvoirs au sein d'un gouvernement fort et juge toute décentralisation néfaste car pouvant entraîner l'éclatement de l'Empire. Cette centralisation dit s'appuyer sur l'élément turc. Ce dernier prend une place prédominante dans les activités du Comité. De plus en plus, on parle, pour nommer ces opposants, des Jeunes-Turcs.

3.3.2. Les Jeunes-Turcs

En juillet 1908, l'armée ottomane de Macédoine se soulève et demande le rétablissement de la Constitution. Ce soulèvement est organisé et orchestré par l'une des cellules les plus puissantes du CUP, celle de Salonique. Le sultan Abdul Hamid II cède, annonce la tenue de prochaines élections et le retour à un régime constitutionnel. Les élections se tiennent en novembre-décembre 1908 et consacrent la victoire politique des partisans de la centralisation. Mais en avril 1909, une tentative de coup d'État est menée par des éléments conservateurs qui accusent les Jeunes-Turcs d'hérésie et de trahison envers l'Islam. Alors qu'ils s'emparent de la capitale, l'armée de Macédoine intervient, impose le retour au pouvoir des Jeunes-Turcs et dépose Abdul Hamid II au profit d'un sultan dépourvu d'autorité.

Pour les Jeunes-Turcs au pouvoir, il n'y a désormais plus de distinction ni ethnique ni religieuse au sein de l'Empire. Il n'existe que des citoyens ottomans ayant les mêmes droits et les mêmes devoirs. Dans les provinces arabes de l'Empire, l'arrivée des Jeunes-Turcs est d'abord saluée avec enthousiasme. Mais la volonté centralisatrice du pouvoir est mal reçue par les élites arabes locales. Le CUP nomme la plupart du temps des fidèles à tous les postes clés, le plus souvent des Turcs, au détriment des Arabes qui occupaient précédemment ces positions. En 1909, la pratique de la langue turque dans l'administration, la justice et l'enseignement, qui jusque-là n'avait pas posé de problèmes, est ressentie par les Arabes comme le début d'un programme de turquification intensive de l'Empire. Pour les réformistes musulmans, il s'agit de supprimer la langue du Prophète.

Des organisations arabes sont créées mais elles sont immédiatement interdites par les autorités.

L'opposition arabe au régime passe donc par les milieux favorables à la décentralisation administrative de l'Empire. Les élus arabes s'opposent au Parlement au CUP. Ils sont soutenus par les fonctionnaires démis de leur poste ainsi que les fils de notables qui se voient interdire les fonctions administratives pour lesquelles ils s'étaient préparés. Cette opposition forme en 1911 l'Entente libérale, avec des membres du reste de l'Empire. En 1912, les élections sont truquées par le pouvoir, qui impose ses candidats dans toutes les circonscriptions. Mais en juillet 1912, le CUP perd le pouvoir au profit de l'Entente libérale. Suite aux troubles des guerres balkaniques, il le reprend par un coup d'État en janvier 1913 et le conserve jusqu'en 1918.

3.4. L'essor de l'antagonisme arabo-turc

De plus en plus, les Arabes s'orientent vers la solution de l'autonomie. Devant le retour de la censure et l'interdiction des associations, ils s'organisent clandestinement en comités politiques, sur le modèle même adopté par le CUP du temps du régime hamidien.

– Le *parti de la décentralisation administrative ottomane*: il est fondé au Caire en 1913 essentiellement par des émigrés syro-libanais. On y trouve des membres de grandes familles syriennes tels les'Azm* ou des réformistes musulmans comme Rashid Rida. Son orientation est assez proche des thèses islamistes, bien qu'on y trouve des chrétiens, et ses membres y développent l'idée du Califat arabe. Le Parti est assez proche du Khédive et assez favorable à l'influence britannique. Entretenant de nombreux contacts avec des personnalités politiques syriennes, son programme consiste essentiellement en l'octroi de réformes décentralisatrices pour la Syrie, proches de l'autonomie ou bien dans le cadre d'une fédération avec l'Égypte.
– Le *Comité des réformes de Beyrouth*: il est fondé en 1912 par des personnalités influentes du *vilayet* de Beyrouth. Il revendique la mise sur pied d'une assemblée composée de chrétiens et de musulmans qui siégeraient à égalité et qui aurait tous les pouvoirs administratifs. Le Comité est favorable à un appel à des conseillers étrangers, assistant l'assemblée et dotés de larges pouvoirs. Les membres chrétiens du Comité réclament un agrandissement territorial du Mont-Liban, notamment à la région de Beyrouth, cadre général dans lequel devraient s'effectuer ces réformes. Les musulmans n'y sont pas favorables et envisagent davantage l'extension des réformes à l'ensemble de la Syrie.
– Les Syriens de Paris: c'est le groupe politique le plus anciennement constitué. Il est formé d'éléments ayant fui le régime hamidien dans les années 1880. Majoritairement chrétiens, certaines d'entre eux ont soutenu la formation du CUP ainsi que l'action des réformistes musulmans. Ils revendiquent une Syrie autonome au sein de l'Empire et sont assez favorables à l'accroissement territorial du Liban. Violemment anglophobes, ils sont proches du parti colonial français et ont des relations étroites avec la diplomatie française. En 1917, ils créent le *Comité central syrien*.
– *Al-Fatat*: société secrète fondée en 1911 à Paris par de jeunes étudiants arabes, ses membres sont essentiellement des fils de notables musulmans dont l'accès aux grandes charges administratives provinciales a été bloqué par la révolution jeune-turque. L'organisation déplace son quartier général

à Beyrouth en 1913 puis à Damas à la veille de la guerre. Son programme est plus radical et vise l'indépendance des pays arabes.

– *Al-Qahtaniyya* : fondée en 1910 à Constantinople par des officiers originaires des pays arabes ayant souvent joué un rôle personnel dans la révolution de 1908, cette société secrète s'est formée sur le modèle du CUP. Son programme est la revendication d'un Empire ottoman arabo-turc sur le modèle de la monarchie austro-hongroise.

Le retour des Jeunes-Turcs au pouvoir en janvier 1913 entraîne une répression politique de la plupart des activités de ces comités autonomistes. En avril 1913, les chefs du *Comité des réformes de Beyrouth* sont arrêtés et l'organisation est interdite. En réaction contre la politique ottomane, les autonomistes organisent à Paris un congrès arabe en juin 1913. Son retentissement est suffisant pour inciter le gouvernement jeune-turc à accepter certaines concessions. L'usage de la langue arabe dans les administrations et les établissements d'instruction des provinces arabes est accepté. Un certain nombre de notables arabes se voit proposer des postes importants en Syrie. En acceptant, ces notables se discréditent aux yeux des autonomistes, but recherché par les autorités ottomanes. Sentant que le rapport de force avec ces dernières ne leur est pas favorable, les autonomistes n'hésitent pas à s'adresser aux puissances européennes pour obtenir des appuis. En 1914, Abdallah, fils du chérif Hussein de La Mecque, entre en contact avec Kitchener, consul britannique d'Égypte. Il réclame un soutien britannique à une plus grande autonomie du Hedjaz et des livraisons d'armes. Kitchener ne répond pas à ces demandes mais il souligne la sympathie de son pays pour la cause du Hedjaz.

Grâce à une domination ottomane de quatre siècles, l'unité culturelle des provinces arabes s'est trouvée renforcée. Si des régionalismes existent, le sentiment d'appartenir à une grande entité politique les limite considérablement. L'Orient arabe est une zone très convoitée par les puissances occidentales depuis le XIXe siècle. Elle abrite des enjeux stratégiques et moraux de portée internationale : la route des Indes, le canal de Suez, les Détroits ottomans, la Terre sainte. L'Europe multiplie les ingérences, en dépit des résistances de l'Empire, en s'appuyant sur des clientèles locales. Se tournant progressivement vers la voie du nationalisme, les Arabes réclament la reconnaissance de leur identité. Ils se considèrent comme les dépositaires de l'Islam et certains réclament le retour du califat entre des mains arabes. Pour obtenir davantage d'autonomie, ils sont prêts à s'appuyer sur les puissances européennes. Toutes ces évolutions en cours connaissent une accélération brutale avec la Première Guerre mondiale.

Synthèse La naissance du sionisme en Palestine

Le sionisme est l'expression politique de la volonté des Juifs d'Europe de créer un État pour le peuple juif. Sous les anciens régimes européens, les Juifs se trouvaient soumis à une vigoureuse organisation communautaire, le ghetto, leur assurant une vie collective propre autour de la pratique de la religion judaïque. Cette structure communautaire se retrouvait également en Orient à l'époque ottomane. Les Juifs étaient toutefois l'objet de lourdes discriminations : interdiction de certains métiers, limitation du droit de propriété, mesures vexatoires, etc. L'apparition de l'État-nation moderne, à partir de la fin du XVIIIe siècle, pose comme principe souverain le concept d'égalité politique. Dans l'Europe occidentale, on assiste au XIXe siècle à l'émancipation civile des Juifs. En revanche, la résistance à l'émancipation est forte en Europe centrale et orientale où se maintiennent des régimes autoritaires et aristocratiques et où les populations juives sont plus nombreuses. Les premiers pogroms, massacres de Juifs, éclatent dans les années 1880 dans la Russie tsariste et sont suivis de l'établissement de législations antisémites. C'est alors qu'apparaissent les premières idées sionistes.

1 L'APPARITION DU SIONISME

Pour les Juifs de Russie, l'espoir d'une intégration à la nation russe est perdu. Les élites se tournent alors vers des solutions plus radicales. Certains prônent la voie révolutionnaire qui mettrait fin au régime du despotisme et déboucherait sur l'avènement d'une société égalitaire. D'autres préconisent un nationalisme juif qui s'épanouirait sur un territoire propre qui ne peut être que la terre des ancêtres, la Palestine. Ce dernier courant porte le nom des « Amants de Sion ». Le terme « sionisme » apparaît dans les années 1890 à un moment où les idées sionistes se répandent dans les milieux juifs de l'ensemble de l'Europe. Le courant sioniste est renforcé par l'éclatement des crises antisémites en Europe occidentale, notamment l'affaire Dreyfus en France.

C'est dans ce contexte que se situe l'action de Theodor Herzl*, Juif hongrois né en 1860 et journaliste viennois qui couvre pour son journal l'affaire Dreyfus. Il publie en 1896 *L'État des Juifs*, ouvrage qui reprend les thèses sionistes. Loin de s'arrêter à une simple œuvre de publication, Herzl recherche des concours financiers et politiques pour réaliser le projet sioniste. Il se rend à Constantinople et y rencontre le Sultan Abdul Hamid II pour le convaincre de favoriser l'émigration juive en Palestine. Mais le souverain refuse. De même, la grande aristocratie financière juive est réticente à un financement du projet sioniste.

Herzl se tourne alors vers la formation d'un parti de masse. Le 29 août 1897, il parvient à organiser à Bâle le premier congrès sioniste mondial. Herzl y définit précisément son programme : les Juifs doivent établir en Palestine un « foyer », dont l'existence sera garantie par le droit international public. Lorsque cette garantie sera obtenue, les Juifs pourront émigrer librement en Palestine. Cette conception est appelée le sionisme politique. Le terme de « foyer » ne doit pas faire illusion. Pour Herzl, il s'agit bien de créer un État juif en Palestine. Le congrès de Bâle se dote d'institutions permanentes chargées de collecter les dons pour l'achat de terres en Palestine et de préparer la colonisation du pays.

Le congrès connaît un retentissement mondial considérable et suscite rapidement des débats au sein des responsables juifs des différents pays. Au sionisme politique de Herzl s'opposent très vite d'autres conceptions :

— Le sionisme pratique : il s'oppose à Herzl en tant qu'il considère qu'il ne faut pas attendre l'obtention d'une garantie juridique internationale pour se lancer dans une vaste colonisation de la Palestine.
— Le sionisme culturel : il estime que le retour des Juifs en Palestine doit être l'occasion de recréer une culture proprement juive, fondée sur la langue hébraïque. Herzl refuse d'admettre l'existence d'une culture juive autonome. Pour lui, il n'existe pas de langue proprement juive dans le futur foyer juif.
— Le sionisme territorialiste : il propose la réalisation rapide du programme sioniste sur n'importe quel territoire. La Grande-Bretagne a proposé, dans ce sens, l'émigration des Juifs sur certaines terres coloniales qu'elle possède, comme Chypre, le Sinaï ou l'Ouganda (actuel Kenya).

Herzl meurt en 1904 alors qu'il poursuit inlassablement ses tractations diplomatiques. Il est parvenu à faire du sionisme un mouvement international organisé et reconnu dans le jeu diplomatique international.

2 LA PRÉSENCE JUIVE EN PALESTINE AVANT 1914

Les premières implantations juives en Palestine sont l'œuvre de l'Alliance israélite universelle, organisme français créé en 1864. L'Alliance s'est donnée pour but la régénération des populations juive d'Orient, et plus précisément de Palestine, en créant des écoles et des établissements de formation professionnelle. Le premier d'entre eux, l'école agricole de Mikveh Israël à Jaffa, est créé en 1869. Au départ, il s'agit de « régénérer » les Juifs d'Orient en faisant d'eux des travailleurs de la terre et en favorisant une colonisation rurale de la Palestine par les Juifs. Le projet reçoit le soutien des autorités ottomanes, qui octroient des terres à l'Alliance. Mais les Juifs de Palestine demeurent en général hostiles à l'idée de régénération par le travail de la terre. Les œuvres agricoles de l'Alliance accueillent donc surtout des immigrants juifs d'Europe de l'Est, arrivant en Palestine à la fin du XIXe siècle.

L'action de l'Alliance est soutenue par la France, qui accorde sa protection consulaire à l'ensemble de ses établissements en Palestine. En effet, l'enseignement dans les écoles de l'Alliance se fait en français. Elles viennent ainsi compléter le dispositif des œuvres culturelles françaises dans l'Empire ottoman. Le gouvernement français ne finance toutefois pas les établissements de l'Alliance contrairement aux écoles congréganistes et aux écoles de la Mission laïque. Parallèlement à l'action conjointe de la France et de l'Alliance, l'idée d'une immigration juive en Palestine est favorablement accueillie en Grande-Bretagne. Les élites politiques, fortement nourries de la lecture de la Bible, estiment que l'accomplissement des prophéties ne se fera qu'après le retour des Juifs sur la terre d'Israël et leur conversion au christianisme. À la fin du XIXe siècle, des responsables britanniques préconisent une colonisation massive de la Transjordanie par des Juifs de Russie et des Balkans. Derrière ces projets, les autorités britanniques voient également le moyen d'établir leur influence politique en Palestine. Ces projets sont stigmatisés par la France qui parvient à user de son influence auprès du sultan pour interdire toute immigration juive en Palestine.

Cependant, les pogroms de Russie et de Roumanie en 1881 entraînent l'arrivée en Palestine d'une première vague d'immigrants, en dépit de la législation ottomane. Dépourvues de tout, ces populations sont prises en charge par l'Alliance israélite. Elles sont orientées vers des colonies agricoles dont la création est financée par le baron Edmond de Rothschild, appartenant à la branche française. Dans les années suivantes, les « Amants de Sion » envoient de nouveaux immigrants dans ces colonies de l'Alliance. Cette immigration est toujours combattue par les autorités ottomanes mais la France étend sa protection consulaire aux nouveaux venus.

Les colonies agricoles s'appuient sur les méthodes les plus modernes de l'agriculture occidentale. Elles développent notamment les cultures arbustives, dont celles de la vigne. Cette entreprise demeure toutefois marginale et concerne peu de personnes. De nombreux colons juifs repartent de Palestine au bout de quelques années. Surtout, la majorité d'entre eux s'installe dans les villes palestiniennes, notamment Jérusalem. Les colonies sont en permanence déficitaires en raison du coût de l'encadrement et des services offerts, supérieur aux revenus dégagés par les cultures. Devant cet échec, Rothschild confie au début du siècle les colonies à la *Jewish Colonization Association* (ICA) fondée par le baron de Hirsch. À cette époque, elles représentent à peine 3 000 colons. L'ICA entreprend alors un travail de rationalisation des colonies pour les rendre plus rentables. La culture arbustive est abandonnée au profit de celle des agrumes et de la polyculture associée à l'élevage. Les colonies font appel aux travailleurs arabes, dont le salaire est inférieur à celui demandé par un ouvrier agricole juif.

3 LES PREMIÈRES RÉACTIONS ARABES

Si l'œuvre discrète de colonisation de Rothschild n'éveille pas d'inquiétudes chez les Arabes de Palestine, il n'en est pas de même de celle de Herzl. Dès 1897, la presse locale se fait l'écho du programme du congrès de Bâle. Ce dernier ne suscite dans un premier temps que scepticisme. Mais au début du siècle, le projet sioniste est clairement identifié comme cherchant à créer en Palestine un État juif. La propagande sioniste auprès des Juifs d'Égypte suscite les premières craintes.

Après l'épisode révolutionnaire russe de 1905, une nouvelle crise antisémite éclate dans l'Empire des tsars et débouche sur une nouvelle vague d'émigration juive en Palestine. Elle est en grande partie composée d'activistes socialistes fuyant la restauration autoritaire en Russie autant que les persécutions. Cette seconde vague est plus éduquée, plus politisée mais également plus turbulente. En 1908, des émeutes éclatent à Jaffa entre Juifs et Arabes. Ces derniers sont notamment choqués par les mœurs des nouveaux venus. Les premiers heurts coïncident avec le succès des thèses du sionisme pratique (qui privilégie l'installation des Juifs en Palestine sur l'action diplomatique) qui recueillent la majorité des suffrages à partir du huitième congrès sioniste de La Haye en 1907. Afin de renforcer l'implantation juive, les colons socialistes réclament l'arrêt de l'emploi d'ouvriers arabes dans les colonies. Cet exclusivisme renforce l'hostilité des Arabes. Sous l'impulsion du directeur du *Palestine Office* auprès de l'Organisation sioniste, Arthur Ruppin, la création de nouvelles colonies s'oriente davantage vers une agriculture collectiviste ou coopérativiste non tournée vers le marché afin de ne pas dépendre de la main-d'œuvre arabe.

Ces mesures inquiètent toujours plus les Arabes. Dans le cadre de la montée des revendications autonomistes arabes après la révolution jeune-turque, l'opposition au sionisme devient pour les Arabes de Palestine un facteur de structuration du nationalisme naissant. Craignant les réactions arabes, l'Organisation sioniste décide d'entrer en contact avec certains comités autonomistes. En 1913, des entrevues ont lieu avec certains membres du *Parti de la décentralisation administrative ottomane* au Caire. Ceux-ci semblent donner leur accord pour une immigration juive en Palestine mais ils prônent l'égalité des droits entre Arabes et sionistes dans le pays. Le résultat immédiat de ces contacts est l'absence de motion sur le sionisme dans les résolutions finales du congrès arabe de Paris. En Palestine, les Arabes sont inquiets de ces tentatives d'accord par-dessus eux. Des entretiens avec des responsables sionistes leur montrent que ces derniers leur dénient tout statut d'interlocuteurs politiques et n'hésiteront pas à s'entendre avec les organisations arabes de l'extérieur. Cette attitude est en effet un des traits marquants du sionisme de l'entre-deux-guerres avant de devenir celui de l'État d'Israël.

Le sionisme avant 1914 développe une action encore très marginale en Palestine. Cependant certaines tendances lourdes sont déjà en place :
– Dès le début, le sionisme prône un projet politique précis. Il s'agit de créer en Palestine un État pour les Juifs. Malgré la confusion des termes utilisés, il n'y a pas d'ambiguïté dans l'esprit des sionistes.
– Pour réaliser le projet sioniste, Herlz a compris qu'il lui faut des soutiens extérieurs importants. Les puissances européennes sont dès lors approchées régulièrement et sensibilisées à la cause sioniste.
Les Arabes réagissent encore peu devant l'action des sionistes. Des négociations ont lieu entre les deux parties à la veille de la guerre. L'un des traits marquants de la politique sioniste apparaît déjà : négocier avec les Arabes de l'extérieur par-dessus ceux de Palestine.

Chapitre 2

Le Moyen-Orient dans la guerre

La Première Guerre mondiale constitue l'événement fondamental de l'histoire de l'Orient arabe au XXe siècle. Elle voit la disparition de l'Empire ottoman et du califat islamique, l'émergence du nationalisme arabe, l'aboutissement des convoitises européennes, l'apparition des frontières actuelles de l'Orient arabe, la réalisation des projets sionistes en Palestine.

1 LE MOYEN-ORIENT, UN THÉÂTRE SECONDAIRE DE LA PREMIÈRE GUERRE MONDIALE

1.1. L'entrée en guerre du Moyen-Orient

1.1.1. L'alliance militaire germano-ottomane

Le 2 août 1914, l'Allemagne et l'Empire ottoman signent un traité secret d'alliance, auquel adhère, deux jours plus tard, l'Autriche-Hongrie. Ce traité n'entraîne pas dans l'immédiat l'entrée en guerre des Ottomans. Ces derniers restent neutres, tout en étant favorables aux Empires centraux. La Triple Entente essaye, dans les mois suivants, de négocier un revirement ottoman en sa faveur mais sans succès.

Le 9 septembre, la Porte annonce la suppression unilatérale des Capitulations et met ainsi fin à l'état de sujétion dans lequel l'Europe le tenait depuis plus d'un siècle. Le 23 septembre, la flotte de guerre ottomane passe sous le commandement d'un officier allemand. Le 29 octobre, c'est à un véritable acte de guerre que se livre cette dernière en bombardant le port russe d'Odessa. En réaction, la Triple Entente déclare la guerre à l'Empire ottoman les 2 et 5 novembre 1914. Le 23, la Porte proclame la guerre sainte dans tout le monde musulman. Cet appel est destiné essentiellement aux sujets des possessions coloniales françaises et britanniques d'Afrique et des Indes, mais il ne reçoit que peu d'échos.

1.1.2. Les forces en présence

L'Empire ottoman dispose d'une armée entraînée et équipée sur le modèle allemand. Elle est encadrée par de nombreux officiers allemands : Liman von Sanders (en poste à Constantinople depuis 1913), von Falkenhayn, etc., placés à la tête des différents corps d'armée et des principaux bureaux ministériels. L'Organisation spéciale (*Techkilât-i Mashûsa*), créée en août 1914, est chargée des missions d'espionnage et de l'encouragement à la guerre sainte dans les possessions coloniales européennes. Elle compte 30 000 agents.

Les forces ottomanes sont ainsi réparties : un front caucasien contre la Russie, composé de la IIIe armée et commandé par Enver Pacha (environ

100 000 hommes), un front égyptien contre la Grande-Bretagne, composé de la IVe armée et commandé par Jamal Pacha (80 000 hommes), des corps d'armée concentrés autour de la capitale et qui vont bientôt servir sur le front des Dardanelles, des forces armées en Mésopotamie face à l'offensive britannique sur Bassorah. On compte de nombreux officiers arabes dans les rangs de l'armée ottomane, la plupart affiliés à des organisations secrètes arabes et dont la fidélité au régime est douteuse. Certains passent à l'ennemi dans les premiers mois de la guerre et deviennent des agents de renseignement pour le compte de la Triple Entente.

1.2. Les fronts d'Orient

1.2.1. L'Égypte

La IVe armée ottomane, encadrée par des officiers allemands, a pour objectif essentiel la prise du canal de Suez. Dès l'hiver 1915, s'instaure donc un front d'Égypte. Les troupes britanniques, massées derrière le canal, parviennent avec succès à repousser les assauts ennemis. Mais aucune offensive alliée n'est tentée avant la fin de l'année 1916. Au début de 1917, le général Maxwell lance ses troupes à travers le Sinaï mais la progression de son armée est très lente, la résistance ennemie est forte et les infrastructures logistiques (chemin de fer traversant le désert) sont longues à construire.

Après l'échec de l'offensive ottomane, l'essentiel de la IVe armée se replie vers la Palestine et a en charge la protection de la ligne ferroviaire du Hedjaz* et du littoral syro-palestinien. La flotte de guerre franco-britannique met en place un blocus efficace des côtes et empêche la IVe armée de s'approvisionner par la voie maritime. Afin d'éviter les risques de sédition arabe, Jamal Pacha opère des transferts d'officiers et de troupes arabes vers les autres fronts.

1.2.2. Le Caucase

Sur le front caucasien, la IIIe armée est chargée par les stratèges allemands d'immobiliser l'armée russe et d'éviter des transferts de forces vers l'Europe orientale, où l'Allemagne mène des offensives d'envergure. Basée à Erzurum, la IIIe armée, commandée par Enver Pacha, lance une vaste offensive contre les forces russes en décembre 1914. À Sarikamïch, les forces ottomanes sont battues par les Russes, entraînant un désastre militaire. Deux corps d'armée ont été détruits. En février 1916, les Russes, aidés par des irréguliers arméniens, prennent Erzurum et pénètrent en Anatolie orientale. Trabizonde est prise en avril. En 1917, la révolution russe et la débandade de l'armée entraînent un renversement de la situation. Au traité de Brest-Litovsk (avril 1918), les Ottomans obtiennent le retour aux frontières de 1876. Dans l'enthousiasme, l'armée ottomane décide de pénétrer dans le Caucase. Elle doit faire face à la résistance d'une République de Transcaucasie, formée de la Géorgie, de l'Arménie et de l'Azerbaïdjan et créée en décembre 1917. En mai 1918, l'armée ottomane force le front en Arménie et s'élance vers la mer Caspienne et les champs de pétrole de Bakou. Mais les opérations militaires ottomanes se heurtent aux ambitions allemandes dans la région. En mai 1918, l'Allemagne prend sous sa protection la Géorgie. Fin août 1918, des troupes britanniques débarquent à Bakou. Mais l'armée ottomane, commandée par le frère d'Enver Pacha, Nuri Pacha, s'empare de la ville le 16 septembre. Ces succès militaires seront toutefois sans lendemain, en raison des échecs subis sur les autres fronts.

1.2.3. Les Dardanelles

En février 1915, les navires de guerre britanniques et français tentent de forcer le détroit des Dardanelles, en vue de s'emparer de la capitale ottomane, mais sans succès. Afin d'éviter le retentissement d'une défaite dans le monde musulman sous leur domination, les alliés occidentaux décident de débarquer un corps expéditionnaire à Gallipoli* en avril. Devant la résistance ottomane, menée notamment par le colonel Mustafa Kémal, cette opération est également un échec. Pendant plusieurs mois, le corps expéditionnaire est cloué sur les plages de débarquement. À la fin de l'année 1915, les troupes de Gallipoli sont évacuées et les Alliés ouvrent un nouveau front en débarquant à Salonique, en Grèce. L'expédition de Gallipoli a fait 200 000 victimes du côté allié et 120 000 du côté ottoman. Il n'y a plus de combats avec l'ennemi avant le déclenchement de l'offensive balkanique de septembre 1918, commandée par le général français Franchet d'Esperey. Ce dernier écrase la résistance bulgare et oblige le gouvernement de Sofia à formuler une demande d'armistice le 26 septembre 1918. Avec l'effondrement de la Bulgarie, la menace alliée sur la capitale ottomane resurgit.

1.2.4. La Mésopotamie

À la fin 1914, les Britanniques débarquent dans la région de Bassorah et s'en emparent le 21 novembre, afin d'assurer la protection du Golfe et les approvisionnements en pétrole persan. Les effectifs militaires, sous autorité du gouvernement britannique des Indes, progressent lentement, puis sont battus en avril 1916 à Kut où l'armée britannique capitule. Dans la partie qu'elle continue à contrôler, la basse-Mésopotamie, la Grande-Bretagne a installé une sorte de protectorat s'appuyant sur l'autorité des *shaykh* tribaux (chefs de clans). En mars 1917, les forces britanniques s'emparent de Bagdad.

Dès le début de la guerre, les autorités britanniques ont été confrontées à la révolte des religieux chi'ites, sensibles aux appels au *djihad* de l'Empire ottoman. Les Britanniques font face à une guérilla formée de volontaires. En dépit des différends qui s'installent entre chi'ites et Ottomans durant la guerre, les premiers continuent de combattre la présence britannique.

1.3. Les conséquences politiques et civiles de la guerre

1.3.1. La répression politique contre les Arabes

Dès le début de la guerre, les comités politiques arabes se lancent dans un double jeu : tout en réaffirmant leur loyauté à l'égard de l'Empire, ils établissent des contacts secrets avec les alliés, notamment via l'Égypte, où de nombreux Arabe syriens résident, ainsi que des officiers arabes ayant déserté. *Al-Fatat*, qui a transféré son bureau central à Damas, entre également en relations avec les chefs des principales tribus bédouines du désert de Syrie, afin de préparer une révolte de la région contre l'Empire. Cette révolte serait d'autant plus aisée à mettre en œuvre que de nombreux contingents de la IVe armée ottomane sont composés d'Arabes syriens ou mésopotamiens. Pour réussir, la révolte doit s'étendre à la Péninsule arabique. Ibn Sa'ud est approché mais il refuse de s'engager.

Al-Fatat se tourne alors vers le chérif Hussein* de La Mecque. Ce dernier envoie secrètement son fils Faysal à Damas en avril 1915. Il affirme que l'appui militaire de la Grande-Bretagne est nécessaire au déclenchement de toute insurrection d'envergure et propose d'entrer en contact avec Londres pour obtenir son engagement. C'est dans ce contexte que le comité arabe rédige un projet de coopération avec la Grande-Bretagne, connu sous le nom de « protocole de Damas »*, préfiguration des futures demandes diplomatiques arabes. En juin 1915, le chérif Hussein s'engage à déclencher la révolte au cours de l'année suivante.

Les autorités ottomanes sont informées de ces projets. Dès l'hiver 1915, les effectifs arabes de la IVe armée sont transférés sur les fronts du Caucase et des Dardanelles. Les principaux officiers arabes sont mutés. À partir de l'été 1915, un tribunal militaire ottoman en Syrie est chargé d'arrêter et de juger toutes les personnalités engagées dans des activités nationalistes arabes. Les principaux responsables des comités politiques sont soit condamnés à mort, soit déportés. Ceux qui parviennent à échapper aux mains de l'armée se réfugient en Égypte. Les mouvements nationalistes arabes de Syrie sont décapités. Désormais, tout mouvement d'insurrection ne peut venir que de la Péninsule.

1.3.2. Le massacre arménien

En mai 1915, le gouvernement ottoman ordonne le « déplacement » de tous les Arméniens d'Anatolie orientale. La progression militaire russe fait craindre à la Porte un soulèvement de ces derniers. Les opérations se déroulent rapidement dans des conditions effroyables : pillages, incendies, massacres, etc. Sous l'action de l'Organisation spéciale, les colonnes de déportés arméniens se dirigeant vers la Syrie et la Mésopotamie, sont décimées progressivement. Les pertes humaines sont estimées entre 300 000 et un million d'individus. Seuls 120 000 survivants atteignent les villes syriennes et 200 000, l'Euphrate. À la faveur de l'occupation russe, environ 300 000 Arméniens gagnent également le Caucase. Après les nombreux départs en Europe, il ne reste au Moyen-Orient que 70 000 Arméniens.

Selon l'historiographie arménienne, reprise par de nombreux historiens, il y a bien eu volonté patente du régime jeune-turc d'exterminer un peuple. Il s'agissait de supprimer un groupe ethnique faisant obstacle à l'unification de l'Empire. Selon la thèse turque, le régime s'est simplement trouvé « contraint » de « déplacer » les Arméniens comme c'est souvent le cas en temps de guerre. Selon elle, les Arméniens s'armaient contre les Turcs et étaient prêts à rejoindre les forces russes. La responsabilité directe dans ces atrocités d'au moins une partie du gouvernement jeune-turc est indiscutable. La discussion historique porte sur le contexte : s'agit-il de la liquidation ordonnée de sang froid d'un peuple à fins de purification ethnique ou une mesure d'affolement d'un pouvoir aux abois devant la pénétration des forces russes en Anatolie ?

2 L'OUVERTURE DE LA QUESTION D'ORIENT

2.1. Les négociations de Pétrograd

2.1.1. Les visées russes sur les détroits

Depuis le XIXe siècle, la Russie convoite les détroits ottomans du Bosphore et des Dardanelles, dont la possession lui permettrait de faire sortir sa flotte de guerre en Méditerranée et de prendre le contrôle de Constantinople. Mais les visées russes sont constamment entravées par l'action diplomatique et militaire des autres puissances européennes.

En novembre 1914, peu de temps après son entrée en guerre contre l'Empire ottoman, la Russie fait à nouveau connaître ses demandes sur la région des détroits. Le tsar, Nicolas II, réclame la liberté de passage maritime et l'occupation de Constantinople par la Triple Entente. La Grande-Bretagne et la France accueillent favorablement les prétentions russes mais réclament en retour la satisfaction des demandes qu'elles formuleront sur l'Orient arabe.

2.1.2. Les « accords » de mars 1915

En mars 1915, les représentants de la Triple Entente se réunissent dans la capitale russe afin de préciser les demandes de chacune des puissances. La Russie réclame désormais la pleine possession de Constantinople et des détroits, ainsi que la Thrace orientale. En retour, elle accepte les visées britanniques sur la Mésopotamie, la Perse et le Golfe persique. La France demande la Cilicie et la Syrie. Le représentant français précise que cette dernière région englobe la Palestine. La Russie refuse de voir les Lieux-Saints de Palestine passer sous contrôle français et préférerait un régime international.

Ces entretiens sont purement oraux et il n'y a pas, à ce stade, d'accord écrit entre les puissances de la Triple Entente pour formaliser les visées de chacune d'entre elles. Mais ces échanges de vue ont créé un précédent. Désormais, la question d'Orient est ouverte et le cycle des négociations en vue de s'attribuer telle ou telle région de l'Empire est ouvert. La question principale est celle de l'avenir de l'Orient arabe.

2.2. La négociation MacMahon-Hussein

2.2.1. Les ouvertures diplomatiques du chérif de La Mecque

Le chérif de La Mecque, comme nous l'avons vu précédemment, ne pense pas pouvoir déclencher une insurrection arabe sans l'appui de la Grande-Bretagne. Le 14 juillet 1915, il envoie une lettre au haut-commissaire britannique en Égypte, MacMahon. Il propose de créer un mouvement d'insurrection dans la Péninsule arabique, essentiellement dans la région du Hedjaz. En échange, il réclame l'indépendance des « pays arabes » au sud d'une ligne allant de Mersine (Cilicie) à la frontière persane et à l'exclusion de la région d'Aden (Yémen) qui resterait aux mains de la Grande-Bretagne. Le chérif demande également la reconnaissance d'un califat arabe de l'Islam et l'abolition des privilèges étrangers. Il précise enfin que les intérêts économiques et stratégiques britanniques seront préservés dans les régions arabes indépendantes.

2.2.2. La réponse des Britanniques

La Grande-Bretagne accueille favorablement les demandes du chérif. Du point de vue militaire, elle craint que l'entrée en guerre de la Bulgarie n'entraîne l'arrivée de contingents allemands et autrichiens dans le Sinaï. Si l'Égypte tombe aux mains de l'ennemi, Londres estime que les Alliés ont perdu la guerre. Il faut donc tout faire pour favoriser l'ouverture d'un front secondaire sur les arrières ottomans, notamment autour de la ligne de chemin de fer du Hedjaz, reliant Damas à Médine.

Le 30 août 1915, MacMahon répond au chérif Hussein que la Grande-Bretagne approuve « l'indépendance de l'Arabie et de ses habitants » mais il repousse la question de la fixation des frontières de l'État arabe à la fin de la guerre. Devant les insistances du chérif, MacMahon finit toutefois par envoyer une seconde lettre, le 24 octobre 1915, dans laquelle il précise les limites territoriales concédées par la Grande-Bretagne aux Arabes. L'indépendance du futur État est reconnue sur l'ensemble des régions arabes à l'exclusion de la Mésopotamie, où la Grande-Bretagne réclame une sorte de protectorat ou de zone d'influence, et du littoral syrien à l'ouest d'une ligne allant d'Alep à la mer Morte. MacMahon considère que cette dernière zone n'est pas « purement arabe » et doit donc être exclue des limites demandées. Derrière cet argument, la Grande-Bretagne entend en fait assurer la satisfaction des demandes françaises en Syrie et certainement réserver le sort de la Palestine et des Lieux-Saints.

Le chérif de La Mecque accepte les demandes britanniques en Mésopotamie mais il refuse les arguments sur le littoral syrien. Il estime que si Londres est réservé sur cette région, c'est parce qu'elle est fortement peuplée de chrétiens. Or, pour Hussein, chrétiens et musulmans sont ethniquement arabes et il ne peut être établi de différence. La Grande-Bretagne, craignant que cette réserve n'entraîne le refus du chérif de déclencher rapidement la révolte, décide qu'il est nécessaire de s'entendre au plus vite avec la France sur l'avenir de ces régions de l'Orient arabe.

2.3. L'accord Sykes-Picot

2.3.1. Les négociations franco-britanniques de Londres

La Grande-Bretagne tient la France informée des ouvertures du chérif de La Mecque et entend profiter de celles-ci pour forcer son alliée, jusque-là réticente, à abandonner sa politique ottomane au profit d'une ouverture de la question de l'Orient arabe. Durant l'été 1915, Paris envoie à Londres l'ancien consul de France à Beyrouth, François Georges-Picot*. À partir de novembre, il est chargé de négocier, sous la houlette de l'ambassadeur de France à Londres, Paul Cambon, les « droits » de la France en Orient.

Lors des réunions avec les diplomates britanniques, Georges-Picot réclame, au nom de la France, un protectorat sur une « Syrie intégrale » ou « Syrie naturelle », s'étendant des plaines de Cilicie au Sinaï et du littoral méditerranéen à Mossoul. Les responsables britanniques sont effarés par l'ampleur territoriale de ces demandes. D'une part, la Grande-Bretagne souhaite exclure la Palestine des visées françaises, d'autre part, elle veut réduire au minimum la présence française dans les régions arabes afin de satisfaire les demandes du chérif Hussein et probablement d'exclure la France du futur royaume arabe.

En décembre, le député conservateur Mark Sykes est invité à se joindre aux négociations. Sa grande connaissance de l'Orient en fait rapidement le principal interlocuteur de Georges-Picot. Il propose dans un premier temps un protectorat français au nord du Liban (sans Beyrouth) et une zone d'influence sur la Syrie (Beyrouth et Damas). Paris incite son représentant à accepter cette formule mais à élargir la zone du protectorat pour y inclure Beyrouth. Les responsables français acceptent également que la Palestine ne fasse pas partie de la zone demandée.

2.3.2. Le mémorandum Sykes-Picot

Le 4 janvier 1916, Sykes et Georges-Picot rédigent un mémorandum qui va servir de cadre aux accords franco-britanniques sur l'avenir de l'Orient arabe. En vertu de ce texte, la France et la Grande-Bretagne s'engagent à reconnaître et à protéger une « confédération d'États arabes » s'étendant de la Péninsule à la partie nord de l'Orient arabe mais avec les restrictions suivantes : la France et la Grande-Bretagne reçoivent un territoire en administration directe, la première sur le littoral libanais (zone Bleue), la seconde sur la basse-Mésopotamie (zone rouge) ; les deux puissances s'octroient également une zone d'influence dans le futur royaume arabe, la France sur la Syrie intérieure, entre Damas et Alep (zone A), la seconde sur la région de Bagdad (zone B). Dans leur zone respective, les deux puissances fourniront exclusivement les conseillers et administrateurs étrangers demandés par la confédération arabe.

La Palestine forme une zone internationalisée, dite zone Brune, divisée en trois lots : un lot sous influence française au nord (sauf les ports de Haïfa et Saint-Jean-d'Acre qui passent sous contrôle britannique), un lot sous souveraineté britannique au sud, et un lot sous régime international au centre, autour de Jérusalem. Le régime de la ville sainte associerait d'autres puissances chrétiennes, telles la Russie ou l'Italie, mais également le nouveau royaume arabe, en raison de la présence de lieux saints musulmans à Jérusalem.

2.3.3. L'accord Grey-Cambon

Le mémorandum Sykes-Picot n'est considéré que comme un document de travail. Les Britanniques estiment qu'il doit être soumis à l'accord de la Russie et qu'il est conditionné par l'issue positive des négociations poursuivies avec le chérif Hussein.

En mars 1916, Sykes et Georges-Picot sont envoyés à Pétrograd pour obtenir l'accord de la Russie. Cette dernière approuve la création du royaume arabe mais s'inquiète de l'extension territoriale des demandes françaises vers Mossoul, qui risque de créer un conflit d'influence dans une région que la Russie réclame également. Au prix de quelques rectifications géographiques, la France et la Russie parviennent à se mettre d'accord. La Russie approuve l'internationalisation des Lieux-Saints et y réclame un « libre usage » comme par le passé. Elle accepte toutefois, sur l'insistance de la France et à l'insu de la Grande-Bretagne, que la Palestine soit incluse dans la zone syrienne réservée à la France. Les accords entre la Russie et ses deux alliées sont signés à Pétrograd en mars et en mai 1916.

Enfin, le 9 mai 1916, Paul Cambon établit l'accord de la France et de la Grande-Bretagne sur la base du mémorandum Sykes-Picot, en envoyant une lettre officielle au responsable de la diplomatie britannique Sir Grey. Ce dernier répond par une lettre identique le 16 mai. Ces lettres précisent que les conseillers étrangers ne seront fournis qu'à la demande des Arabes, que le système administratif des zones bleue et rouge ne sera établi qu'après entente avec l'État arabe. Elles garantissent l'indépendance du Hedjaz et des lieux saints de l'Islam. Enfin, elles soulignent que la France sera associée à la poursuite des négociations avec le chérif Hussein.

2.4. Les accords italiens

Sur initiative britannique, l'Italie est informée, à l'été 1916, de la signature d'un accord sur l'Orient arabe. Des négociations s'ouvrent à Londres à l'automne entre les quatre puissances alliées, puis à Saint-Jean-de-Maurienne en avril 1917. L'Italie réclame une participation à l'administration des Lieux-Saints et des territoires en Cilicie. Le 8 août 1917, l'Italie obtient une zone d'administration directe (zone verte) et une zone d'influence (zone C) essentiellement en dehors des régions arabes, dans le sud-est de l'Anatolie, ainsi que le contrôle du port de Smyrne.

3 LA VICTOIRE DE L'ENTENTE AU MOYEN-ORIENT

3.1. La révolte arabe

3.1.1. Les chefs de la révolte arabe

La révolte arabe est déclenchée dans le Hedjaz le 10 juin 1916. Le chérif Hussein n'est pour le moment pas tenu informé des accords passés entre les Alliés. Il accompagne son mouvement insurrectionnel d'une proclamation officielle dont l'idéologie est assez éloignée des thèmes du nationalisme arabe. Il met l'accent sur l'impiété religieuse des dirigeants ottomans, impiété qui constitue selon lui un motif de soulèvement. L'Arabie, dont le chérif se considère le représentant suprême, rétablira les principes du Coran. Certains conseillers du chérif ont essayé d'ajouter à cette proclamation quelques éléments plus proches des idées nationalistes arabes mais Hussein a refusé.

Le chérif Hussein confie la direction de la révolte à ses quatre fils, Ali, Abdallah, Faysal et Zayd, chacun chargés de mener un des fronts de guerre contre l'armée ottomane. Les deux *leaders* de l'insurrection sont Abdallah et Faysal. Les révoltés parviennent à s'emparer de La Mecque et des principales villes du littoral, mais Médine résiste avec une forte garnison. Cette résistance amène les Alliés à envisager une intervention militaire dans la région. Des officiers britanniques et français sont envoyés dans le Hedjaz pour instruire et conseiller les chefs de la révolte. L'Entente envoie également du matériel militaire et des subsides.

3.1.2. L'action de T.E. Lawrence

Le conseiller militaire le plus célèbre, et dont l'influence a été considérable sur la révolte, est Thomas Edward Lawrence, archéologue de formation et jeune officier au Caire depuis 1914. Il arrive dans le Hedjaz à la fin de l'année 1916 et se lie d'amitié avec Faysal. Il conseille d'abandonner la prise de Médine et de porter la révolte vers le nord. La garnison de Médine ne serait pas dangereuse si des troupes arabes maintiennent un siège léger autour de la ville et surtout si les Arabes s'attaquent régulièrement à la ligne de chemin de fer du Hedjaz, coupant toute communication entre la ville sainte et le reste de l'Empire.

3.1.3. Les succès de la guérilla arabe

À partir du début de l'année 1917, la révolte arabe enregistre ses premiers succès. Ali et Abdallah maintiennent, jusqu'à la fin de la guerre, un blocus efficace autour de Médine. L'armée de Faysal se porte alors vers le nord, s'empare du port d'Akaba en juin 1917, obtenant ainsi d'être plus facilement ravitaillé par la marine alliée. Faysal mène ensuite une guérilla contre la ligne du Hedjaz et les communications ottomanes, gênant le mouvement des troupes vers l'Égypte.

Les officiers britanniques incitent les insurgés à porter la révolte vers le nord mais ils insistent pour qu'il n'y ait aucun mouvement en direction de la Palestine. Ainsi, Faysal obtient progressivement le soutien des tribus transjordaniennes puis syriennes à la révolte. Il s'empare des petites bourgades à l'est de la mer Morte puis remonte vers Damas. Ces mouvements inquiètent les Français. La prise de Damas par les Arabes, encadrés par des Britanniques, remettrait en question les lignes de partage de l'accord Sykes-Picot. La région de Damas sera sous administration arabe mais doit demeurer sous influence française.

3.2. La campagne de Palestine

3.2.1. L'offensive du général Allenby

Au printemps 1917, le général Maxwell est remplacé en Égypte par le général Allenby*. Ce dernier déclenche une grande offensive à l'automne 1917 en direction de la Palestine. Il s'empare de Jérusalem en décembre. La France n'a participé que très symboliquement à cette opération, ne pouvant dégager que des effectifs réduits en raison du poids du front français. La domination militaire britannique en Palestine laisse très vite supposer une remise en cause du statut international de la zone décidée par l'accord Sykes-Picot. C'est au même moment que la Grande-Bretagne s'engage, par la déclaration Balfour, à faire de la Palestine un « foyer national juif ».

L'activité britannique en Palestine traduit le refus de la Grande-Bretagne d'envisager la présence française dans une région proche du canal de Suez. Ces préoccupations sont dans la droite ligne des conceptions stratégiques développées par Londres à la veille de la guerre. Avec la révolution russe et la défection des Bolcheviks, la Grande-Bretagne considère que l'accord Sykes-Picot est caduc. Désormais, l'avenir de la Palestine et de la région doit être davantage dicté par le rapport de force militaire sur le terrain que par les accords diplomatiques. La France, au contraire, s'en tient à la lettre à l'accord Sykes-Picot.

3.2.2. La prise de Damas

L'offensive du général Allenby ne reprend qu'en septembre 1918, en raison des exigences du front français (les offensives allemandes du printemps et de l'été 1918 immobilisent les opérations sur les autres fronts) et de la lenteur de la progression des insurgés arabes au-delà du Jourdain. Les opérations militaires prévues par Allenby devant se dérouler dans la zone d'influence française (Damas), Paris demande à Londres une réaffirmation de la validité de l'accord Sykes-Picot. Les responsables britanniques affirment qu'il n'y a eu aucun accord, tout juste un document de travail diplomatique, et qu'une notification de la présence française dans la région de Damas aurait les effets les plus néfastes sur l'avenir de la révolte arabe. Finalement, le 30 septembre 1918, les Français et les Britanniques signent un nouvel accord interprétatif de l'accord Sykes-Picot, qui reconnaît bien l'existence d'une zone A et d'une zone Bleue à la France mais qui établit l'unité de commandement allié sur toute la région et sous la seule autorité du général Allenby. Les Français pourront seulement envoyer des conseillers politiques dans la région de Damas mais à la demande d'Allenby.

Le 1er octobre 1918, les troupes arabes et britanniques entrent dans Damas puis, au cours du mois, occupent toutes les villes syriennes jusqu'à Alep. La France occupe de son côté le littoral libanais et prend position à Beyrouth

(6 octobre) et à Tripoli. Faysal installe un gouvernement arabe à Damas qui entend avoir autorité sur l'ensemble de la région, y compris les zones occupées par la France. Très vite la tension s'installe donc entre Français et Arabes, alors que les Britanniques, décidés à remettre en cause la présence française au Proche-Orient, font de Faysal leur principal interlocuteur en vue de la future conférence de la paix. La Grande-Bretagne parvient à obtenir de la France qu'elle signe le 7 novembre une déclaration commune affirmant que le but des Alliés en Orient est « l'établissement de gouvernements et d'administrations indigènes » que les populations arabes « se seront librement données ».

3.3. L'occupation militaire du Moyen-Orient

3.3.1. La convention de Moudros

L'armée ottomane s'est retirée durant l'automne des régions arabes pour refluer vers l'Anatolie. L'offensive alliée à Salonique, déclenchée le 15 septembre 1918 par Franchet d'Esperey, menace rapidement la capitale ottomane. Le 14 octobre, le grand vizir (chef du gouvernement) charge le général britannique Townsend, capturé en 1916 à Kut, de porter à l'amiral Cathorpe, commandant de l'escadre britannique en mer Égée, une demande d'armistice. Les négociations ne s'ouvrent que le 27 du mois, dans la rade de Moudros, les Britanniques cherchant dans l'intervalle à consolider leurs positions en Syrie et en Mésopotamie. Signée le 30 octobre 1918, la convention de Moudros impose la démobilisation immédiate de l'armée ottomane, la confiscation de la flotte de guerre, la reddition des forces encore actives dans les régions arabes (Syrie, Hedjaz, etc.) et l'évacuation de la Transcaucasie. La circulation dans les détroits est libre et la région est occupée par des forces alliées. Tous les moyens de communication ottomans sont rendus libres d'utilisation aux alliés (ports, chemins de fer, etc.). L'article 7 permet aux vainqueurs d'occuper certains points stratégiques de leur choix.

Le 1er novembre 1918, les principaux dirigeants de l'Empire (Jamal Pacha, Talaat Pacha, Enver Pacha) s'enfuient et se réfugient en Allemagne. Dans les jours suivants, le CUP s'autodissout et laisse les responsabilités politiques aux membres de l'Entente libérale. Dans les semaines suivantes, les forces alliées prennent possession de territoires ottomans entiers : elles occupent la capitale le 13 novembre, la France la Cilicie en décembre, les Grecs la Thrace orientale début 1919 et Smyrne en mai, les Italiens le sud-ouest de l'Anatolie en mars.

3.3.2. L'occupation britannique de la Mésopotamie

En mars 1917, les troupes britanniques de la basse-Mésopotamie s'emparent de Bagdad. À la fin de la guerre, elles occupent la région de Mossoul, en dépit du fait que cette dernière est dans la zone A de l'accord Sykes-Picot et doit donc revenir à la France. La volonté britannique d'occuper l'ensemble de la Mésopotamie provient essentiellement de la richesse pétrolière de la région, enjeu économique et stratégique fondamental depuis 1916 et la découverte de l'importance de l'arme pétrolière dans la guerre.

Le gouvernement des Indes souhaite faire de cette région une colonie sur le modèle de l'Inde alors que les responsables britanniques en Égypte, sous l'influence de Mark Sykes, sont plutôt favorables à un système d'administration indirecte devant mener à la progressive indépendance du pays. À la fin de l'année

1918, c'est toutefois le système d'administration directe qui demeure en vigueur. Les Britanniques organisent en décembre 1918 une consultation populaire dont les questions sont très nettement dirigées en faveur de la constitution d'un État arabe sous contrôle britannique et dirigé par un émir. Londres songe, pour ce dernier, à un des fils du roi Hussein, Abdallah.

3.3.3. Le partage militaire du littoral

Dès octobre 1918, le général Allenby partage les régions syro-palestiniennes occupées en trois zones militaires : une zone britannique en Palestine, une zone arabe entre Damas et Alexandrette, une zone française sur le littoral beyrouthin. Des conseillers et agents militaires britanniques sont présents dans les trois zones et Allenby demeure l'autorité suprême. Certaines de ces zones ne connaîtront que le régime d'occupation militaire pendant plusieurs années, telle la Palestine.

Les frictions entre Arabes et Français se multiplient, tant à Damas qu'à Beyrouth. Faysal a tenté d'instaurer un gouvernement arabe dans cette dernière ville mais il se heurte à une vive hostilité française et c'est un échec. À Damas, les Français ont obtenu des Britanniques la possibilité de dépêcher une mission politico-militaire chargée d'établir des relations avec le gouvernement arabe de Damas, mais elle est totalement négligée par ce dernier et par les Britanniques.

À la fin de l'année 1918, la carte politique et territoriale du Moyen-Orient est totalement bouleversée par les effets de la guerre. En dépit des velléités d'indépendance arabe et de la révolte de 1916, le sort de la région est largement entre les mains des puissances européennes et ne se décidera pas sur le plan local mais dans le vaste cadre de la conférence de Versailles. La dimension essentielle de l'après-guerre est en conséquence l'affrontement diplomatique franco-britannique pour le contrôle de la région. Cet affrontement va durer plusieurs années.

Synthèse
La déclaration Balfour

Le 2 novembre 1917, le gouvernement de Londres s'engage formellement à favoriser la formation d'un « foyer national » juif en Palestine. La déclaration Balfour, du nom du chef de la diplomatie britannique à la fin de la guerre, est peut-être le document le plus célèbre de l'histoire du Moyen-Orient au XXe siècle. Plusieurs décennies après sa publication, cette déclaration continuera de faire l'objet de débats d'interprétation et servira de référence aux documents et actes publics de la puissance britannique. Comment en est-on arrivé à cette déclaration capitale pour l'histoire de la Palestine ?

1 LE SIONISME ET LA GUERRE

Le sort du monde juif occupe une place importante dans la « guerre idéologique » que les belligérants se livrent durant le premier conflit mondial. La France et la Grande-Bretagne, qui se présentent comme les champions du droit et de la liberté des peuples, voient leur position affaiblie par la nature autocratique de leur alliée, la Russie. Or, cette dernière mène durant la guerre une politique de persécution des Juifs, accusés de trahison et d'espionnage en faveur de l'Allemagne (déportations, emprisonnements, etc.). Au contraire, l'Allemagne mène une politique d'émancipation relative des populations juives dans les territoires polonais qu'elle occupe, et elle protège les communautés juives en Palestine contre une éventuelle répression des autorités ottomanes.

Aux États-Unis, les citoyens juifs, principalement issus de l'immigration russe et allemande, sont en conséquence plus favorables à la cause des empires centraux qu'à celle de l'Entente. Or, le financement de l'effort de guerre de la France et de la Grande-Bretagne passe par un appel constant aux crédits des grandes banques commerciales américaines, dont certaines sont détenues par des Juifs d'origine allemande. Ces derniers tendent à conditionner l'octroi de crédits bancaires à l'amélioration du sort des Juifs de Russie. L'Allemagne d'un côté, la France et la Grande-Bretagne de l'autre, se livrent à une véritable guerre de propagande auprès des communautés juives américaines.

L'Organisation sioniste a proclamé sa neutralité au début de la guerre et transféré son siège de Berlin à Copenhague. Elle entretient toutefois des relations suivies avec l'Allemagne, dans la mesure où cette dernière lui permet de maintenir le contact avec les Juifs de Palestine. Dans les pays de l'Entente, les associations sionistes se détachent progressivement de l'Organisation. En Grande-Bretagne, un chimiste de renom, naturalisé britannique, Chaïm Weizmann*, devient en 1914 vice-président de la Fédération sioniste de Grande-Bretagne, puis président en 1917. Il entretient des relations suivies avec la famille Rothschild en France et surtout avec les milieux sionistes russes, dont leur représentant en Grande-Bretagne, Nahum Sokolow. Weizmann considère que la réussite des projets sionistes passe par une identification des buts de son mouvement avec ceux de la politique britannique en Orient.

Dès 1914, il multiplie les entretiens avec des personnalités gouvernementales britanniques. Il rencontre Herbert Samuel, ministre de confession juive converti aux idées sionistes. En décembre 1914, il rencontre lord Balfour. Ce dernier se montre intéressé par les projets sionistes de formation d'une « nation juive » en Palestine. Au début de 1915, Weizmann met au point un procédé de synthèse de l'acétone, agent nécessaire à la fabrication des explosifs. Ce procédé assure 10 % des besoins britanniques durant la guerre et confère à Weizmann une grande notoriété dans les milieux politiques et militaires britanniques.

2 LA DÉCLARATION BALFOUR

En décembre 1916, un second cabinet de coalition est formé par Lloyd George. Lord Balfour prend la direction des Affaires étrangères. Le nouveau gouvernement est plus sensible aux affaires d'Orient. Lloyd George est favorable à une action militaire d'envergure dans la région. Son attention se fixe sur la Palestine. Les responsables britanniques estiment en conséquence qu'en cas d'occupation militaire de cette région par leur armée, il ne saurait être question de la rétrocéder à une administration internationale, ainsi que le prévoit l'accord Sykes-Picot. Les responsables de Londres plaident pour un protectorat britannique ou américain. Dans ce cadre, les projets sionistes intéressent Londres. Ils justifieraient la mise en place d'un protectorat et permettraient à la Grande-Bretagne de constituer en Palestine une zone tampon entre la Syrie française et l'Égypte.

Sykes, devenu secrétaire adjoint au cabinet de Guerre, entame, de sa propre initiative, des contacts avec les sionistes britanniques. Le 5 février 1917, il rencontre une délégation composée notamment de James de Rothschild (fils d'Edmond), de Weizmann, de Sokolow et d'Herbert Samuel. Sykes souligne la sympathie de son pays pour une Palestine juive et obtient que Sokolow soit mandaté pour entrer en contact avec les gouvernements alliés. Avec Sykes, il met au point un programme sioniste acceptable par les alliés. Sokolow rencontre des responsables français et italiens, ainsi que le pape Benoît XV. L'action des sionistes est renforcée par l'éclatement de la révolution en Russie. Les alliés pensent que les Juifs russes ont joué un rôle important dans la révolution de février. Pour maintenir la Russie dans la guerre, ils sont persuadés qu'il faut favoriser les projets des sionistes, car ces derniers peuvent avoir une influence déterminante sur les nouveaux dirigeants russes.

En juillet 1917, Sokolow rédige, avec d'autres dirigeants sionistes, un projet de déclaration britannique. Le gouvernement britannique y affirmerait être favorable à un « foyer national pour le peuple juif » en Palestine, sous un protectorat à définir. L'immigration des Juifs y serait libre et « l'autonomie de la nationalité juive » garantie. Le projet est transmis par lord Rothschild à Sykes et au *Foreign Office*. Des discussions s'ouvrent sur le contenu de cette déclaration entre sionistes et responsables britanniques. Le projet est également soumis à Wilson qui est favorable au contenu du texte mais ne souhaite pas s'engager officiellement. Finalement, le 2 novembre 1917, lord Balfour adresse à lord Rothschild une lettre dans laquelle il précise que le gouvernement britannique « envisage favorablement l'établissement en Palestine d'un foyer national pour le peuple juif et emploiera tous ses efforts pour la réalisation de cet objectif, étant clairement entendu que rien ne sera fait qui puisse porter atteinte aux droits civils et religieux des collectivités non juives existant en Palestine, soit aux droits et au statut politique dont les Juifs disposent dans tout autre pays ». La spécificité de ce document, qui entraînera l'hostilité des Arabes, vient du fait que ces derniers ne sont définis qu'en tant que « collectivités non juives ». De plus, le texte ne leur reconnaît pas de droits politiques alors que ceux-ci sont garantis aux Juifs. Les réactions arabes sont tout de suite hostiles à la déclaration Balfour. Le 14 février 1918, le gouvernement français envoie une lettre officielle à Sokolow dans laquelle il affirme que « l'entente est complète entre les gouvernements français et britanniques en ce qui concerne la question d'un établissement juif en Palestine ». Le 9 mai 1918, c'est au tour du gouvernement italien d'adresser une lettre à Sokolow. Cette dernière parle de la formation en Palestine d'un « centre national israélite » et mentionne le respect des « droits politiques » des communautés non juives. Conformément à ses conceptions, Wilson ne prend pas position officiellement. Il souhaite arriver à la Conférence de la paix, libre de tout engagement.

La déclaration Balfour constitue une grande victoire pour le sionisme politique. D'une part, leurs droits sur la Palestine sont garantis par un document juridique de portée internationale. D'autre part, ils ont obtenu un engagement écrit britannique avant les Arabes et dont ils peuvent donc se prémunir dans la lutte pour la Palestine qui va s'ouvrir.

Chapitre 3

Le Moyen-Orient sous la domination occidentale dans les années 1920

Le sort du Moyen-Orient, à la fin de la guerre, va se décider en Europe à travers une série de conférences diplomatiques. De ces dernières, sort la carte territoriale contemporaine de la région, avec la création des Mandats, préfiguration des futurs États arabes. En dépit des nombreuses manifestations d'indépendance, le Moyen-Orient passe sous la domination occidentale, essentiellement celle de la Grande-Bretagne et de la France.

1 LA DIVISION POLITIQUE ET TERRITORIALE DU MOYEN-ORIENT

1.1. Les revendications arabes

1.1.1. Le mémorandum de Faysal

Le Hedjaz étant considéré comme puissance belligérante faisant partie du camp des vainqueurs, la Grande-Bretagne fait pression pour que l'émir Faysal* soit l'unique représentant des Arabes à la conférence de Versailles. Les Britanniques interdisent aux Palestiniens, aux Mésopotamiens et aux Égyptiens d'envoyer une délégation en France. Encadrés par des officiers britanniques, dont T. E. Lawrence, Faysal expose en janvier 1919 les revendications arabes, nettement favorables à l'influence britannique.

L'émir rappelle que la nation arabe s'étend au sud d'une ligne partant d'Alexandrette et allant à la frontière persane. Il souligne le principe wilsonien du droit des peuples à disposer d'eux-mêmes. Étant donné la diversité de développement des régions arabes, Faysal propose une confédération d'États, sous la direction de son père, composée de la Syrie, de l'Irak, de la Palestine, du Hedjaz et du Yémen. En Syrie et en Irak, Faysal demande l'appui de conseillers étrangers, sans préciser leur nationalité. En Palestine, il estime que les conflits potentiels entre Juifs et Arabes nécessitent une tutelle étrangère directe. Dans tous les cas, l'émir songe évidemment à la Grande-Bretagne. Il n'est aucunement fait mention des revendications françaises au Liban et en Syrie.

1.1.2. Les demandes syriennes et libanaises

La France est opposée au mémorandum de Faysal. Elle considère ce dernier comme une créature des Britanniques. Elle favorise donc la présentation à la conférence de Versailles des demandes syriennes et libanaises hostiles à Faysal.

– Les revendications syriennes sont exposées par le *Comité central syrien*, composé de personnalités francophiles ayant œuvré en faveur de l'influence française durant la guerre. Le Comité est constitué de Libanais et de Syriens ayant émigré en France au début du siècle. Le 13 février 1919, une délégation du Comité, reçue à Versailles, demande la constitution d'une Grande Syrie englobant la Palestine et le Liban et détachée de la tutelle du Hedjaz. Elle considère que les Syriens sont plus évolués que les bédouins de la Péninsule et qu'ils ne peuvent en conséquence demeurer sous leur autorité. La délégation demande que cette Syrie intégrale soit placée sous la tutelle de la France.
– Les revendications libanaises sont exposées au même moment par une délégation de personnalités politiques issues de la Montagne libanaise. La Grande-Bretagne a tenté d'empêcher le départ de ce groupe, essentiellement composé de Maronites favorables à la France et sous l'influence du patriarche maronite, Mgr Houayek. La délégation revendique la création d'un Grand-Liban s'étendant au sud jusqu'à Saïda et au nord jusqu'à Tripoli, et incluant la ville de Beyrouth. Le pays serait sous tutelle française. La délégation envisage une coopération avec la Syrie voisine à la seule condition que cette dernière région soit également sous l'influence de la France.

1.1.3. L'Égypte

En décembre 1914, la Grande-Bretagne a proclamé l'instauration de son protectorat sur l'Égypte, mettant fin officiellement à la souveraineté ottomane sur le pays. Le khédive Abbas Hilmi II est déchu de son titre et son fils, Hussein Kamil, prend celui de Sultan d'Égypte. Le contrôle britannique sur l'Égypte est désormais plus fort. Ce contrôle est invoqué par Londres pour raison militaire. En 1917, à la mort de Hussein Kamil, le titre de sultan passe à Ahmed Fouad, personnalité très cultivée mais aux conceptions politiques très autoritaires.

La guerre a profondément influé sur la société égyptienne. Près de 70 000 Égyptiens ont participé aux opérations militaires britanniques dans le Sinaï, en Palestine et en Mésopotamie. Des centaines de milliers d'Égyptiens ont été recrutés par corvée pour participer aux travaux nécessaires à la guerre (terrassement, fortification, chemins de fer, etc.). Cette ponction, qui a touché également le cheptel agricole égyptien, a pesé sur la paysannerie. Des dizaines de milliers de familles sont ruinées au sortir de la guerre. En revanche, les commandes militaires ont permis un début d'industrialisation et un enrichissement relatif d'une partie de la bourgeoisie.

À la fin de la guerre, les Égyptiens, confortés par le discours de Wilson, entendent réclamer leur indépendance. Les nationalistes, dirigés par Saad Zaghloul, forment une délégation (en arabe *Wafd*) qui rencontre le 13 novembre 1918 le haut-commissaire britannique en Égypte, sir Reginald Wingate. Ce dernier refuse d'entendre les revendications égyptiennes. Il affirme que la Grande-Bretagne doit maintenir sa souveraineté sur le pays, que les Égyptiens ne sont pas assez mûrs politiquement pour se prendre en charge eux-mêmes. Un *self-government* est possible mais pas avant plusieurs décennies. De toute l'Égypte, des mandats de soutien populaires sont envoyés au *Wafd*, conférant à ce dernier une véritable audience nationale. Le *Wafd* tente de rejoindre Londres pour discuter avec le gouvernement britannique du statut futur de l'Égypte mais les autorités du Caire empêchent ce départ. En mars 1919, les principaux dirigeants du *Wafd*, dont Saad Zaghloul, sont arrêtés et déportés à Malte.

1.1.4. L'Irak

Les revendications irakiennes s'expriment lors de la consultation populaire organisée par la Grande-Bretagne en décembre 1918. Dans les régions du sud, sous l'influence des notables religieux chi'ites, la présence britannique est refusée. Les populations réclament un État arabe s'étendant de Mossoul à Bassorah et dirigé par un roi arabe musulman, dont le pouvoir sera limité par une assemblée législative. Les populations sunnites, essentiellement urbaines, revendiquent un État arabe qui pourrait être inclus dans une confédération régionale. Les réponses à la consultation sont toutefois truquées par les Britanniques afin de donner l'impression que la population irakienne réclame la tutelle de la Grande-Bretagne.

Devant ce maquillage politique, les notables chi'ites décident de s'adresser directement au président Wilson. Le 21 février 1919, une adresse à ce dernier revendique l'autodétermination et l'indépendance du peuple irakien. L'avenir de la présence britannique devrait être décidé par l'assemblée législative du pays. Mais les revendications irakiennes ne sont pas entendues et la Grande-Bretagne empêche toute délégation nationale de se rendre en Europe.

1.2. Le traité de Sèvres

1.2.1. L'antagonisme franco-britannique

En décembre 1918, les Français et les Britanniques ont tenté de se mettre d'accord sur l'avenir de leur présence en Orient. Il est clair que l'accord Sykes-Picot ne sera pas respecté. À la veille de la conférence de Versailles, Clemenceau et Lloyd George, les deux chefs de gouvernement, se rencontrent et s'entendent pour un nouveau partage des responsabilités dans la région. La France accepte que la Palestine ne soit pas internationalisée et passe sous l'influence de la Grande-Bretagne. Elle cède également à cette dernière la région de Mossoul, intégrée désormais au reste de l'Irak, mais en échange obtient une participation à l'exploitation du pétrole de la Mésopotamie. En revanche, Clemenceau reste ferme sur la présence française en Syrie.

Or, les revendications de Faysal sur la Syrie sont interprétées par les Français comme une volonté britannique d'éradiquer la France du Proche-Orient. La question syrienne envenime les relations franco-britanniques durant la conférence et il n'est pas possible de trouver un accord. Wilson propose l'envoi d'une commission d'enquête chargée de recueillir l'avis des populations de Syrie, du Liban et de Palestine. La France et la Grande-Bretagne refusent de participer à cette commission. Les conclusions rendues par cette dernière à l'automne 1919 sont sans effet.

En raison des troubles qui secouent, de l'Irlande à l'Inde, son empire, la Grande-Bretagne décide finalement de retirer ses forces militaires de la Syrie. Par ce geste, elle reconnaît que cette région doit passer dans la zone d'influence française. Londres incite l'émir Faysal à s'entendre désormais avec la France. Au terme d'une négociation secrète, Faysal et Clemenceau signent effectivement un accord le 6 janvier 1920. Cet accord prévoit :

1. La reconnaissance d'un protectorat français sur un Liban dont les limites seront définies selon les vœux des populations locales. Il s'agit en fait d'une reconnaissance par Faysal des revendications « grand-libanaises ».

2. La reconnaissance par la France de l'indépendance de la Syrie, avec Faysal pour chef d'État et Damas pour capitale. La Syrie entrerait dans la future SDN. Son régime serait une monarchie constitutionnelle avec un gouvernement responsable devant une assemblée législative.
3. La nomination d'un haut-commissaire français en Syrie, chargé des relations de la France avec l'émir et l'envoi de conseillers exclusivement français auprès du gouvernement arabe. Faysal reconnaît par ailleurs la primauté des intérêts économiques et culturels de la France dans son pays.

Cet accord secret n'a jamais été rendu public et n'a donc jamais été appliqué. De retour à Damas, Faysal se heurte au radicalisme des nationalistes du Congrès syrien* et n'ose pas divulguer le contenu de cet accord, s'engageant ainsi dans une épreuve de force avec la France. Clemenceau quitte le gouvernement à la fin janvier 1920, suite à l'échec de sa candidature à la présidence de la République. L'équipe plus conservatrice qui lui succède est hostile à cet accord.

1.2.2. San Remo

Après l'échec du rapprochement franco-arabe, l'accord entre la France et la Grande-Bretagne a lieu en trois temps :

- Février-mars 1920 : la conférence de Londres confirme l'abandon de Faysal par la Grande-Bretagne. Lloyd George réclame un agrandissement vers le nord de la Palestine, remettant à nouveau en question les demandes françaises en Syrie et au Liban. Il obtient une rectification de frontière, au profit de la Grande-Bretagne, au nord de la Galilée.
- Avril 1920 : la conférence de San Remo, de loin la plus importante, doit fixer les clauses du traité de paix avec l'Empire ottoman. Français et Britanniques s'entendent finalement pour la répartition de leurs zones d'influence dans l'Orient arabe. La France accepte d'abandonner son protectorat sur les catholiques de Palestine et renonce aux Capitulations dans ce pays. Faysal, ayant refusé de se rendre à cette conférence, est sommé de se plier aux décisions prises à San Remo.
- 10 août 1920 : le traité de paix avec l'Empire ottoman est signé à Sèvres. La Turquie conserve sa capitale Constantinople. Les détroits sont neutralisés et démilitarisés. L'ancien Empire est dépecé entre la Grèce (Thrace orientale et région de Smyrne), l'Italie (région d'Adalia), la France (Syrie et Cilicie) et la Grande-Bretagne (Palestine et Irak). Un État indépendant arménien est créé en Anatolie orientale ainsi qu'un Kurdistan autonome. La Turquie livre sa flotte de guerre et son armée est réduite à 50 000 hommes.

1.2.3. Les Mandats de la SDN

La forme que prend l'occupation des vainqueurs dans les anciennes provinces ottomanes est celle du Mandat. Celui-ci est défini par l'article 22 du pacte de la Société des Nations (SDN) adopté à Versailles le 28 avril 1919. Les colonies et territoires des puissances vaincues doivent être retirés de la souveraineté de ces dernières mais les populations qui les habitent ne sont pas encore mûres pour accéder à l'indépendance. Elles seront donc placées sous la tutelle de puissances mandataires, chargées de les conduire vers l'indépendance. Une clause spéciale de l'article 22 concerne l'ancien Empire ottoman. Elle souligne que les peuples de cette région ont déjà atteint un fort degré de développement et qu'ils pourront accéder à l'indépendance assez rapidement.

Le système des Mandats, qui concerne également les possessions allemandes d'Afrique et du Pacifique, est un compromis entre les visées impériales des puissances européennes et la volonté de Wilson de favoriser l'autodétermination des peuples. Si le terme d'indépendance est mentionné dans le pacte de la SDN, les populations anciennement soumises n'ont toutefois pas d'autre choix dans l'immédiat que d'accepter une puissance tutélaire. Ce système convient parfaitement à la France et à la Grande-Bretagne car il propose un régime d'administration indirecte moins coûteux que le système colonial classique. En effet, le Mandat prévoit que les coûts d'installation de la puissance mandataire sont pris en charge par le gouvernement local.

Entre 1920 et 1922, les puissances mandataires française et britannique s'installent définitivement au Moyen-Orient, la France sur les mandats de Syrie et du Liban, la Grande-Bretagne sur ceux de Palestine et d'Irak. En 1921, Londres crée entre ses deux possessions mandataires un émirat de Transjordanie confié à Abdallah*, fils du chérif de La Mecque, et étroitement contrôlé par l'armée britannique. La carte géopolitique du Moyen-Orient contemporain prend ainsi forme.

1.3. Les résistances aux décisions occidentales

1.3.1. L'échec du royaume arabe

Durant le long séjour à Paris de Faysal, l'opinion nationaliste en Syrie s'est radicalisée contre les puissances européennes. Le contrôle du littoral syrien par la France détériore la situation économique en Syrie. Le retrait militaire de la Grande-Bretagne, à l'automne 1919, entraîne l'arrêt des fonds versés par Londres au gouvernement arabe de Damas. Le Congrès syrien ayant proclamé l'indépendance totale de la Syrie, sous la direction de Faysal, la France durcit sa position. Elle craint une collusion entre le royaume arabe de Damas et les forces kémalistes de Turquie qui combattent les pays vainqueurs pour remettre en question les clauses du traité de Sèvres. La France a envoyé à l'automne 1919 une force militaire importante au Liban, commandée par le général Gouraud*. Des troupes arabes irrégulières pénètrent au Liban pour attaquer les positions françaises ou bien mènent des actions de sabotage sur les lignes ferroviaires menant vers les lignes de front françaises contre les kémalistes.

En juillet 1920, l'armée de Gouraud entre en Syrie. Elle défait les troupes arabes à la bataille de Maysaloun puis s'empare de Damas. Faysal et les principaux responsables nationalistes sont chassés de Syrie. C'est la fin du royaume arabe de Damas. La France pense qu'elle a ainsi mis fin aux idées nationalistes arabes dans la région.

1.3.2. Les révoltes égyptienne et irakienne

– En Égypte, l'arrestation et la déportation des chefs du *Wafd* à Malte déclenche une véritable vague révolutionnaire dans le pays. Les manifestations traversent tout le pays, elles associent dans un même mouvement, chrétiens et musulmans, et s'en prennent aux intérêts britanniques. La mobilisation populaire, très importante, est encadrée par la petite notabilité rurale et par la classe moyenne urbaine. La répression britannique, menée par le général Allenby, fait des milliers de morts. Saad Zaghloul et ses compagnons sont toutefois libérés, au moment où les puissances alliées à Versailles reconnaissent le protectorat britannique sur l'Égypte (avril 1919). En août 1919, une commission d'enquête est envoyée par Londres afin de trouver une solution contre l'agitation révolutionnaire qui se poursuit mais elle est boycottée par les Égyptiens. La commission propose, dans son rapport d'avril 1920, la conclusion d'un accord bilatéral entre la Grande-Bretagne et l'Égypte.

– En Irak, devant le refus britannique d'écouter les revendications du pays, les notables chi'ites décident de passer à l'action et de préparer un mouvement insurrectionnel. Des manifestations éclatent à Bagdad, au printemps 1920, en collusion avec les Sunnites. La révolte irakienne éclate en juin 1920. Chassés de la région du Moyen-Euphrate, les Britanniques ne reprennent le contrôle de la région qu'après plusieurs mois de combat, faisant plus de 8 000 morts du côté irakien. Le coût financier de la reprise en main militaire de l'Irak est considérable. Le mouvement insurrectionnel irakien échoue en raison des divisions politiques du pays. Les grands *shaykhs* tribaux du sud sont restés fidèles à la Grande-Bretagne. De même, les nationalistes arabes d'origine irakienne, qui viennent d'être chassés de Damas par la France, recherchent l'appui de Londres et condamnent la révolte irakienne.

1.3.3. Mustafa Kemal

Général de l'armée ottomane durant la guerre, Mustafa Kémal refuse la signature du traité de Sèvres par le Sultan Mehmed VI. Le mouvement nationaliste qu'il a créé en Anatolie en juin 1919, condamné par le pouvoir, déclenche des opérations de guerre contre les puissances alliées devant s'installer en Turquie. Le 7 janvier 1921, les Grecs sont battus. Par le traité de Moscou (16 mars 1921), Mustapha Kémal obtient du gouvernement bolchévik les régions arméniennes qui devaient revenir à la Russie en vertu des accords passés durant la guerre et dénoncés par Moscou. Cette dernière reconnaît également la pleine souveraineté de la Turquie sur les Détroits. Harcelées par l'armée nationaliste turque, l'Italie évacue la région d'Adalia en juin 1921 et la France la Cilicie en octobre 1921. L'accord franco-turc dit Francklin-Bouillon laisse toutefois à la France le *sandjak* d'Alexandrette. La France reconnaît le gouvernement que Mustafa Kémal vient de former et accepte de lui fournir des armes.

1.3.4. Le traité de Lausanne

Mustapha Kémal parvient à chasser définitivement les Grecs en août 1922, au prix de nombreux massacres de populations civiles. La Grèce évacue également la Thrace orientale. La Grande-Bretagne tente de conserver le contrôle des Détroits mais la France et l'Italie en décident l'évacuation militaire en septembre 1922. Le 11 octobre, l'armistice de Moudania est signé et les Turcs retrouvent la souveraineté sur Constantinople. Mustapha Kémal abolit le sultanat ottoman le 2 novembre.

Le 24 juillet 1923, un nouveau traité de paix est signé à Lausanne en remplacement du traité de Sèvres. Il rend à la Turquie toute l'Asie mineure ainsi que la Thrace orientale. Les détroits restent démilitarisés. Contrairement au traité de Sèvres, les Capitulations sont définitivement abolies. L'Empire ottoman fait place à la République turque. Mustapha Kémal, nouveau chef d'État et surnommé *Atatürk* (le père des Turcs), va mener désormais son pays sur la voie d'une modernisation accélérée sur le modèle occidental. Sa volonté de laïciser la société turque entraîne l'abolition du califat le 3 mars 1924.

2 LA QUESTION DE PALESTINE DANS LES ANNÉES 1920

2.1. La réaction des Arabes à la déclaration Balfour

2.1.1. Faysal et la Palestine

Alors que la déclaration Balfour a déclenché, à la fin de la guerre, des mouvements de protestation en Palestine, les Britanniques tentent de conclure une entente entre Faysal et les sionistes. Le 3 janvier 1919, un accord est signé entre Faysal et Weizmann. Cet accord est très ambigu. Il parle d'un État arabe en Palestine mais il affirme également que le statut de cette dernière doit être défini selon les termes de la déclaration Balfour. L'immigration des Juifs en Palestine sera libre et l'Organisation sioniste aidera au développement de l'État arabe. Faysal a ajouté en post-scriptum que la réalisation de cet accord est conditionnée par la satisfaction des demandes d'indépendance qu'il a exposées à Versailles.

L'échec des revendications arabes devant les puissances entraîne la caducité de cet accord. À partir de l'été 1919, Faysal revendique la Palestine comme partie méridionale du royaume arabe de Damas. Les nationalistes arabes d'origine palestinienne, dans l'entourage de l'émir, soutiennent ces revendications et décident de se rapprocher de la France. Le projet de Syrie intégrale de cette dernière les intéresse. Ils sont prêts à accepter une tutelle française sur l'ensemble de la Syrie à condition que la France refuse tout projet sioniste. Une campagne de pétitions est menée en Palestine en 1919-1920 en faveur de cette solution qui ne manque pas d'inquiéter les Britanniques.

2.1.2. La formation de l'Association islamo-chrétienne

À côté des projets de Faysal, les Palestiniens demeurés dans le pays s'organisent. Ce sont surtout des grands notables urbains, peu sensibles aux appels nationalistes arabes de Damas et éloignés politiquement et socialement des jeunes nationalistes palestiniens dans l'entourage de Faysal. Ces notables ont été particulièrement choqués par les déclarations de la délégation sioniste à Versailles en février 1919. Cette dernière a réaffirmé la nécessité de l'émigration libre vers la Palestine. Elle ne réclame pas immédiatement un État mais demande qu'on laisse aux Juifs la possibilité de bâtir dans le pays « une nation qui serait aussi juive que la nation française est française et que la nation britannique est britannique ». Rapidement connue en Palestine, la formule est résumée : « Faire une Palestine aussi juive que l'Angleterre est anglaise » et est comprise comme le prélude à la prise de possession du pays par les Juifs.

En janvier-février 1919, les notables palestiniens organisent un congrès islamo-chrétien à Jérusalem. Ils demandent l'application du principe du droit des peuples, demandent leur rattachement à la Syrie et refusent les revendications françaises sur la Palestine. En dépit de son appel unitaire, le congrès se montre favorable à l'expression d'une identité nationale proprement palestinienne. Le congrès demande une tutelle britannique si cette dernière rejette le projet sioniste. Les idées du congrès sont en opposition complète avec celles des nationalistes palestiniens de Damas. Le congrès se dote d'une organisation permanente, l'Association islamo-chrétienne, sous l'autorité du maire de Jérusalem Musa Kazim al-Husseini*.

2.1.3. Les émeutes de 1920-1921

En mars 1920, les nationalistes arabes de Damas lancent un raid sur la Galilée et causent des pertes humaines dans certaines colonies juives de la région. En retour, les Juifs décident de s'armer clandestinement et se préparer à affronter les Arabes. Le 4 avril, lors de la fête du Nabi Musa à Jérusalem, grand pèlerinage musulman en l'honneur du prophète Moïse, les quartiers juifs sont attaqués, faisant 9 morts et 244 blessés. Accusé de ne pas avoir su contrôler la manifestation, Musa Kazim al-Husseini est démis de ses fonctions par les Britanniques. Un autre membre de la famille Husseini, Amin, frère de Musa, est accusé d'être l'un des organisateurs de l'émeute et condamné par contumace à une lourde peine de prison.

Un an plus tard, le 1er mai 1921, des troubles éclatent à Jaffa et ne sont calmés qu'au bout de trois jours. La violence se déplace pendant quelques jours dans le centre de la Palestine. Les émeutes ont fait au total 90 morts du côté juif et 62 du côté arabe. C'est dans ce contexte troublé que se met en place difficilement le mandat de Palestine.

2.2. L'établissement du mandat de Palestine

2.2.1. Les décisions de San Remo

Jusqu'en 1920, la Palestine demeure sous administration militaire britannique. Cette dernière s'en tient à un strict maintien du statu quo. L'information est sévèrement contrôlée et censurée. Aucune déclaration officielle n'est faite sur l'avenir de la Palestine et Arabes comme sionistes s'inquiètent du destin politique de la région. À la conférence de Londres, les Britanniques refusent toute discussion avec les Français sur le statut politique de la région et concentrent leur action sur la délimitation des frontières de la Palestine mandataire. Celle-ci s'étend du nord de la Galilée au désert du Néguev et du littoral méditerranéen au Jourdain. Ces précisions territoriales sont entérinées à San Remo et le Mandat de Palestine est confirmé comme étant dévolu à la Grande-Bretagne.

Le 30 juin 1920, en vertu de ces décisions diplomatiques, un haut-commissaire civil est nommé par Londres en Palestine. Il s'agit de Sir Herbert Samuel, personnalité politique libérale de confession juive et favorable à la cause sioniste. Le gouvernement britannique l'a nommé pour rassurer les Juifs de Palestine. Libéral, Herbert Samuel considère que la puissance publique ne doit pas intervenir pour financer le foyer national juif mais doit seulement permettre les conditions de son épanouissement. Il octroie ainsi des terres et des concessions industrielles aux sionistes et ils délivrent des certificats d'émigration aux Juifs de Russie qui fuient la guerre civile. Herbert Samuel tente également de se concilier les Arabes. Il amnistie, en août 1920, les personnalités arabes condamnées suite aux émeutes d'avril.

2.2.2. Le Livre blanc de 1922

L'échec du royaume de Damas entraîne le retour des nationalistes palestiniens de l'entourage de Faysal. Ils participent au troisième congrès islamo-chrétien de Haïfa en décembre 1920. Les congressistes réclament l'arrêt du projet sioniste et l'indépendance d'un État arabe de Palestine sous influence britannique. Les Palestiniens abandonnent toute idée d'unité arabe et de grande Syrie. Après les troubles de mai 1921, Herbert Samuel décide de suspendre l'immigration juive.

En juin 1921, le IVe congrès islamo-chrétien décide d'envoyer à Londres une « délégation arabe palestinienne », conduite pas Musa Kazim al-Husseini. Elle est reçue par Churchill le 15 août. Les membres de la délégation exposent leurs craintes de voir se constituer un État juif en Palestine. Pour apaiser ces inquiétudes, le premier ministre conseille une rencontre avec Weizmann. Mais ce dernier refuse de déclarer que le projet sioniste en Palestine n'est pas la formation d'un État. La seule assurance qu'obtiennent les délégués est que l'immigration juive en Palestine n'excédera pas les capacités de développement économique du pays.

C'est dans ce contexte tendu que les autorités britanniques préparent la charte du Mandat de la Palestine. En juin 1922, Londres publie un Livre Blanc qui affirme qu'il n'y aura pas d'État juif en Palestine mais seulement le développement d'une communauté juive avec ses propres institutions. L'autorité britannique mettra en place des institutions de libre-gouvernement auxquelles participeront Juifs et Arabes. Ces derniers ne seront toutefois associés à la politique mandataire que s'ils reconnaissent la déclaration Balfour. La charte du Mandat est adoptée par la chambre des Communes le 4 juillet 1922, sur la base du Livre Blanc, puis ratifiée par la SDN le 24 juillet. L'article 2 de la charte reprend à peu près les termes de la déclaration Balfour et démontre ainsi le contenu favorable aux idées sionistes de la charte mandataire.

2.2.3. Vers un développement séparé des communautés de Palestine

Les Arabes, refusant de reconnaître la déclaration Balfour, décident de boycotter les institutions mandataires prévues par la charte et souhaitées par Herbert Samuel. Ce dernier a essayé de mettre en place une assemblée législative aux pouvoirs limités et composés de Juifs et d'Arabes, mais ces derniers boycottent les élections. De même, si les sionistes sont associés à la gestion administrative du Mandat par le biais de l'Agence juive, Herbert Samuel ne parvient pas à mettre sur pied une Agence arabe.

La seule organisation institutionnelle des Arabes de Palestine est religieuse. La proclamation de la fin du califat par Mustapha Kémal en 1924 confère au chef religieux des lieux saints musulmans de Palestine, le mufti (jurisconsulte) de Jérusalem, une place prédominante dans le monde arabe et musulman. Cette fonction échoit, au début des années 1920, à Hajj Amin al-Husseini*. Les Britanniques lui ont confié la gestion des fondations pieuses et toutes les affaires relevant de la religion musulmane sunnite en Palestine. Ainsi, les musulmans du pays s'organisent en communauté, sur le mode confessionnel en vigueur jusque-là pour les non-musulmans. De même, les Juifs se constituent en peuple autonome, refusant toute collaboration économique et sociale avec les Arabes et se définissant selon des critères à la fois civiques et laïcisants (le peuple juif) et religieux (la religion juive). Le développement séparé des deux communautés empêche la formation d'une citoyenneté palestinienne ou l'émergence d'une identité régionale associant Juifs et Arabes. Dans l'immédiat, cet échec justifie le maintien de la tutelle britannique sur le pays.

2.3. La mise en valeur de la Palestine

2.3.1. Le programme sioniste

Les sionistes entendent promouvoir en Palestine un homme nouveau. Les Juifs qui émigrent doivent abandonner les fonctions sociales urbaines qu'ils occupaient auparavant en Europe pour retourner à la terre. Cette conception, inspirée par les idées socialistes, peut être comprise comme une sorte de rédemption par le travail de la terre. Le travailleur juif ne doit, en outre, pas exploiter d'autres travailleurs. Aucune entreprise juive ne doit donc employer des ouvriers arabes. Les conceptions socialistes rejoignent ici la volonté de développement séparé de la communauté juive de Palestine.

En dépit de cette volonté agraire du programme sioniste, la population juive de Palestine demeure essentiellement urbaine. Dans les campagnes, l'exploitation rurale juive est à 90 % individuelle. Le collectivisme voulu par les sionistes ne concerne qu'une petite minorité, regroupée dans les kibboutz.

2.3.2. L'organisation du *Yichouv*

L'émigration juive vers la Palestine est très faible dans les années 1920. La majorité des Juifs de l'Europe de l'Est émigre en Europe occidentale, après l'instauration des quotas américains. À l'exception des années 1924-1926, qui voient arriver en Palestine de nombreux Juifs fuyant les mesures antisémites adoptées en Pologne, le nombre annuel d'immigrants arrivant en Palestine est de quelques milliers. Ces arrivées provoquent généralement une situation de crise économique dans le *Yichouv* (présence juive en Palestine), tant l'organisation de ce dernier manque de rentabilité. Cet état de fait montre bien que le mouvement sioniste est encore peu capable de financer et d'assurer l'arrivée d'une importante immigration.

Sur le plan politique, le *Yichouv* se dote à cette époque d'une armature institutionnelle plus solide. En décembre 1920, les partis socialistes juifs forment un syndicat confédéré, l'*Hisdrahut*, qui devient rapidement le premier employeur de la population juive de Palestine. Les Britanniques ont favorisé la formation d'un Conseil national élu, en octobre 1920, chargé de la gestion interne de la communauté juive. L'Agence juive est créée en 1929 pour organiser le développement des implantations juives dans le pays. Clandestinement, les Juifs se dotent également d'une milice armée, la *Haganah*. Ce développement permet aux Juifs de Palestine de prendre progressivement le contrôle de l'Organisation sioniste mondiale. Le *leader* de cette dernière devient entre les deux guerres le chef des socialistes juifs de Palestine, David Ben Gourion*.

2.3.3. La question foncière

Le problème central de la mise en valeur de la Palestine autant que des rapports judéo-arabes réside dans la question foncière. La propriété juive en Palestine est essentiellement collective, résultat de l'achat de terres par les organisations sionistes. Elle est donc considérée comme inaliénable et non susceptible d'être rétrocédée ou vendue à des Arabes. Dans les années 1920, les sionistes acquièrent des lots importants appartenant surtout à des Libanais et des Syriens désormais coupés géographiquement de la Palestine. Les tenanciers arabes qui occupent ces terres sont expulsés mais les autorités britanniques obligent un relogement aux frais des acheteurs sionistes. La propriété arabe de Palestine est ainsi progressivement grignotée par les organisations sionistes. Mais ce grignotage demeure limité. À la fin de la période mandataire, en 1945, les propriétés juives représentent 6,6 % de la superficie totale de la Palestine et environ 12 % de la surface agricole utile.

Du côté arabe, l'Entre-deux-guerres est une période de remembrement et d'achèvement des opérations de cadastre commencées sous l'Empire ottoman. Les terroirs arabes sont en général exploités collectivement. Sur chacun d'entre deux existent une part en propriété privée et une part en propriété publique. De nombreuses terres sont mises sur le marché foncier mais la demande reste supérieure à l'offre en raison de la pression démographique des Arabes de Palestine. Le taux de natalité de ces derniers dépasse les 60 pour mille, l'un des taux les plus forts au monde. Cette croissance démographique entraîne rapidement une surpopulation du monde rural arabe de Palestine et un exode vers les villes. Le résultat de cette situation est que les sionistes ne peuvent acquérir désormais des terres qu'au prix d'une dépossession des Arabes.

2.4. Les événements de 1929

2.4.1. L'affaire du mur des Lamentations

À partir de la fin des années 1920, des groupes juifs revendiquent la possession du site du mur des Lamentations à Jérusalem. Or, ce monument religieux appartient à une fondation pieuse musulmane prestigieuse, celle de l'Esplanade des mosquées. Le 23 août 1929, à la suite d'une manifestation juive, la population arabe de Jérusalem et d'Hébron attaque les quartiers et les nouveaux faubourgs juifs. Elle est rejointe par les communautés paysannes des alentours. L'état de siège est proclamé par les autorités mandataires. Le bruit se répandant que les Juifs sont sur le point de s'emparer de la mosquée d'Omar, des tribus bédouines de Transjordanie traversent le Jourdain pour aider leurs coreligionnaires et prennent d'assaut des casernes britanniques. Les affrontements causent la mort de 133 Juifs et de 116 Arabes. Le gouvernement mandataire envisage, à la fin du mois d'août, de se transférer de Jérusalem à Jaffa. Des forces britanniques d'Égypte sont dépêchées. Les autorités britanniques répondent par une vigoureuse répression qui touche essentiellement les populations arabes.

2.4.2. La commission Shaw

Suite aux troubles de 1929, les Britanniques forment la commission d'enquête Shaw chargée d'étudier les causes des affrontements entre Juifs et Arabes. Son rapport, publié en mars 1930, insiste surtout sur les causes profondes. Parmi celles-ci, l'immigration juive qui a dépassé les capacités d'absorption du pays. Selon la commission, les personnes expulsées des terres achetées par les sionistes ne trouvent plus de terres de rechange et constituent ainsi une catégorie de gens sans terre, revendicatifs et porteurs de futures violences. Le rapport propose une intensification des cultures mais cette intensification est déjà partout à l'œuvre.

La commission insiste également sur l'absence de droits politiques des Arabes. Ayant refusé de former le conseil législatif que l'autorité mandataire leur avait proposé en 1922, ils n'ont aucune organisation politique autonome. Il est donc nécessaire de reconsidérer la politique britannique en Palestine en limitant l'immigration, en adoptant une nouvelle politique foncière et en favorisant un nouveau projet constitutionnel associant les Arabes.

2.4.3. Le Livre blanc de 1930

Le rapport Shaw est un premier succès pour les Arabes palestiniens. En mai 1930, l'exécutif arabe décide d'envoyer à Londres une délégation, dirigée par le mufti. Elle réclame une évolution constitutionnelle devant mener à l'indépendance et demande l'élection d'une assemblée par l'ensemble de la population juive et arabe de Palestine. Les responsables britanniques refusent ces revendications et proposent l'élection d'un conseil seulement arabe et dont les fonctions ne seraient que consultatives.

Les conclusions de la commission Shaw sont reprises dans le Livre Blanc d'octobre 1930. Les sionistes doivent faire des concessions sur la question de l'immigration et sur celle des acquisitions de terres. En retour, les Arabes doivent accepter la présence juive en Palestine et coopérer avec celle-ci. Ce rééquilibrage de la politique britannique déplaît fortement aux sionistes. Grâce à une active campagne d'opinion, ils obtiennent, en février 1931, la levée des restrictions à l'immigration et à l'achat de terres.

3 LA VIE POLITIQUE AU MOYEN-ORIENT DANS LES ANNÉES 1920

3.1. L'Égypte constitutionnelle

3.1.1. Le succès politique du *Wafd*

En juin 1920, suite au rapport de la commission Milner, des négociations s'ouvrent à Londres entre le gouvernement britannique, le *Wafd* et les représentants du gouvernement égyptien. Londres propose un abandon du protectorat mais demande la reconnaissance des intérêts britanniques en Égypte. Saad Zaghloul veut obtenir davantage en faveur de l'indépendance égyptienne, ce qui entraîne la rupture des pourparlers en novembre 1920. En décembre 1921, le *leader* nationaliste égyptien est à nouveau arrêté et exilé.

Devant l'impasse de la situation, le général Allenby décide de proclamer l'indépendance de l'Égypte mais la Grande-Bretagne se réserve quatre domaines : la sécurité des communications de l'Empire britannique, la défense militaire de l'Égypte, la protection des intérêts étrangers et des minorités, l'occupation du Soudan. Un accord est conclu le 28 février 1922 avec Fouad, qui prend le titre de roi d'Égypte sous le nom de Fouad Ier. Un gouvernement est formé, sans participation du *Wafd*. Le 19 avril 1923, une Constitution est adoptée. Elle prévoit un régime parlementaire bicaméral avec une chambre des députés élue au suffrage universel et un sénat composé de personnalités élues ou nommées par le roi. Ce dernier détient d'importants pouvoirs dont le droit de désigner le Premier ministre, de renvoyer le gouvernement et de dissoudre la chambre. L'islam demeure la religion d'État.

Au printemps 1923, Saad Zaghloul est libéré et le *Wafd* est autorisé à reprendre ses activités politiques. En juillet, la loi martiale est levée. Les premières élections législatives se tiennent en janvier 1924. Le *Wafd* remporte 195 des 214 sièges à pourvoir. Saad Zaghloul est nommé chef du gouvernement. Sa priorité reste l'indépendance du pays.

3.1.2. L'attitude du souverain égyptien

Fouad Ier est hostile à la voie radicaliste du *Wafd* et il craint la force politique de ce parti. Durant les négociations de Londres en 1920, il soutient les modérés représentés par Adly Yeghen et les pousse à trouver un accord avec les Britanniques en dépit de l'intransigeance de Zaghloul. Mais les modérés n'ont pas assez de soutien dans le pays pour imposer cet accord. Ils forment, en 1922, le parti libéral-constitutionnel en recrutant parmi les dissidents du *Wafd*. Le roi Fouad Ier laisse les libéraux mettre au point la Constitution, bien qu'il soit favorable à une solution politique plus autocratique. Les élections de 1924 obligent le roi à accepter de gouverner avec le *Wafd*. Mais Fouad Ier remet rapidement en cause les principes de la Constitution. Il renvoie le gouvernement Zaghloul, forme une nouvelle équipe avec les libéraux-constitutionnels, dissout la chambre et tente de faire pression sur les électeurs pour obtenir la défaite du *Wafd* aux élections de mars 1925. Mais ce dernier remportant un nouveau succès électoral, la chambre est dissoute et le gouvernement acquis au roi gouverne par décrets sans tenir compte de la Constitution.

L'intransigeance autoritaire du souverain entraîne toutefois la défection des libéraux-constitutionnels. Aux élections de mai 1926, ils font alliance avec le *Wafd* et remportent ensemble une victoire politique. Zaghloul, sous la pression britannique, doit se contenter de la présidence de la chambre tandis que les libéraux dirigent un gouvernement composé majoritairement de wafdistes. Le 23 août 1927, Saad Zaghloul meurt. Profitant de l'affaiblissement du *Wafd*, le roi dissout la chambre en 1928, nomme un gouvernement uniquement libéral qui gouverne à nouveau par décrets. Mais les élections de 1930 continuent de donner la majorité au *Wafd*, dirigé par le successeur de Zaghloul, Nahhas Pacha. Le 1er janvier, ce dernier forme un gouvernement.

3.1.3. La politique britannique en Égypte

Après l'échec des négociations de 1920 et en dépit de l'accord de 1922, le statut de la présence britannique en Égypte n'est pas défini. La Grande-Bretagne use de cette indétermination pour conserver le contrôle du pays mais le *Wafd*, chaque fois qu'il est au gouvernement, tente de négocier une indépendance complète de l'Égypte. Pour contrer l'action du *Wafd*, la Grande-Bretagne soutient le souverain égyptien dans ses coups d'éclat autoritaires et anticonstitutionnels.

Les autorités britanniques prennent prétexte de la situation au Soudan pour refuser tout retrait de leurs forces militaires. En effet, des troupes égyptiennes se sont mutinées en 1924 et ont été durement réprimées. En octobre, la Grande-Bretagne refuse désormais toute présence militaire égyptienne au Soudan et revendique la protection exclusive de ce pays. En revanche, l'État égyptien est contraint de continuer à participer financièrement aux frais d'occupation. Le 19 novembre 1924, le gouverneur général du Soudan, sir Lee Stark, est assassiné au Caire. Allenby prend prétexte de cet assassinat pour obtenir le retrait définitif des forces militaires égyptiennes du Soudan et exiger de lourdes réparations financières. L'incident entraîne la démission du gouvernement Zaghloul et la reprise en main autoritaire menée par Fouad Ier.

Le successeur d'Allenby, lord Lloyd, est avant tout soucieux d'établir le traité qui consacrera la présence britannique dans le pays. Comme ce traité doit avoir, selon lui, le soutien du peuple, il est réticent au pouvoir personnel du roi mais il ne veut pas non plus un gouvernement aux mains du *Wafd*. À partir de 1927, les Britanniques acceptent le principe d'un transfert progressif des responsabilités militaires à l'Égypte et une révision du système des Capitulations, toujours en vigueur dans le pays. Mais les négociations finissent une nouvelle fois pas échouer.

3.2. L'Irak monarchique

3.2.1. L'installation de Faysal

À la conférence du Caire, en mars 1921, Churchill décide de confier l'autorité politique sur le Mandat irakien à Faysal, qui vient d'être chassé de Damas par les Français. L'émir devient ainsi roi d'Irak. Le pays doit accéder rapidement à l'indépendance une fois les intérêts économiques et stratégiques britanniques garantis. La Grande-Bretagne procède à un allégement de sa présence militaire au profit d'une force armée locale étroitement contrôlée. Elle conserve essentiellement une force aérienne, chargée du maintien de l'ordre par d'éventuels bombardements et du contrôle des voies aériennes vers l'Inde. Les bases militaires britanniques sont protégées par des forces auxiliaires locales composées de chrétiens assyriens.

La candidature de Faysal est accueillie favorablement par les notables chi'ites. Suite à un simulacre de consultation populaire, Faysal est élu roi et couronné le 23 août 1921. Un traité doit ensuite établir les relations entre la Grande-Bretagne et l'Irak. Faysal doit faire face à une virulente opposition locale à ce traité, qui consacrerait en fait le Mandat, mais son gouvernement s'engage finalement à l'accepter en août 1922. Signé le 10 octobre 1922, il doit faire l'objet d'une ratification par l'assemblée irakienne. L'élection de cette dernière est toutefois boycottée par les chi'ites et n'a finalement pas lieu. Durant l'été 1923, les principaux chefs religieux chi'ites sont arrêtés et déportés en Perse. L'élection de l'assemblée a alors lieu et la ratification du traité est acquise le 10 juin 1924.

Le traité confère aux Britanniques un contrôle absolu sur l'administration irakienne avec présence de conseillers et droit de veto sur les décisions prises. Les frais de la présence britannique sont pris en charge par l'État irakien. Ce dernier n'obtient aucun droit sur l'exploitation pétrolière de Mésopotamie et doit octroyer une concession de 75 ans à la *Turkish Petroleum Company* en 1925. Les droits culturels des Kurdes, au nord du pays, seront respectés avec usage de leur langue dans l'administration et l'enseignement. La législation tribale est maintenue, renforçant les liens politiques entre les grands *shaykh* tribaux et le nouveau pouvoir, mais maintenant les paysans dans un état de quasi servage. Les soulèvements paysans sont durement réprimés, avec l'appui de l'aviation britannique.

Faysal s'appuie avant tout sur les grands notables urbains sunnites et sur les anciens officiers irakiens de la révolte arabe, comme Nuri Sa'id et Jafar al-Askari. Ces derniers ont pour ambition de créer en Irak un État fort, sur le modèle du régime jeune-turc au début du siècle. Les querelles de pouvoir sont très fortes et l'instabilité ministérielle est de règle. Les anciens officiers s'enrichissent et deviennent à leur tour des notables grands propriétaires.

3.2.2. Les réalisations irakiennes

Les idées politiques des anciens officiers et la volonté étatique du souverain permettent des réalisations importantes en vue de la modernisation du pays.

- Sous l'impulsion du théoricien du nationalisme arabe, Sati al-Husri*, l'Irak se dote d'un réseau d'écoles primaires et secondaires, en dépit des pressions britanniques destinées à réduire les crédits à l'éducation. Cet enseignement de masse concerne avant tout les enfants des classes moyennes. Il dispense un programme voué à éduquer la conscience nationale arabe de la jeunesse irakienne et à inculquer l'idée de l'unité arabe. La présence britannique est fustigée, ainsi que toute forme d'impérialisme. Les chi'ites refusent toutefois d'envoyer leurs enfants dans les écoles de l'État.
- Faysal favorise par ailleurs la formation d'une armée moderne nationale. Elle sert de structure d'accueil aux anciens officiers ottomans et de creuset national. C'est également, pour le souverain, un moyen de renforcer sa légitimité dans un pays aux forces politiques et sociales centrifuges. Recrutés surtout dans la classe moyenne sunnite, les jeunes officiers reçoivent une formation sur le modèle britannique. Le projet de loi de conscription est abandonné en 1926 devant les manifestations d'hostilité des chi'ites et des kurdes et il ne sera adopté qu'en 1933.

3.2.3. Le traité d'indépendance

En 1929, les Britanniques acceptent le principe d'une indépendance de l'Irak, négociée par un nouveau traité. Ce dernier est signé le 30 juin 1930 après des pourparlers menés par Nuri Sa'id. L'indépendance est promise pour 1932 avec l'entrée de l'Irak dans la SDN. Le pays reste lié à la Grande-Bretagne par une alliance de 25 ans. Elle stipule une coopération en matière de politique étrangère, le maintien de deux bases aériennes britanniques, la disposition du territoire irakien en cas de guerre, l'encadrement britannique de l'armée nationale. Tout expert ou conseiller étranger de l'État irakien devra être de nationalité britannique. Le traité est ratifié par le Parlement, issu des élections de l'automne 1930, le 16 novembre. Une opposition au traité, jugé trop favorable aux intérêts britanniques, se constitue au sein du Parti de la fraternité arabe, dirigé par Yasin al-Hashimi, ancien officier supérieur de l'armée ottomane durant la guerre. Si cette opposition regrette l'absence d'une réelle indépendance, le traité de 1930 est en revanche regardé comme un modèle en Syrie et en Palestine.

Le 30 novembre 1930, la commission des Mandats de la SDN adresse un certain nombre de recommandations en vue de préparer l'indépendance de l'Irak. Elle insiste avant tout sur le respect du droit des minorités ethniques, religieuses et linguistiques, particulièrement sur les Kurdes et sur les Assyriens. L'application des garanties apportées à ces minorités pourrait faire l'objet d'une surveillance d'un délégué de la SDN. La commission des Mandats insiste par ailleurs pour que le nouvel État indépendant obtienne des droits d'usage plus importants sur les futures ressources pétrolières découvertes dans le pays, mais ses vœux demeurent largement tributaires du bon vouloir des compagnies concessionnaires déjà installées. L'Irak prend tous les engagements demandés en matière de respect des minorités. Le résultat est une relance immédiate de l'agitation dans les minorités. Tandis que le mouvement kurde est réprimé avec l'aide des Britanniques, les assyriens revendiquent un État autonome au sein de l'Irak.

3.3. La Syrie et le Liban sous mandat français

3.3.1. La politique de morcellement de la France

Après l'effondrement du royaume arabe de Damas, la France commence à organiser sa présence dans la région. Elle accède en premier lieu aux revendications des Libanais. Le 1er septembre 1920, le général Gouraud proclame la création du Grand-Liban à Beyrouth, dans les frontières réclamées par la délégation libanaise à Versailles. L'équilibre confessionnel du pays est précaire. Les chrétiens ne représentent que 55 % de la population, les Sunnites 20 %, les chi'ites 17 % (essentiellement dans le sud et dans la plaine de la Bekaa) et les Druzes 7 %. La France n'est pas pressée d'établir une constitution dans le pays. Un gouverneur français est pour le moment chargé d'administrer directement le Grand-Liban, assisté à partir de 1922 d'un conseil administratif élu sur une base confessionnelle et sans réels pouvoirs. Les Libanais, toute confession confondue, sont inquiets sur les intentions réelles de la France et redoutent de ne pas voir leur pays s'engager vers l'indépendance comme le prévoit la SDN.

Après la prise de Damas et des principales villes syriennes, la loi martiale est instaurée par l'armée française. La conquête des zones rurales, notamment des régions montagneuses, demande plus de temps et la pacification du pays n'est obtenue qu'après 1922 et l'abandon du soutien des kémalistes aux révoltés syriens. En juin 1922, Gouraud met sur pied l'organisation administrative de la Syrie. Il crée quatre états syriens : État de Damas, État d'Alep, territoire des Druzes et territoire des Alaouites. Chaque état est dirigé par un gouverneur français, assisté par un conseil administratif, comme au Liban. L'ensemble des gouverneurs syriens et libanais est placé sous l'autorité d'un haut-commissaire français basé à Beyrouth et centralisant la politique mandataire française. Fin 1922, Damas, Alep et le territoire alaouite sont regroupés en une fédération syrienne, sous la présidence d'un Syrien collaborateur des Français, Subhi Barakat. En 1925, Damas et Alep fusionnent et prennent le nom d'État de Syrie, englobant également le *sandjak* d'Alexandrette, tandis que le territoire alaouite se retire. Les régions orientales de la Syrie (Euphrate) restent sous administration directe française. L'importance des populations nomades dans cette dernière région amène la France à y établir une administration appelée le Contrôle bédouin. La charte du Mandat syrien est ratifiée par la SDN en 1922.

En novembre 1922, Gouraud est remplacé au haut-commissariat par le général Weygand. Ce dernier applique une politique plus libérale en donnant plus de libertés aux gouvernements indigènes. Des unités militaires composées de Syriens sont mises sur pied pour compenser le rappel d'une partie des effectifs français stationnés dans le pays. La France recrute surtout dans les populations minoritaires (Alaouites, Arméniens) et dans les régions rurales défavorisées.

3.3.2. L'organisation politique des nationalistes syriens

La réorganisation politique des nationalistes s'effectue d'abord à l'étranger. Les exilés syriens, qui ont fui après l'échec du royaume de Damas, forment le comité syro-palestinien* qui tient son premier congrès à Genève en août 1921, sous la direction de l'émir Michel Lutfallah*, correspondant du chérif Hussein en Égypte durant la guerre. On trouve également de fortes personnalités politiques comme Rashid Rida, directeur de la revue politique *al-Manar* (Le Phare) et l'émir druze Shakib Arslan*. Le comité compte également quelques personnalités libanaises comme le sunnite Riad al-Suhl. En revanche, les Palestiniens, qui ont insisté pour que le comité porte leur nom, se retirent rapidement d'une organisation qu'ils soupçonnent de vouloir trouver un accommodement avec les sionistes. La première décision du comité est la mise sur pied d'un bureau permanent à Genève chargé de mener une action d'information auprès de la SDN en faveur de la nation arabe. Le bureau est dirigé par Shakib Arslan.

En Syrie, les premières organisations politiques sont clandestines. En 1922, le Dr Shahbandar, musulman de Damas, fonde la *Société de la main de fer*, financée par Michel Lutfallah. Shahbandar est immédiatement arrêté, ce qui provoque des manifestations de rue à Damas. Condamné à une lourde peine de prison, son organisation est dissoute. Il est ensuite exilé de Syrie jusqu'en 1924. En 1925, il fonde en Syrie le *Parti du peuple* qui organise des manifestations de masse lors du passage de lord Balfour à Damas en 1925. L'organisation réclame l'unité de toute la Syrie et le retour des libertés individuelles. La plupart des membres du parti sont des notables grands propriétaires. Ils disposent d'une réelle influence sur le peuple, en particulier sur la masse paysanne. Dans les quartiers urbains populaires, ils assoient leur autorité par le biais de fortes clientèles.

3.3.3. La Grande Révolte de 1925

En janvier 1925, Weygand est rappelé et remplacé par le général Sarrail*. Celui-ci promet des élections en Syrie mais refuse tout rétablissement de l'unité du pays. En juillet 1925, les représentants des grandes familles de la montagne des druzes, au sud de Damas, viennent protester auprès de Sarrail contre la politique de leur gouverneur français. Mais le haut-commissaire les fait emprisonner. Le 19 juillet, un mouvement insurrectionnel éclate dans la montagne, sous la direction d'un opposant farouche à la présence française, sultan al-Atrach. Les troupes françaises sont soit détruites soit encerclées pendant plusieurs mois. Le général Gamelin parvient en septembre à évacuer les soldats français de la Montagne.

La révolte s'étend au reste de la Syrie. Dans la région de Hama, un mouvement insurrectionnel est lancé par un officier des forces spéciales françaises, Fawzi al-Qawuqji. Ne parvenant pas à s'emparer de la ville, les révoltés prennent le contrôle de l'arrière-pays en octobre 1925. La rébellion gagne également la grande oasis à l'est de Damas, la *Ghuta*. De là, les nationalistes lancent des raids sur la ville et propagent l'insurrection. Damas est bombardé sur ordre de Sarrail, entraînant des pertes humaines et matérielles considérables. Après avoir perdu le contrôle de la vieille ville, les Français s'en emparent mais ne parviennent pas à pacifier la *Ghuta*. Sarrail, rendu responsable de la révolte, est rappelé au profit du sénateur radical Henry de Jouvenel.

La révolte syrienne est le plus grand mouvement populaire du Moyen-Orient dans les années 1920. Toutes les couches de la société y ont participé. Bien que le discours officiel de l'insurrection soit celui du nationalisme arabe, la mobilisation s'est surtout faite au nom de l'Islam et du *djihad*, les mosquées ayant joué un rôle important dans les appels à la révolte. Le *Parti du peuple* a organisé avec virulence l'insurrection, mais il est concurrencé par une nouvelle organisation, basée à Jérusalem, et dirigée par Adil Arslan, le frère de Shakib, et Shukri al-Quwwatli, représentant du comité syro-palestinien. L'organisation reçoit le soutien financier du mufti de Jérusalem.

Jouvenel promet des élections dans les régions syriennes non révoltées. Il désigne un nouveau chef de gouvernement dans l'État de Syrie, Tajj ad-Din al-Hassani, fils d'un grand notable religieux de Damas. Jouvenel est favorable à la reconstitution de la Syrie unitaire, y compris sur certains territoires cédés au Liban en 1920. Mais devant l'opposition des nationalistes, il rétablit un régime d'administration directe à Damas tandis que l'armée reprend peu à peu le contrôle du pays. Un nouveau gouvernement syrien est formé par Jouvenel en avril 1926 avec pour programme la conclusion d'un traité franco-syrien et la mise en place d'une constitution. Les nationalistes refusent à nouveau les propositions françaises. Jouvenel est rappelé en août 1926 et remplacé par un diplomate Henri Ponsot. Ce dernier est disposé à donner à la Syrie un statut organique. Il amnistie une partie des nationalistes arrêtés, qui se regroupent dans un nouveau parti, le futur *Bloc national* et adoptent un programme plus modéré. Des élections ont lieu en 1928 et la première réunion, en juin, de l'assemblée constituante donne aux nationalistes la présidence et le contrôle du bureau parlementaire. L'assemblée opte pour un régime de république parlementaire et demande l'unité de la Syrie. La France est hostile à ces projets et la Constituante est renvoyée *sine die* en février 1929.

3.4. La formation du royaume d'Arabie saoudite

3.4.1. L'ascension politique d'Ibn Sa'ud

Le 26 décembre 1915, Ibn Sa'ud a conclu un traité avec la Grande-Bretagne. Il y obtient la reconnaissance de ses possessions, la protection britannique, des livraisons d'armes et d'argent. Ibn Sa'ud ne prend aucun engagement en vue d'un soulèvement contre les Ottomans mais il promet de respecter les territoires sous protection britannique. Ce traité permet à l'émir du Najd de rester en dehors du conflit, de renforcer son autorité sur les tribus et de développer l'*Ikhwan*. Il lui donne surtout le temps de se préparer contre son ennemi et concurrent principal dans la Péninsule, le chérif de La Mecque.

En mai 1919, les premiers affrontements ont lieu avec ce dernier. Les forces de Sa'ud défont les troupes d'Abdallah, le fils de Hussein. Mais les succès saoudiens sont freinés sous la pression des Britanniques. Le conflit s'accompagne d'une intense propagande religieuse, Sa'ud accusant le chérif d'avoir trahi l'Islam, Hussein accusant Sa'ud d'être un hérétique. Entravé dans sa volonté de détruire le pouvoir du chérif, Ibn Sa'ud se tourne vers le sud de la Péninsule et occupe la partie intérieure du Asir, entre le Yémen et le Hedjaz. En 1921, Sa'ud érige au rang de sultanat son émirat, devenant officiellement « sultan du Nadj et de ses dépendances ». L'effondrement de l'Empire ottoman lui permet de s'emparer de ce titre puisque le Sultan turc est amené à disparaître. Il laisse l'*Ikhwan* lancer des raids dévastateurs en direction du sud de l'Irak et de la Transjordanie. Arrivées à proximité d'Amman, les forces saoudiennes sont détruites par l'armée britannique. Londres menace de couper ses subventions à Sa'ud et impose un compromis. Afin de calmer les volontés expansionnistes saoudiennes, la Grande-Bretagne octroie au Sultan des territoires koweïtiens censés contenir du pétrole.

3.4.2. La conquête militaire du Hedjaz

Les Britanniques décident en 1923, d'interrompre le versement des subsides au sultanat saoudien. Loin de l'affaiblir, cette décision permet à Ibn Sa'ud de se libérer de la pression britannique. Il laisse l'*Ikhwan* lancer des raids dans le Hedjaz, au moment où Hussein se proclame Calife (mars 1924). Bien que tentant une médiation entre les parties, les Britanniques abandonnent progressivement Hussein, jugé trop intransigeant et refusant de ratifier les traités de paix organisant le nouveau Moyen-Orient. En juin 1924, les Saoudiens dénient publiquement à Hussein toute prétention califale et se présentent comme les exécutants du monde arabe et musulman pour châtier Hussein. L'offensive militaire saoudienne est déclenchée durant l'été 1924. Hussein abdique le 3 octobre et l'*Ikhwan* occupe La Mecque dans les jours suivants. Médine capitule le 5 décembre 1925. Le dernier représentant de la famille de Hussein, son fils Ali, quitte le Hedjaz fin décembre. L'ensemble de la région est désormais sous le contrôle de Sa'ud, qui prend alors le titre de roi du Hedjaz. Ce titre est internationalement reconnu, notamment par la Grande-Bretagne et l'URSS.

L'appartenance de Sa'ud au wahhabisme inquiète toutefois une grande partie du monde musulman. Après avoir reçu l'allégeance des notables du Hedjaz, Sa'ud décide d'interdire tous les signes d'idolâtrie dans les lieux saints de l'Islam. Il s'en prend notamment aux mausolées des saints musulmans faisant l'objet d'un culte populaire en Égypte. Afin d'apaiser les craintes musulmanes, Ibn Sa'ud organise en juin 1926 un Congrès du monde musulman* à La Mecque. Sans décisions concrètes ou durables, ce congrès a surtout eu pour objectif la reconnaissance officielle du wahhabisme par le monde musulman sunnite.

3.4.3. La création du royaume

Le 20 mai 1927, le traité de Djeddah, signé avec la Grande-Bretagne, reconnaît l'indépendance complète des territoires conquis par Ibn Sa'ud. Ce dernier renonce en échange à toute revendication sur les émirats du Golfe, protégés de

Londres, et s'engage à établir des relations amicales avec les Britanniques. L'État saoudien est le premier pays arabe à accéder à une complète indépendance, ce qui aura des conséquences sur l'image des Saoudiens dans le reste du monde arabe. Le traité de 1927 sera renouvelé en 1936 et en 1943.

Les principaux problèmes que rencontre désormais Ibn Sa'ud sont intérieurs. Le premier d'entre deux concerne l'*Ikhwan*, galvanisé par les conquêtes militaires. Certains de ses éléments lancent en 1928 des raids contre l'Irak et le Koweït. Ibn Sa'ud comprend qu'il est politiquement nécessaire de mettre fin à ces raids. En 1929, alors que l'*Ikhwan* entre en dissidence, Ibn Sa'ud réunit les chefs tribaux et éradique par la force la confrérie après plusieurs mois de guerre et avec le soutien des Britanniques. L'aide de ces derniers l'oblige à reconnaître officiellement l'Irak et la Transjordanie. Le second problème concerne les finances de l'État. Depuis la fin des subsides britanniques, les seules ressources dont dispose Sa'ud proviennent du pèlerinage dans les villes saintes. En 1930, la recherche pétrolière commence juste à se développer dans la Péninsule (Bahreïn). Par l'octroi de concessions, Ibn Sa'ud cherche à se procurer des rentrées d'argent. Des contrats seront signés dans les années 1930 avec des compagnies américaines mais l'exploitation pétrolière ne débute qu'en 1939.

Le 24 septembre 1932, Ibn Sa'ud unifie toutes ses possessions et crée le royaume d'Arabie saoudite. L'aîné de ses fils, Sa'ud, est désigné comme prince héritier, mettant fin aux luttes familiales pour sa succession. L'Asir est officiellement annexé au royaume en 1933, entraînant un conflit armé avec le Yémen qui, battu, reconnaît l'annexion par le traité de Taïf en 1934.

À la fin des années 1920, certains changements se sont fait jour au Moyen-Orient. Ces changements témoignent d'évolutions durables.

- La question de Palestine devient, dès l'après-guerre, un enjeu entre Juifs et Arabes et l'un des dossiers les plus lourds du Moyen-Orient.
- Conformément à l'esprit des Mandats, certains pays arabes accèdent à une indépendance, certes encore limitée, mais reconnue par le droit international.
- Cette indépendance se traduit par une plus grande prise en charge de leurs affaires intérieures par les Arabes : éducation, armée, vie politique et constitutionnelle, etc.

Chapitre 4

L'émancipation du Moyen-Orient (1930-1945)

LE MOYEN-ORIENT DES ANNÉES 1930 connaît une évolution politique qui peut être considérée comme le prélude à la décolonisation : multiplication des traités d'indépendance, premières tentatives de récupération des ressources naturelles nationales, intervention des États arabes dans la question palestinienne. Le fait le plus marquant est toutefois l'essor considérable des idées nationalistes arabes, contribuant à donner à l'ensemble du monde arabe un destin politique commun et aboutissant à la création de la Ligue des États arabes en 1945.

1 L'ESSOR DU NATIONALISME ARABE

1.1. Le nationalisme de la révolte arabe

1.1.1. Le chérif de La Mecque

Le nationalisme du chérif de La Mecque renvoie aux premiers discours sur l'arabisme. Il s'élabore essentiellement en réaction au régime jeune-turc. Alors que les principaux mouvements autonomistes réclament des réformes décentralisatrices, le chérif de La Mecque réagit d'abord contre l'impiété des Jeunes-Turcs. Il vient au nationalisme arabe par l'islam, adoptant le discours des réformistes musulmans sur le retour de la primauté des Arabes dans la direction de l'Islam. Mais, dans ses appels à la révolte de 1916, il n'exclut pas un retour à l'obéissance au sultan ottoman, si celui-ci s'engage davantage à respecter les préceptes du Coran et à infléchir les positions laïcisantes du gouvernement des Jeunes-Turcs.

Dans cette optique, le chérif Hussein, tout en s'octroyant le titre de « roi des Arabes », se proclame également « commandeur des croyants ». En 1924, lorsque le califat est aboli par Mustafa Kémal en Turquie, Hussein s'empare du titre de calife. Ses ambitions politiques sont complexes : il organise la révolte arabe, stigmatise le discours nationaliste naissant mais la nature de ses revendications est plus traditionnelle et se rapproche davantage des critiques des conservateurs musulmans contre les innovations modernisatrices du régime ottoman.

1.1.2. Faysal et le royaume de Damas

La première expérience nationale arabe est celle du royaume de Damas, sous la direction de Faysal et animé essentiellement par les membres du Congrès syrien. Lors de la création du royaume, en octobre 1918, Faysal demeure proche des revendications religieuses de son père. Il place son royaume sous l'autorité de ce dernier, proclamé « sultan » et « commandeur des croyants ». Dans le même temps, le gouvernement de Faysal est établi au nom de tous les Arabes, définis comme ceux qui parlent l'arabe, sans distinction de religion.

Dès les premiers mois de son existence, le royaume est confronté à plusieurs défis qui modifient le discours national. En Syrie, la diversité confessionnelle pose l'avenir des communautés religieuses non-musulmanes dans le nouvel État. Faysal adopte à leur égard un discours national libéral, proclamant l'égalité confessionnelle et rompant avec le discours islamiste traditionnel sur les *millet*. Le souverain demeurera un musulman mais les chrétiens et les juifs pourront accéder à l'ensemble des charges de l'État et être représentés dans les institutions parlementaires. Le débat demeure toutefois sur l'instauration de quotas communautaires ou sur la suppression de toute forme de confessionnalisme politique.

Sous l'influence des idées occidentales, notamment du wilsonisme, le nationalisme arabe de Faysal s'éloigne de l'arabo-islamisme de son père, pour prendre une teinte plus moderne et plus libérale.

1.1.3. L'empreinte du syrianisme

Les organisateurs du Congrès arabe de 1913 étaient pratiquement tous des Syriens et on se souvient que les résolutions adoptées avaient tendance à assimiler nationalisme arabe et nationalisme syrien. Décapité par la répression ottomane au début de la guerre, le mouvement syrien renaît dans l'entourage de Faysal après la formation du royaume de Damas. Il investit essentiellement les rangs du Congrès syrien, organe parlementaire du régime. Après la défaite militaire de Faysal, le discours syrianiste s'amplifie à nouveau. L'appel du Congrès syro-palestinien de 1921 auprès de la SDN parle avant tout de la « nation syrienne », formée par l'ensemble des habitants de la Syrie, unis par la race et par la langue.

La nation syrienne englobe, dans l'esprit de ses représentants, outre la Syrie, le Liban et la Palestine. Les syrianistes demandent l'indépendance de ces trois régions et leur réunion sous un gouvernement civil et parlementaire. La Syrie ainsi constituée pourrait éventuellement se fédérer avec d'autres États arabes. Mais dans l'esprit des syrianistes, leur pays doit demeurer à la tête de la nation arabe car c'est le pays le plus « civilisé » de la région. Le syrianisme essuie toutefois deux échecs. D'une part, face au danger sioniste croissant, les Palestiniens refusent après 1921 de se reconnaître comme Syriens et développent une identité nationale proprement palestinienne. D'autre part, la création du royaume d'Irak sous la souveraineté de Faysal rend désormais difficile l'assimilation entre arabisme et syrianisme.

1.2. Les théories du nationalisme arabe

1.2.1. L'arabisme traditionnel

C'est à cette conception traditionnelle que se réfère encore le chérif de La Mecque, notamment dans la question des frontières du royaume arabe débattue dans sa correspondance avec MacMahon. Selon cette conception, un Arabe ne se définit pas par des critères linguistiques ou par un mode de vie mais par son appartenance généalogique, fictive ou réelle, à une ascendance arabe issue de la Péninsule arabique. Dans cette version ancienne de l'arabité, l'Arabe ne se définit pas par son ancrage géographique dans telle ou telle région mais par son appartenance à un groupe. Ce qui compte est la parenté par le sang. Bien entendu, il existe des hiérarchies entre les Arabes « purs », descendants des tribus de la Péninsule, pour la plupart bédouins, et les arabisés, descendants des populations conquises lors de l'expansion de l'Islam et assimilées par la langue, la plupart sédentaires urbains et ruraux. Dans ce schéma, les Arabes les plus prestigieux sont les descendants du Prophète, des premiers califes et des compagnons du Prophète, qu'on appelle les chérifs. On comprend ainsi que des personnalités comme le chérif Hussein de La Mecque restent dépositaires de cette version identitaire classique de l'arabité.

1.2.2. Le sémitisme scientifique

Entre les deux guerres, le débat sur l'identité arabe se modifie d'abord sous l'influence des travaux scientifiques des orientalistes européens dont sont imprégnés les doctrinaires du nationalisme arabe. Selon ces travaux, les Arabes doivent avant tout être définis par leur appartenance aux races sémites. L'apparition de l'Islam et l'expansion arabe qui en a résulté constituent certes une rupture dans l'histoire arabe mais l'on se doit d'insister sur la continuité historique avec l'Orient sémite de l'Antiquité. C'est ainsi qu'entre les deux guerres apparaissent des revendications identitaires renouant avec les civilisations antiques : les Syriens parlent de l'héritage cananéen, les Libanais revendiquent une identité phénicienne, les Égyptiens évoquent la période pharaonique, les Irakiens, l'Assyrie.

Ces revendications risquent de remettre en cause les discours du nationalisme arabe. Les promoteurs de ce dernier répondent alors par la théorie des vagues sémitiques. Le berceau originel de la race sémitique serait la Péninsule arabique qui projetterait, par phases historiques successives, des vagues de population sémitique sur un ensemble géographique qui constituera plus tard le monde arabe. Tous les descendants de ces vagues d'émigration anciennes (y compris les Hébreux ou les Égyptiens) sont donc arabes et pas seulement ceux qui peuvent revendiquer une généalogie arabe. Le processus d'arabisation des régions conquises durant l'expansion des VIIe-VIIIe siècle n'a été possible que parce que ces régions étaient préalablement peuplées de sémites.

Les écrits des partisans de la thèse sémitique ont une importance considérable car ce sont souvent des enseignants et leurs idées sont donc largement diffusées entre les deux guerres par les manuels scolaires.

1.2.3. La théorie de la nation arabe

C'est essentiellement dans l'entourage de Faysal, en Irak, que s'élabore la doctrine contemporaine du nationalisme arabe. Son principal théoricien est un conseiller de Faysal, d'origine syrienne, Sati' al-Husri. S'inspirant principalement des théories germaniques de la nationalité, il affirme que la nation est avant tout un lien spirituel et moral. Toute référence à la généalogie est un mythe ne pouvant permettre aux Arabes de constituer une nation moderne.

Le premier facteur d'unité des Arabes est la langue, moyen de compréhension entre les individus, véhicule de la mémoire et instrument de la pensée. Le second facteur est l'histoire. Les Arabes sont liés par une histoire nationale. Le troisième facteur est la religion mais le lien religieux ne suffit pas à lui seul pour faire une nation. Husri admet la coexistence dans le monde arabe entre christianisme et Islam, chrétiens et musulmans parlant la même langue, revendiquant la même histoire et se réclamant de la même culture. Fait capital dans l'histoire du nationalisme arabe, il démontre que, selon ce schéma national, le monde arabe s'étend du Golfe à l'Atlantique, intégrant ainsi dans sa définition identitaire les populations de l'Afrique du Nord. Du fait de l'existence de résistances locales, l'union du monde arabe doit être au besoin effectuée par la force. Ce rôle doit échoir à l'État arabe le mieux préparé, Husri faisant explicitement référence au rôle joué par la Prusse dans le processus de l'unité allemande. Ainsi naît l'idée durable et lourde de conséquences politiques d'un État *leader* ayant la charge de mener le monde arabe vers son unité.

1.3. L'essor du panarabisme

1.3.1. L'action de Shakib Arslan

Le panarabisme peut être défini comme la volonté politique de réunir tous les Arabes sous un même gouvernement et un même régime. Pour les premiers panarabistes, après la guerre, il s'agit de trouver une formule politique de substitution à l'Empire ottoman défunt. Ami de Rashid Rida, druze d'origine libanaise, Shakib Arslan est l'un des premiers propagandistes de l'idée panarabe. Porte-parole du congrès syro-palestinien à Genève, auteurs inlassables d'articles et d'ouvrages sur l'unité arabe, directeur de la revue *La nation arabe*, publiée en français en Suisse, il est autant en contact avec les nationalistes arabes du Proche-Orient qu'avec la jeune génération des nationalistes maghrébins. Il établit des relations étroites avec les étudiants marocains en France mais c'est surtout envers l'Algérien Messali Hadj, le chef de l'Étoile nord-africaine, que son influence est importante. Par son action politique, il favorise ainsi l'adoption en Afrique du Nord des thèmes du nationalisme arabe et il contribue à l'extension géographique du monde arabe, conçu désormais comme s'étendant du Golfe à l'Atlantique.

Mais les conceptions d'Arslan restent très proches de l'arabo-islamisme. Pour lui, la grandeur des Arabes vient de l'Islam. Il est partisan du maintien de la tradition et refuse toute occidentalisation. La modernisation du monde arabe doit être possible sans pour autant imiter l'Occident. En cela, il se présente comme un héritier des réformistes musulmans de la fin du XIXe siècle. Le modèle politique à suivre est celui de l'Arabie saoudite, où le souverain conserve la loi islamique tout en adoptant des réformes modernisatrices. L'Islam doit continuer de guider l'organisation de la société. Il refuse toute laïcisation de la société et estime que le statut des non-musulmans doit continuer d'être régi par les principes de l'Islam. L'idée d'unité arabe se confond chez lui avec celle d'unité islamique. Sur le plan politique, il se prononce contre un État unique et envisage davantage une confédération d'États liés par la religion, la langue et la culture.

1.3.2. La fondation de l'*Istiqlal*

En 1931, est fondé à Jérusalem le premier parti politique panarabe, l'*Istiqlal* (Indépendance). Il est fondé par des Syriens, des Libanais et des Palestiniens. On compte également dans ses rangs des représentants du Maroc. Ce parti fonde des branches dans tous les pays arabes. Sa première tâche est l'organisation d'un congrès panarabe à Bagdad, mais la mort du roi Faysal fait échouer le projet. Pour les membres de ce parti, les Arabes ne reconnaissent pas les divisions territoriales issues des traités de l'après-guerre et ils forment une nation une et indivisible. Leur action politique prioritaire est l'indépendance totale de la nation arabe en vue de son unité complète et la lutte contre la colonisation.

Après la mort de Faysal, les panarabistes recherchent une personnalité politique d'envergure pouvant fédérer leur action. Le successeur de Faysal ne suscitant pas d'enthousiasme, le roi Abdallah de Transjordanie tente de prendre la tête du mouvement. Mais les nationalistes sont méfiants car le souverain est jugé trop dépendant des Britanniques. De plus, il entretient des relations secrètes suspectes avec les sionistes. Les panarabistes se tournent vers Ibn Sa'ud mais ce dernier considère que les projets d'unité arabe risquent surtout d'être conçus contre son royaume. Il est opposé à toute idée d'unité arabe et plaide davantage pour une coopération entre États où la souveraineté de ces derniers serait respectée. C'est dans ce sens que le souverain saoudien signe un traité de fraternité avec l'Irak en avril 1936.

1.3.3. Le début des prétentions égyptiennes

À la fin des années 1930, l'Égypte achève de se découvrir une identité politique arabe, alors que le mouvement national avait jusque-là été entièrement tourné vers l'affirmation d'une identité proprement égyptienne. L'un des biais essentiels de cette découverte est la question palestinienne et le sentiment d'une fraternité avec les Arabes de Palestine. En 1931, certaines personnalités politiques égyptiennes adhèrent à l'*Istiqlal.* Peu à peu, l'ensemble des partis égyptiens intègre dans leur programme des revendications sur l'unité arabe. Les associations professionnelles (médecins, avocats, etc.) s'organisent selon une structure panarabe.

La monarchie égyptienne s'empare également des thèmes du panarabisme. Le roi Farouk, arrivé au pouvoir en 1938, montre clairement une volonté d'utiliser l'arabisme pour développer les ambitions régionales de l'Égypte, notamment dans la gestion du dossier palestinien. Farouk laisse se développer une propagande en faveur de l'attribution du califat au souverain égyptien. Il encourage également des travaux scientifiques démontrant que les vice-rois d'Égypte au XIXe siècle, notamment Muhammed Ali et Ibrahim Pacha, ont été les véritables précurseurs du nationalisme arabe.

1.4. Les bouleversements sociaux et la question du nationalisme

1.4.1. Le rôle de l'éducation et de l'armée

L'entre-deux-guerres représente une période de véritable croissance de la scolarisation des populations du monde arabe. L'essor de l'enseignement est souvent le résultat de l'action gouvernementale, comme en Égypte par exemple. Ce dernier pays produit un effort considérable en direction de l'enseignement primaire. L'enseignement secondaire se développe également, surtout en direction des classes moyennes. En 1925, l'Université égyptienne est nationalisée et se dote de nombreuses facultés comme celles de droit ou de médecine. L'évolution de la population scolarisée en Égypte montre l'importance de l'effort réalisé en dix ans[1] :

	Population totale égyptienne (en millions)	Enseignement primaire	Enseignement secondaire	Enseignement supérieur	Université du Caire
1925-1926	13,8	193 144	16 979	–	3 368
1930-1931	14,8	373 880	38 809	6 760	4 247
1935-1936	15,8	661 025	45 203	8 393	7 515

1 David Malcom Reid, *Cairo University and the Making of Modern Egypt,* The American University in Cairo Press, Le Caire, 1990, p.112.

En Irak, l'impulsion gouvernementale aboutit aux mêmes résultats. Le nombre d'écoles de garçons passe de 238 en 1921 à 1863 en 1930. Le public scolaire est essentiellement composé d'enfants des classes moyennes urbaines. Les chi'ites refusent d'envoyer leurs enfants dans les écoles de l'État. L'essor de la scolarisation du monde arabe permet un renforcement des consciences nationales.

Les armées nationales qui se constituent dans chaque pays après la guerre jouent le même rôle. En Transjordanie, l'émir Abdallah forme avec les anciens combattants de la révolte une « armée arabe » appelée plus modestement par les Britanniques la « Légion arabe ». Encadrée par des officiers britanniques et composée essentiellement de bédouins, la Légion arabe devient rapidement une force d'excellence et un moyen de cimenter la construction du pays en conférant une légitimité au pouvoir du souverain. Dans plusieurs pays arabes, la constitution d'une armée nationale est souvent le résultat du désengagement militaire de la puissance mandataire. Cette dernière accepte de déléguer l'usage de la force aux pouvoirs ou aux populations locales car elle n'a pas les moyens de financer une présence armée importante et durable dans la région. C'est le cas en Irak, où la Grande-Bretagne soutient la formation d'une armée nationale. En Syrie, la diminution des effectifs français au début des années 1920 entraîne la formation d'unités indigènes encadrées par des officiers français. Le recrutement s'effectue principalement en direction des populations allogènes (Arméniens, Circassiens), minoritaires (Alaouites) ou rurales. L'élite sociale syrienne est en revanche peu attirée par la carrière des armes.

1.4.2. L'essor des classes moyennes

La diffusion de l'enseignement entraîne l'essor du rôle des classes moyennes dans l'évolution politique et sociale des pays arabes. Une jeunesse politisée apparaît dans les années 1930. Contrairement aux espérances des promoteurs libéraux des politiques scolaires, cette jeunesse se détourne du modèle occidental. En Égypte, l'incapacité du gouvernement à établir un véritable régime parlementaire, en raison des ingérences permanentes de la monarchie et de la puissance britannique, rend de plus en plus difficile l'adoption par l'opinion des idées libérales. La vie politique prend un caractère violent. Le *Wafd* devient, sous la direction de Nahhas Pacha, un parti populiste n'hésitant pas à recourir à des actions brutales. En 1935, il se dote d'une milice paramilitaire, les « Chemises bleues ». Comme les classes moyennes sont le véritable vivier du nationalisme arabe, ce dernier s'éloigne du modèle national libéral pour se radicaliser.

Toutes proportions gardées, le monde arabe connaît les mêmes évolutions du fonctionnement de la vie politique qu'en Europe, avec l'apparition des partis de masse et l'enrégimentement des populations. Les classes moyennes, notamment les enseignants, forment le terreau de cette nouvelle vie politique. Au Liban, par exemple, le mouvement des Phalanges libanaises* est créé en 1936 par un pharmacien maronite de Beyrouth, Pierre Gemayel. Prônant un nationalisme libanais et chrétien, le parti de Gemayel est une organisation de jeunesse paramilitaire et à caractère sportif, s'inspirant des anciennes sociétés de gymnastique de l'Europe centrale. Les musulmans de Beyrouth répondent par la création des Scouts musulmans. En Syrie, la jeunesse éduquée dans les écoles gouvernementales dépasse, au début des années 1930, celle qui sort des écoles congréganistes. Or, cette jeunesse est principalement constituée de musulmans issus des classes moyennes urbaines ou d'enfants de la petite bourgeoisie rurale, les chrétiens préférant continuer de fréquenter les établissements privés. Cette jeunesse milite dans des organisations plus radicales que les partis traditionnels comme la Ligue d'action nationale, mouvement panarabiste, prônant une forte discipline intérieure, populiste et autoritaire. Pour répondre à ces nouvelles évolutions sociales, le Bloc national se dote en 1936 d'une organisation de jeunesse nationaliste, les « chemises d'acier ».

1.4.3. L'influence des régimes autoritaires occidentaux

La radicalisation du nationalisme arabe n'est pas uniquement la conséquence des évolutions sociales. Elle est également liée aux influences que les régimes autoritaires européens des années 1930 exercent sur celui-ci. Après 1920, les régimes libéraux occidentaux ont cessé de fournir l'unique modèle politique à suivre. La naissance de l'Union soviétique montre la voie à un nouveau type de régime. Le marxisme n'a toutefois qu'une influence limitée entre les deux guerres, s'implantant principalement dans les milieux minoritaires, en particulier dans les communautés juives du monde arabe. En revanche, l'Italie fasciste exerce une influence plus visible et apparaît pour beaucoup une solution alternative au modèle libéral. En Égypte, le mouvement « Jeune Égypte », fondé en 1933, s'inspire de l'exemple italien. Il prône un nationalisme centré sur l'Égypte et sur l'Islam, vantant l'héritage pharaonique du pays et exaltant le rôle futur de ce dernier dans le monde musulman. Le parlementarisme est rejeté car il mine l'union nationale. La nouveauté de ce parti réside dans les préoccupations sociales qu'il exprime. Lors de ses études secondaires, le jeune Nasser a milité dans cette organisation.

L'influence des régimes totalitaires sur les pays arabes est renforcée par l'action que ceux-ci mènent dans la région. Mussolini lance, dès la fin des années 1920, de grandes campagnes de propagande et organise l'enrégimentement des populations italiennes résidant dans les pays arabes. Certains nationalistes arabes sont alors séduits par les appels italiens, tel Shakib Arslan. L'Italie, par l'intermédiaire de Radio Bari, lance des actions réussies à l'égard des opinions arabes. Mais la méfiance générale persiste sur les intentions coloniales de l'Italie. À la politique brutale que celle-ci mène en Libye s'ajoute, à partir de 1935, l'épisode de la guerre d'Éthiopie. Par ailleurs, Mussolini entretient des relations suivies et amicales avec les principaux responsables sionistes.

En raison du souvenir de la coopération germano-ottomane jusqu'en 1918, l'Allemagne bénéficie d'une meilleure image dans le monde arabe. Dans les années 1930, les interlocuteurs allemands des nationalistes arabes sont tous des anciens de l'alliance avec l'Empire ottoman. L'idéologie nazie est peu connue des Arabes et l'assimilation de ces derniers aux races sémites inférieures est négligée. Les responsables arabes sont essentiellement frappés par l'importance de la mobilisation populaire du régime nazi ainsi que par ses réussites sociales et économiques. Par ailleurs, l'Allemagne hitlérienne n'a aucune ambition en Méditerranée, ce qui facilite, contrairement à l'Italie, une politique de rapprochement avec les nationalistes arabes. Cette politique ne se traduit toutefois pas par des actions diplomatiques allemandes notables. Pour Hitler, l'alliance avec la Grande-Bretagne est l'un des objectifs majeurs de sa politique européenne dans les années 1930. En conséquence, l'Allemagne ne doit pas l'inquiéter dans son domaine colonial.

2 LA GRANDE RÉVOLTE PALESTINIENNE

2.1. Les nouveaux enjeux de la question palestinienne

2.1.1. La mobilisation du monde musulman

L'affaire du mur des Lamentations de 1929 connaît un grand retentissement dans l'ensemble du monde musulman. Le mufti de Jérusalem, Hajj Amin al-Husseini, utilise cette émotion pour renforcer sa position à l'égard de l'ensemble des acteurs locaux. En décembre 1931, il parvient à organiser à Jérusalem un Congrès islamique qui réunit 145 délégués de 20 pays. Le congrès condamne le sionisme, demande l'arrêt de l'immigration juive et en appelle à la solidarité entre Arabes chrétiens et musulmans. D'autres résolutions condamnent la politique française au Maroc (réaction contre la publication du Dahir berbère) et contre la politique soviétique dans les Républiques de l'Asie centrale. Un comité exécutif est élu avec le mufti à sa tête. Ce dernier utilise sa position pour voyager dans l'ensemble de la région, faire campagne en faveur de la cause arabe palestinienne et lever des fonds pour acquérir des terres et les transformer en fondations pieuses. Le Congrès de Jérusalem et l'action conséquente du Mufti représentent les premières manifestations traduisant l'entrée de la question de Palestine dans les grandes questions de l'ensemble du monde arabe et musulman.

Le congrès de Jérusalem réunit des musulmans des Indes comme du Maroc. L'idée d'une solidarité entre les peuples orientaux soumis à la colonisation émerge durant cette réunion et annonce le futur mouvement tiers-mondiste de la décolonisation. Ces manifestations de solidarité contre les impérialismes occidentaux sont influencées par le gandhisme. Comme les tenants d'un Islam réformé, Gandhi soutient que la supériorité occidentale est purement matérielle alors que l'Orient dispose d'une supériorité morale et spirituelle.

2.1.2. L'évolution de la vie politique arabe

En mars 1934, Musa Kazim al-Husseini décède. C'est la fin des comités islamo-chrétiens mis en place au début des années 1920 et tenant lieu d'exécutif arabe. En face de cette structure politique traditionnelle se sont créés des partis politiques. Le Parti de la défense nationale est favorable à une politique de collaboration avec la puissance mandataire et avec le royaume de Transjordanie. Le Parti arabe palestinien, plus arabiste et islamiste, défend une ligne plus intransigeante à l'égard de la Grande-Bretagne. Il dispose d'un soutien dans les milieux éduqués et bénéficie de la plus importante organisation de jeunesse, supplantant le parti de l'*Istiqlal*. Ces nouveaux partis, dont les programmes politiques sont en fait assez proches, reflètent surtout les rivalités des grandes familles arabes. Le Parti arabe palestinien réunit ainsi les partisans du mufti, sous la direction de son cousin Jamal al-Husseini. Le parti de la défense nationale regroupe la clientèle traditionnelle de la grande famille rivale des Husseini, les Nashashibi, implantée essentiellement dans les régions de l'intérieur et dans les zones rurales du littoral.

La fragmentation de la vie politique palestinienne est ainsi importante. Mais la classe politique partage dans sa grande majorité les mêmes craintes devant l'immigration juive. Une autre source d'inquiétude est la montée des forces populaires radicales qui remettent en cause le pouvoir traditionnel des notables sur la population. Le 25 novembre 1935, la majorité des organisations politiques s'adresse à la puissance mandataire pour lui demander l'arrêt immédiat de l'immigration juive et des transferts de terres arabes aux Juifs. Elles réclament également la mise en place d'un gouvernement démocratique en Palestine. Le haut-commissaire britannique propose la formation d'un conseil législatif, aussitôt rejeté par les sionistes. La question est débattue au Parlement de Londres durant l'hiver 1936. Sous la pression des partisans du sionisme, le gouvernement retire son projet de conseil, accepte la poursuite de l'immigration juive et invite une délégation palestinienne à Londres pour discuter de la situation. Les partis politiques arabes sont favorables à la formation de cette délégation mais, divisés sur sa composition, ils ne parviennent pas à la constituer.

2.1.3. Les répercussions de l'arrivée d'Hitler au pouvoir

Alors que l'immigration juive en Palestine se limite à quelques milliers de personnes par an jusqu'au début des années 1930, elle augmente considérablement à partir de 1933 pour atteindre plus de 60 000 individus en 1935. Cet afflux massif et soudain est lié à l'avènement du nazisme en Allemagne. L'objectif de celui-ci, dans les années 1930, est de vider l'Allemagne de ses habitants juifs en les expulsant hors du territoire national. Facilitant l'immigration, dans des conditions évidemment très défavorables pour les Juifs, l'Allemagne nazie soutient le mouvement sioniste. Des « accords de transfert » sont ainsi négociés entre les autorités allemandes et l'Organisation sioniste, seule institution juive à être autorisée sur le territoire germanique. En vertu de ces accords, les immigrants juifs d'Allemagne peuvent partir pour la Palestine en emportant avec eux une partie de leurs avoirs convertis en marchandises allemandes.

Ainsi la Palestine connaît à partir de 1933 une arrivée massive à la fois d'hommes et de capitaux. Cette arrivée favorise un développement rapide de certaines régions palestiniennes à un moment où la crise économique mondiale frappe le reste du Proche-Orient. Les capitaux qui arrivent en Palestine servent à leur tour à financer l'émigration de Juifs d'autres pays d'Europe centrale. Cette évolution inquiète profondément les Arabes. L'augmentation numérique de Juifs fait craindre un renversement de la tendance démographique au profit de ces derniers. Depuis le rapport de la commission Shaw et le Livre Blanc de 1930, les habitants de la Palestine savent qu'il n'y a plus de terres disponibles et que les nouveaux immigrés constituent une menace encore plus directe sur les terres arabes. Dès octobre 1933, une manifestation arabe en Palestine, dirigée contre la présence britannique, fait une trentaine de morts. Certains Arabes de Palestine commencent à organiser et préparer les conditions d'une insurrection générale, malgré les réticences du mufti de Jérusalem. Un chef religieux, Izz ad-Din al-Qassam*, favorable au déclenchement d'une révolte, est abattu par les Britanniques en 1935 avec une douzaine de ses compagnons. Très vite, il devient un martyr de la cause arabe palestinienne et un emblème lors des événements qui vont éclater.

2.2. La montée des tensions communautaires

2.2.1. La politique sioniste

Depuis les événements de 1929, les sionistes ont pris conscience de l'existence d'un mouvement national arabe en Palestine. Les opposants juifs au sionisme sont par ailleurs tentés de parvenir à un accord de cohabitation avec les Arabes. Ils sont favorables à la formation d'un conseil législatif qui représenterait à proportion de leur poids démographique les habitants de la Palestine. Pour ces différentes raisons, les sionistes ne veulent pas demeurer inactifs et tentent de trouver un accord avec le nationalisme arabe. C'est l'action menée par le nouveau *leader* du sionisme palestinien dans l'entre-deux-guerres, David Ben Gourion. Ce dernier est favorable à une négociation sur la base de la reconnaissance de droits politiques aux Arabes contre la liberté d'immigration juive. Les sionistes doivent avouer clairement leur but : la création d'un État juif en Palestine. Ben Gourion reconnaît le projet panarabe d'unité de la région et il est prêt à rejoindre une fédération arabe, à condition que la Palestine soit majoritairement juive. Le responsable sioniste entre en contact avec certaines personnalités arabes palestiniennes en 1933-1934. Le mufti de Jérusalem, mis au courant de ces ouvertures, n'y est pas défavorable. La rencontre la plus significative est celle de Ben Gourion avec Shakib Arslan, une des figures les plus éminentes du nationalisme arabe. Mais ces entretiens font long feu car les interlocuteurs de Ben Gourion sont davantage alarmés par les perspectives d'un État juif que séduits par les propositions qui leur sont faites.

2.2.2. La grande grève de 1936

Le 15 avril 1936, deux Juifs sont assassinés dans la région de Naplouse par les membres d'un groupe arabe extrémiste. En représailles, deux Arabes sont tués par des Juifs radicaux. Le 19 avril, des ouvriers agricoles tuent neuf Juifs dans la région de Jaffa. L'état d'urgence est aussitôt proclamé dans tout le pays par les autorités britanniques. Les violences se poursuivent toutefois. Le fait le plus marquant est le déclenchement dans toute la Palestine d'une grève des Arabes. Le mouvement est spontané et populaire et les partis politiques décident de le soutenir. Des comités nationaux sont formés dans les principales villes afin d'organiser la contestation. Le 25 avril, les principaux partis politiques créent un comité suprême arabe, sous la présidence d'Amin al-Husseini. En dépit de la présence des notables, le mouvement est surtout encadré par les forces radicales. À partir de mai, la violence urbaine s'étend aux campagnes avec l'entrée en jeu des populations paysannes. Des bandes rurales attaquent les Britanniques et les sionistes. Ils sont rejoints par quelques centaines de volontaires syriens, anciens de la Grande Révolte de 1925.

La répression britannique reste au début modérée. La grande grève palestinienne est très populaire dans l'ensemble du monde arabe et musulman. Londres promet l'envoi d'une commission d'enquête après la cessation des troubles et accepte la médiation des gouvernements arabes, notamment de l'Arabie saoudite, de l'Irak et de la Transjordanie. Les chefs d'États arabes appellent à la fin de la grève. Le comité suprême arabe accepte en échange d'un soutien des pays arabes face aux Britanniques. Pour les Arabes palestiniens, cet arrêt n'est qu'une trêve.

2.2.3. Le plan Peel

Conformément aux promesses britanniques, une commission d'enquête présidée par lord Peel est chargée de juger de la situation. Ses investigations durent plusieurs mois et contribuent à apaiser les tensions en Palestine. Durant cette période, l'immigration juive est limitée. Le rapport de la commission est publié le 7 juillet 1937. Selon celui-ci, la coexistence entre Arabes et Juifs dans une même entité nationale est impossible. La commission préconise donc un partage de la Palestine : la plus grande partie du littoral et la Galilée reviendrait aux Juifs. Au centre, un corridor reliant Jérusalem à la mer resterait sous domination britannique afin d'assurer la protection des Lieux-Saints. Tout le reste du pays formerait un État arabe fusionnant avec la Transjordanie. Selon le plan Peel, les ressources économiques les plus importantes de la Palestine sont accordées aux Juifs (cultures d'exportation du littoral). Il est donc stipulé que les Juifs verseront une indemnité compensatoire à l'État arabe. Le plan présente les faiblesses inévitables liées à la situation démographique locale. La partie arabe est pratiquement vide de Juifs tandis que la zone dévolue aux Juifs comporte une très importante population arabe propriétaire de la terre. Les autorités britanniques envisagent alors des transferts de population vers la zone de l'État arabe.

Le plan Peel est refusé catégoriquement par les Arabes, y compris par les notables traditionnellement alliés à la puissance mandataire. Ils refusent de céder aux Juifs une des régions les plus riches sur le plan économique. Certains modérés proposent un État unitaire palestinien, avec garantie des droits aux minorités et liberté d'immigration juive mais dans une certaine proportion. La position du comité suprême est toutefois intransigeante : indépendance immédiate et arrêt de l'immigration. Du côté sioniste, les avis sont partagés. La majorité du mouvement a préconisé une politique modérée durant la grève, consistant à ne pas répondre aux agressions arabes. Une minorité radicale refuse cette attitude et décide d'organiser sa propre force militaire, distincte des troupes sionistes de la *Haganah*, l'*Irgoun*. Pour Ben Gourion, le plan Peel accorde au sionistes ce qu'ils n'espéraient plus, un État juif avec une totale liberté d'immigration et un territoire destiné à devenir ethniquement homogène. En retour, les sionistes doivent abandonner provisoirement leurs revendications sur l'ensemble de la Palestine et adopter une politique « par étapes ». De nombreux sionistes s'opposent à cette stratégie pragmatique et protestent contre le plan Peel. Ils parviennent à être majoritaires lors du congrès sioniste de Zurich de 1937.

2.2.4. Le développement des violences

La coordination des efforts arabes contre le sionisme s'intensifie à partir du plan Peel. Les éléments les plus radicaux demandent la constitution immédiate d'un État arabe palestinien avec garantie de la protection de la minorité juive. Les nationalistes de tous les pays arabes se réunissent en congrès à Bludan*, en Syrie, du 9 au 11 septembre 1937, afin de coordonner leur action antisioniste. L'agitation reprend en Palestine mais les autorités britanniques adoptent cette fois-ci une politique de fermeté. La classe politique arabe palestinienne est durement touchée par la répression. Le 26 septembre 1937, le commissaire britannique pour la Galilée, accusé par les Arabes de préparer l'expulsion de ceux-ci de la région, est assassiné. Les autorités britanniques dissolvent le comité suprême arabe et arrêtent plusieurs de ses membres. Le mufti est relevé de toutes ses fonctions officielles et s'enfuit au Liban où il demeure en résidence surveillée.

2.3. La révolte de la fin des années 1930

2.3.1. Les caractères de la révolte palestinienne

La grande révolte des Arabes de Palestine éclate à la fin de l'année 1937. Elle s'étend à tout le pays et connaît un succès important dans les régions rurales où des bandes armées paysannes solidement organisées attaquent les voies de communication et les implantations juives. Dans les principales villes, les révoltés parviennent un temps à prendre le contrôle des vieux quartiers du centre-ville. Tout Arabe accusé de collusion avec les sionistes ou avec les Britanniques est exécuté. Une véritable guerre civile accompagne donc l'insurrection. Les druzes palestiniens, par exemple, refusent d'entrer dans la rébellion et préfèrent collaborer avec les sionistes. Les villages druzes sont attaqués par les musulmans. En retour, les druzes s'engagent dans les opérations commandos mises sur pied par l'armée britannique. La révolte revêt également un aspect incontestablement social. Les paysans en rébellion imposent un moratoire sur les dettes et une taxation des notables pour financer le mouvement. Plus fidèles à l'Islam, ils obligent les citadins à respecter davantage les règles religieuses, comme le port du voile chez les femmes. Le kefié blanc et noir, coiffure traditionnelle des paysans, devient à partir de cette date le symbole de la lutte arabe palestinienne.

Les Husseini tentent d'organiser et de contrôler le mouvement à partir de la Syrie et du Liban. La plupart des notables arabes sont toutefois inquiets de l'ampleur sociale de la rébellion. Ils s'enfuient dans les pays voisins ou se rangent du côté des Britanniques. Ce ralliement aux Britanniques est principalement organisé par la grande famille rivale des Husseini, les Nashashibi. La répression britannique est très dure. La loi martiale est établie. Les principaux notables non collaborateurs sont exilés dans les possessions impériales. De nombreuses exécutions sont appliquées. Les maisons suspectes sont détruites. La reprise de contrôle des villages et des quartiers s'effectue par l'armée souvent à l'aide de « boucliers humains ». Les Britanniques utilisent également les forces sionistes. Des commandos, issus de la *Haganah*, sont entraînés par des officiers britanniques et utilisés pour les opérations de nuit, tels les assassinats de villageois soupçonnés d'appartenir à des bandes armées. L'*Irgoun* organise de son côté des attentats à la bombe contre les populations civiles.

La révolte dure près d'un an. À la fin de l'année 1938, elle commence à s'essouffler. Elle a mobilisé un nombre considérable de soldats britanniques. Au moment où la conjoncture européenne se tend, la Grande-Bretagne ne peut plus se permettre de dépenser autant de moyens à une si petite portion de territoire de son empire. Il est donc nécessaire de trouver une solution politique.

2.3.2. La conférence de Saint-James

Durant la révolte palestinienne, des discussions ont lieu entre les sionistes et des personnalités arabes non palestiniennes. Ces dernières proposent un statut de minorité pour les Juifs dans un État arabe palestinien et un quota d'émigration. De leur côté, les Britanniques désignent une nouvelle commission chargée d'étudier les conditions d'application du plan Peel. Londres est rapidement convaincue que le plan de partage est inapplicable et qu'il faut arriver à un accord entre Juifs et Arabes. Les sionistes tentent de réagir à la remise en cause du plan Peel par une active campagne d'opinion aux États-Unis, mais Roosevelt refuse d'intervenir dans la gestion du dossier. La seule issue passe donc par une conférence.

La classe politique arabe palestinienne ayant été éliminée ou exilée, il est nécessaire de convier à la conférence les représentants des autres États arabes. L'Égypte, la Transjordanie, l'Arabie saoudite et l'Irak envoient des délégués mais la France a refusé la présence de la Syrie et du Liban. Les représentants arabes facilitent la formation d'une délégation palestinienne composée de partisans du mufti et rappelés d'exil. Quelques partisans des Nashashibi sont également présents. La conférence s'ouvre le 7 février 1939 à Saint-James*, en Grande-Bretagne. Il s'agit d'une suite de rencontres bilatérales entre Arabes et Britanniques et entre ces derniers et les sionistes. Des entretiens entre Arabes et sionistes ont lieu officieusement mais sans présence palestinienne. Les Britanniques proposent la solution suivante : les Arabes auront un droit de veto sur l'immigration juive et les Juifs un droit de veto sur l'indépendance de la Palestine. Londres pense ainsi parvenir à un accord, chacune des parties détenant ce que l'autre souhaite. Mais celles-ci refusent la proposition britannique et la conférence est ajournée.

2.3.3. Le Livre blanc de 1939

Les Britanniques décident alors de publier un nouveau Livre blanc dans lequel sont expliquées les nouvelles obligations britanniques. Il y est dit que la Grande-Bretagne n'a jamais eu l'intention de faire de la Palestine un État pour les Juifs contre la volonté de la population arabe. Il ne s'agira que d'un développement communautaire. La Palestine ne doit pas être partagée. Le Livre blanc propose à nouveau la solution du double veto. Cette solution devrait aboutir à la mise en place d'institutions arabo-juives de libre-gouvernement et à l'établissement d'un État palestinien indépendant.

Le Livre blanc de 1939 constitue un tournant de la politique britannique en Palestine. L'immigration juive est pour la première fois limitée, à raison de 75 000 certificats pour les cinq années à venir. Au-delà de cette échéance, l'approbation des Arabes sera nécessaire. Une législation des transferts de terres limitera les ventes de terres arabes aux Juifs. C'est un succès incontestable pour les Arabes et les États de la région poussent ceux-ci à accepter le Livre blanc. Mais le mufti et ses partisans le rejettent car le projet britannique retarde la date de l'indépendance de la Palestine d'au moins dix ans. De plus, les membres du comité suprême sont maintenus en exil et la répression se poursuit sur place, causant l'emprisonnement de 6 000 Arabes en 1939. Les sionistes rejettent catégoriquement le projet britannique et se lancent dans une politique d'émigration clandestine et de création de nouvelles implantations, en dépit de l'interdiction des autorités. L'*Irgoun* poursuit ses attentats contre les Arabes mais également contre la présence britannique.

3 LES CHEMINS DE L'INDÉPENDANCE

3.1. L'indépendance égyptienne

3.1.1. L'impact de la guerre d'Éthiopie

Après l'échec des négociations de 1930, les Britanniques laissent le roi renvoyer le gouvernement wafdiste. Le pouvoir est confié à Ismaïl Sidqi, ancien wafdiste rallié au souverain. Avec l'appui du roi, il promulgue une nouvelle constitution qui renforce les pouvoirs du gouvernement et du souverain. Les activités des partis politiques sont strictement contrôlées. Le chef de gouvernement doit également faire face à la dépression économique mondiale. Il édicte ainsi des réformes économiques et sociales et encourage le développement d'une industrie nationale. En septembre 1933, Fouad le renvoie et le remplace par des gouvernements de fidèles. La situation reste bloquée jusqu'en 1935 lorsque la situation régionale se modifie brusquement avec la guerre d'Éthiopie.

L'occupation militaire italienne de l'Éthiopie place l'Italie aux frontières sud du Soudan, alors qu'elle est déjà en Libye. L'action italienne s'accompagne d'une active campagne de propagande dans le monde arabe contre les intérêts britanniques. La Grande-Bretagne, inquiète pour ses intérêts stratégiques en Égypte, recherche désormais une normalisation de la vie politique égyptienne. Cette normalisation passe par le rétablissement de la Constitution de 1923 et la conclusion d'un nouveau traité. Fouad accepte cette évolution en décembre 1935 mais il meurt en avril 1936 et c'est à son fils Farouk* qu'échoit la gestion de la transition politique.

3.1.2. Le traité de 1936

En mai 1936, le *Wafd* remporte à nouveau les élections législatives. Nahhas Pacha forme son troisième gouvernement le 10 mai et engage immédiatement des négociations avec les autorités britanniques en vue de la conclusion d'un traité. Ce dernier est signé à Londres le 26 août 1936. Il prévoit la conclusion d'une alliance perpétuelle entre les deux pays comprenant une coopération en matière de politique étrangère et des facilités en cas de guerre. L'Égypte met en fait à la disposition de la Grande-Bretagne ses ports, ses aérodromes et ses voies de communication. Les effectifs de l'armée égyptienne ne sont plus limités mais les instructeurs restent exclusivement britanniques. L'accroissement numérique de l'armée entraîne l'ouverture de cette dernière aux classes moyennes. De jeunes officiers sensibles aux nouveaux courants idéologiques, tels Nasser et Sadate, y font leur entrée.

Le sujet essentiel du traité concerne évidemment le canal de Suez. L'article 8 autorise la Grande-Bretagne à stationner des troupes dans le voisinage du canal pour en assurer la défense et ce, pour une durée de vingt ans. La question de la présence britannique sera alors soumise au conseil de la SDN. Pour ce qui concerne le Soudan, le traité propose un retour à un condominium anglo-égyptien. La Grande-Bretagne accepte par ailleurs une abrogation progressive des Capitulations et l'entrée de l'Égypte à la SDN. Le traité maintient l'Égypte dans une situation d'inféodation à la Grande-Bretagne mais il présente toutefois des avantages. D'une part, les forces militaires britanniques se retirent de l'Égypte en temps de paix (à l'exception de la zone du canal). D'autre part, la pression économique étrangère représentée par les Capitulations disparaît. La convention de Montreux de 1937 abroge définitivement le système capitulaire en Égypte avec transferts des compétences des tribunaux consulaires aux tribunaux égyptiens. Des compagnies étrangères sont égyptiannisées avec instauration de quotas d'employés et de cadres égyptiens. La Compagnie du canal de Suez doit accepter une augmentation de la redevance payée à l'Égypte et un accroissement du personnel égyptien. La convention de Montreux permet ainsi le début de la reconquête de l'indépendance économique par l'Égypte. Le 26 mai 1937, l'Égypte est admise à la SDN.

3.1.3. Les débuts du règne de Farouk

Farouk n'a que seize ans lors de son accession au trône. Un conseil de régence désigné par le Parlement exerce les fonctions royales. Le roi est entouré par d'excellents conseillers politiques dont Ali Maher, opposant au *Wafd*. Farouk devient rapidement très populaire. Il réussit à réunir autour de sa personne les nouveaux courants idéologiques de l'Égypte comme le mouvement des Frères musulmans. Farouk combat ainsi efficacement le *Wafd*, accusé de despotisme et dangereux pour la monarchie en raison de sa jeunesse paramilitaire. Le roi tente de jouer également sur la fibre religieuse. Il multiplie les actions de bienfaisance au nom de l'Islam et, lors de sa majorité en 1937, il tente d'imposer un serment islamique à son investiture. Le gouvernement wafdiste s'y oppose et le souverain s'incline.

À la fin de la régence, Nahhas Pacha forme son quatrième gouvernement. Il entre en conflit avec le roi sur la question de la nomination des hauts fonctionnaires. L'épreuve de force tourne à l'avantage du roi lorsque deux fondateurs du *Wafd* (dont le frère d'Ali Maher) font scission et fondent, en référence à Saad Zaghloul, le groupe saadiste. Le 30 décembre 1937, le roi révoque le cabinet et dissout la chambre. Un nouveau gouvernement est formé par les libéraux-constitutionnels et aux élections de 1938, le *Wafd* essuie une défaite complète.

3.2. La Syrie à la recherche de son indépendance

3.2.1. L'impasse politique de la France en Syrie

La situation régionale inquiète vivement la France à partir de 1930. Le traité anglo-irakien est regardé avec enthousiasme par les nationalistes syriens. Les Français craignent par ailleurs des répercussions en Syrie des événements de Jérusalem. Ponsot décide donc, en mai 1930, de promulguer les textes constitutionnels de tous les États syriens, reprise du texte de la Constitution de 1928. Mais ces dispositions ne seront appliquées qu'après les prochaines élections. Les modérés du Bloc national, emmenés par Jamil Mardam Bey, veulent accepter le projet afin de passer rapidement à l'étape suivante, l'indépendance. Mais l'opposition au texte constitutionnel reste forte. Les élections sont organisées en décembre 1931. Les Français multiplient les pressions sur les électeurs et les fraudes électorales. Une partie des candidats du Bloc national parvient toutefois à se faire élire. Il s'agit des partisans de Jamil Mardam Bey. Le reste des sièges échoit à des collaborateurs des Français ou à des indépendants. Muhammad Ali al-Abid est élu président de la République avec le soutien du Bloc national.
Ponsot tente ensuite de négocier la signature d'un traité. Les pourparlers durent jusqu'en 1933, au moment où Ponsot est remplacé par un autre diplomate, Damien de Martel. Ce dernier essaye d'imposer un traité qui maintient la prééminence économique et militaire de la France en Syrie et qui consacre la division du pays. Le Parlement syrien rejette ce plan en décembre 1933. En mars 1934, le haut-commissaire suspend *sine die* le parlement. Tajj al-Din est chargé de former un nouveau gouvernement mais son action est vivement contestée par les nationalistes.

3.2.2. Le traité franco-syrien

Entre 1934 et 1936, les manifestations nationalistes se multiplient en Syrie et sont réprimées par la France. La Syrie est en situation quasi insurrectionnelle au début de 1936. La grève générale est décrétée par le Bloc national le 27 janvier. Pendant trente-six jours, le pays est totalement paralysé. La France impose la loi martiale et procède à de nombreuses arrestations mais elle cède en février, renvoie le gouvernement Tajj al-Din, libère les prisonniers et accepte d'ouvrir des négociations avec le Bloc national. Les autorités françaises s'engagent à rétablir une vie constitutionnelle normale, à favoriser l'unité de la Syrie et à conclure un traité analogue au traité anglo-irakien. Les négociations s'ouvrent à Paris en avril puis sont interrompues jusqu'à l'été en raison des élections françaises du printemps.

L'une des questions essentielles du traité en négociation est le sort des minorités syriennes. Certains responsables français sont favorables à un droit d'intervention de la France pour leur protection. Les militaires proposent même le stationnement de forces françaises dans les zones peuplées de minoritaires. Mais les hommes de Front populaire sont favorables à une formule plus respectueuse des droits des Syriens. La réunion des États syriens est acceptée, à l'exception du Liban. Cette clause entraîne les protestations des sunnites libanais qui réclament le rattachement du Liban à la Syrie.

Le protocole d'accord du traité franco-syrien est signé à Paris le 9 septembre 1936. Il garantit l'entrée de la Syrie à la SDN. La France conserve des facilités militaires pour 25 ans. Des troupes françaises seront stationnées chez les Druzes et les Alaouites pendant les cinq prochaines années. Durant la négociation du traité, ces minorités ont protesté contre le rétablissement de l'autorité de Damas. Aux élections de novembre 1936, les nationalistes remportent une majorité écrasante de sièges au Parlement. Hashim al-Atasi est élu président de la République. Il désigne Jamil Mardam Bey comme chef du gouvernement. Le 27 décembre 1936, le Parlement syrien ratifie dans l'enthousiasme le traité avec la France. Mais en métropole, une coalition de militaires, de coloniaux et de cléricaux fait campagne contre la ratification du traité. La ratification par le Parlement français traîne.

3.2.3. L'affaire du *sandjak* d'Alexandrette

Le traité franco-syrien relance la question d'Alexandrette. L'accord franco-turc d'Ankara de 1921 avait reconnu un statut spécial pour ce port et sa région. Les populations turques de ce district avaient reçu toutes les garanties pour la préservation de leur culture. En 1936, le gouvernement turc demande le droit à l'autodétermination pour le *sandjak*. Sur 220 000 habitants, ce dernier compte 39 % de Turcs, 28 % d'Alaouites, 11 % d'Arméniens, 10 % d'Arabes essentiellement sunnites. Le droit à l'autodétermination sera d'autant plus difficile à mettre en œuvre que la population est très mélangée. La France renvoie le règlement de l'affaire à la SDN. En raison de cette procédure, la ratification du traité franco-syrien est retardée.

Les négociations entreprises sous l'égide de la SDN aboutissent à un accord le 29 mai 1937. Le *sandjak* est séparé de la Syrie et devient une région sous administration de la SDN. Les fonctionnaires syriens du *sandjak* sont démis de leurs fonctions. La Syrie proteste et refuse de reconnaître cet accord. Ankara continue de revendiquer le territoire et soutient activement les partisans de l'union avec la Turquie. Les Turcs du *sandjak* tentent de faire enregistrer les Alaouites comme Turcs sur les listes électorales mais ils ne parviennent pas à obtenir la majorité. Le 10 mars 1938, la France accorde une « majorité convenable » de 22 sièges sur 40 aux Turcs dans l'assemblée élue. Pour mettre fin aux protestations, l'état de siège est instauré. Le 4 juillet, un traité franco-turc est signé permettant à l'armée turque de participer conjointement avec les Français au maintien de l'ordre dans le *sandjak*. Profitant de la montée des tensions en Europe et de la recherche de la neutralité turque, Ankara obtient le 23 juin 1939 l'annexion totale du *sandjak* contre un traité d'alliance avec la France et la Grande-Bretagne. Les Arméniens du *sandjak* sont déplacés vers le Liban. Damas ne reconnaîtra jamais cette annexion.

3.2.4. L'échec du Bloc national

La défaite de Léon Blum en juin 1937 éloigne davantage la perspective de la signature du traité franco-syrien. En Syrie, le gouvernement Mardam Bey se heurte à des difficultés croissantes. Les mouvements séparatistes refusent qu'un État unitaire se développe. Sous la pression des milieux coloniaux et cléricaux, Jamil Mardam Bey est contraint d'accepter des amendements au traité renforçant les minorités et satisfaisant les intérêts économiques français. Par ailleurs, le traité est contesté par les nationalistes radicaux autour de Shahbandar et de Quwwatli.

Le 22 octobre 1938, Gabriel Puaux est désigné comme haut-commissaire. Il refuse de tenir compte des avis du Parlement sur les amendements acceptés par Mardam Bey. Il promulgue des arrêtés modifiant les statuts personnels des populations, autorisant ainsi un musulman à changer de religion ou une musulmane à épouser un non-musulman. Ces arrêtés entraînent une forte agitation populaire. Jamil Mardam Bey démissionne et un nouveau gouvernement issu du Bloc national lui succède. Puaux suspend finalement la législation sur les musulmans en mars 1939. En avril, les radicaux prennent le contrôle du Bloc national. Les nationalistes, divisés, quittent le gouvernement et le Bloc national s'effondre. Puaux suggère un retour aux divisions territoriales de la Syrie, coiffée d'un régime monarchique. Ibn Sa'ud est un temps pressenti.

3.3. Les débuts de l'indépendance irakienne

3.3.1. Les conséquences de la mort de Faysal

La fin du mandat sur l'Irak est officiellement proclamée par la SDN le 30 mai 1932. La question des minorités demeure l'enjeu essentiel de l'indépendance. La SDN demande des garanties tels qu'une représentation équitable dans le système électoral, la libre utilisation des autres langues que l'arabe, l'égalité des droits, le maintien du statut personnel. L'Irak entre à la SDN le 3 octobre 1932. C'est le premier membre arabe de l'organisation. L'Irak va utiliser cette tribune pour tenter de faire avancer certains dossiers arabes comme la question de Palestine ou l'indépendance de la Syrie et du Liban. Dans l'immédiat, la commission des Mandats se penche sur la question assyrienne. Nuri Sa'id* accepte une résolution établissant la reconnaissance juridique de cette communauté chrétienne.
Mais les Assyriens refusent toute coopération avec l'État irakien. En juillet 1933, un millier d'entre eux, armés, entrent en Syrie, entraînant les réactions de l'armée française. Les forces irakiennes attaquent les villages chrétiens et massacrent leurs habitants, causant la fuite d'une partie de la population en Syrie. Les Assyriens demeurés en Irak cessent toute revendication et leur assimilation se fait dans les années suivantes. Le responsable de la répression militaire, le général Bakr Sidqi, d'origine kurde, devient l'homme le plus populaire d'Irak. Les Assyriens étaient détestés par la population en raison de leur rôle dans les forces auxiliaires britanniques.

Le 7 septembre 1933, Faysal meurt en Europe des suites d'un malaise cardiaque. Son fils Ghazi devient roi mais il se montre rapidement peu capable de gouverner. La monarchie cesse ainsi de jouer son rôle d'arbitre et la vie politique irakienne est traversée par les rivalités personnelles et les querelles de pouvoir. L'instabilité gouvernementale est la règle et les élections sont manipulées au profit de ceux qui contrôle l'administration. En mars 1935, un gouvernement de coalition est formé autour de Rashid Ali, Nuri Sa'id et Yasin al-Hashimi. Une opposition se forme autour d'un groupe réformateur, la *Jama'at al-Ahali*, ancien groupe d'étudiants irakiens de l'Université américaine de Beyrouth, qui prône des réformes sociales et économiques. Cette organisation, à laquelle se rallient certaines personnalités politiques comme Hikmat Sulayman, est probablement le premier groupe d'inspiration socialiste du monde arabe.

En 1933, dans la foulée de la victoire sur les Assyriens, la conscription militaire est établie. Cette mesure entraîne de nombreuses réactions populaires d'hostilité. En 1934, les tribus de l'Euphrate se révoltent. Yasin al-Hashimi cherche d'abord à négocier puis il envoie l'armée réprimer le mouvement. En août 1935, les forces irakiennes matent une révolte kurde puis, en octobre, s'en prennent à la petite communauté des Yézidis (musulmans hétérodoxes). Le gouvernement devient de plus en plus autoritaire et étouffe les mouvements d'opposition.

3.3.2. Le coup d'État militaire de 1936

La situation politique et institutionnelle en Irak montre que celui qui parvient à prendre le contrôle du gouvernement dispose de moyens suffisants pour se maintenir au pouvoir, sans aucune réaction des parlementaires. C'est dans ce contexte que le 29 octobre 1936, a lieu le premier coup d'État militaire de l'histoire du monde arabe contemporain. Il est organisé par le général Bakr Sidqi. Nuri Sa'id parvient à s'enfuir. Rashid Ali et Yasin al-Hashimi sont exilés. Un nouveau gouvernement est formé autour d'Hikmat Sulayman, chef de l'ancienne opposition. Le roi se tient à l'écart de la vie politique. La motivation des putschistes est d'abord d'ordre personnel. Bakr Sidqi convoitait le poste de commandement en chef de l'armée irakienne, détenu par Taha al-Hashimi, frère de Yasin, absent d'Irak lors du coup d'État. Ensuite, les deux responsables du coup de force sont hostiles à l'arabisme du précédent gouvernement et favorables à des réformes sociales. Le programme du gouvernement Sulayman comprend la lutte contre la corruption du régime précédent, le renforcement de l'armée, le développement de l'enseignement, l'établissement de monopoles économiques, l'augmentation des impôts sur le revenu et l'héritage et la mise en œuvre d'une législation sociale avancée.

Beaucoup trop ambitieux par rapport aux réalités irakiennes, ce programme se heurte rapidement à l'hostilité de la classe dirigeante des grands propriétaires terriens qui exercent des pressions sur le pouvoir. La seule mesure sociale adoptée est une réduction de la durée quotidienne de travail pour les employés. Aux élections des 10 décembre 1936 et 20 février 1937, la société *al-Ahali* n'obtient que 11 sièges sur 108. Bakr Sidqi critique de plus en plus ouvertement ses alliés socialistes. Ces derniers quittent le gouvernement en juin 1937 et leurs chefs optent pour l'exil. Le 11 août 1937, Bakr Sidqi est assassiné par des officiers arabistes à Mossoul. Sulayman démissionne le 17 sous la pression de l'armée. Ghazi confie le pouvoir à un ancien compagnon d'armes de Faysal, Jamil al-Madfa'i. Ce dernier accorde une amnistie aux officiers responsables de l'assassinat. L'armée joue désormais un rôle essentiel dans la vie politique, particulièrement les officiers de tendance panarabiste.

3.3.3. Nuri Sa'id

Le nouveau gouvernement ne parvient pas à rétablir la stabilité politique. L'opposition au coup d'État, menée par Nuri Sa'id, tente de reprendre le pouvoir. L'armée est approchée pour obtenir des appuis. En décembre 1938, elle décide de retirer sa confiance au gouvernement et appuie le retour de Nuri Sa'id. Ce dernier forme un nouveau gouvernement. En mars 1939, les membres du précédent gouvernement sont arrêtés. Le 4 avril 1939, Ghazi meurt dans un accident de voiture. L'opinion pense à un assassinat déguisé et soupçonne la Grande-Bretagne. La foule s'en prend aux intérêts britanniques et le consul anglais à Mossoul trouve la mort lors d'une émeute. Nuri Sa'id impose comme régent Abdul Illah, âgé de 26 ans et fils de Ali, dernier roi du Hedjaz avant l'arrivée d'Ibn Sa'ud. Le frère de Faysal, Zayd, est écarté.

3.3.4. La diplomatie régionale irakienne

L'Irak entend d'abord se mettre à la tête du monde arabe émancipé. Son indépendance précoce lui confère un prestige certain dans les autres pays arabes.

Les officiers supérieurs irakiens, presque tous anciens de l'armée ottomane, sont restés marqués par la collaboration avec l'Allemagne impériale et par le nationalisme allemand. Le processus historique de l'unité allemande constitue un modèle à suivre pour les Irakiens qui considèrent leur pays comme une sorte de Prusse arabe devant réunir les régions arabes sous son autorité. Yasin al-Hashimi, tenant du panarabisme, entend prendre modèle sur Bismark. Il multiplie les contacts avec les nationalistes égyptiens et syriens. Mais les problèmes intérieurs empêchent toute politique arabe régionale. De plus, la mort de Faysal fait perdre à l'Irak le prestige politique qu'il pouvait en retirer. Avec le retour de Nuri Sa'id au pouvoir en 1939, l'Irak s'engage résolument en faveur de la cause arabe palestinienne sous la pression populaire. Le chef du gouvernement mène parallèlement des négociations infructueuses avec les sionistes. L'un des engagements essentiels est l'accueil par l'Irak du mufti de Jérusalem au début de la guerre.

Le second axe de la politique extérieure irakienne est plus régional. L'Irak inaugure un rapprochement diplomatique avec la Turquie et l'Iran. Mustapha Kémal souhaite mettre sur pied un vaste dispositif de sécurité régional afin essentiellement de résister aux ambitions italiennes. Il joue un rôle actif pour apaiser les contentieux entre l'Iran et l'Irak. Le 5 juillet 1937, une convention irano-irakienne laisse le *Shatt al-Arab*, embouchure du Tigre et de l'Euphrate sur le Golfe, à l'Irak. Cet accord permet la signature du pacte de Saadabad à Téhéran, le 8 juillet 1937, entre la Turquie, l'Iran, l'Irak et l'Afghanistan. Les signataires s'engagent à ne pas s'ingérer dans les affaires intérieures des parties contractantes, à respecter les frontières établies et à ne soutenir aucun acte d'agression contre un des pays membres du pacte. Les quatre pays entendent également former un bloc diplomatique au sein de la SDN. Le traité est violemment dénoncé par les panarabistes irakiens à un moment où la Syrie est aux prises avec la Turquie pour l'affaire du *sandjak* d'Alexandrette.

Le dernier axe concerne les relations avec le Koweït. En 1937, le roi Ghazi, au cours d'un discours radiophonique, s'en prend à la politique britannique dans le Golfe et réclame l'annexion du Koweït. Cette revendication trouve un certain écho dans la bourgeoisie de l'émirat, qui voit dans le rattachement de leur pays à l'Irak une possibilité de sortir de la crise économique et un moyen de faire pression sur la famille régnante qui refuse tout partage du pouvoir. Pour les Irakiens, cette revendication vise à élargir l'accès de leur pays au Golfe. Mais la Grande-Bretagne s'y oppose. En mars 1939, Ghazi concentre des troupes à la frontière avec le Koweït et semble avoir projeté une invasion de l'émirat.

4 LE MOYEN-ORIENT DURANT LA DEUXIÈME GUERRE MONDIALE

4.1. Les conséquences de la défaite française

4.1.1. Les Mandats français sous l'influence de Vichy

La France a constitué une importante armée au Levant sous le commandement du général Weygand*. Elle envisage l'éventualité d'une offensive en direction des champs pétrolifères de Bakou en URSS afin d'entraver les livraisons de pétrole soviétique à l'Allemagne. Puaux suspend les Constitutions de Syrie et du Liban et rétablit une administration directe des Mandats. Lorsque la France s'effondre en juin 1940, le haut-commissaire souhaite poursuivre la lutte. Les Britanniques imposent néanmoins un blocus sur la Syrie et le Liban et encouragent les premiers Français libres. Les envoyés de Vichy procèdent rapidement à une épuration des cadres soupçonnés de gaullisme. Puaux est rappelé en novembre 1940 et remplacé par le général Dentz.

Puaux s'était appuyé sur les mouvements islamistes afin de contrer l'essor des nationalistes syriens. À la veille de sa destitution, il avait encouragé l'action de Shahbandar, redevenu l'un des hommes politiques les plus importants de Syrie. Mais Shahbandar est assassiné en juin 1940. L'enquête fait porter les soupçons sur Jamil Mardam Bey. Devant le risque de répression, les principaux membres du Bloc national se réfugient en Irak. Seul Quwwatli reste en Syrie. Il entre en contact avec les représentants de l'Axe.

4.1.2. L'épreuve de force de 1941

La collaboration entre Vichy et l'Allemagne inquiète la Grande-Bretagne. La Syrie et le Liban pourraient devenir une base arrière de l'Axe menaçant directement le canal et les approvisionnements en pétrole. Cette crainte est renforcée par le succès de l'opération aéroportée allemande en Crète. La Grande-Bretagne décide donc d'intervenir militairement. L'opération, appelée *Exporter*, est menée par des forces australiennes, indiennes, transjordaniennes et juives. Les Forces françaises libres, sous le commandement du général Catroux*, y participent également. L'armée du Levant, épurée de ses éléments progaullistes, oppose une résistance imprévue. Les combats entraînent de lourdes pertes dans les deux camps. Les vichystes utilisent des forces auxiliaires arabes nationalistes. Sans aucun soutien de l'Allemagne, qui vient de lancer son offensive en URSS, la France de Vichy accepte un armistice le 12 juillet 1941 et évacue ses forces des Mandats.

La France libre a accepté le principe de l'indépendance de la Syrie et du Liban. Au nom du général de Gaulle, Catroux fait à la population une proclamation dans ce sens le 8 juin 1941. Il déclare mettre fin au régime des Mandats et annonce l'indépendance des deux pays. Le statut de ces derniers sera défini par un traité à la fin de la guerre. Cette déclaration est accompagnée d'une lettre de De Gaulle à Jamil Mardam Bey dans laquelle il confirme les termes de la proclamation de Catroux. Les Français libres se méfient toutefois des intentions britanniques et craignent que la Grande-Bretagne tente d'utiliser le nationalisme arabe en Syrie pour évincer la France de la région. Les accords De Gaulle-Lyttleton du 25 juillet 1941 règlent provisoirement la question. Les intérêts français en Syrie et au Liban sont préservés et reconnus par la Grande-Bretagne. Dans le cadre de l'indépendance des deux pays, la France conservera une influence prédominante. En dépit de ces assurances, la France reste sur ses gardes. Le chef de la mission britannique au Levant, le général Spears, ami personnel de Churchill, est connu pour ses positions anti-françaises. Il est soutenu par les différents responsables britanniques au Moyen-Orient, alors que le *Foreign Office* est plus favorable à une politique de conciliation avec les Français.

4.1.3. Vers l'indépendance de la Syrie et du Liban

Catroux, invoquant les nécessités de la guerre, maintient pour le moment une politique autoritariste en Syrie et au Liban. Il appelle à nouveau Tajj al-Din pour former un gouvernement syrien. Il maintient également un gouvernement libanais avec un président maronite, Alfred Naccache, mais la Constitution reste suspendue. En mars 1943, les Britanniques forcent les Français à accepter le rétablissement des régimes constitutionnels et à organiser des élections. Catroux désigne des gouvernements intérimaires avant d'être remplacé par un diplomate, Jean Helleu. Les élections se tiennent en juillet 1943 en Syrie et en septembre au Liban. En Syrie, le Bloc national, dirigé par Quwwatli, remporte la victoire. Le *leader* nationaliste est élu président de la République le 17 août 1943. Au Liban, la présidence échoit le 21 septembre à Becharra al-Khoury* qui désigne Riad al-Suhl comme chef de gouvernement. Un chi'ite prend la présidence du parlement. Les musulmans acceptent que le Liban reste séparé de la Syrie tandis que les chrétiens reconnaissent l'arabité du pays. Ce compromis mutuel constitue ce qu'on appelle le « pacte national ».

Le conflit éclate immédiatement entre les nouveaux gouvernements et les autorités françaises sur la répartition des compétences. En novembre 1943, le Parlement libanais abolit les articles de la constitution concernant les droits de la puissance mandataire. Helleu fait arrêter les principaux responsables politiques libanais, suspend la constitution et remplace le président de la République par Émile Eddé. Des manifestations violentes éclatent dans tout le pays, scellant l'union des communautés contre la France. Catroux est envoyé d'urgence à Beyrouth et il rétablit le *statu quo*. Dans les mois suivants, la France transfère toutes les compétences étatiques aux gouvernements syrien et libanais. L'indépendance politique des deux pays est reconnue. Mais la France conserve jusqu'à la fin de la guerre le contrôle des troupes spéciales du Levant et conditionne toujours l'indépendance à la conclusion d'un traité.

À la fin de la guerre, de Gaulle cherche à conserver dans les anciens mandats une situation privilégiée. Des négociations doivent débuter dans ce sens à la fin du mois de mai 1945 mais le débarquement de nouvelles troupes françaises met le feu aux poudres et déclenche dans le pays une situation quasi insurrectionnelle. Des affrontements sanglants ont lieu à Damas entre l'armée française et la police syrienne. La Grande-Bretagne décide alors d'intervenir en Syrie et adresse un véritable ultimatum à la France, menaçant d'intervenir militairement. Un cessez-le-feu est proclamé et les troupes françaises rentrent dans leurs casernes. Le 21 juin 1945, la Syrie et le Liban relèvent tous les Français de leurs services. Le 13 décembre, Français et Britanniques négocient leur évacuation définitive.

4.2. Les difficultés britanniques au Moyen-Orient

4.2.1. La guerre britannique en Orient

Après la défaite française, la position de la Grande-Bretagne au Moyen-Orient devient critique. L'Égypte a refusé de déclarer la guerre à l'Allemagne et proclame sa neutralité. En vertu du traité de 1936, l'état de siège est proclamé et les troupes britanniques se déploient dans le pays. Les Britanniques obtiennent le renvoi du chef d'état-major général de l'armée égyptienne pour son hostilité envers ces derniers. Le 10 juin 1940, l'Italie est entrée en guerre. Les assemblées égyptiennes votent la rupture des relations diplomatiques avec Rome mais refusent d'engager des troupes contre l'Italie. La première offensive italienne, à l'automne 1940, se solde pour Rome par un échec. L'armée britannique s'empare de la Cyrénaïque durant l'hiver 1941. L'Allemagne réagit en envoyant l'*Afrikakorps*, commandé par le général Rommel. L'aviation allemande parvient rapidement à rendre inutilisable le canal de Suez.

Au printemps 1941, les Britanniques dégarnissent leur front pour porter secours aux Grecs et aux Yougoslaves. Rommel en profite pour lancer une offensive contre l'Égypte. À l'automne 1941, l'armée britannique parvient à repousser les forces de l'Axe et pénètre à nouveau en Cyrénaïque. Durant l'année 1941, la Grande-Bretagne a également assuré le nettoyage de ses arrières. Outre les Mandats français, l'armée britannique occupe l'Iran en septembre (avec l'URSS), achève la libération de l'Éthiopie et occupe les Somalies italienne et française. L'ensemble de la zone est désormais appelé par l'état-major britannique le « théâtre Moyen-Orient ». Il comprend toute l'Asie arabe, les pays du Golfe, l'Égypte, la Libye, la corne de l'Afrique et les Balkans.

4.2.2. La révolte irakienne

Avec les Mandats français, la seule menace stratégique contre les arrières britanniques est venue de l'Irak. En mars 1940, Nuri Sa'id démissionne et entre dans un nouveau gouvernement, dirigé par Rashid Ali, en tant que ministre des Affaires étrangères. Il refuse de rompre ses relations diplomatiques avec l'Italie en juin, marquant ainsi l'indépendance de son pays par rapport à la Grande-Bretagne. Après la défaite française, l'Irak recherche un accord avec l'Allemagne. Les Britanniques obtiennent le renvoi de Rashid Ali par le régent en janvier 1941. Il est remplacé par Taha al-Hashimi. Ce dernier tente de réduire l'influence des nationalistes arabes dans l'armée mais ceux-ci provoquent une nouvelle épreuve de force. Le gouvernement est renversé, le régent et Nuri Sa'id s'enfuient et Rashid Ali est rappelé au pouvoir en avril 1941. Les Britanniques et les Américains refusent de reconnaître le nouveau gouvernement. Londres débarque des troupes à Bassorah. Le 30 avril, l'armée irakienne met le siège devant la base aérienne de Habbaniya, près de Bagdad. L'aviation britannique bombarde les positions irakiennes tandis qu'une force de secours est mise sur pied en Palestine. Elle traverse l'Irak et parvient à dégager Habbaniya. Le 31 mai, Rashid Ali s'enfuit en Iran et l'armée irakienne signe un armistice. Des émeutes éclatent à Bagdad et s'en prennent essentiellement à la communauté juive de la ville. Les Allemands ont tenté d'utiliser les aérodromes français dans le Levant pour porter secours aux insurgés irakiens, mais leur aide arrive trop tard.

L'Irak demeure sous régime d'occupation militaire britannique jusqu'en 1945. En juin 1941, Jamil al-Madfa'i forme un nouveau gouvernement et limite l'épuration politique. Nuri Sa'id lui succède en octobre et mène une dure répression. Les chefs militaires nationalistes prisonniers des Britanniques lui sont remis et sont condamnés à mort et exécutés. Ces événements portent un coup irrémédiable à la légitimité du pouvoir monarchique en Irak. Les nationalistes arabes ne pardonneront pas à Nuri Sa'id les exécutions dont il a été responsable. En dépit des efforts du nouveau gouvernement, le nationalisme arabe demeure la référence majeure des nouvelles couches. Durant les dernières années de guerre, l'Irak doit affronter un soulèvement kurde mené par Mulla Mustafa Barzani. L'armée irakienne, réduite par le nouveau régime, parvient toutefois à mettre fin à la révolte en 1945.

4.2.3. Le coup de force britannique en Égypte

Au printemps 1941, alors que la Grande-Bretagne est aux prises avec une situation politique et militaire critique, une partie de la classe politique égyptienne estime qu'il est nécessaire de prendre contact avec l'Allemagne et l'Italie afin d'obtenir l'indépendance. Ali Maher entre en relations avec Rome tandis que le chef d'état-major, limogé sur intervention britannique, tente de rejoindre les troupes allemandes. Il échoue et est arrêté, mais il a eu le temps de constituer un réseau clandestin, composé d'officiers, dont le jeune Sadate, et de membres des Frères musulmans, qui entre en contact avec des espions allemands. Le réseau est finalement démantelé en 1942. Farouk entretient également des discussions avec l'Allemagne par l'intermédiaire d'Ankara et de Téhéran.

La Grande-Bretagne demande que l'Égypte rompe ses relations diplomatiques avec le régime de Vichy. Le roi refuse mais le gouvernement cède. En février 1942, ce dernier démissionne après un conflit avec le Palais. Les Britanniques font pression pour la formation d'un gouvernement wafdiste autour de Nahhas Pacha, mais le roi s'y oppose. Le 4 février, l'armée britannique encercle le palais royal et oblige Farouk à accepter la solution politique proposée par Londres. Le *Wafd* sort déconsidéré par l'événement. L'armée égyptienne, surtout, est fortement révoltée contre la reculade du pouvoir. De cette amertume naît le mouvement clandestin des « Officiers libres » qui prône la lutte contre les Britanniques et le renforcement de la monarchie égyptienne.

Durant l'été 1942, les troupes allemandes pénètrent en Égypte jusqu'à al-Alamein, à moins de cent kilomètres d'Alexandrie. L'Axe promet de respecter et d'assurer l'indépendance et la souveraineté de l'Égypte. Nahhas collabore activement avec les Britanniques pour épurer l'Égypte de toute tentative de collaboration avec l'ennemi. Toutes les personnes soupçonnées d'avoir entretenu des contacts avec l'Axe sont arrêtées. Ali Maher, le prédécesseur de Nahhas, est placé en résidence surveillée. La victoire britannique à al-Alamein en novembre 1942 éloigne définitivement la menace qui pesait sur l'Égypte.

En octobre 1944, le roi renvoie le gouvernement wafdiste et appelle au pouvoir des membres des partis minoritaires libéraux, souvent issus de dissidence avec le *Wafd*. La direction des affaires est confiée à Ahmad Maher. Ce dernier organise en janvier 1945 des élections qui sont boycottées par le *Wafd*. Les partis du gouvernement remportent logiquement la majorité des sièges parlementaires. Immédiatement après ce succès, l'Égypte déclare la guerre aux puissances de l'Axe, entraînant le mécontentement des forces politiques radicales qui y voient un alignement sur la politique britannique. Le 24 février, Ahmad Maher est assassiné par un jeune nationaliste.

4.2.4. L'échec du plan Philby en Palestine

L'arrivée de Churchill au pouvoir en 1940 modifie la politique britannique en Palestine. Favorable à la cause sioniste, il est hostile au Livre Blanc de 1939. Mais Eden, au *Foreign Office*, défend la politique du gouvernement précédent. L'immigration juive est en conséquence limitée ainsi que les transferts de terres arabes. En revanche, aucun transfert de pouvoir n'est opéré en faveur des Arabes palestiniens. Les sionistes encouragent la population juive de Palestine à s'engager dans l'armée britannique. Ils organisent également des réseaux d'immigration clandestine. Les Arabes s'engagent également dans l'armée mais ils sont cantonnés à des tâches non combattantes.

Philby, aventurier britannique ayant servi l'émir Abdallah dans les années 1920, suggère au début de la guerre un plan pour la Palestine. La Grande-Bretagne favoriserait une confédération du Moyen-Orient dirigée par Ibn Sa'ud et intégrée au *Commonwealth*. Contre 20 millions de livres sterling, Ibn Sa'ud accepterait le transfert des Arabes palestiniens sur les terres de son royaume. L'État juif créé serait intégré à la fédération arabe. Eden est hostile à ce plan. D'après lui, la Grande-Bretagne a besoin du soutien arabe dans la situation difficile que son pays traverse au

Moyen-Orient. Le 29 mai 1941, le chef de la diplomatie britannique prononce un discours dans lequel il se déclare favorable à l'unité arabe. Churchill est contraint d'abandonner son soutien au plan Philby. Il tente d'intéresser Roosevelt au projet. Celui-ci entre en contact avec Ibn Sa'ud en août 1943 pour apprendre immédiatement le refus catégorique du souverain saoudien au projet. Le président américain fait préparer un projet de Palestine internationalisée, dirigée par un organe de contrôle composé de représentants des trois religions monothéistes. La Grande-Bretagne revient de son côté à un plan de partage.

Une partie du mouvement sioniste se radicalise durant la guerre. Une fraction de l'*Irgoun* constitue le groupe Stern, ou *Lehi,* et lance la lutte armée contre les Britanniques. Il propose une alliance à l'Axe si ce dernier consent à la formation d'un État juif mais l'Allemagne ne répond pas à ces propositions. En février 1942, Abraham Stern est abattu par la police britannique. Menahem Begin prend la direction du mouvement et relance la lutte armée en mars 1944 tandis que le groupe Stern, dirigé notamment par Itshak Shamir, multiplie les attentats contre la présence britannique.

4.3. L'émergence du leardership américain

4.3.1. L'apparition de la politique stratégique américaine dans la région

Les États-Unis, bien que demeurant neutres, s'engagent dès la fin de l'année 1940 en faveur de la Grande-Bretagne. Ils soutiennent les interventions britanniques en Irak et en Syrie, ainsi que le coup de force en Égypte. En avril 1941, Roosevelt accepte qu'une partie de l'aide américaine accordée à la Grande-Bretagne soit envoyée directement au Moyen-Orient. En juin, une mission américaine se rend dans la région. Dirigée par Averell Harriman, elle conclut à la mise en place d'un « corridor persan » destiné à approvisionner l'URSS, qui vient d'être attaquée par l'Allemagne, en pétrole du Moyen-Orient (Koweït et Bahreïn essentiellement). Plus de 20 000 Américains sont envoyés dans le Golfe pour mettre en place ce corridor.

Après l'entrée en guerre des États-Unis, Washington déclare zones vitales pour la défense américaine les Mandats britanniques et l'Égypte. Ces territoires peuvent donc bénéficier de la loi prêt-bail. La gestion des ressources et des approvisionnements du Moyen-Orient est assurée par un organisme sous direction britannique, le *Middle East Supply Center*, dans lequel entrent les États-Unis en mai 1942. Un commandement spécial américain est établi en septembre pour le Golfe sous le nom de *Persian Gulf Command.* En quelques mois, la politique stratégique américaine modifie la situation politique du Moyen-Orient. Les Américains craignent une invasion allemande du Moyen-Orient par le Caucase en cas de victoire à Stalingrad. Les États-Unis se préparent à une bataille décisive qui pourrait avoir lieu dans le sud de l'Irak. Le projet de débarquement en Europe est ajourné et priorité est donnée à une invasion de l'Afrique du Nord pour prendre à revers les forces de l'Axe en Afrique. Le débarquement a lieu le 8 novembre 1942. La bataille d'al-Alamein et la victoire soviétique à Stalingrad éloignent définitivement toute menace sur le Moyen-Orient.

4.3.2. Les conceptions politiques américaines

La percée politico-stratégique américaine s'appuie sur des conceptions différentes de celles de la Grande-Bretagne. Tenant de l'anticolonialisme traditionnel des États-Unis, Roosevelt estime que les Européens exploitent les peuples colonisés sans leur apporter un meilleur niveau de vie. Il faut profiter de la guerre pour mettre sous tutelle les colonies afin de favoriser l'émancipation des populations colonisées. En conséquence, les États-Unis soutiennent la Grande-Bretagne mais ne souhaitent pas le maintien de l'Empire britannique. Au Moyen-Orient, Roosevelt est favorable à une indépendance totale et rapide. Dans la Charte de l'Atlantique en 1941, les États-Unis et la Grande-Bretagne s'engagent à garantir le droit des peuples à choisir leur forme de gouvernement. Ils favoriseront l'application des droits souverains et l'instauration de libres gouvernements. Pour les Britanniques, la Charte ne concerne que l'Europe alors que les Américains lui confèrent une portée universelle.

4.3.3. La coopération américano-saoudienne

En 1941, Roosevelt décide d'accorder une aide financière à l'Arabie saoudite. Cette aide est destinée à maintenir ce pays dans le camp allié à un moment où la région est tentée de basculer du côté de l'Axe. La présence militaire et logistique américaine dans le Golfe renforce les relations avec Ibn Sa'ud. Dès 1942, les experts américains prennent conscience du rôle stratégique de l'Arabie saoudite dans l'économie occidentale. Les réserves pétrolières des pays occidentaux pourraient s'épuiser à moyen terme. Les États-Unis décident donc d'intensifier leur présence dans le royaume. En janvier 1944, la CASOC, compagnie américaine disposant des plus importantes concessions pétrolières du Moyen-Orient, prend le nom d'*Arabian American Oil Company* (ARAMCO) et renforce ses liens avec le royaume saoudien. Dans ce dernier, les Américains se donnent une mission de développement économique et social et se lancent dans de grands programmes de construction d'infrastructures de transports, de dispensaires, d'écoles professionnelles et d'irrigation.

Ibn Sa'ud n'entend toutefois pas être trop fortement lié aux États-Unis. Il continue d'entretenir de bonnes relations avec la Grande-Bretagne et n'hésite pas à favoriser des conflits entre Londres et Washington, notamment sur la question des concessions pétrolières. Se posant en arbitre, il accroît ainsi son importance aux yeux des deux puissances. Le souverain saoudien se pose également comme le porte-parole des Arabes auprès des Américains, notamment pour ce qui concerne la question palestinienne. Au début de l'année 1945, la Grande-Bretagne décide de réduire sa subvention au royaume tandis que les États-Unis maintiennent la leur. Ces derniers envoient une mission militaire chargée d'instruire l'armée saoudienne et obtiennent la possibilité d'établir une base aérienne à Dahran. De retour de Yalta, Roosevelt rencontre en mer Rouge le souverain saoudien. L'émir Faysal se rend à son tour aux États-Unis en juillet 1945. Ces visites consacrent les relations américano-saoudiennes.

4.4. Vers l'unité arabe

4.4.1. Le rôle de l'Irak

L'Irak devient le centre du mouvement nationaliste arabe au début de la guerre avec l'arrivée du mufti de Jérusalem à Bagdad puis celle des réfugiés syriens fuyant la répression française en 1940. Le mufti exerce une réelle influence sur les officiers nationalistes de l'armée irakienne. Après l'échec de la révolte de 1941, Rashid Ali tente d'ouvrir des pourparlers avec les puissances de l'Axe. Se présentant comme le chef du mouvement national arabe, il cherche à obtenir de l'Allemagne et de l'Italie un engagement en faveur de l'indépendance du Moyen-Orient arabe et contre le foyer national juif. Il obtient un accord le 28 avril 1942, qui doit demeurer secret. En novembre, après le débarquement allié en Afrique du Nord, Berlin déclare publiquement s'engager en faveur de l'indépendance arabe.

De son côté, Nuri Sa'id, revenu au pouvoir avec l'appui britannique, tente de faire avancer ses projets d'unité arabe. Le dirigeant irakien appuie l'idée d'une union de la Syrie et de l'Irak (projet dit du Croissant fertile), en profitant du déclin de la France dans ses Mandats. Les appels de Nuri Sa'id reçoivent un certain écho en Syrie, en particulier dans les grandes villes du nord, comme Alep, qui estiment qu'il existe une complémentarité économique entre leur pays et l'Irak.

4.4.2. L'action du mufti de Jérusalem

Le mufti, réfugié en Irak, se présente également comme le représentant éminent du mouvement national arabe. C'est par son entremise que les nationalistes arabes entrent en contact avec l'Axe durant l'été 1940. Ces derniers souhaitent lutter contre la Grande-Bretagne et recherchent une alliance avec ses ennemis. Berlin ne répond à ces ouvertures que de manière vague et peu satisfaisante. L'Allemagne doit tenir compte des ambitions méditerranéennes de l'Italie et ménager le régime de Vichy. En mai 1941, Hitler rappelle que l'Allemagne n'a aucune revendication dans le monde arabe. Il soutient la libération des pays arabes de la mainmise britannique et leur droit à l'autodétermination, à l'exception de la Syrie.

Après l'échec de la révolte irakienne, le mufti et ses compagnons se réfugient en Iran, mais ils doivent quitter ce pays rapidement devant l'occupation anglo-soviétique pour se réfugier en Turquie, puis dans l'Europe nazie. Le mufti se rend en Italie puis en Allemagne où il obtient une entrevue avec Hitler le 28 novembre 1941. Le mufti déclare que les Arabes et les Allemands ont les mêmes ennemis : les Juifs, les Britanniques et les communistes. Il propose à l'Allemagne une coopération militaire et politique. Le premier acte de cette collaboration pourrait être la création d'une légion arabe, composée en partie de prisonniers nord-africains de l'armée française. Hitler répond que la position de l'Allemagne est une « guerre sans compromis » contre les Juifs, qu'en conséquence il est activement opposé au Foyer national juif en Palestine. Il évoque, de façon détournée, l'extension de la solution finale aux territoires non-européens. Il promet une aide matérielle aux Arabes mais toute intervention militaire en direction du Moyen-Orient est exclue, la priorité étant donnée au front de l'Est et au forcement de la région du Caucase. Par ailleurs, Hitler affirme ne pas vouloir s'engager sur la Syrie et le Liban afin d'éviter que des déclarations éventuelles en faveur de l'indépendance de ces pays ne renforcent les mouvements de résistances français et n'obligent l'Allemagne à concentrer des forces supplémentaires en France.

En dépit des appels du mufti, les Arabes de Palestine refusent de se révolter contre la présence britannique et, à partir de 1942, les nationalistes restés sur place se tournent davantage vers les États-Unis. Le mufti joue un rôle au service de l'Allemagne auprès des musulmans des Balkans et de l'Union soviétique. Il agit auprès des autorités allemandes pour interdire toute émigration juive vers la Palestine. La question de savoir s'il a eu une claire conscience du processus d'extermination nazi reste controversée.

4.4.3. Le protocole d'Alexandrie

En février 1943, une déclaration parlementaire d'Eden laisse entendre que la Grande-Bretagne serait favorable à une certaine forme d'unité arabe. Le gouvernement wafdiste de Nahhas Pacha saisit cette occasion et le 30 mars 1943, il invite les gouvernements arabes à envoyer au Caire des représentants pour discuter de la question de l'unité arabe. Les Britanniques interdisent toutefois la venue de délégués de la Palestine et de l'Afrique du Nord. L'Arabie saoudite se montre très hésitante. On discute de la création d'un État « grand syrien » mais les représentants libanais s'y opposent. La délégation syrienne propose de faire de Damas le garant du pacte national de 1943. Ces consultations aboutissent au projet de réunion d'un congrès préparatoire pour discuter de la forme que prendra l'unité arabe. Sur l'insistance de l'Arabie saoudite et du Liban, il est convenu que cette unité ne pourra être qu'une association d'états indépendants. L'Égypte est également favorable à cette formule : tout en maintenant fermement sa souveraineté étatique, elle favoriserait sous sa direction la solidarité du monde arabe et s'affirmerait comme une grande puissance régionale.

Le comité préparatoire se réunit à Alexandrie le 25 septembre 1944 et aboutit au Protocole du 7 octobre. Un Palestinien, Musa al-Alami, a été convié à participer aux travaux. La première décision du comité est la création d'une Ligue des États arabes. Elle sera formée de tous les États arabes indépendants souhaitant y adhérer. Un conseil de la Ligue représentera sur un pied d'égalité les États membres. Les décisions du conseil seront exécutoires et obligatoires. Le recours à la force est proscrit entre les pays de la LEA et le conseil assurera la médiation dans tout différend pouvant surgir. Deux décisions particulières concernent le Liban et la Palestine. La souveraineté et l'indépendance du premier, dans ses frontières de 1944, sont rappelées par le comité. Pour la Palestine, le comité rappelle son soutien à la cause de l'indépendance des populations arabes, demande le maintien de l'arrêt de l'immigration juive par la Grande-Bretagne ainsi que la sauvegarde des terres arabes. La LEA est officiellement proclamée le 22 mars 1945. Elle a son siège au Caire et le premier secrétaire général de la Ligue est un Égyptien, Abd al-Azzam Pacha.

Le Moyen-Orient en 1945 constitue la première région du monde non-occidental à accéder à l'indépendance. Il va représenter, dans les années suivantes, l'un des fers de lance de la décolonisation et du non-alignement face à la guerre froide. Mais déjà se posent les principaux problèmes de l'après-guerre : la rivalité des états autour de l'unité arabe, la question de Palestine, l'équilibre politique du Liban.

Synthèse
L'islam politique entre les deux guerres

L'islam politique (qu'on appelle aujourd'hui l'islamisme) peut se définir alors comme la volonté de faire du message religieux islamique (Coran et textes traditionnels) le fondement de l'organisation politique et sociale de la société moderne. En ce sens, il s'agit d'un courant réformiste et s'inscrivant dans la modernité et non d'une volonté archaïsante de retour en arrière. Ce n'est à l'époque ni un mouvement radical, ni un mouvement intégriste, mais une constellation de groupes s'inscrivant dans le contexte de la montée de la contestation des régimes libéraux en place dans les États arabes.

1 LA QUESTION DU CALIFAT

Traditionnellement dans le monde musulman, le califat obéit à deux définitions. Dans la première, le calife peut décider dans tous les domaines, y compris la définition des principes religieux. Il est « l'ombre de Dieu sur terre ». Dans la seconde définition, plus modérée, le calife a pour fonction principale de veiller à l'application de la loi islamique, en consultation avec les experts en sciences religieuses (*'ulama*). Si la première version a dominé du temps des premiers califes de l'Islam, la seconde est celle qui correspond au califat ottoman. Au XVIe siècle, le Sultan ottoman a pris le titre de calife au moment où il faisait la conquête des provinces arabes. Le califat représente une magistrature chargée de la gestion des affaires de la communauté musulmane. Le calife dirige la prière, nomme les magistrats religieux et garantit le bon fonctionnement de la justice. Il ne peut intervenir en revanche dans les questions du dogme.

Le 3 mars 1924, la Turquie abolit le califat ottoman. On invoque l'illégitimité historique de cette institution qui n'est pas d'origine divine mais une simple création humaine conçue pour servir à la gestion de la communauté musulmane. C'est désormais aux musulmans de faire le choix de la forme de gouvernement la mieux appropriée. Cette abolition crée toutefois un vide de pouvoir à la tête du monde musulman. La même année, le chérif Hussein se proclame calife mais il est chassé du Hedjaz par Ibn Sa'ud. Nombreux sont ceux qui, dans le monde musulman, plaident pour le rétablissement de l'institution. C'est le cas notamment du souverain égyptien, Fouad Ier, soutenu par la célèbre université religieuse du Caire, *al-Azhar**. Mais les positions de cette dernière sont contestées par certains magistrats religieux qui approuvent l'interprétation donnée par les Turcs du califat. En 1923, l'un d'eux, Ali Abd al-Raziq, souligne qu'il n'est jamais fait mention du califat, en tant qu'institution politique, dans le Coran. Le califat n'est qu'une institution imposée par la force. Elle relève de l'État et n'a rien à voir avec la religion. En 1925, l'auteur est condamné par *al-Azhar*, qui s'insurge du fait que la loi islamique puisse ne pas avoir de rapports avec le pouvoir.

L'université religieuse convoque un congrès général islamique au Caire en 1926. Le congrès renonce à choisir un nouveau calife devant la multiplication des candidatures. Il donne en revanche une définition de la nature et de la fonction de cette magistrature. Il affirme, dans ses résolutions finales, que le califat islamique est conforme à la loi islamique et donc réalisable. L'un des plus ardents défenseurs de la restauration du califat est le Syrien Rashid Rida. Il propose que le calife soit désigné, dans leurs rangs, par les magistrats religieux et doté du pouvoir de légiférer en pratiquant l'interprétation de la loi religieuse. L'Islam serait ainsi dirigé par un « gouvernement califal » que l'auteur appelle également un « État islamique ». Cette proposition constitue un tournant dans l'histoire de l'Islam, le concept d'État étant absent de la loi islamique. L'idée d'un gouvernement de l'Islam est reprise par des groupements politiques arabes qui apparaissent après la guerre. Le plus célèbre d'entre eux est le mouvement des Frères musulmans en Égypte.

2 LES FRÈRES MUSULMANS

Ce mouvement naît d'une contestation populaire du processus d'occidentalisation de l'Égypte. Ce processus avait déjà été vivement critiqué par les réformistes musulmans avant la guerre. Cette contestation s'inscrit également dans la remise en cause des écoles missionnaires chrétiennes présentes en Orient. Dans ce contexte, un jeune instituteur égyptien du Delta, disciple de Rida, Hasan al-Banna, fonde en 1928 la société des Frères musulmans, association dont le but est de « promouvoir le bien et interdire le mal ». Cette affirmation est l'une des seules mentions à caractère politique inscrite dans le Coran. Bien organisée et centralisée autour de son « guide » suprême, l'organisation s'étend à l'ensemble de l'Égypte. Elle entend réislamiser la société mais aussi lutter contre l'Islam populaire. Le régime saoudien en formation constitue une sorte de modèle pour les Frères musulmans.

Pour al-Banna, le pouvoir politique doit former un des piliers de l'islam. Ce n'est pas une branche du droit mais un élément du dogme. Le but de son association est donc la conquête du pouvoir pour y établir un État islamique. L'Islam reconnaît la nécessité de l'existence d'un gouvernement et refuse l'anarchie. Sur la forme politique du régime à mettre en place, le programme des Frères musulmans est flou. Les doctrinaires du mouvement affirment que l'État islamique doit reposer sur l'appel. S'agit-il de l'appel au peuple sous la forme de consultations populaires ? Les principes essentiels du gouvernement islamique doivent être les suivants : responsabilité du gouvernant, unité de la communauté, respect de la volonté de cette dernière. Ces indications sont avant tout normatives et ne donnent pas de précisions sur la forme de gouvernement envisagée. En principe, un système représentatif est acceptable mais sans partis car ceux-ci divisent l'unité de la communauté.

L'originalité de la société est de se doter, parmi les premiers mouvements politiques arabes, d'un programme économique et social. Les Frères musulmans reconnaissent la valeur de la propriété individuelle à condition qu'elle soit honnêtement acquise. Ils proclament le droit de tous au travail, condamnent les sources malhonnêtes de profit et entendent lutter contre les trop grandes richesses par un comblement des écarts sociaux. Ils préconisent un système de sécurité sociale et d'assurance sur la vie pour tous. Ce système économique et social doit reposer sur un État fort et interventionniste.

Sur le plan de la vie politique, les Frères musulmans soutiennent le roi contre le *Wafd*. Les chefs de gouvernement proches du palais ont en retour favorisé le développement de l'association. Cette dernière s'intéresse spécialement à la question de Palestine. À partir de 1936, la solidarité avec les musulmans de Palestine est un des grands axes de la propagande du mouvement. Ce dernier fait de l'antisionisme une attaque plus générale contre l'impérialisme et la civilisation occidentale. Les Frères sont assez sensibles aux idées nationalistes. Si, pour eux, il n'y a pas de différence de nationalités en Islam, ils reconnaissent toutefois une certaine primauté aux Arabes. L'unité arabe leur apparaît comme la première étape vers l'unité des musulmans.

Différentes conclusions peuvent être tirées de l'essor de ces mouvements entre les deux guerres :
La suppression du califat ottoman crée un appel d'air pour toutes les prétentions des dirigeants arabes à prendre la tête de l'Islam.
Alors qu'aucun développement politique n'est contenu dans les écritures saintes, les mouvements islamistes réforment totalement la conception de l'Islam en voulant lui attribuer des fonctions politiques et étatiques.
Les mouvements islamistes participent activement de cette remise en cause des idéologies politiques libérales et de la tentation d'une voie plus autoritaire, que l'on rencontre dans la nouvelle génération montante de la société arabe.

Plan
Le Moyen-Orient en 1945

Le Moyen-Orient en 1945 offre le visage d'une région du monde largement émancipée. La Syrie et le Liban accèdent à l'indépendance complète. L'Irak et l'Égypte, bien que demeurant sous une forte influence britannique, peuvent être considérés comme quasiment affranchis de la domination occidentale. L'Arabie saoudite est un État souverain. Seules la Palestine et la Transjordanie restent sous la tutelle de la Grande-Bretagne. Cette émancipation précoce, au regard des autres continents, explique le rôle que certains pays arabes vont jouer bientôt dans l'émergence politique du Tiers-Monde et dans les mouvements de décolonisation. En 1945, à l'exception de la Palestine, les principaux États arabes entrent à l'ONU. Ils s'organisent également sur le plan régional avec la création de la Ligue des États arabes.

Décrire le Moyen-Orient en 1945, c'est à la fois dresser un bilan de l'évolution politique de la région et brosser un tableau de la situation du Moyen-Orient au sortir de la Deuxième Guerre mondiale et à la veille de la guerre froide. Comme cette région sort d'une domination occidentale de près de trente ans, il est nécessaire de prendre en compte à la fois la dimension internationale et la dimension interne de la région pour comprendre dans quelle situation celle-ci se trouve en 1945.

Dans un premier temps, on verra donc que 1945 annonce la fin du *leadership* traditionnel de la France et de la Grande-Bretagne dans la région. Puis, dans un deuxième temps, on analysera comment se matérialise l'idée de l'unité arabe et quels sont ses obstacles. Enfin, on étudiera les profondes transformations politiques et sociales à l'œuvre dans les pays arabes et qui annoncent le déclin des élites politiques traditionnelles.

1 LA FIN DU *LEADERSHIP* FRANCO-BRITANNIQUE

1.1. L'éviction de la France

1.1.1 Le départ dramatique des Mandats

L'épisode de mai-juin 1945 : la France cherche à garder une position privilégiée en Syrie et au Liban, affrontements avec la population, la Grande-Bretagne intervient à Damas et impose le retrait militaire français des Mandats.

1.1.2. L'image d'une France colonialiste

La France a refusé de reconnaître le fait national dans ses Mandats, son image reste ternie après 1945 par le maintien de sa domination coloniale en Afrique du Nord.

1.2. La position de la Grande-Bretagne

1.2.1. Une domination apparemment incontestée

La Grande-Bretagne a réussi à favoriser l'émancipation des pays arabes sous son influence tout en préservant ses intérêts stratégiques : canal de Suez, bases militaires, exploitation pétrolière, etc.

1.2.2. Une position privilégiée dans le Golfe

La Grande-Bretagne maintient son protectorat sur l'ensemble des émirats arabes du Golfe et sur le Yémen du sud : contrôle des voies stratégiques et des accès aux champs pétrolifères.

1.2.3. Une domination de plus en plus coûteuse

La situation financière de la Grande-Bretagne après la guerre ne lui permet plus de conserver le *leadership* du Moyen-Orient. L'idée de transférer la gestion de certains dossiers à une autre puissance est de plus en plus évoquée.

1.3. L'essor de la présence américaine

1.3.1. Le Moyen-Orient, un champ stratégique privilégié

Depuis 1942, le Moyen-Orient est déclaré zone d'intérêt vital pour les États-Unis. Les champs de pétrole de la région sont des sources d'approvisionnement prioritaires pour la puissance américaine ainsi que pour la reconstruction de l'Europe.

1.3.2. La remise en cause de la suprématie britannique

Dans le domaine économique, pressions américaines pour briser les monopoles britanniques constitués depuis l'entre-deux-guerres (pétrole, communications, etc.). Sur le plan politique, remise en cause de certains partenariats traditionnels (ex. : l'Arabie saoudite).

1.3.3. L'installation des Américains dans la région

Base militaire aérienne de Dahran en Arabie saoudite, rôle de l'ARAMCO dans ce même pays.

2 L'UNITÉ ARABE FACE AUX ÉTATS

2.1. Le nationalisme arabe en 1945

2.1.1. Une définition partagée par tous les pays arabes

La nationalité arabe se définit par la langue et une histoire commune. Les appartenances religieuses sont secondaires dans cette définition.

2.1.2. Plusieurs prétendants à la direction du monde arabe

Début des luttes d'influence entre pays arabes pour obtenir la direction du nationalisme arabe.

2.2. La LEA, instrument de l'unité arabe

2.2.1. Le rôle moteur joué par l'Égypte

Initiative égyptienne en 1943 suite au discours de Eden en Grande-Bretagne : réunion des délégués arabes à Alexandrie, signature d'un protocole en 1944.

2.2.2. La création de la Ligue des États arabes

Créée en mars 1945 : reprend la définition admise du nationalisme arabe, dotée d'un conseil représentatif aux décisions exécutoires, ouverte à tout État arabe non encore indépendant.

2.3. L'importance de la dimension étatique

2.3.1. Une unité sans fusion

La LEA réunit avant tout des états souverains. Pas de projet fédératif visant à réunir les pays arabes dans une communauté politique.

2.3.2. Le poids de l'héritage mandataire

Les puissances occidentales, par le système des Mandats, ont créé des frontières désormais intangibles : la dimension de l'État est en conséquence plus forte que celle de l'unité nationale.

3 LE DÉCLIN DES ÉLITES POLITIQUES TRADITIONNELLES

3.1. De nouvelles forces sociales

3.1.1. Le rôle des institutions

Les progrès de la scolarisation. Les armées nationales, creusets des futurs dirigeants. Le rôle impulseur des États.

3.1.2. La montée en force des classes moyennes

Les nouvelles couches sociales : professions libérales, enseignants, professions administratives, officiers, etc.

3.1.3. Le début de l'exode rural

La « ruralisation » croissante des villes : apparition d'un nouveau prolétariat urbain sensible aux idées politiques nouvelles.

3.2. L'apparition de nouvelles forces politiques

3.2.1. La radicalisation des partis nationalistes

Nouveaux partis réclamant une véritable unité arabe et s'appuyant sur un programme économique et social inspiré du socialisme.

3.2.2. L'essor des mouvements paramilitaires

Ils recrutent dans la jeunesse éduquée et plus radicalisée. Influence des régimes autoritaires sur la formation de ces mouvements.

3.2.3. L'apparition des partis de masse

Les partis étaient jusque-là des petites formations parlementaires composées de membres des hautes bourgeoisies nationales.

3.3. Le déclin du modèle politique traditionnel

3.3.1. La remise en cause du libéralisme politique

Idéologie au nom de laquelle les régimes des principaux pays arabes ont gouverné dans l'entre-deux-guerres. Discrédité par la corruption de l'État et l'absence de programme social.

3.3.2. Le refus du modèle des puissances coloniales

Le libéralisme est l'idéologie de la France et de la Grande-Bretagne. Assimilé au colonialisme. Attrait des forces nouvelles pour des régimes comme l'URSS.

3.3.3. La résistance des forces dirigeantes

Elles bloquent l'ascension politique des nouvelles forces. Elles adoptent des programmes réformistes et un discours plus populiste.

Le Moyen-Orient en 1945 est donc en pleine transformation. Le desserrement de la pression européenne ne se traduit pas encore par l'ingérence des grandes puissances de l'après-guerre. Une des premières régions du Tiers-Monde à accéder à l'indépendance, le Moyen-Orient constitue une sorte de modèle pour les autres continents. L'unité de façade de ce dernier est toutefois fragilisée par la résistance des souverainetés étatiques et par la lutte qui commence pour le *leadership* de la région, lutte qu'on a appelé la « guerre froide » arabe. Dès 1945, comme le montre la charte de la LEA, le seul thème réellement fédérateur des pays arabes est la question de Palestine. Les succès ou les défaites arabes dans ce domaine vont donc influer fortement sur la vie politique intérieure des différents États. D'autant plus que les nouvelles forces politiques et sociales sont particulièrement sensibles au problème palestinien et demandent des comptes aux régimes en place.

Chapitre 5

Le Moyen-Orient à l'heure du premier conflit israélo-arabe (1945-1952)

L'IMMÉDIAT APRÈS-GUERRE est marqué par la relance de la question palestinienne. La destruction des Juifs d'Europe durant la guerre pose le problème délicat de l'avenir des rescapés des camps. Une solution palestinienne est de plus en plus souhaitée par les États-Unis, alors que la Grande-Bretagne abandonne peu à peu le dossier. Les réactions arabes sont toujours aussi vigoureusement hostiles. L'antagonisme judéo-arabe débouche sur la guerre de 1948 dont les conséquences pour l'avenir du Moyen-Orient sont considérables.

1 LES ORIGINES DU CONFLIT

1.1. La Palestine de l'après-guerre

1.1.1. Juifs et Arabes en Palestine en 1945

Après la Deuxième Guerre mondiale, on compte 1,76 million d'habitants en Palestine, dont près de 1,2 million d'Arabes et 550 000 Juifs. La population arabe palestinienne a doublé depuis 1922. Cette forte croissance est surtout imputable aux musulmans comme le montre le tableau suivant[1] :

	Population Sédentaire	Musulmans	Juifs	Chrétiens	Autres	Population totale (nomades inclus)	Musulmans
1922	649 048	486 177	83 790	71 464	7 617	752 048	589 177
1931	966 761	693 147	174 606	88 907	10 101	1 033 314	759 700
1936	1 300 139	796 177	384 078	108 506	11 378	1 366 692	862 730
1940	1 477 977	881 293	463 535	120 587	12 562	1 544 530	947 846
1944	1 673 071	994 724	528 702	135 547	14 098	1 739 624	1 061 277

1 Informations dans *A Survey of Palestine*, Institute for Palestine Studies, Washington DC, 1991, I. Les chiffres sont des estimations.

Le taux de croissance des musulmans est de 2,7 % en 1945 contre 1,6 % pour les Juifs et 1,8 % pour les chrétiens. La mortalité infantile est de 14 % chez les premiers, 5.7 % chez les deuxièmes et 10 % chez les derniers. La forte et récente croissance des musulmans se confirme également par les classes d'âge. En 1943, les 0-15 ans représentent 43,5 % de la population non-juives de Palestine et 27 % de la population juive.

1.1.2. La question foncière

L'économie palestinienne repose essentiellement sur l'agriculture. Les agrumes et les bananes forment la première source d'exportation du pays. Ces produits sont cultivés à la fois par les Juifs et par les Arabes. Le reste du domaine agricole est majoritairement arabe. L'extension des surfaces cultivées a atteint son apogée à la fin de la période mandataire. Au début des années 1920, la surface agricole utilisée par les Arabes était d'environ 500 000 hectares. Elle est de 700 000 vingt ans plus tard. Dans le même temps, le domaine foncier juif est passé de 65 000 hectares à 160 000 (soit 6,6 % de la SAU). Il n'y a pas de réserves foncières. La vaste région steppique du Néguev est exploitée en culture sèche par 50 000 bédouins.

La population rurale de la Palestine est majoritairement arabe. En 1945, deux Arabes sur trois sont ruraux (en dépit du début de l'exode rural) alors qu'un Juif sur quatre vit en milieu rural. La propriété rurale juive est d'abord privée, malgré les efforts sionistes pour créer un domaine foncier collectif. Elle se concentre sur la culture des agrumes en utilisant une main-d'œuvre arabe. Les terres possédées par les institutions sionistes obéissent moins à des impératifs économiques et davantage à des stratégies d'emprise territoriale sur la Palestine.

1.1.3. L'avenir de la politique britannique

Au sortir de la guerre, les problèmes palestiniens ayant entraîné les troubles de la fin des années 1930 resurgissent. La Grande-Bretagne n'est pas parvenue à trouver un accord entre les deux parties. Devant l'impasse de la situation, Londres maintient une domination de type colonial alors que les autres pays arabes sous sa tutelle accèdent à l'indépendance. Les interlocuteurs des Britanniques sont de plus en plus radicalisés. Du côté arabe, la répression des années 1930 a disloqué la classe politique, laissant le terrain à des groupes plus radicaux. Cette absence d'interlocuteurs locaux a renforcé le poids et le rôle des États arabes dans la gestion du dossier palestinien. Du côté sioniste, le mouvement est de plus en plus dominé par l'action des groupes armés : l'*Irgoun* et le groupe Stern* dont l'action violente est tolérée par le sionisme majoritaire. Ces mouvements attaquent en priorité la présence britannique. En 1946, le mufti de Jérusalem revient en Orient et s'installe au Caire. Les Britanniques craignent que son retour se traduise par une nouvelle révolte de la Palestine.

Les travaillistes au pouvoir à Londres, traditionnellement favorables à la cause sioniste, se rendent compte de la complexité de la situation palestinienne. Ils décident donc du maintien de la politique du Livre blanc de 1939 et poursuivent les mesures de contingentement de l'immigration juive. Or, la situation des Juifs dans le monde s'est considérablement modifiée avec la guerre. Le drame de l'extermination des Juifs d'Europe pose le problème de l'avenir de ces derniers. Si les opinions occidentales sont encore peu sensibilisées à cette question, les gouvernements cherchent en revanche une solution pour l'avenir de tous ces réfugiés. Les communautés juives dans le monde et les mouvements sionistes insistent donc sur la solution palestinienne.

La Grande-Bretagne sait qu'en cas de perte du canal de Suez, la Palestine constitue la seule zone de déploiement de ses forces militaires au Moyen-Orient. Il faut donc éviter tout trouble dans le pays. De même, en cas d'expansion de l'URSS dans la région (des incidents ont éclaté en Iran entre les deux pays en 1946), le soutien et le concours des États arabes est indispensable. Pour toutes ces raisons, Londres ne veut pas céder devant les revendications sionistes. Mais la Grande-Bretagne n'a plus les moyens de mener une politique indépendante. Ses orientations sont désormais tributaires de son principal allié et bailleur de fonds, les États-Unis.

1.2. L'échec du plan anglo-américain

1.2.1. La position américaine

Roosevelt s'est rapproché en 1945 des États arabes. Jusque-là favorable au sionisme, il s'est engagé auprès de ces derniers à ne pas favoriser les projets sionistes en Palestine. Son successeur, Truman, est sincèrement ému par la Shoah. Il multiplie les déclarations publiques en faveur de la cause sioniste tout en réaffirmant en privé les assurances données par son prédécesseur aux États arabes. Par ailleurs, l'occupation militaire alliée en Allemagne rend les États-Unis responsables de la gestion du sort des rescapés des camps. Leur nombre s'accroît avec la fuite hors d'Europe orientale des Juifs survivants qui se sentent dans l'impossibilité de vivre sur la terre où s'est déroulée la Shoah.

Truman n'est alors qu'un politicien assez obscur, ancien vice-président de Roosevelt. Devant faire face à une opposition politique très active, il estime qu'il aura besoin du soutien de l'électorat juif lors des élections de 1948. La communauté juive américaine finance par ailleurs le parti démocrate. Comme il n'est pas question d'ouvrir le territoire américain à l'émigration des Juifs d'Europe, Truman s'oriente vers la solution palestinienne. La diplomatie américaine y est hostile car elle veut ménager les pays arabes en raison du pétrole. Elle songe déjà également aux dangers d'une expansion soviétique dans la région. En juillet 1945, Truman a demandé à la Grande-Bretagne qu'elle délivre immédiatement 100 000 certificats d'immigration en Palestine pour les Juifs européens. Devant le refus de Londres, Truman décide de porter la question sur la place publique. Le chef de la diplomatie britannique, Bevin, propose alors de former une commission d'enquête anglo-américaine sur le sort des Juifs d'Europe.

1.2.2. La commission anglo-américaine

La commission est constituée en janvier 1946 et rend ses conclusions en avril. Elle conclut à la nécessité du maintien du Mandat ou à la mise en place d'une tutelle de l'ONU. Elle propose l'annulation des principales résolutions du Livre blanc de 1939 (dont les quotas à l'immigration). Elle estime enfin qu'il faut favoriser le développement économique de la Palestine afin que les Arabes rattrapent le niveau de vie des Juifs. Truman accompagne la publication de ce rapport de déclarations en faveur de la suppression du Livre blanc et de l'octroi de 100 000 certificats d'immigration. Le rapport de la commission est aussitôt rejeté par les deux parties. La tension monte entre Washington et Londres durant l'année 1946 en raison du maintien du refus britannique de favoriser l'émigration juive d'Europe.

En Palestine, les organisations sionistes extrémistes ont décidé de passer à l'action. Le 22 juillet 1946, l'*Irgoun* fait sauter une partie du quartier général de l'armée britannique à l'hôtel King David de Jérusalem, faisant 92 morts. La violence s'installe entre soldats britanniques et population juive. Les militants juifs capturés sont condamnés à mort. L'*Irgoun* réplique en prenant en otage ou en exécutant des soldats. On envoie également des colis piégés dans les institutions officielles de Grande-Bretagne.

Les Arabes restent calmes durant cette période. Cette relative passivité est surtout due aux profondes divisions du mouvement. Les radicaux se sont regroupés derrière le mufti mais ce dernier a perdu sa popularité dans le pays. Des organisations de gauche tentent d'entrer en négociations avec les sionistes. Les adversaires du mufti se tournent vers le roi Abdallah. Ce dernier est à nouveau en contact avec les sionistes et propose en 1946 un partage à l'amiable de la Palestine. Ces ouvertures sont connues par les États arabes et entraînent une opposition unanime de ces derniers.

1.2.3. Le plan Morrison-Grady*

En juillet 1946, Londres propose un nouveau plan, appelé Morrison-Grady, qui suggère une division de la Palestine en provinces autonomes juives et arabes demeurant sous la tutelle britannique. Truman y est favorable mais les sionistes américains font pression sur le président américain pour qu'il le rejette. Ce rapport débouche sur la tenue à Londres d'une conférence avec les Arabes et les sionistes. Le chef du gouvernement, Attlee, y propose une nouvelle forme de coopération avec les Arabes, fondée sur le soutien à l'indépendance des pays arabes.

Les représentants arabes proposent la création d'un État arabe de Palestine avec une organisation politique confessionnelle sur le mode libanais. Les Britanniques espèrent parvenir à un compromis lorsque le 4 octobre 1946, Truman affirme être favorable à la solution du partage, entraînant le retrait des délégations arabes de la conférence de Londres. Bevin tente une ultime solution en février 1947 : liberté d'émigration juive contre une Palestine unitaire indépendante dans un délai de cinq ans. Devant l'opposition des parties, Londres décide de transmettre la gestion du dossier palestinien aux Nations unies le 18 février 1947.

1.3. Le plan de partage de l'ONU

1.3.1. Les travaux de l'UNSCOP

Le 28 avril 1947, une assemblée générale extraordinaire est réunie à l'ONU et décide de la création d'une commission d'enquête, l'UNSCOP*, chargée d'élaborer un rapport en vue d'un vote des États-membres. Si les États-Unis ont fait connaître leur position en faveur de la solution de partage, la surprise vient de l'URSS, qui souscrit également à cette proposition. Le mobile essentiel de cette superpuissance est de nuire ainsi aux positions britanniques au Moyen-Orient. En plein déclenchement de la guerre froide (doctrine Truman, plan Marshall), l'accord des États-Unis et de l'URSS sur la question de Palestine constitue toutefois un événement unique.

Tandis que les violences redoublent en Palestine, l'UNSCOP arrive dans le pays en juin 1947. Les sionistes laissent entendre qu'ils accepteraient la solution du partage. Les Arabes campent sur leur position d'un État arabe unitaire. Les conclusions de la commission sont remises le 31 août. À l'unanimité, les membres proposent l'abolition du Mandat. La majorité suggère un partage de la Palestine en trois États : un État arabe et un État juif qui accéderaient à l'indépendance dans un délai de deux ans, un État de Jérusalem sous tutelle internationale. La commission demande une immigration juive immédiate de 150 000 personnes. Un traité d'union économique serait conclu entre les deux États, qui inscriraient également dans leur constitution des dispositions en faveur des droits de leurs minorités. Trois membres de la commission ont proposé la formation d'un État fédéral après une tutelle onusienne de trois ans. Le mufti de Jérusalem fait savoir son accord à la solution du partage à condition qu'il prenne la direction de l'État arabe.

1.3.2. La démission britannique

Durant l'année 1947, la Grande-Bretagne se rend compte qu'elle n'a plus les moyens de maintenir plus longtemps sa présence en Palestine. Alors qu'elle accorde l'indépendance à l'Inde, elle doit laisser 80 000 hommes stationner dans ce Mandat grand comme un département français. Elle vient de transférer la gestion des dossiers turc et grec aux États-Unis. L'opinion britannique ne supporte plus les pertes humaines causées par les attentats sionistes. De plus, cette question détériore les relations anglo-américaines à un moment où l'aide économique de Washington est vitale.

La Grande-Bretagne ne souhaite pas voir le mufti prendre le pouvoir dans l'État arabe prévu par le plan de l'UNSCOP. Elle est persuadée que ce dernier sera de toute façon refusé par les Arabes. Ne souhaitant pas en porter la responsabilité, elle décide, le 20 septembre 1947, d'évacuer unilatéralement la Palestine sans aucune procédure de transfert de pouvoirs. Le retrait définitif est prévu au 15 mai 1948. L'Agence juive fait savoir qu'elle accepte le plan de partage tandis que les Arabes palestiniens le refusent avec le soutien de la LEA. En octobre, l'URSS et les États-Unis cautionnent le plan. La France s'abstient.

1.3.3. Le vote de l'Assemblée générale

L'Assemblée générale est saisie à nouveau de la question fin novembre 1947. Les travaux en sous-commissions ont précisé le contenu du projet de l'UNSCOP. L'État juif couvrirait 55 % de la Palestine mandataire. Si la Grande-Bretagne annonce publiquement son refus de voter le plan de partage, les responsables américains demeurent divisés. Les militaires et les diplomates prédisent une guerre judéo-arabe. Mais la Maison blanche estime que le projet a le soutien de l'opinion publique américaine et elle décide de le voter. Le bloc de l'Est, derrière l'URSS, s'engage également en faveur du vote.

La majorité des deux tiers n'étant pas acquise, les États-Unis exercent des pressions économiques sur les États d'Amérique latine, ainsi que sur les Européens, dans la dépendance américaine pour leur reconstruction. C'est ainsi que la France est invitée à voter pour le plan. Ce dernier est donc finalement approuvé à la majorité requise le 29 novembre 1947 par la recommandation n° 181* de l'Assemblée générale des Nations unies.

1.3.4. Les réactions en Palestine

Bien que favorables au plan de partage, les sionistes ne se satisfont pas de la solution onusienne. Certes, le plan leur donne plus de la moitié de la Palestine mais l'État juif restera majoritairement peuplé d'Arabes. Quelle sera le statut juridique de ces derniers ? D'autant plus qu'ils demeureront les principaux possesseurs des terres. Ben Gourion déclare que tant que la population de l'État juif ne sera pas constituée à plus de 60 % de Juifs, il n'y aura pas de pouvoir fort et stable en Palestine juive. Les sionistes envisagent donc des solutions radicales afin de remédier à cette situation.

Les Arabes ressentent le partage comme une véritable injustice et une violation du droit à l'autodétermination. La majorité accepte toutefois le plan de l'ONU comme un fait accompli. L'absence d'organisations politiques structurées entraîne la multiplication d'accords locaux de non-agression entre agglomérations arabes et juives, entre villages et kibboutz. Des grandes villes comme Jaffa ou Tel-Aviv font l'objet de tels accords.

Toutefois, dès l'annonce du plan de partage, les violences éclatent, notamment dans la région de Jérusalem. La grève générale est décrétée par les Arabes et les quartiers juifs sont attaqués, entraînant des opérations de représailles de la part des groupes sionistes radicaux. Les autorités britanniques refusent de maintenir l'ordre et laissent le pays s'enfoncer dans la guerre civile.

2 LA PREMIÈRE GUERRE ISRAÉLO-ARABE

2.1. La guerre civile palestinienne

2.1.1. Les forces en présence

L'essentiel des forces arabes est concentré dans la région de Jérusalem. Elles sont commandées par le neveu du mufti, Abdel-Kader al-Husseini. En janvier 1948, une force auxiliaire de volontaires, dépendant de la LEA et dirigée par Fawzi al-Qawuqji, prend position dans le nord de la Palestine. Mais il n'y a aucune coordination entre ces forces et celles du mufti. Au total, les forces arabes représentent environ 8 000 combattants. La stratégie arabe consiste à rompre les communications entre les implantations juives. Elle utilise pour cela les mêmes méthodes que celles de la révolte des années 1930 : terrorisme urbain et actions de guérilla paysanne.

Les forces sionistes sont deux à trois fois plus nombreuses, mieux équipées et mieux organisées. Outre l'*Irgoun* et le groupe Stern, rompus aux actions de guérilla, les sionistes peuvent compter sur les éléments de la légion juive, formée durant la guerre, et sur la *Haganah*, force régulière juive en Palestine. Cette dernière préside officiellement aux choix stratégiques sionistes. Ces derniers sont pour le moment défensifs : la priorité est la défense des positions acquises par le plan de partage. Toute action offensive contre les Arabes risquerait d'entraîner une riposte britannique. Une fois le retrait britannique bien avancé, les forces sionistes pourront se lancer à l'assaut des positions jusque-là détenues par la puissance mandataire.

2.1.2. Le succès de la stratégie sioniste

Dès février 1948, les sionistes prennent l'avantage dans les principales villes du littoral. Les populations arabes fuient les zones de combat. Une intervention des pays arabes paraît inévitable. Les sionistes doivent donc s'assurer de la sécurité des zones d'implantation de la population juive avant cette échéance. C'est ainsi qu'est conçu le plan Dalet*. Ce dernier préconise l'élimination des forces hostiles présentes dans la partie juive ainsi que dans les zones qui pourraient être annexées. Ce plan implique donc la destruction de nombreux villages arabes, l'annulation des accords locaux de non-belligérance et l'expulsion des populations arabes.

Les opérations sionistes débutent en avril 1948, au fur et à mesure des départs des forces britanniques. La fin de l'ordre public mandataire, la fuite des notables arabes, l'effondrement économique des villes accélèrent le départ des Arabes. Cette fuite est condamnée et combattue par les responsables arabes mais sans succès. Ces derniers comprennent que l'intervention des États arabes est désormais nécessaire.

Le plan Dalet est exécuté méticuleusement en plusieurs étapes :

- Prise d'Haïfa le 22 avril 1948 après un bombardement massif de la ville par la *Haganah*, qui a entraîné un exode de la population organisé par les Britanniques. Début mai, il ne reste que 4 000 Arabes dans la ville contre 70 000 deux mois plus tôt.
- Prise de Jaffa le 13 mai après un assaut violent de l'*Irgoun*, arrêté par les Britanniques. Ces derniers ont, semble-t-il, laissé se perpétrer des massacres d'Arabes dans la ville. Au moment de la reddition, la ville ne compte plus que 5 000 Arabes sur une population originelle de 80 000 habitants.
- Attaque de la Galilée afin de s'assurer des positions solides face à l'intervention future des armées arabes, entraînant la fuite des civils arabes vers la Syrie et le Liban.
- Nettoyage de la route Tel-Aviv-Jérusalem par destructions des villages arabes. C'est dans ce cadre que le massacre du village de Deir-Yassine* est commis par l'*Irgoun* et le groupe Stern.

2.1.3. Les négociations jordano-sionistes

Dès septembre 1947, le roi Abdallah a renouvelé ses propositions d'un partage à l'amiable de la Palestine. Les responsables sionistes se montrent intéressés. Le souverain jordanien estime qu'un tel accord doit requérir l'aval britannique. Durant l'automne 1947, Abdallah propose l'envoi de la légion arabe dans la partie arabe de la Palestine afin d'aider les Britanniques à y maintenir l'ordre mais Londres refuse. Devant la multiplication des désordres, après le vote des Nations unies, les autorités britanniques accèdent aux vues jordaniennes. Une réunion anglo-jordanienne à Londres, le 7 février 1948, décide que les Britanniques laisseront entrer la légion le 15 mai dans la partie arabe. Abdallah informe les sionistes de cet accord qui condamne l'avenir de l'État arabe.

Durant le printemps 1948, la légion arabe se prépare à intervenir en Cisjordanie, tout en laissant Jérusalem hors du plan d'intervention. Certains éléments sont déjà venus relayer les forces britanniques. Mais l'entrée des sionistes dans la partie arabe remet en cause l'accord tacite avec la Jordanie. Fin avril, la légion arabe se heurte aux forces sionistes. La position d'Abdallah est de plus en plus critiquée par les autres États arabes qui l'accusent de visées expansionnistes. Ces craintes entraînent la décision d'intervention de la Syrie et de l'Égypte. Le roi estime qu'un simulacre de guerre avec les forces sionistes est désormais nécessaire pour justifier l'annexion de la Palestine arabe.

Une rencontre a lieu le 10 mai entre Abdallah et Golda Meir, adjointe du responsable des Affaires étrangères, Moshe Sharett. La responsable sioniste laisse entendre au roi que l'État juif pourrait s'agrandir de territoires annexés par conquêtes militaires, ce qui pourrait entraîner des affrontements avec la Légion arabe. C'est une sorte d'ultimatum adressé au souverain jordanien.

2.2. Le conflit israélo-arabe

2.2.1. Les premiers succès arabes

Le 14 mai 1948, l'État d'Israël est officiellement proclamé par Ben Gourion. La proclamation israélienne n'indique aucune limite territoriale au nouvel État. Ce dernier est immédiatement reconnu par Truman. Le lendemain, l'Égypte, la Syrie, la Jordanie, le Liban et l'Irak déclarent la guerre à Israël. Les forces arabes comptent 24 000 hommes, contre 30 000 Israéliens, mais elles sont mieux équipées et mieux entraînées. Leur faiblesse vient de leur absence totale de coordination et des méfiances profondes envers les intentions des uns et des autres. Sous la pression américaine, un embargo sur les ventes d'armes est immédiatement mis en œuvre pour l'ensemble de la région et respecté scrupuleusement. Mais l'URSS n'entend pas l'appliquer et envoie des armes à Israël via la Tchécoslovaquie. La supériorité israélienne est très vite écrasante.

Pour le moment, les forces israéliennes s'efforcent de contenir les premiers succès arabes. Le 16 mai 1948, l'armée syrienne enfonce les lignes ennemies en Galilée et n'est contenue que le 20. Le 10 juin, les Syriens opèrent une nouvelle progression. Au sud, l'armée égyptienne occupe rapidement la région de Gaza, le Néguev et atteint la Cisjordanie. La progression vers Tel-Aviv est en revanche freinée par une forte résistance juive. La légion arabe s'en tient aux « accords » de non-belligérance jusqu'au 19 mai, lorsqu'elle décide d'intervenir à Jérusalem pour protéger les populations arabes d'une offensive israélienne. Après de violents combats, les Israéliens se replient et craignent de perdre la ligne de communication avec Jérusalem. L'armée irakienne a pris position au nord de Jérusalem et menace les régions littorales.

2.2.2. Le plan Bernadotte

L'ONU envoie un médiateur suédois chargé de rétablir la paix, le comte Bernadotte. Il obtient un cessez-le-feu effectif le 11 juin 1948. Cette trêve renforce les positions israéliennes avec l'arrivée des armes soviétiques. Bernadotte propose un nouveau plan : la Cisjordanie serait annexée à la Jordanie, une union économique établie entre Israël et la Jordanie, Jérusalem resterait arabe et Haïfa deviendrait un port franc. La proposition de Bernadotte est refusée par les deux parties. Les États arabes estiment qu'elle est trop favorable aux visées jordaniennes, Israël que les frontières des deux États de Palestine doivent être désormais fixées par les armes.

En août, le médiateur des Nations unies propose un nouveau plan qui prévoit l'internationalisation de Jérusalem, le retour des réfugiés et des échanges de territoires entre Israéliens et Arabes favorisant la formation de blocs géographiques plus homogènes. Ce nouveau plan est soutenu par les États-Unis et la Grande-Bretagne mais rejeté par les pays arabes et par Israël qui refuse de laisser le Néguev aux Arabes. Le 17 septembre 1948, un commando du groupe Stern assassine le comte Bernadotte.

2.2.3. La défaite des Arabes

Les belligérants ont profité de la trêve pour se renforcer. Les forces arabes atteignent 35 000 hommes, les forces israéliennes, unifiées sous le sigle de la nouvelle armée nationale *Tsahal*, comptent 60 000 hommes. La supériorité israélienne est désormais écrasante en terme matériel, notamment avec l'apparition de l'aviation. Toutefois, le 8 juillet, les armées arabes ont décidé de rompre la trêve, entraînant une victoire israélienne en plusieurs phases :

- La « guerre des Dix jours » voit le succès de *Tsahal* dans la région de Jérusalem et en Galilée. La légion arabe, au bord de l'effondrement, parvient toutefois à reconstituer une ligne de front. Les États arabes acceptent un cessez-le-feu le 18 juillet.
- Le 15 octobre, *Tsahal* prend l'offensive contre l'armée égyptienne et pénètre dans le Sinaï. La Grande-Bretagne, au nom du traité de 1936, menace d'intervenir contre Israël en cas de non-évacuation du territoire égyptien. Les combats s'arrêtent le 7 janvier 1949.
- Le 4 mars 1949, l'armée israélienne lance une dernière offensive sur le sud du Néguev et atteint la mer Rouge. Les forces britanniques prennent position à Akaba pour protéger la Jordanie. Le cessez-le-feu est rétabli le 11 mars.

2.3. Une paix impossible

2.3.1. Les armistices de Rhodes

Les négociations d'armistice débutent à Rhodes, durant l'automne 1948, sous la coordination du médiateur de l'ONU, Ralph Bunche. Les entretiens demeurent bilatéraux (Israël-Égypte, Israël-Syrie, etc.) et informels après discussion séparée avec les parties. Ainsi quatre armistices sont conclus :

- L'armistice israélo-égyptien (24 février 1949) établit une zone démilitarisée du côté palestinien à el-Auja et l'obligation de restriction des forces égyptiennes à proximité de cette zone. Il n'y a aucune reconnaissance des acquisitions territoriales d'Israël. L'Égypte s'insurge contre les opérations israéliennes de mars 1949 et décide en représailles de fermer l'accès d'Israël à la mer Rouge.
- L'armistice israélo-libanais (23 mars 1949) crée également une zone démilitarisée le long de la frontière internationale. Israël évacue des villages libanais occupés par ses forces durant la guerre.
- L'armistice israélo-jordanien (3 avril 1949) donne à Israël des concessions territoriales supplémentaires, obtenues en fait sous la menace de l'emploi de la force. Des négociations en vue de déterminer les lignes d'armistice dans Jérusalem échouent.
- L'armistice israélo-syrien (20 juillet 1949) porte sur le statut de la bande de territoire palestinien encore aux mains de l'armée syrienne. Elle est évacuée moyennant démilitarisation.

Il n'y a pas d'armistice signé entre Israël et l'Irak.

2.3.2. La conférence de Lausanne

La commission de conciliation de l'ONU décide, en marge de ces négociations, de réunir les différentes parties à Lausanne en conférence. Soutenue par les États-Unis, la conférence porte essentiellement sur la question des réfugiés arabes palestiniens. Les pays arabes sont prêts à accueillir officiellement ces réfugiés si Israël se soumet au principe du plan de partage et acceptent la réinstallation de 200 000 réfugiés sur son territoire. Mais Israël refuse et propose un programme de réinstallation trop faible numériquement pour recevoir l'aval des pays arabes.

Israël déclare que son territoire est désormais celui du plan de partage, plus les conquêtes de la guerre. Les lignes d'armistice doivent être considérées comme des frontières internationales. En marge de la conférence, l'Égypte et la Jordanie proposent à Israël des modifications territoriales en échange d'une reconnaissance diplomatique : la Jordanie s'étendrait jusqu'à la Méditerranée, l'Égypte jusqu'à la mer Morte. Israël refuse et propose un État palestinien de Cisjordanie sous son contrôle. La conférence de Lausanne s'achève sur un échec.

2.3.3. La poursuite des contentieux israélo-arabes

La question de Jérusalem n'a pas été réglée. La commission de conciliation propose, en août 1949, la division de la ville en deux zones démilitarisées et un contrôle international sur les affaires communes. Mais le projet est immédiatement refusé par Israël et la Jordanie. Des négociations se poursuivent entre les deux pays, sur un possible corridor jordanien vers la Méditerranée ou sur un accord de non-agression, mais sans succès.

Les lignes d'armistice sont immédiatement des occasions de conflit. Les réfugiés palestiniens tentent de les franchir pour revenir sur leurs terres. Les Israéliens répliquent par des opérations de représailles menées par des commandos de l'armée. Ces opérations tendent à devenir à nouveau des actions de faits accomplis en faveur d'un agrandissement d'Israël au détriment de la Jordanie. La légion arabe se révèle incapable de riposter aux raids israéliens. Le 20 juillet 1951, une réunion doit avoir lieu à Jérusalem entre Jordaniens et Israéliens lorsqu'Abdallah est assassiné par un nationaliste palestinien dans la mosquée *al-Aqsa*. Les derniers contacts d'Israël avec les Arabes sont désormais rompus. La commission de conciliation est supprimée et remplacée par une mission de bons offices.

La question de l'embargo sur les armes pose également problème aux puissances occidentales qui craignent désormais une extension de la guerre froide au Moyen-Orient. La reprise des livraisons d'armes aux pays arabes apparaît nécessaire. Le risque est toutefois de favoriser une course aux armements entre Israël et les pays arabes. Afin d'éviter ces risques, les États-Unis, la Grande-Bretagne et la France signent une déclaration tripartite le 20 mai 1950 dans laquelle les trois puissances s'engagent à garantir les limites territoriales issues de la guerre israélo-arabe. Cette déclaration protège les États arabes de tout nouvel expansionnisme d'Israël mais les opinions publiques arabes la considèrent avant tout comme une reconnaissance des annexions territoriales israéliennes.

2.3.4. L'avenir politique des Palestiniens

Afin de contrecarrer les projets expansionnistes d'Abdallah, les autorités égyptiennes ont autorisé, le 23 septembre 1948, le mufti à établir un gouvernement arabe de toute la Palestine à Gaza. Ce gouvernement est reconnu par tout les États de la LEA, à l'exception de la Jordanie. Mais il est dépourvu de tous pouvoirs et demeure dans l'étroite dépendance de l'Égypte. Le roi Abdallah répond à cette initiative par la tenue d'un congrès de notables palestiniens à Amman au cours duquel les participants lui jurent allégeance. La légion arabe commence à arrêter et chasser les nationalistes palestiniens partisans du mufti.

La défaite égyptienne dans le Sinaï entraîne la fuite du gouvernement de Gaza en Égypte. Abdallah organise le 1er décembre 1948 un nouveau congrès de notables palestiniens à Jéricho qui vote l'union entre la Jordanie et la Cisjordanie. Cette décision est entérinée le 24 avril 1950 par un vote du Parlement jordanien. L'annexion est reconnue *de facto* par la LEA. Le traité anglo-jordanien est étendu à la Cisjordanie et à Jérusalem. Le gouvernement arabe de la Palestine tombe en désuétude et le Haut comité arabe se replie au Caire.

3 L'ÉVOLUTION POLITIQUE DES ÉTATS ARABES DANS L'APRÈS-GUERRE

3.1. L'affranchissement difficile de l'Égypte

3.1.1. La question du retrait britannique

L'évacuation des troupes britanniques d'Égypte est devenue, depuis la fin de la guerre, la question prioritaire des gouvernements et des opinions. Des manifestations populaires ont éclaté en octobre 1945 et dégénéré en actes de pillages et de violences. Pressé par son opinion, le gouvernement demande officiellement la révision du traité de 1936 le 20 décembre 1945. La Grande-Bretagne accepte l'ouverture de négociations en janvier 1946. Les violences populaires se poursuivent néanmoins en Égypte contre la présence britannique.

Les négociations débutent en mars 1946. Les autorités britanniques acceptent le principe d'une évacuation graduelle de leurs forces, mais elles souhaitent une clause de retour en Égypte en cas de guerre. La question essentielle est celle du Soudan. Le projet de traité reconnaît la souveraineté égyptienne sur le pays mais également le droit à l'autodétermination des Soudanais. L'accord anglo-égyptien est paraphé le 25 octobre 1946. Mais l'opinion publique refuse l'accord. Ce dernier est enterré avec la démission du gouvernement égyptien en décembre 1946.

Le nouveau gouvernement décide de transmettre la question au Conseil de sécurité en janvier 1947. Une plainte officielle est transmise à l'ONU en juillet. Mais les Britanniques, qui viennent de transférer le dossier palestinien aux institutions internationales, ont plus que jamais besoin des bases égyptiennes pour assurer leur présence en Méditerranée. Ils sont soutenus en ce sens par les États-Unis qui ne peuvent déployer des forces dans la région, en raison de leurs engagements ailleurs, et qui entendent s'appuyer sur la présence militaire britannique. Des négociations reprennent en juin 1950 mais la Grande-Bretagne est intraitable. Finalement, le gouvernement de Nahhas Pacha décide, le 8 octobre 1951, de dénoncer le traité de 1936. Farouk est proclamé roi du Soudan. Cette déclaration n'est pas reconnue par la Grande-Bretagne et les États-Unis. Le refus des Britanniques d'accepter un retrait de leurs troupes entraîne le développement d'une guérilla, sur le modèle sioniste, principalement animée par les communistes et les Frères musulmans. Les commandos sont entraînés par les cadres de l'armée.

3.1.2. Les conséquences de la défaite palestinienne

La guerre israélo-arabe a exacerbé les tensions politiques existant dans la société égyptienne. Le gouvernement s'est contenté d'un soutien modéré aux Arabes palestiniens et a maintenu des contacts avec les sionistes jusqu'en décembre 1947. L'arrivée des premières vagues de réfugiés palestiniens exacerbe les opinions publiques, excitées par la propagande des Frères musulmans. Le gouvernement est de moins en moins capable de résister à la pression populaire. Sans en référer au gouvernement, et malgré l'hostilité des militaires, Farouk donne l'ordre de l'entrée en guerre le 15 mai 1948.

L'armée égyptienne est dans un état d'impréparation absolue. En dépit de quelques combats brillants dans le Sinaï (où s'illustre Nasser), les forces égyptiennes sont donc battues. Attaquée sur son territoire, l'Égypte n'est sauvée que par la menace d'intervention britannique en cas de non-évacuation du Sinaï par

Israël. C'est une nouvelle humiliation au moment où l'Égypte négocie le retrait des forces britanniques de son territoire. La défaite augmente le mécontentement populaire. Le chef du gouvernement décide de dissoudre l'organisation des Frères musulmans fin 1948. Il est assassiné le 28 décembre. En réponse, Hassan al-Banna, guide suprême du mouvement, est arrêté et exécuté le 12 février 1949. Cette exécution désorganise profondément l'organisation.

Le roi et les partis qui le soutiennent sont déconsidérés par la défaite. La presse dévoile des scandales comme l'achat d'armes défectueuses dont les contrats ont profité à des membres de l'entourage du roi. L'amertume est surtout forte chez les officiers de l'armée qui estiment que les causes de la défaite sont à chercher en Égypte même. Le *Wafd* apparaît dans l'immédiat comme le seul recours politique, d'où son succès aux élections législatives de 1950.

3.1.3. La révolution de juillet 1952

La confrontation avec les troupes britanniques en Égypte atteint son apogée en 1952. Le 25 janvier, les Britanniques attaquent une caserne de police égyptienne et font une cinquantaine de morts. Des manifestations de protestation éclatent au Caire et s'en prennent à tous les symboles de la présence occidentale. Le 26 janvier, le gouvernement wafdiste décrète la loi martiale et réprime le mouvement. Le roi renvoie le gouvernement le 27 février 1952, suspend le Parlement et retourne à un exercice personnel du pouvoir. La paralysie politique est totale. Le roi est déconsidéré aux yeux de l'opinion publique.

C'est alors que dans la nuit du 22 au 23 juillet 1952, les membres du comité des Officiers libres opèrent un coup d'État contre le roi. Un Conseil de la révolution est immédiatement formé et décide de confier la direction du pays au général Néguib*, militaire très populaire en Égypte. Farouk abdique au profit de son fils et quitte l'Égypte le 26 juillet. Le pays demeure pour le moment une monarchie parlementaire et le mot d'ordre est un retour à la Constitution de 1923. Un gouvernement, dirigé par Ali Maher, est formé mais le pouvoir réel est désormais entre les mains du Conseil de la révolution.

Les Officiers libres se divisent sur la politique à suivre. Nasser et l'aile gauche du mouvement proposent un retour à la démocratie et la restauration du Parlement suspendu au début de l'année. L'aile autoritaire s'y oppose. Finalement, les institutions démocratiques sont rétablies et des élections législatives sont annoncées. Une réforme agraire est promulguée, limitant la propriété foncière à 80 hectares par propriétaire ou 125 par famille. Cette réforme vise essentiellement à éliminer le pouvoir économique des grands propriétaires ruraux, soutien fondamental de l'ancien régime. Devant l'hostilité de l'ancienne classe politique, le Conseil procède à l'arrestation de nombreuses personnalités. Le 7 septembre 1952, Ali Maher démissionne. Néguib devient chef du gouvernement.

3.2. Les premiers pas des anciens mandats français

3.2.1. La faiblesse politique de la Syrie

La Syrie est totalement indépendante après le départ des dernières troupes françaises le 7 avril 1946. Mais le régime présente de grandes faiblesses politiques. Le traditionnel Bloc national disparaît aux élections législatives de 1947 et laisse place à deux nouveaux partis. Le parti national, qui regroupe les partisans du président de la République, Shukri al-Quwwatli, est surtout composé de notables de Damas et défend l'indépendance de la Syrie à l'égard des autres pays arabes. Le parti du peuple réunit les notables des autres grandes villes du pays et est favorable aux projets d'union avec les autres États arabes. Aux élections de 1947, le parti du peuple s'est allié avec le *Ba'th* mais le parti national conserve le pouvoir en s'alliant à des indépendants. L'absence de majorité claire entraîne l'immobilisme du pouvoir.

Cette situation a favorisé le développement de nouvelles forces politiques : à droite, le parti populaire syrien (PPS) d'Antoun Saadé, à gauche, le *Ba'th*, le parti socialiste arabe d'Akram Hourani, le parti communiste syrien de Khalid Baqdash. La montée des forces de gauche inquiète les États-Unis qui n'ont pas hésité à financer les formations politiques de droite aux élections de 1947. Rejetant les doctrines de tous ces partis, les Frères musulmans, apparus en 1944, demeurent une formation assez marginale.

La première mesure du gouvernement est de réduire les effectifs de l'armée syrienne. Lorsque le conflit avec Israël éclate, l'état d'impréparation militaire de la Syrie est flagrant. La Syrie n'est entrée en guerre que sous la pression de son opinion et en raison de sa méfiance envers les intentions jordaniennes. La défaite a laissé en Syrie un profond sentiment anti-américain et le gouvernement n'a pas hésité à prendre des sanctions contre les États-Unis. Ces derniers, craignant une alliance de la Syrie avec l'URSS, dépêche la CIA dans le pays, qui prend contact avec le chef d'état-major de l'armée syrienne, Husni Zaïm.

3.2.2. Le poids des notables dans la vie politique libanaise

Les premières années indépendantes du Liban s'organisent selon l'esprit du « pacte national » de 1943. Le système politique repose avant tout sur le président de la République, dont les pouvoirs sont considérables. Il se fonde également sur la répartition confessionnelle et entraîne, au sein de chaque communauté, de profondes rivalités entre les chefs politiques. Il en découle une forte instabilité gouvernementale. En revanche, le pays connaît un fort développement économique fondé sur les traditions commerciales libanaises. Mais les fruits de la croissance sont très inégalement redistribués. La contestation sociale vient de la classe moyenne, déjà très importante en comparaison avec les autres pays arabes. Elle entraîne également des revendications politiques de partage du pouvoir avec les notables mais ces revendications s'expriment dans le seul cadre de la communauté. Le mouvement des Phalanges libanaises en est un des exemples les plus frappants.

Le pays est évacué définitivement par la France le 31 décembre 1946. Le mandat présidentiel de Becharra al-Khoury venant à échéance en 1949, ce dernier manipule les élections de mai 1947 pour obtenir une révision constitutionnelle lui permettant d'exercer un second mandat. En 1949, Antoun Saadé, chef du PPS, est exécuté par les autorités libanaises après des combats de rues dans Beyrouth. En réaction, le PPS assassine le premier ministre Riad al-Suhl le 16 juillet 1951. En septembre 1952, le chef de l'État démissionne suite à une crise politique portant sur l'opportunité de l'entrée du Liban dans une alliance militaire avec les pays occidentaux. Le gagnant de cette crise est le Maronite Camille Chamoun, qui devient président de la République le 22 septembre 1952.

3.2.3. Les coups d'État syriens

La défaite face à Israël a entraîné un mouvement de contestation dans l'armée, où la majorité des officiers est proche des mouvements de la gauche syrienne. Deux d'entre eux, Adib al-Chichakli et Husni Zaïm, liés au parti socialiste arabe de Hourani, organisent un coup d'État le 30 mars 1949, encouragé par la CIA, et arrêtent tous les dirigeants du pays. Inspiré par le kémalisme, Zaïm établit de nombreuses réformes visant à laïciser la société et donnant aux femmes des droits politiques. Il se fait nommer maréchal et est élu président de la République, comme candidat unique, le 25 juin 1949. Sur le dossier palestinien, on lui reproche rapidement d'avoir cédé devant les Israéliens en acceptant de transformer le territoire tenu par l'armée syrienne en zone démilitarisée. Le *Ba'th* et les personnalités renversées par le coup d'État se coalisent pour favoriser son éviction.

Le 14 août 1949, Zaïm est renversé par un nouveau coup d'État et assassiné par un officier membre du PPS. Le nouveau chef de l'État, le colonel Hinawi, décide de gouverner avec des membres du parti du peuple. Michel Aflaq, dirigeant du *Ba'th*, est appelé au ministère de l'Éducation et Hourani à l'Agriculture. Les élections du 15 novembre 1949 donnent 51 sièges sur 114 au parti du peuple. Mais un troisième coup d'État est organisé par Chichakli le 19 décembre 1949. Après une période de forte instabilité politique, Chichakli décide de prendre directement le pouvoir le 29 octobre 1951, dissout le Parlement et forme un gouvernement de militaires. Depuis deux ans, il a profondément réformé l'armée et en a fait un outil à son service. Le régime devient rapidement autoritaire avec la dissolution des partis et la fondation, le 25 août 1952, du parti unique de la Syrie, le Mouvement de libération arabe, d'inspiration nettement arabiste.

3.3. Les régimes monarchiques d'Irak et de Jordanie

3.3.1. La présence britannique en question

En 1947, le gouvernement irakien de Salih Jabr, premier chi'ite à accéder à cette responsabilité, décide de renégocier le traité d'alliance avec la Grande-Bretagne. Une délégation conduite par Jabr se rend à Londres et signe, le 15 janvier 1948, le traité de Portsmouth par lequel les Britanniques s'engagent à évacuer leurs bases militaires en échange d'une poursuite de la coopération militaire de l'Irak avec la Grande-Bretagne. En cas de guerre, cette dernière pourrait réoccuper les bases irakiennes. Le traité est accueilli avec hostilité en Irak et il entraîne de violentes manifestations dans le pays. Le régent renonce au traité et renvoie le gouvernement Jabr au profit de Nuri Sa'id.

En Jordanie, la présence militaire britannique reste en revanche inchangée. Le pays dépend toujours des subsides de la Grande-Bretagne en dépit du traité d'indépendance de mars 1946. La légion arabe, forte de 8 000 hommes, demeure sous l'autorité d'un officier britannique, Glubb Pacha, nommé en 1945. De 1950 à 1955, les effectifs sont portés à 20 000 hommes. La moitié des fonctions de commandement est exercée par des officiers britanniques, ce qui entraîne le mécontentement des cadres militaires jordaniens.

3.3.2. La création du royaume de Jordanie

Le traité de mars 1946 a transformé l'émirat en royaume. Le pays prend alors officiellement le nom de Jordanie. L'annexion de la Cisjordanie entraîne toutefois de profonds bouleversements. Cette dernière région est plus fortement développée que les territoires transjordaniens. De plus, l'arrivée massive de réfugiés palestiniens dans le royaume modifie sensiblement l'équilibre démographique du pays. L'égalité des droits est proclamée pour tous. Mais la fusion espérée ne se produit pas. Les Palestiniens sont davantage tournés vers les mouvements politiques radicaux et rejettent le régime conservateur jordanien. Le pays est confronté à une situation économique faible. L'État jordanien est incapable de fournir les services d'assistance nécessaires aux camps de réfugiés.

Après l'assassinat d'Abdallah en 1951, la succession du royaume échoit à son fils, Talal, dont la santé est fragile. Il donne une nouvelle Constitution au pays en 1952, dans laquelle le gouvernement est responsable devant le parlement. Les dirigeants jordaniens et les membres de la famille royale s'inquiètent de ces réformes libérales et décident de déposer Talal pour raison de santé. Son fils Hussein* prend le pouvoir le 12 août 1952. Proche des milieux de l'armée, le nouveau roi est sensible aux revendications de ses officiers en faveur d'une réduction de la présence britannique.

3.3.3. Les projets irakiens du « Croissant fertile »

La régence étant sur le point de s'achever, Abdul Illah relance le projet du « Croissant fertile », visant à l'union avec la Syrie, et dans lequel le régent irakien se verrait bien sur le trône syrien. Cette initiative coïncide avec l'arrivée au pouvoir en Syrie de Zaïm, qui a besoin de s'appuyer sur l'Irak pour contrer le soutien saoudien apporté à Quwwatli. Le 12 avril 1949, des négociations avec les Irakiens ont lieu pour présenter une forte position commune dans les discussions d'armistice avec Israël. Mais devant l'opposition conjointe de la France, de l'Égypte et de l'Arabie saoudite, Zaïm doit renoncer au projet d'union.

Le projet du « Croissant fertile » resurgit sous le régime de Hinawi mais l'impopularité de la Grande-Bretagne en Syrie, qu'on soupçonne d'être derrière le projet, compromet toute discussion. La France soutient l'opposition à l'union et fournit armement et formation à l'armée syrienne. Israël fait savoir, de son côté, qu'une telle union constituerait une menace conduisant Tel-Aviv à une guerre préventive. La victoire législative du parti du peuple en novembre 1949 permet toutefois d'envisager un vote en faveur de l'union. Mais l'armée est inquiète d'une fusion militaire qui s'effectuerait à son détriment. Le coup d'État de décembre annule ces projets d'unité.

3.4. La Péninsule arabique

3.4.1. La Péninsule entre politique saoudienne et influence britannique

La personnalité d'Ibn Sa'ud, souverain de l'Arabie saoudite, confère à ce dernier pays un poids politique important dans la Péninsule, à l'exception du sud de celle-ci. Le roi est assisté, dans l'exercice du pouvoir, de son fils Sa'ud, héritier direct mais aux qualités politiques faibles, et par son second fils Faysal, chargé depuis vingt ans des affaires extérieures du régime. Ce dernier a notamment pris en charge le dossier des relations américano-saoudiennes. L'Arabie saoudite est hostile aux projets d'unité arabe et, plus particulièrement, à ceux qui émanent des monarchies irakienne et jordanienne. Elle obtient des États-Unis une garantie de protection de son territoire en cas d'agression.

Les autres États de la Péninsule sont sous influence britannique, à l'exception du Yémen. Ce dernier est dirigé par un imam chi'ite et demeure fermé à toute influence extérieure. Un contentieux territorial continue de l'opposer à l'Arabie saoudite. Les pouvoirs de l'imam sont faibles et l'indépendance des tribus reste forte. Le Yémen du Sud est sous contrôle britannique. Le protectorat de la Grande-Bretagne s'étend par ailleurs du sultanat d'Oman au Koweït. La politique intérieure de ces États est entre les mains des souverains locaux mais leur représentation internationale est assurée par les Britanniques. La présence de ces derniers constitue une assurance contre les visées expansionnistes de l'Arabie saoudite, de l'Iran ou de l'Irak.

3.4.2. L'évolution économique de la Péninsule

Les premiers revenus pétroliers importants pour les pays du Golfe surviennent après 1945 comme le montre l'exemple saoudien[2] :

Revenus pétroliers de l'Arabie saoudite en $

1939	166 890	1948	31 860 000
1941	1 523 649	1949	66 000 000
1942	1 070 550	1950	112 000 000
1943	1 107 302	1951	155 000 000
1944	1 832 000	1952	212 000 000
1945	4 820 000	1953	166 000 000
1946	13 500 000	1954	260 000 000
1947	20 380 000		

Grâce à la manne pétrolière, d'ambitieux programmes de développement sont mis en œuvre, étroitement encadrés par les sociétés pétrolières occidentales qui satisfont ainsi leurs besoins en infrastructures et en mains-d'œuvre. Les autres États pétroliers du Golfe sortent de la crise économique qui a frappé l'économie de la pêche à la perle dans les années 1930. Koweït et Bahreïn sont les premiers émirats à connaître après la guerre un développement basé sur le pétrole. En 1950, le Moyen-Orient représente 17 % de la production mondiale de pétrole. L'apparition des compagnies indépendantes accentue la concurrence et améliore les contrats de concession passés avec les pays producteurs. En 1948, la *Getty Oil*, compagnie américaine indépendante, propose au Koweït et à l'Arabie saoudite une redevance de l'ordre de 50 % des bénéfices sur les prix affichés. Ce système du *fifty-fifty* s'impose peu à peu dans tous les contrats de la région. Le début des années 1950 correspond également au moment où les compagnies pétrolières décident de payer leurs impôts aux États producteurs.

La nationalisation du pétrole en Iran en mai 1951, par le régime progressiste de Mossadegh, crée un précédent dans l'histoire de l'exploitation pétrolière. En réaction, l'AIOC obtient un embargo des sociétés pétrolières sur les achats de pétrole iranien. Pour compenser cette réduction de l'offre, les compagnies décident d'augmenter leur production dans le Golfe. Le coup d'État, organisé par la CIA en août 1953, mettra fin à l'expérience iranienne. Le pétrole demeure nationalisé mais la commercialisation retourne entre les mains d'un consortium de sociétés internationales.

2 B. Shwadran, *The Middle Esat Oil and the Great Powers*, Israel Univ . Press, Jérusalem, 1974.

La première guerre israélo-arabe constitue un tournant dans l'évolution politique des États arabes nouvellement indépendants. Elle scelle la fin du régime des notables, dont les idées étaient nettement inspirées par le libéralisme occidental, accusé de collusion avec les puissances et considéré comme responsable de la défaite face à Israël. Au régime des notables, succède peu à peu un nouveau régime fondé sur le pouvoir des militaires et s'appuyant sur une classe moyenne de plus en plus nombreuse et politisée. L'ère des révolutions nationales s'ouvre.

Synthèse
La question des réfugiés palestiniens

Les populations arabes de Palestine ont-elles été délibérément expulsées de la zone du futur État juif par les forces sionistes ? Cette question symbolise la discorde israélo-arabe : pour les Arabes, il faut respecter le droit au retour de ces réfugiés de guerre, pour Israël, ces populations sont parties à l'appel des autorités arabes de Palestine. Le problème des réfugiés ne trouve une première solution que grâce à l'ONU.

1 L'EXODE DES PALESTINIENS

La fuite des populations palestiniennes de la partie juive du plan de partage de la Palestine est implicitement contenue dans les vues stratégiques sionistes. Pour Ben Gourion, aucun État juif ne pourra survivre si la majorité de sa population est arabe et si les terres appartiennent essentiellement à celle-ci. Par ailleurs, l'armée juive tient comme principe tactique fondamental la nécessité d'avoir un contrôle absolu de son territoire avant l'entrée en guerre des États arabes. Un certain nombre de villages palestiniens doivent donc être rasés. Durant la guerre civile du printemps 1948, il n'y a pas de politique d'expulsion préméditée de la part des sionistes. Le plan Dalet l'implique implicitement. En général, la tâche est facile pour les combattants juifs dans la mesure où les populations civiles arabes fuient spontanément les zones de combat. À la mi-mai, on estime à 200-300 000 le nombre de Palestiniens ayant fui de chez eux, principalement des zones littorales.

La vague suivante de réfugiés est formée d'environ 100 000 personnes. Cette fois-ci, elles ont été clairement expulsées par l'armée israélienne au cours de la guerre des Dix jours. Ce sont essentiellement des habitants de la région de Jérusalem et de la Galilée occidentale, régions non dévolues aux Israéliens dans le plan de partage mais annexées de force par l'armée israélienne. La vague suivante de réfugiés est créée par l'offensive israélienne d'octobre 1948 contre les forces égyptiennes au Sud. Les soldats ont ordre de ne pas laisser de civils arabes derrière eux. Ceux-ci se réfugient essentiellement dans la bande de Gaza. Ils sont environ 130 000. Dans le même temps, la conquête israélienne de la Galilée entraîne l'exode vers le Liban de quelques dizaines de milliers de personnes. Au total, on estime entre 600 000 et 760 000 le nombre de réfugiés pour la période 1948-1949.

2 L'INTERNATIONALISATION DE LA QUESTION DES RÉFUGIÉS

Dès la fin juillet 1948, la question des réfugiés palestiniens se pose publiquement dans l'entourage du comte Bernadotte. Les États-Unis s'inquiètent également et demandent des explications à Israël. Cette dernière décline toute responsabilité dans l'apparition de ce problème. L'exode des populations arabes est une opération conçue par les personnalités politiques palestiniennes afin d'émouvoir l'opinion internationale. Pour des impératifs stratégiques et militaires, Israël refuse tout retour de ces réfugiés sur son territoire.

En dépit des négations israéliennes, le problème des réfugiés mobilise la communauté internationale. En septembre 1948, Bernadotte demande, dans son second plan de partage, le retour des réfugiés sur leurs terres. Après son assassinat, son rapport posthume devient la ligne d'action de l'ONU. Le 11 décembre 1948, l'Assemblée générale des Nations unies adopte la résolution 194 (III) dans laquelle il est dit que tout réfugié a droit de retourner chez lui et qu'une indemnité compensatoire doit être versée par Israël à ceux qui refusent de revenir sur leurs terres. La Commission de conciliation est chargée d'appliquer la résolution mais elle se heurte immédiatement au refus d'Israël. La commission suggère alors l'annexion par Israël de la bande de Gaza pour y reloger les réfugiés. Israël et l'Égypte refusent. À Lausanne, l'État hébreu accepte le retour de 100 000 réfugiés sur son territoire, chiffre dérisoire et inacceptable pour les Arabes. Dans le même temps, la Syrie propose d'accepter 300 000 réfugiés et l'Irak 350 000.

3 LA CRÉATION DE L'UNRWA

La commission a proposé par ailleurs la mise sur pied d'une mission dirigée par l'Américain Clapp. La mission Clapp suggère une mise en valeur économique de la région par une politique de grands travaux basée sur l'emploi de la main-d'œuvre réfugiée. La mission aboutit à la création de l'*United Nations of Relief and Works Agency* (UNRWA) en décembre 1949, chargée à la fois d'apporter des secours d'urgence aux réfugiés et de programmer les grands travaux régionaux.

L'UNRWA se rend rapidement compte sur le terrain qu'Israël et les pays arabes ne collaboreront jamais en vue de grandes réalisations communes. Elle prend également conscience que les réfugiés défendent leur identité et refusent toute réinstallation sur des territoires autres que les autres. Ils se constituent en quartiers autonomes dans les villes ou dans les camps, à la périphérie de ces dernières. Devant l'impasse de la situation, l'agence se contente d'apporter de l'aide alimentaire, d'assurer la scolarisation des enfants et l'encadrement médical. Les États-Unis ont accepté de financer l'agence.

Pendant de nombreuses années, la question palestinienne ne va être vue et abordée qu'à travers celle des réfugiés. Dans les textes internationaux, on mentionnera le droit des réfugiés au retour sans jamais parler de peuple palestinien. Cette absence de définition politique va peser lourd sur l'avenir du mouvement palestinien et il faut attendre les années 1960 pour que les Palestiniens enregistrent les premiers mouvements de reconnaissance politique.

Chapitre 6

Le Moyen-Orient entre guerre froide et révolutions nationales (1952-1967)

DANS LES ANNÉES 1950, l'Orient arabe est confronté à des défis à la fois externes et internes. La guerre froide entre Soviétiques et Occidentaux a pris ses origines dans la région (crises turque et iranienne de 1945-1946). La région est convoitée par l'URSS, dont les objectifs principaux sont l'établissement de régimes amis et le passage de sa flotte de guerre en Méditerranée. Les États-Unis définissent en retour l'Orient arabe comme une nouvelle zone de refoulement de l'expansionnisme soviétique. Leurs intérêts ne sont pas seulement idéologiques. Le pétrole occupe désormais une place privilégiée dans la politique américaine. Les deux grands doivent composer avec l'évolution politique interne des pays arabes et la radicalisation d'un certain nombre d'entre deux. Cette radicalisation rend les relations avec les régimes arabes fluctuantes et instables. L'Orient arabe, guidé par la figure de Nasser*, recherche par ailleurs une position neutraliste entre les deux superpuissances. Mais la question de son unité demeure en suspend devant le développement des tensions interarabes.

1 LE MOYEN-ORIENT ET L'AFFRONTEMENT DES SUPERPUISSANCES

1.1. La difficulté d'une alliance militaire

1.1.1. Les nouveaux rapports anglo-égyptiens

Le nouveau régime égyptien hérite du dossier non résolu de la présence britannique dans le pays. 80 000 soldats britanniques stationnent encore en Égypte alors que le traité de 1936 n'en autorisait que 10 000. Les négociations reprennent en 1952 tandis que les actions de guérilla contre la présence britannique se poursuivent. Afin de parvenir à ses fins, Nasser se tourne vers les États-Unis. En mai 1953, le voyage au Moyen-Orient du secrétaire d'État américain John Forster Dulles annonce la nouvelle politique américaine. Dulles prône la conclusion d'alliances avec les pays arabes se démarquant nettement des traditionnelles relations entre les puissances coloniales et l'Orient arabe.

En août 1954, Nasser déclare que son pays souhaite recevoir l'aide des États-Unis pour se défendre contre une agression extérieure. Il propose également un pacte de défense collective des États arabes. L'ennemi est clairement identifié : il s'agit de l'URSS. Le gouvernement britannique est divisé face à la politique nassérienne. Churchill est favorable à une reconquête de l'Égypte par la force. Eden et le *Foreign Office* proposent l'établissement de relations confiantes avec les pays arabes et approuvent l'idée d'un pacte de défense collective.

Un nouveau traité anglo-égyptien est signé le 27 juillet 1954. La Grande-Bretagne s'engage à retirer ses troupes dans un délai de vingt mois. Certaines parties du canal pourront toutefois être réoccupées par les soldats britanniques en cas de nécessité. Le traité prévoit d'intervenir contre toute agression d'une puissance extérieure en direction d'un état de la LEA ou de la Turquie. Avec cette dernière, l'Égypte se lie indirectement au système de l'OTAN.

1.1.2. Le pacte de Bagdad*

L'Égypte entend prendre la tête du monde arabe et jouer un rôle prépondérant dans le pacte de défense collective de la LEA. Ce pacte doit exclure toute alliance bilatérale entre un État arabe et une puissance occidentale. La Grande-Bretagne refuse la perspective de ce *leadership* égyptien et entend s'appuyer sur ses alliés traditionnels : la Jordanie et l'Irak. La solution passe donc par la conclusion d'un nouveau pacte distinct de celui de la LEA. Or les conditions géopolitiques de la guerre froide offrent cette opportunité.

Après l'OTAN en 1949 et l'OTASE en 1954, les États-Unis veulent compléter leur dispositif de *« containment »* de la menace soviétique en établissant une alliance militaire dans la région située entre le Pakistan et la Turquie, appelée par les Américains le gradin nord ou *« northern tier »*. Le 2 avril 1954, un accord de coopération est signé entre la Turquie et le Pakistan. Le 19 mai 1954, les États-Unis concluent avec le Pakistan un accord de défense mutuelle et d'assistance. L'Iran s'engage également à rejoindre cette alliance. Soucieux de ne pas apparaître trop liés aux puissances coloniales, les États-Unis n'entendent pas entrer dans le pacte en formation. Ils laissent la Grande-Bretagne s'y engager. Pour cette dernière, le pivot de l'alliance doit être l'Irak. Si celui-ci s'engage, il entraînera d'autres états arabes à adhérer. Nuri Sa'id est favorable à cette perspective. Son pays est trop éloigné du centre de l'Orient arabe pour qu'il fasse confiance à un pacte de défense animé par la LEA. Par ailleurs, l'alliance envisagée assurerait à l'Irak une protection contre toute menace israélienne.

Nasser est fortement hostile à la politique de Nuri Sa'id. La propagande radiophonique de Nasser le décrit comme un traître à la nation arabe. Mais le 24 février 1955, l'Irak signe le pacte de Bagdad avec la Turquie, auquel se joignent durant l'année l'Iran, le Pakistan et la Grande-Bretagne. Nasser reçoit la garantie de Londres que l'Irak sera le seul membre arabe du pacte.

Mais la Syrie reste un pays très convoité. Le monde politique syrien est toutefois divisé. Hourani anime la coalition hostile au pacte de Bagdad. Cette coalition arrive au pouvoir en février 1955 et se rapproche de l'Égypte, avec qui elle signe un accord de coopération militaire le 2 mars. L'Arabie saoudite se joint à l'alliance, clairement dirigée contre l'Irak. Un accord de vente d'armes tchèques est conclu la même année avec la Syrie.

1.1.3. La politique neutraliste de l'Égypte

Le neutralisme peut être défini comme la volonté de ne dépendre ni du bloc occidental ni du bloc de l'Est. Il se développe au milieu des années 1950 dans les pays dits du tiers-monde ayant recouvré leur indépendance. L'ONU est la première tribune du neutralisme. Les délégations des pays nouvellement indépendants prennent l'habitude de se concerter, s'accordent pour condamner le colonialisme et la guerre en Indochine.

En avril 1955, Nehru et Sukarno, respectivement chefs d'État de l'Inde et de l'Indonésie, décident d'organiser un sommet à Bandung (Indonésie). Les États africains indépendants sont invités à participer, en premier lieu l'Égypte. Ni l'URSS, ni les pays occidentaux ne sont conviés. En revanche, la Chine populaire participe à la conférence. Cette dernière prône la nécessité d'un dialogue avec les deux grands, ce qui implique le refus de la doctrine américaine du *« containment »*.

À Bandung, Nasser se présente comme le véritable *leader* du monde arabe. Il adhère au neutralisme et affirme vouloir prendre ce qu'il y a de meilleur dans le capitalisme et le socialisme sans dépendre d'un des deux systèmes. Pour contrebalancer l'influence occidentale dans la région, établie par le pacte de Bagdad, Nasser se rapproche de l'URSS. L'Égypte a besoin de renforcer son armée à un moment où les incidents de frontières se multiplient avec Israël. Moscou propose donc des livraisons d'armes. Nasser refuse d'abord et s'adresse aux pays occidentaux. La Grande-Bretagne n'accepte que si l'Égypte adhère au pacte de Bagdad. Les États-Unis, en dépit de leurs promesses, donnent la priorité à l'armement de l'Irak. La France refuse en raison du soutien de Nasser à la cause indépendantiste des pays de l'Afrique du Nord. Finalement, l'Égypte se tourne de nouveau vers l'URSS. En septembre 1955, un accord secret d'armement est signé entre les deux pays. Les livraisons d'armes sont effectuées par la Tchécoslovaquie. Le 27 septembre, Nasser annonce publiquement le contrat d'armes.

En 1961, en coopération avec Tito et Nehru, Nasser réaffirme la politique neutraliste de son pays et fonde le mouvement des non-alignés. La première conférence a lieu à Belgrade en septembre. Bandung recherchait l'affranchissement des pays du tiers-monde par rapport à l'Occident, le non-alignement un équilibre entre les deux blocs. Il refuse l'imposition de tout système politique par la force et de l'extérieur.

1.2. La crise de Suez

1.2.1 La nationalisation du canal

Nasser, soucieux de donner rapidement l'indépendance économique à l'Égypte, entreprend d'achever le contrôle et la régulation du Nil en construisant un immense barrage à Assouan. Il se tourne une nouvelle fois vers les puissances occidentales pour obtenir un financement. Si la France et la Grande-Bretagne refusent, les États-Unis conditionnent leur aide à un accord avec Israël. Nasser s'y montre favorable mais il ne semble pas qu'il ait voulu réellement négocier. Devant les tergiversations de Nasser, Washington décide de s'opposer au financement du projet de barrage et de barrer la route à l'influence égyptienne dans le monde arabe. Les États-Unis se déclarent toutefois prêts à octroyer un prêt à l'Égypte moyennant contrôle des finances du pays. Contre toute attente, Nasser accepte, coupant l'herbe sous le pied aux Américains. Il ne reste plus à ces derniers qu'à se désavouer. Le 19 juillet 1956, Dulles affirme que les États-Unis s'opposent à la construction du barrage.

En réponse à cet échec, Nasser prend la décision immédiate de nationaliser la compagnie du canal de Suez. Les revenus du canal permettront de financer le haut barrage d'Assouan. Craignant une intervention britannique, Nasser suit de près la redistribution des forces militaires de la Couronne après l'évacuation récente de l'Égypte. L'essentiel des forces britanniques se trouve stationné à Chypre. Il apprend qu'elles n'ont pas les moyens d'intervenir rapidement.

L'annonce officielle est faite par Nasser le 26 juillet 1956 au cours d'un célèbre discours à Alexandrie. Il annonce devant une foule surchauffée que les forces égyptiennes viennent de s'emparer de la zone du canal et que celui-ci est désormais aux Égyptiens. La liesse populaire est à son comble. Nasser devient en quelques heures le héros de la nation égyptienne.

1.2.2. La réaction franco-britannique

Les Britanniques n'ayant pas les moyens d'intervenir seuls, ils décident d'organiser une opération militaire conjointe avec la France. Les États-Unis se montrent défavorables à une telle intervention. Toutefois, ils décident de geler les avoirs financiers égyptiens et suspendent leur aide alimentaire. Eisenhower, qui se présente comme un héros de la paix après la fin de la guerre de Corée, ne peut engager son pays dans une nouvelle crise internationale.

Une conférence des usagers du canal est réunie à Londres le 16 août 1956. L'Égypte refuse d'y assister et se fait représentée par l'URSS et l'Inde. La conférence adopte un projet d'internationalisation du canal. Celui-ci sera administré par un conseil dépendant des Nations unies. Le 28 août, Nasser annonce son refus du projet. L'affaire est alors portée devant le Conseil de sécurité de l'ONU. Le 13 octobre, une résolution est votée. L'Égypte s'engage à accepter un organe permanent de consultation entre les usagers et une procédure d'arbitrage international en cas de litige. La Compagnie universelle continue d'exister. Elle recevra une compensation.

Français et Britanniques conservent toutefois l'idée d'une intervention militaire. Celle-ci, dirigée contre l'Égypte, devrait permettre de déboucher sur une nouvelle carte de l'Orient arabe. Outre un régime « pacifique et ami » établi en Égypte, le Liban serait solidement maintenu dans le giron occidental, on établirait un gouvernement ami en Syrie. L'opération sera commandée par les Britanniques, fournisseur des deux tiers des moyens militaires employés. Le plan « mousquetaire » implique un débarquement à Alexandrie puis une marche sur Le Caire. Le régime égyptien serait renversé et le canal réoccupé. Dès le mois de septembre, les forces franco-britanniques sont concentrées en Méditerranée. Le plan d'intervention est modifié et fixe désormais le débarquement à Port-Saïd.

Durant cette période d'attente, les Français cherchent à impliquer Israël dans l'affaire. Contre l'assurance française d'une couverture aérienne et navale de son pays, Ben Gourion accepte de s'engager dans des opérations contre l'Égypte. Le 22 octobre 1956, un accord est conclu à Sèvres* entre les trois pays. Il est convenu que les forces israéliennes attaqueront les premières l'Égypte. Pour imposer un cessez-le-feu entre les belligérants, Français et Britanniques débarqueront et s'établiront dans la zone du canal.

1.2.3. L'échec de l'opération « mousquetaire »

L'attaque israélienne commence le 29 octobre 1956. La flotte franco-britannique quitte immédiatement Malte pour l'Égypte. Les Français assistent logistiquement les forces israéliennes. Le lendemain, Français et Britanniques envoient leur ultimatum aux belligérants. L'aviation britannique entame une campagne de neutralisation de l'aviation égyptienne.

Nasser décide de retirer son armée du Sinaï, met son aviation hors de portée et fait couler dans le canal des bateaux pour le rendre impraticable. En conséquence, les Israéliens atteignent plus rapidement les objectifs prévus. Ils s'arrêtent à quinze kilomètres du canal. La séparation de fait des belligérants rend sans motif l'intervention franco-britannique.

Le 2 novembre, saisie de la question, l'Assemblée générale de l'ONU vote une résolution exigeant l'arrêt des combats et le retrait des forces israéliennes du Sinaï. Le texte adopté est nettement inspiré par les États-Unis. Ben Gourion accepte le cessez-le-feu le lendemain mais refuse toute restitution du Sinaï. Obéissant à leur plan d'intervention, les forces franco-britanniques ne sont toujours pas arrivées à Port-Saïd. Le 4 novembre, l'Assemblée générale ayant décidé la constitution d'une force internationale d'interposition, l'intervention des deux pays est sans objet. Le plan « télescope » est alors monté en toute hâte. Des troupes sont parachutées sur l'Égypte le 5 novembre, s'emparent de Port-Saïd et marchent vers le canal.

Les réactions internationales deviennent de plus en plus hostiles à ce coup de force. Avec la crise de Suez, les approvisionnements en pétrole arabe sont suspendus. La France et la Grande-Bretagne dépendent des importations américaines. La monnaie britannique est attaquée sur les bourses internationales et les États-Unis laissent faire. La pression exercée par ces derniers explique la reculade franco-britannique à Suez. Le 5 novembre, l'URSS annonce qu'elle s'emploiera à mettre fin à l'intervention, y compris par l'utilisation de l'arme nucléaire. Elle annonce également qu'elle envoie des forces dans la région. En fait, l'URSS n'en a pas les moyens. Nasser a été prévenu.

Eden, chef du gouvernement britannique, accablé par les pressions hostiles des pays du Commonwealth, craint une crise politique. Le 6 novembre, il ordonne le cessez-le-feu. Les Français sont contraints de suivre. C'est une victoire politique considérable pour Nasser. L'Égypte dénonce le traité d'alliance avec la Grande-Bretagne le 1er janvier 1957, devenant désormais totalement indépendante. Sous la pression d'Eisenhower, Ben Gourion se résigne à une évacuation du Sinaï. L'Égypte récupère également Gaza. Des forces de l'ONU s'installent le long des lignes d'armistice et à Sharm al-Sheikh sur le golfe d'Akaba pour faire respecter la liberté de circulation maritime.

La crise de Suez représente bien le chant du cygne de la présence franco-britannique dans l'Orient arabe. Les Occidentaux s'étant discrédités aux yeux des Arabes, ces derniers se tournent davantage vers l'URSS. De même, l'échec diplomatique des deux vieilles puissances européennes consacre la montée en force de la politique américaine dans la région. La confrontation directe entre les deux grands commence alors dans l'Orient arabe.

1.3. L'essor de l'interventionnisme américain

1.3.1 La doctrine Eisenhower

Les États-Unis considèrent que l'échec franco-britannique a créé en Orient un vide de puissance dont pourrait profiter l'URSS. En conséquence, Eisenhower adopte une nouvelle ligne de conduite, le 5 janvier 1957, approuvée par le Congrès le 9 mars. Washington développe ce qui va devenir l'essentiel du discours de sa politique en Orient, celui des « intérêts vitaux ». La doctrine Eisenhower en détermine alors trois : la protection des Lieux-Saints contre la mainmise d'une puissance athée, l'emplacement stratégique de la région dans la lutte contre l'URSS, le pétrole. Le président américain est autorisé à fournir aides économique et financière, ainsi qu'à utiliser la force armée pour assister tout pays subissant l'agression armée du communisme international.

Les pays arabes se rallient à la doctrine Eisenhower. L'Arabie saoudite est la première à l'accepter. Puis c'est au tour des pays du pacte de Bagdad, du Liban et de la Jordanie. Seules l'Égypte et la Syrie s'y opposent. Cette dernière est isolée face à l'adhésion de tous ses voisins à la doctrine américaine.

1.3.2. La crise libanaise

Camille Chamoun*, chef de l'État libanais, mène depuis 1952 une politique pro-occidentale et se montre hostile à la question de l'unité arabe. Or, les idées arabistes de Nasser sont de plus en plus populaires dans le pays. Aux élections de 1957, le parti de Chamoun remporte la majorité des sièges grâce à un découpage électoral qui permet d'éliminer du parlement une partie des chefs de l'opposition. Un vote permettant la réélection du chef de l'État est envisagé.

La création de la RAU galvanise l'opinion arabiste du Liban. Une insurrection contre le pouvoir est déclenchée en mai 1958. Les quartiers musulmans sunnites se mettent en grève. Tout le nord du pays, tant chrétien que musulman, se soulève contre Chamoun. Ce dernier craint un complot de la RAU et réclame l'application de la doctrine Eisenhower. La révolution irakienne de juillet crée le prétexte nécessaire. Les pays arabes favorables à l'Occident peuvent désormais connaître des coups d'État. Le 15 juillet 1958, les troupes américaines débarquent à Beyrouth, tandis que des commandos britanniques atterrissent à Amman.

De nouvelles élections amènent le général Fouad Chehab, chef de l'armée, à la présidence le 31 juillet. En octobre, il forme un gouvernement d'union nationale. Il mène une politique de rééquilibrage économique et social en faveur des communautés les plus démunies du pays, tels les chi'ites. Il favorise également le développement régional face à Beyrouth. Sur le plan extérieur, il revient à une ligne plus arabiste et entend respecter le « pacte national ».

Chehab entend combattre l'influence des chefs traditionnels. Il s'appuie sur des forces neuves, tels les Phalangistes de Pierre Gemayel (maronite) ou le PSP de Kamal Joumblatt (druze). Il rénove l'administration en plaçant des fonctionnaires compétents. Les services secrets du pays cherchent à ébranler la base sociale des politiciens, en présentant notamment des candidats dans leur fief. Le projet chéhabiste est de constituer un État fort. L'expérience dure jusqu'en 1964 et est poursuivie par un proche de Chehab, Charles Hélou. Ce dernier ne peut toutefois empêcher le retour en force des chefs traditionnels et l'affaiblissement consécutif de l'État.

En mai 1965, les révélations sur la livraison d'armes ouest-allemandes à Israël, dans le cadre des réparations allemandes au peuple juif, entraînent la rupture des relations diplomatiques entre la RFA et une partie des États arabes.

1.3.3. La réaction soviétique

Le 11 février 1957, l'URSS a répliqué à la doctrine Eisenhower par le plan Chepilov. Il prévoit la résolution pacifique des conflits de la région, la non-ingérence dans les affaires intérieures des États arabes, la suppression des alliances militaires et des livraisons d'armes. Il propose une neutralisation de la région avec une zone d'influence soviétique reconnue par les États-Unis. Ces derniers refusent.

Afin de lutter contre le pacte de Bagdad, l'URSS renforce ses livraisons d'armes à la Syrie. Un accord de coopérations économique et technique soviéto-syrien est signé le 6 août 1957. En réponse, la CIA prépare le plan Wappen visant à renverser le régime syrien mais c'est un échec lamentable. Plusieurs diplomates américains sont expulsés de Syrie. En septembre, des troupes turques sont massées à la frontière syrienne. L'URSS annonce qu'elle défendra la Syrie. À la fin du mois, Sa'ud d'Arabie saoudite tente une médiation auprès de Damas, sans consulter Nasser. En retour, l'Égypte débarque des troupes en Syrie le 13 octobre. Le processus d'union des deux pays est en route.

1.3.4. La politique américaine dans les années 1960

En mai 1961, Kennedy lance une initiative de paix pour le Moyen-Orient. Il souhaite l'application des recommandations de l'Assemblée générale de l'ONU sur les réfugiés palestiniens et une résurrection de la Commission de conciliation de 1949. Les réfugiés arabes pourraient se voir octroyer le droit d'émigrer en Amérique du Nord, en Amérique latine et en Australie, sauf 25 % d'entre deux qui reviendraient en Israël. Ben Gourion refuse tout retour de réfugiés avant le règlement durable de l'ensemble de la question. La préoccupation majeure d'Israël vient des livraisons militaires soviétiques aux États arabes. Ben Gourion se rend aux États-Unis en mai 1960. Il recherche une intervention américaine contre les livraisons soviétiques faites à la RAU.

En septembre 1961, Kennedy désigne un émissaire spécial au Moyen-Orient, Joseph Johnson, chargé d'étudier à nouveau la question des réfugiés sur la base des propositions de Kennedy de l'année précédente. Nasser s'affirme favorable au plan américain. La politique pacificatrice américaine s'accompagne d'un rapprochement entre Washington et Tel-Aviv. Ce rapprochement est toutefois d'abord freiné par la question de l'armement nucléaire israélien.

2 LA RADICALISATION POLITIQUE DES RÉGIMES ARABES

2.1. L'Égypte nassérienne

2.1.1. La prise du pouvoir par Nasser

Le 18 juin 1953, la monarchie égyptienne est abolie et la république proclamée. Conformément à la tradition, les représentants des communautés religieuses musulmanes, chrétiennes et juives apportent leur soutien au nouveau régime. En vertu d'un ancien rite de l'Islam, Nasser, président du Conseil, fait prononcer un serment d'allégeance du peuple égyptien à Néguib.

À l'automne 1953, le régime prend une voie nettement populiste et autoritaire. Un tribunal révolutionnaire, présidé par Sadate, est constitué pour juger et condamner les personnalités principales de l'ancien régime. Les rapports du pouvoir avec les Frères musulmans se détériorent. Alors que, dans un premier temps, Néguib et Nasser ont cherché à associer ces derniers au pouvoir, le mouvement islamiste refuse de participer à un régime qui ne gouverne pas selon la loi de Dieu. Le chef des Frères musulmans, Hudaibi, interdit à tout membre de la confrérie d'entrer dans les institutions du pouvoir.

En janvier 1954, des bagarres éclatent entre Frères musulmans et militants du Rassemblement populaire, fondé par Nasser. Ce dernier décrète la dissolution des Frères musulmans. Néguib proteste contre cette décision. Demandant un droit de veto sur le Conseil de la révolution, il est accusé de rechercher un pouvoir dictatorial. Mis en minorité, il démissionne le 25 février.

Devant l'opposition de l'armée, Nasser est contraint de rappeler Néguib à la présidence deux jours plus tard. Ce dernier reçoit tous les pouvoirs, Nasser démissionne, la censure est abolie, le multipartisme rétabli, des élections remplaceront le Conseil de la révolution par une Assemblée constituante. Nasser reprend progressivement contrôle de l'armée et organise l'opposition à Néguib. Le 28 mars 1954, les nassériens lancent une grève générale. Néguib reste chef de l'État mais tous les pouvoirs sont transmis au Conseil. Puis il est déposé en novembre 1954. Nasser est redevenu président du Conseil.

Nasser publie alors un ouvrage semi-autobiographique, la *Philosophie de la révolution*. Il définit la politique égyptienne selon trois axes (trois cercles selon l'auteur) : l'appartenance au monde arabe, au monde africain, au monde musulman. Le livre connaît un grand succès. C'est le début de la popularité de Nasser. Le 26 octobre 1954, Nasser est victime d'un attentat lors d'un grand meeting à Alexandrie. Il en sort indemne. L'agresseur est un Frère musulman. Une grande campagne d'arrestation dans les milieux de la confrérie est mise en œuvre. Environ un millier de cadres de l'organisation sont arrêtés, condamnés, pour certains exécutés. Nasser n'a désormais plus d'opposants politiques.

2.1.2. L'orientation socialiste des années 1960

À partir de la crise de Suez, Nasser adopte la stature d'un grand tribun populaire. Son aura atteint une ampleur considérable en Égypte. L'échec de la RAU l'amène en 1961 à modifier sa politique. Cet échec est selon lui dû aux forces réactionnaires, point d'appui de l'impérialisme. En réaction, il faut établir une démocratie saine, différente du modèle libéral occidental. Elle rassemblera les paysans, les ouvriers, les petits commerçants, les intellectuels, les étudiants, les officiers et les soldats contre les exploiteurs. L'idéologie nassérienne prend désormais une orientation nettement socialiste. Il veut établir la justice sociale dans son pays. Cette politique mènera à l'égalité des chances et à la formation d'un grand corps social unique sous l'autorité de l'État.

Le processus de nationalisation de l'économie est accéléré. Les communautés étrangères d'Égypte (Syriens, Libanais, Grecs) sont dépossédées. Le capitalisme égyptien est détruit, entraînant la disparition de toute une couche d'entrepreneurs. En 1966, le secteur public de l'économie représente 90 % de la valeur ajoutée industrielle égyptienne. La construction du barrage se révèle une éclatante réussite. L'électrification du pays est entreprise. Le revenu national progresse en moyenne de 6 % par an entre 1959 et 1965. L'essentiel de la production est tourné vers le marché intérieur par l'intermédiaire des monopoles étatiques. Les exportations des autres pays arabes sont freinées. Ainsi, alors que le discours officiel égyptien est en faveur de l'unité arabe, son économie se ferme à la région. L'économie égyptienne est soutenue par l'URSS qui fournit aides technique et économique ainsi que par les États-Unis qui livrent des céréales.

À partir de 1965, le modèle économique nassérien s'essouffle. L'absence de politique d'exportation entraîne une crise des changes liée à l'épuisement des devises étrangères. Un plan de stabilisation du pays est mis sur pied avec le FMI. La livre égyptienne est dévaluée de 40 %, les prix sont augmentés, les investissements réduits.

La croissance démographique est de 2,6 % par an, l'un des taux les plus forts dans le monde. En novembre 1965, Nasser lance une politique de planning familial entraînant une baisse de la croissance démographique jusqu'au milieu des années 1970. La redistribution des revenus permet un accroissement de l'encadrement social de la population. Le nombre d'enfants scolarisés passe de 1,8 million en 1950 à 4,6 millions en 1965.

En 1961, une seconde réforme agraire a été adoptée. Le plafond de la superficie des propriétés est abaissé à 42 hectares. Les cultures sont réglementées par l'État et encadrées par des coopératives agricoles. En 1966, un comité d'abolition de la féodalité est créé. Environ 30 000 hectares sont mis sous séquestre.

2.1.3. Les oppositions au régime

En 1958, Nasser forme un parti unique, l'Union nationale. Ce dernier devient l'Union socialiste arabe (USA) dans les années 1960. Le parti se veut un rassemblement des couches sociales non-exploitatrices. Ouvriers et paysans doivent y être représentés à hauteur de 50 %. Composée de plusieurs millions de membres, l'USA devient une véritable administration bureaucratique. Une couche sociale bourgeoise achève l'ascension commencée avec l'apparition de la révolution de 1952.

L'opposition communiste est devenue inexistante. Après le voyage de Khrouchtchev en Égypte en 1964, le parti communiste s'autodissout. Ses militants entrent dans l'USA. L'opposition des Frères musulmans est plus préoccupante. Le mouvement s'est exilé en Arabie saoudite après 1954. Dans les années 1960, de nombreux membres emprisonnés sont libérés par Nasser, dont Sayyid Qotb, l'âme idéologique du mouvement. Ce dernier contribue à radicaliser les thèses islamistes : transformation de la société égyptienne selon la loi divine, refus du modèle nassérien trop occidental, prise du pouvoir par la révolution. Le 30 août 1965, Nasser accuse officiellement les Frères d'avoir reconstitué leur organisation. Sayyid Qotb est arrêté, jugé et pendu le 29 août 1966.

2.2. Le durcissement du régime syrien

2.2.1. La poursuite de l'instabilité politique

Chichakli se pose comme un nouveau porte-parole de l'arabisme. Bien avant Nasser, il utilise la radio à des fins de propagande régionale. Mais sur le plan intérieur, il est de plus en plus isolé. Hourani, Bitar, Aflaq s'enfuient au Liban en janvier 1953. Le parti de Hourani et le *Ba'th* décident de fusionner. En juillet, Chichakli est élu président de la République avec 99,6 % des voix. Aux élections du 9 octobre, le Mouvement de libération nationale remporte 60 des 82 sièges parlementaires. Les partis traditionnels s'affrontent pour le pouvoir. Ces querelles permettent le développement des forces radicales nouvelles.

L'opposition au régime se développe. En janvier 1954, des manifestations violentes éclatent dans les régions druzes et certaines villes telles Homs et Alep. Elles sont soutenues par l'Irak. Des responsables israéliens proposent une intervention militaire dans le pays. La répression du mouvement est très dure. Toutefois, l'armée syrienne, inspirée par le colonel Malki, proche du *Ba'th*, se soulève contre le pouvoir. Chichakli s'exile le 25 février 1954. Le 1er mars, lui succède Sabri al-Asali, un notable traditionnel. Il s'appuie sur la coalition entre le parti national et le parti du peuple. Son pouvoir est fragilisé par la forte opposition du *Ba'th*, du PPS, des communistes et des Frères musulmans. En juin 1954, il est renversé et un nouveau gouvernement est formé autour de Sa'id Ghazzi. Ce dernier organise des élections le 24 septembre. Les indépendants, proches du pouvoir, obtiennent 64 des 142 sièges, le parti du peuple 30, le *Ba'th* 22. Pour ce dernier, c'est une victoire politique. Le 10 février 1955, Asali forme un nouveau gouvernement. Le 22 avril, le colonel Malki est assassiné par un militant du PPS. Une violente répression s'abat sur ce parti. Ses chefs sont condamnés à mort par contumace. Le PPS disparaît de la vie politique syrienne.

En août 1955, Quwwatli redevient chef de l'État syrien. En juin 1956, Asali forme un nouveau gouvernement. Quwwatli abandonne son poste au profit de Nasser au moment de la création de la RAU en 1958.

2.2.2. L'ascension du *Ba'th*

Le *Ba'th* profite des divisions des partis traditionnels pour renforcer son poids dans la politique syrienne. Fort du ralliement du parti de Hourani, le *Ba'th* peut compter sur le soutien de 6 000 militants. De grands efforts de propagande contre les grands propriétaires sont entrepris dans les campagnes. Le *Ba'th* est le seul parti politique à disposer d'un programme politique : refus de toute ingérence étrangère, réforme agraire, législation du travail. Dissous à l'époque de la RAU, le *Ba'th* se reconstitue clandestinement dès 1959. Une organisation militaire de tendance ba'thiste, le Comité militaire, se constitue avec l'appui essentiellement de jeunes officiers, parmi lesquels Hafez al-Assad et Salah Jadid. La plupart des militants ba'thistes se retrouvent dans la carrière militaire. L'armée, après une tentative de prise du pouvoir en 1962, organise un coup d'État réussi le 8 mars 1963. Salah Bitar devient chef du gouvernement. Il entreprend immédiatement des négociations avec l'Égypte en vue d'une nouvelle union. La Syrie demande l'égalité politique avec l'Égypte, ce qui consacrerait la position de force du *Ba'th* dans la nouvelle union. Nasser s'y oppose au nom des cinq millions de membres de l'USA (le *Ba'th* ne compte que 10 000 adhérents). Le principe d'une union fédérale entre les deux pays est finalement accepté.

Dans les années suivantes, le *Ba'th* étend son pouvoir, notamment au sein de l'armée. Le nouvel homme fort du régime est le général Hafiz. Le 18 juillet 1963, une tentative de coup d'État du Mouvement national arabe (pronassérien) échoue. L'opposition de tendance nassérienne devient inexistante en Syrie. Le *Ba'th*, de son côté, se confessionnalise progressivement, les éléments sunnites étant expulsés au profit des Alaouites, constitués en groupes familiaux au sein de l'armée et du pouvoir. Le 18 novembre 1963, le *Ba'th* est à nouveau éliminé du pouvoir et repasse dans la clandestinité. Le nouvel homme fort, Abd al-Salam Aref, gouverne jusqu'à sa mort en avril 1966. Il mène une politique favorable au nassérisme.

2.2.3. Le poids grandissant de l'armée

Le 23 février 1966, l'armée organise un coup d'État. La faction radicale prend le pouvoir. Un triumvirat est installé au gouvernement, composé de Salah Jadid, Nur ad-Din al-Atasi et Hafez al-Assad. Aflaq et Bitar sont contraints à l'exil. La faction sunnite du parti *Ba'th* est éliminée des responsabilités du pouvoir. Désormais, Alaouites et Druzes s'affrontent pour la conquête du champ politique. Les Druzes tentent de s'emparer du pouvoir en septembre 1966 mais ils sont vaincus et doivent se disperser.

Les officiers alaouites, désormais seuls à la tête du régime, fondent fin 1966, le *Néo-Ba'th*, s'éloignant des orientations des ba'thistes traditionnels tel Aflaq. Le *Néo-Ba'th* se rapproche de l'Égypte et les relations diplomatiques sont rétablies pour la première fois depuis la rupture de 1961. Il soutient l'OLP et laisse se multiplier les incidents avec Israël dans la région du Golan.

2.3. La révolution irakienne

2.3.1. La fin du régime monarchique

En septembre-octobre 1952, des troubles sociaux éclatent à Bassorah puis dans les principales villes irakiennes. Ce soulèvement, appelé *intifadah*, est réprimé par l'armée. La loi martiale est proclamée et les partis politiques interdits. Le 2 mai 1953, Faysal II devient roi d'Irak. Mais la vie politique continue d'être dominée par Abdul Illah et Nuri Sa'id. En juin 1954, le régent organise des élections libres mais la majorité des sièges est remportée par les partisans de Nuri Sa'id. Ce dernier rétablit un régime autoritaire et suspend le Parlement le 27 juin 1954. La crise de Suez a entraîné un fort mouvement antibritannique en Irak. Des manifestations violentes éclatent et sont durement réprimées par le pouvoir. En juin 1957, Nuri Sa'id démissionne. Les gouvernements suivants maintiennent une orientation pro-occidentale. En réaction à la formation de la RAU, l'Irak constitue une union fédérale avec la Jordanie le 14 février 1958. Nuri Sa'id en devient le Premier ministre.

Le 14 juillet 1958, l'armée s'empare du pouvoir. Les deux principaux responsables du coup d'État sont Qasim* et Abd al-Salam Aref. Les membres de la famille royale et Nuri Sa'id sont exécutés. Des émeutes populaires très violentes accompagnent l'insurrection militaire. Deux tendances s'affrontent désormais pour le pouvoir, celle d'Aref, favorable à une union avec la RAU, et celle de Qasim, favorable au maintien de l'identité irakienne. L'épreuve de force se solde par l'arrestation d'Aref le 5 novembre 1958.

2.3.2. Le régime de Qasim

Qasim s'appuie sur les forces nationalistes irakiennes (chi'ites, Kurdes) et les organisations de gauche, surtout le parti communiste. Dans l'opposition, on trouve les forces politiques panarabes, les pronassériens et le *Ba'th* irakien. En mars 1959, les nationalistes arabes organisent un coup d'État à partir de Mossoul, soutenu par la RAU, mais c'est un échec. Les communistes et les Kurdes mènent une terrible répression dans les milieux panarabes. L'épisode montre le poids grandissant des communistes dans la vie politique irakienne. Afin de contrebalancer leur importance, Qasim réautorise les partis politiques en 1960. Devant le régime autoritaire de Qasim, ils n'acquièrent toutefois aucun rôle politique et finissent par disparaître en 1962.

Le 30 septembre 1958, une réforme agraire est lancée, limitant considérablement la taille des propriétés. La population rurale n'est pas préparée à ces changements. La suppression de la grande propriété entraîne la disparition de la jachère, l'augmentation de l'irrigation et la dégradation des sols. La production agricole décroît et l'Irak cesse d'être autosuffisant sur le plan alimentaire. En dépit des affirmations socialisantes du régime (planification de l'industrie), le système économique irakien est dominé par la libre entreprise. Le 11 décembre 1961, Qasim reprend à l'IPC toutes les concessions pétrolières non exploitées, soit 99 % du total.

Le 8 février 1963, un coup d'État, organisé par le général Bakr, proche du ba'thisme, entraîne la chute et la mort de Qasim. Abd al-Salam Aref revient à la tête du gouvernement puis à la tête de l'État. Bakr devient alors président du Conseil. Ba'thistes et nationalistes entament une répression impitoyable contre les communistes, en réaction aux événements de 1959. Le 18 novembre 1963, le *Ba'th* est éliminé du pouvoir et repasse dans la clandestinité. Abd al-Salam Aref meurt en avril 1966 et est remplacé à la tête de l'État par son frère Abd al-Rahman.

2.3.3. La question kurde

La révolution de 1958 a permis le retour du *leader* kurde, Mustafa Barzani réfugié jusque-là en URSS. Il se rapproche d'une organisation de gauche fondée par de jeunes intellectuels, le parti démocratique du Kurdistan (PDK). D'abord favorables au régime de Qasim, les Kurdes s'en détournent faute d'obtenir des droits spécifiques. En 1961, Qasim soutient les opposants à Barzani. Ce dernier réplique en prenant le maquis et demande l'autonomie du Kurdistan. En septembre, les organisations kurdes sont interdites et l'armée entame une répression contre les forces de Barzani.

Devant la situation, les officiers kurdes de l'armée démissionnent et s'engagent auprès de Barzani. La guérilla kurde est efficace et l'armée irakienne ne parvient qu'à contrôler les principales agglomérations. Le régime de Qasim sort affaibli de cette confrontation, alors que le *Ba'th* augmente son audience. Ce dernier s'allie aux pronassériens et déclenche un coup d'État le 8 février 1963. Malgré un soutien véhément des communistes, Qasim est arrêté et exécuté le 9 février.

3 L'UNITÉ ARABE À L'ÉPREUVE

3.1. Les tentatives de réunion des pays arabes

3.1.1. La fin du projet du « Croissant fertile »

Le régent d'Irak, Abdul Illah, est favorable à une relance des projets d'union avec la Syrie, appelés projets du « Croissant fertile ». En Syrie, Chichakli accélère cette politique d'union. Pour appuyer ses prétentions, Addul Illah organise en juin 1954 des élections libres, espérant ainsi un soutien parlementaire. Mais la majorité des sièges va aux partisans de Nuri Sa'id, hostiles au projet du « Croissant fertile ». Le régent est contraint d'abandonner ses projets.

Asali arrive au pouvoir la même année en Syrie. C'est un nationaliste arabe. Il relance secrètement les négociations avec l'Irak sur les projets d'union. L'armée syrienne y est hostile et provoque sa chute en juin 1954. L'échec du parti du peuple aux élections syriennes de 1954 met fin à tout espoir de réalisation du « Croissant fertile ». L'Irak se tourne désormais vers le pacte de Bagdad.

3.1.2. La crise jordanienne de 1957

L'annexion de la Cisjordanie par la Jordanie ne s'est pas faite sans conséquences. La partie palestinienne connaît en effet un niveau de développement plus avancé que celui de la Transjordanie. Dans cette dernière, l'afflux de réfugiés entraîne l'apparition d'une forte population palestinienne dans les agglomérations. Les Palestiniens, plus éduqués, sont sensibles aux idées radicales tels le marxisme et le nationalisme. Les Transjordaniens sont plus conservateurs. C'est sur ces derniers que le roi Hussein s'appuie essentiellement. Il s'appuie en revanche sur les Palestiniens pour le développement économique du pays et pour son développement militaire. Glubb Pacha a en effet décidé d'armer la population et de former une garde nationale. Les Palestiniens intègrent en masse cette dernière. Une aviation de combat est également développée.

En février 1957, devant la montée des oppositions, Hussein se résigne à former un gouvernement de tendance nationaliste arabe. Le traité d'alliance avec la Grande-Bretagne est dénoncé. Glubb Pacha est renvoyé de l'armée. La Syrie, l'Égypte et l'Arabie saoudite s'engagent à subvenir aux besoins financiers du royaume. Hussein entend garder ses prérogatives face à un gouvernement qui prêche l'union avec les autres pays arabes. En avril, ce dernier propose une fédération avec la Syrie et l'Égypte et l'établissement de relations diplomatiques avec l'URSS. Hussein renvoie le gouvernement. Les forces pronassériennes, soutenues par les officiers palestiniens de l'armée jordanienne, entendent répliquer par une insurrection populaire. Grâce à l'appui des troupes loyalistes, le roi rétablit l'ordre dans le pays.

3.1.3. La création de la RAU

Après le débarquement égyptien à Lattaquié, le processus d'union de la Syrie et de l'Égypte s'accélère. En Syrie, le *Ba'th* est le principal animateur de cette politique. D'après lui, l'union renforcera la conversion de l'Égypte à l'arabisme. En décembre 1957, le *Ba'th* rédige le projet. L'autorité égyptienne permettrait de mettre fin aux dissensions politiques et militaires internes. Nasser répond favorablement en janvier 1958. Il exige une fusion totale avec dissolution des partis et création d'un parti unique, l'Union nationale. Le *Ba'th* accepte car il pense que cette fusion renforcera sa position en Syrie et lui permettra d'influencer directement les positions politiques égyptiennes.

Le 1er février 1958, l'union est proclamée entre les deux États et prend le nom de République arabe unie (RAU). Elle est approuvée par référendum le 23 février à 99,98 % des voix. Nasser devient président de la RAU. L'Arabie saoudite a tenté d'empêcher cette union en versant des sommes importantes à des responsables syriens. Nasser se rend en Syrie où il reçoit les acclamations du peuple syrien.

3.2. L'échec de la RAU

3.2.1. Les débuts de la RAU

Les responsables politiques syriens reçoivent des fonctions importantes dans le conseil exécutif de la province Nord (nouveau nom de la Syrie). Puis ils sont peu à peu éloignés des responsabilités essentielles, en raison de la méfiance de Nasser. L'armée syrienne est strictement cantonnée, les officiers suspects de militantisme politique envoyés dans la province égyptienne.

La RAU a pour but l'application des théories du socialisme arabe. Ce dernier refuse la lutte des classes et la dictature du prolétariat. Il s'agit au contraire de favoriser l'union nationale par l'application de la justice sociale et l'égalité des citoyens. Hostile à la propriété privée, le socialisme arabe accepte celle issue du travail productif. Les propriétés non-exploiteuses sont maintenues. L'individu reste la base de la société. L'État n'est pas totalitaire mais régulateur et redistributeur, bien qu'il puisse être également répressif. Cette volonté d'union des individus au-delà des classes sociales correspond bien aux réalités sociologiques du monde arabe des années 1950. Depuis la marginalisation des élites traditionnelles, grands propriétaires, industriels, il n'existe pas de classe sociale hégémonique dans les sociétés arabes. Ces dernières sont massivement composées d'un milieu bourgeois mélangé à un petit prolétariat urbain et demeurant en contact avec le monde paysan.

À partir de 1960, des pans entiers de l'économie syro-égyptienne sont nationalisés. La bourgeoisie industrielle syrienne est favorable à l'union. Elle pense ainsi avoir accès librement au marché égyptien en s'appuyant sur les communautés syro-libanaises d'Égypte. Mais ces dernières sont spoliées par le nouveau régime égyptien et le pays n'entend pas ouvrir son marché intérieur aux Syriens.

Le 8 mars 1958, le Yémen s'associe à la RAU pour former les États arabes unis. Cette association est purement formelle. L'Irak, après la révolution de 1958, est tenté également de se rapprocher de la RAU. Mais les forces communistes, soutenues par le régime de Qasim, s'y opposent violemment. Nasser accuse le communisme d'être contraire aux intérêts de l'unité arabe. L'URSS réagit en soutenant les forces communistes de Syrie et d'Irak. Les États-Unis en profitent pour rétablir leurs relations avec l'Égypte. L'aide alimentaire fonctionne de nouveau.

L'URSS accepte mal la suppression du parti communiste syrien avec la dissolution des partis. Khaled Baqdash, son chef, est parti en exil en Europe de l'Est. Il multiplie les attaques verbales contre la RAU, soutenu par la presse communiste mondiale. Le soutien que l'URSS apporte aux forces communistes arabes repose sur la conviction que seules celles-ci peuvent s'opposer aux projets d'unité arabe de Nasser, hostile à l'internationalisme prolétarien. Moscou cherche en revanche à ramener l'Égypte dans le giron du neutralisme et de l'anti-impérialisme. Mais devant la poursuite de la lutte de Nasser et de la RAU contre les communistes, accusés de séparatisme, l'URSS réagit et condamne la politique nassérienne. L'Égypte répond en invoquant la lutte entre l'Islam, défenseur des valeurs spirituelles, et le matérialisme des communistes. À partir de 1960, les États-Unis profitent de cette brouille pour établir des relations avec la RAU. Mais l'URSS continue d'apporter son aide économique à la RAU, notamment pour le financement des travaux du barrage d'Assouan et la création d'une industrie lourde.

3.2.2. La dissolution de l'union

Le développement de l'appareil bureaucratique égyptien est considérable avec les nationalisations. Ce modèle est imposé à la Syrie à partir de 1960. Cette dernière ne disposant pas d'un personnel formé à ce type de gestion, les postes de responsabilité passent de plus en plus entre les mains des Égyptiens. En revanche, les Syriens sont peu présents en Égypte. Un sentiment nationaliste syrien se développe en réaction, notamment dans les milieux de la bourgeoisie syrienne.

L'économie syrienne est exploitée par l'Égypte. Les mesures de nationalisation entraînent une fuite des capitaux vers le Liban. L'Égypte veut installer en Syrie des millions de paysans venus de la vallée du Nil pour faire face à sa croissance démographique. De plus en plus, l'opinion publique syrienne pense avoir été lésée dans le projet de la RAU. Sur le plan politique, Nasser se méfie du *Ba'th*. Les ministres ba'thistes se voient attribuer des compétences administratives et politiques de plus en plus limitées. Fin 1959, Hourani et Bitar démissionnent de leurs fonctions gouvernementales. L'Égypte s'appuie désormais sur les modérés syriens mais ceux-ci passent à leur tour dans l'opposition après les nationalisations.

À partir de l'été 1961, le gouvernement est entièrement centralisé en Égypte. Sur les sept vice-présidents, seulement deux sont Syriens. Le 28 septembre 1961, l'armée syrienne s'empare du pouvoir. Nasser refuse une épreuve de force et rapatrie tous les Égyptiens présents en Syrie. Cette dernière reprend son indépendance. La RAU est dissoute.

3.2.3. La rupture entre le nassérisme et le ba'thisme

L'échec de la RAU repose également sur un profond malentendu idéologique entre Nasser et le *Ba'th* sur le sens de l'unité arabe. Pour Nasser, cette dernière doit être essentiellement une unité d'action contre la domination étrangère, contrôlée par l'Égypte. La propagande arabiste est une arme politique mais pas un but en soi. Dans tous les cas, l'union doit maintenir une hégémonie égyptienne sur la Syrie. En revanche, le *Ba'th* recherche une fusion complète entre les deux pays. Pour lui, il n'y aura pas d'unité arabe sans l'Égypte. Il s'agit en fait non de donner un rôle prééminent à ce pays mais de considérer que tout projet d'unité arabe non agréé par l'Égypte est voué à l'échec. En retour, le *Ba'th* a vu dans l'union le moyen de convertir l'Égypte aux thèses arabistes.

Nasser décide de s'appuyer, après l'échec de la RAU, sur une organisation politique proche de ses idées, le Mouvements national arabe (MNA). Fondé au début des années 1950 à Beyrouth par Georges Habache*, un Palestinien chrétien réfugié de 1948, cette nouvelle force dispose de relais dans tous les pays où vivent des réfugiés palestiniens. Le MNA est de tendance nettement panarabe. La libération de la Palestine doit se faire par la réalisation de l'unité arabe. Le MNA est particulièrement actif en Syrie et constitue un instrument politique entre les mains de Nasser.

L'arrivée au pouvoir d'Abd al-Salam Aref en Syrie en 1963 renforce le poids du ba'thisme face au nassérisme. Des négociations en vue d'une union de la Syrie, de l'Irak et de l'Égypte ont toutefois lieu au Caire en mars 1963. Nasser est affaibli par la tentative manquée de coup d'État du MNA en Syrie en juillet. Les parties s'accordent finalement sur le principe d'une union fédérale, à laquelle la Jordanie souhaite s'associer. Mais l'opposition entre les deux forces politiques radicales reprend quelques années plus tard. Devant la confessionalisation du *Ba'th* syrien, Nasser dénonce la fascisation de la Syrie. Cette dernière se tourne alors vers l'Irak et relance le projet du « Croissant fertile ». Mais l'éviction du *Ba'th* par Aref met fin à ces orientations. Le pouvoir irakien se tourne de nouveau vers l'Égypte mais aucun projet d'union n'est envisagé. L'opposition entre ba'thistes et nassériens rend finalement impossible tout projet d'unité arabe dans les années 1960. Le ba'thisme se divise lui-même à partir de 1966. En effet, devant la confessionalisation croissante du *Ba'th* syrien, son homologue irakien réagit en soutenant la faction sunnite ainsi qu'Aflaq.

3.3. La guerre du Yémen

3.3.1. Les débuts de l'antagonisme égypto-saoudien

À la mort d'Ibn Sa'ud en 1953, son fils Sa'ud lui succède sur le trône tandis que son second fils Faysal prend le titre de prince héritier. Autant Sa'ud est dépensier, proche de la vie bédouine, peu fait pour diriger un pays, autant son frère est un musulman austère, monogame, doté des qualités d'un homme d'État, ancien ministre des Affaires étrangères de son père, grand connaisseur des pays occidentaux.

Dans les années 1950, Sa'ud a soutenu Nasser dans sa lutte contre l'Irak et le pacte de Bagdad. Mais après la crise de Suez, il prend conscience de la menace égyptienne, des projets hégémoniques de Nasser et son pays décide d'adhérer à la doctrine Eisenhower. L'année 1958 est une période de grande tension entre les deux pays. L'Arabie saoudite organise une tentative d'assassinat manquée de

Nasser et tente d'empêcher la formation de la RAU. Faysal devient chef du gouvernement et tente de rétablir l'image de son pays sur la scène arabe. Mais Sa'ud renvoie son frère.

Avec la montée des revenus du pétrole, l'Arabie saoudite acquiert une plus grande importance politique régionale face à l'Égypte nassérienne. Le caractère wahhabite du pays est mis en avant et l'islamisme devient un instrument de lutte régionale. L'Arabie saoudite soutient toutes les tentatives de renaissance des organisations islamistes dans les États arabes, encouragé par les États-Unis qui y voient un moyen de contrer les idées socialistes. En 1965, le souverain saoudien lance l'idée des sommets islamiques réunissant les représentants de l'ensemble du monde musulman. Il s'agit de remettre en cause le *leadership* nassérien sur le monde arabe.

3.3.2. La guerre civile

L'antagonisme égypto-saoudien se cristallise dans la guerre civile du Yémen du Nord. Inspiré de l'exemple des Officiers libres, un groupe de militaires tente de renverser la monarchie le 26 septembre 1962. Les insurgés proclament la République mais le souverain parvient à s'enfuir et à organiser la résistance contre le nouveau régime. Cette résistance est importante et risque de renverser la République. Nasser décide donc d'envoyer un contingent militaire dans le pays pour renforcer la lutte contre la guérilla monarchiste. Les contingents égyptiens atteignent rapidement 50 000 hommes.

Pour l'Arabie saoudite, l'intervention égyptienne au Yémen menace le sort de la Péninsule et notamment celui des réserves pétrolières. Sa'ud est toutefois incapable de répondre efficacement au danger égyptien. Les États-Unis ont par ailleurs reconnu la république yéménite et lui accordent une aide économique. Redevenu Premier ministre le 17 octobre 1962, Faysal décide de rompre les relations diplomatiques avec l'Égypte. Cette dernière a multiplié les raids aériens sur le sol saoudien. Faysal dépose finalement son frère et devient roi le 2 novembre 1964. Sa'ud se réfugie en Égypte où il est accueilli par Nasser.

Faysal a décidé d'apporter un soutien militaire aux insurgés monarchistes. Il est secondé par la Grande-Bretagne, qui fournit une aide technique très efficace à la guérilla. La Jordanie participe également à cette entreprise qui vise en fait à lutter contre le nassérisme. De son côté, l'Égypte est soutenue par une aide soviétique fournie à la République. Mais la guerre est coûteuse et met en danger l'effort de développement égyptien.

Pour sortir de l'enlisement militaire, Nasser décide de négocier avec Faysal. Une rencontre est organisée à Alexandrie en septembre 1964. Les deux parties s'accordent sur le principe d'une neutralisation du Yémen mais cette décision n'est pas respectée. Un second accord intervient le 24 août 1965 qui établit un régime provisoire au Yémen et l'organisation d'un plébiscite sur l'avenir politique du pays. Mais les parties yéménites en conflit refusent l'arrangement. La décision britannique de se retirer d'Aden, au Yémen du Sud, accroît la fragilité de la région. Le régime sud-yéménite est menacé par une guérilla organisée par des forces pro-nassériennes et des forces de tendance marxiste.

3.3.3. Le sommet de Khartoum

Le IVe sommet arabe se tient à Khartoum fin août 1967. Nasser et Faysal parviennent à s'entendre. Les forces égyptiennes seront retirées. Le 5 novembre, les modérés yéménites renversent le régime mais ils doivent faire face aux royalistes qui assiègent Sanaa à partir de décembre 1967. Ils échouent finalement et se retirent. Un accord de réconciliation nationale sera finalement signé en 1970. La République est maintenue mais elle adopte une orientation politique acceptable pour l'Arabie saoudite.

Le 30 novembre 1967, le Yémen du Sud devient la République populaire du Sud-Yémen, puis en 1970 la République démocratique et populaire du Yémen, régime marxiste unique dans le monde arabe. Le nouveau régime reçoit l'aide soviétique. Les relations avec le Yémen du Nord sont tendues, les deux pays recherchant l'union du Yémen par la force.

4 L'ÉVOLUTION DU CONFLIT ISRAÉLO-ARABE

4.1. La poursuite des tensions israélo-arabes

4.1.1. La politique israélienne

Au début des années 1950, Israël cherche à acquérir une légitimité à la fois régionale et internationale. Or, l'État hébreu ne parvient pas à obtenir une alliance avec une puissance occidentale et les pays arabes lui dénient toute existence. Refusant tout compromis avec ces derniers, Israël s'est isolé dans une logique de faits accomplis, entraînant la multiplication des raids de représailles sur les lignes d'armistice. Pour Israël, ces faits accomplis doivent ensuite acquérir une valeur juridique internationale reconnue. Les États arabes interprètent cette attitude comme étant la marque de la volonté expansionniste de l'État hébreu.

Pour les dirigeants israéliens, la priorité est la consolidation de l'État hébreu. Cette consolidation créera un fait irréversible et les pays arabes seront alors obligés de négocier la paix. Cette consolidation doit notamment passer par la réalisation d'un programme territorial non encore achevé, fondé sur des droits historiques et sur l'impératif de sécurité. C'est donc implicitement une politique d'expansion par l'usage de la force qu'envisagent les responsables israéliens les plus bellicistes, à commencer par Ben Gourion. Contrairement aux effets recherchés, cette politique de la force contribue à radicaliser les pays arabes contre Israël.

Au lendemain de Suez, Ben Gourion se lance dans une stratégie « périphérique » consistant à desserrer l'étau que les États arabes voisins d'Israël font peser sur ce dernier. Cette stratégie consiste à nouer des alliances avec l'Iran, la Turquie, l'Éthiopie, voire le Soudan. Ce rapprochement permet des politiques de déstabilisation politique conjointe dans les États arabes comme le soutien apporté aux Kurdes d'Irak par Israël et l'Iran.

4.1.2. Les contentieux israélo-égyptiens

Les contentieux entre les deux pays portent essentiellement sur le golfe d'Akaba et sur le canal de Suez. L'Égypte dénie toute légitimité à la présence israélienne dans le Néguev et dans le golfe, la conquête de ces territoires étant postérieure aux armistices de Rhodes et condamnée par l'ONU. En réponse, l'Égypte a obtenu de l'Arabie saoudite les îlots de Tiran et Sanafir qui contrôlent le débouché du golfe dans la mer Rouge. Cet embargo masqué sur la navigation commerciale israélienne est complété par la fermeture du canal aux navires d'Israël. En septembre 1954, Israël envoie un de ses navires commerciaux vers le canal de Suez. Le navire est confisqué par l'Égypte et l'équipage arrêté.

Un différend oppose également les deux pays sur les lignes d'armistice, notamment dans la bande démilitarisée d'el-Auja. En septembre 1953, Israël y installe un kibboutz et revendique la souveraineté du territoire. La bande de Gaza reste également un secteur très sensible. Des incidents fréquents éclatent entre les deux pays, d'autant plus que la zone n'est pas démilitarisée. De nombreux réfugiés palestiniens tentent toujours de passer les frontières pour retourner sur leurs terres.

En 1954, des négociations officieuses ont lieu entre l'Égypte et Israël. L'Égypte se dit prête à une certaine normalisation de ses relations avec l'État hébreu. Moshe Sharett, nouveau chef du gouvernement israélien, est favorable au dialogue avec les Arabes. La partie égyptienne propose un accord de paix fondé sur la rétrocession à l'Égypte d'une partie du Néguev et sur la réinstallation des réfugiés palestiniens dans les pays arabes. Ces ouvertures obtiennent le soutien de la Grande-Bretagne et des États-Unis. Ces deux pays préparent à la fin 1954 le « plan Alpha », processus de paix reposant sur le principe d'un pacte de non-agression entre l'Égypte et Israël, en échange de concessions israéliennes dans le Néguev. La situation se dégrade toutefois. Les opposants israéliens à la politique de conciliation avec les Arabes sont puissants dans l'entourage du pouvoir (Moshe Dayan, Shimon Pérès) et Sharett rencontre de plus en plus de difficultés. Il doit lutter contre les projets d'intervention militaire dans la région de Ben Gourion et de l'armée. Par ailleurs, le traité anglo-égyptien de 1954 inquiète Israël car il entraîne l'évacuation des troupes britanniques de la zone du canal. Ministre de la Défense le 18 février 1955, Ben Gourion préconise une politique de force face à l'Égypte. Devant le réarmement de l'Égypte par l'URSS, il élabore avec Moshe Dayan, chef d'état-major, un plan d'invasion du Sinaï. Les 1er et 2 novembre 1955, l'armée israélienne attaquent les positions égyptiennes dans la région d'el-Auja, s'assurant le contrôle d'une des principales voies d'accès vers le Sinaï.

4.1.3. La guerre des frontières d'Israël

En dehors de l'Égypte, où elle demeure limitée, la guerre des frontières a essentiellement lieu entre Israël et deux États arabes : la Syrie et la Jordanie.

- La Syrie : l'enjeu principal de l'affrontement permanent entre Israël et la Syrie est la possession des eaux de la région, essentiellement celles du Jourdain. La zone du lac de Tibériade a été octroyée à Israël dans le plan de partage de 1947. Mais la Syrie a occupé une partie de cette zone durant la première guerre israélo-arabe. Convoitée par les deux pays, cette zone est démilitarisée en vertu des conventions d'armistice. Israël ne respecte pas les termes de la convention et multiplie très vite les raids militaires dans la zone. En 1953, Chichakli propose l'ouverture de négociations secrètes avec Israël. Il accepte la réinstallation de 80 000 réfugiés palestiniens en Syrie et suggère un partage de la zone démilitarisée. Mais Israël refuse ce compromis qui permettrait à la Syrie un retour dans la zone du Jourdain. En 1956, les populations arabes de la région sont chassées par Israël vers la Syrie. Cette dernière répond en installant des batteries d'artillerie sur les hauteurs du Golan. Le 10 décembre 1955, un raid israélien contre des villages syriens fait 56 morts et 30 disparus.
- La Jordanie : la tension est permanente entre les deux pays après la guerre de 1948-1949. Elle se cristallise sur les zones de démarcation et les zones démi-

litarisées. Conscient de la vulnérabilité de la Cisjordanie, Glubb Pacha envisage une défense mobile à partir de la vallée du Jourdain, laissant ainsi les zones frontalières découvertes et exposées aux raids israéliens. La Jordanie doit également faire face aux nombreuses tentatives palestiniennes d'infiltration sur le territoire hébreu, durement réprimées par Israël. À partir de 1953, certaines de ses infiltrations se transforment en opérations de commando. Pour lutter contre celles-ci, l'armée israélienne constitue une unité militaire irrégulière, l'unité 101, commandée par Ariel Sharon, et destinée à opérer des coups de force sur le territoire jordanien. En octobre 1953, un raid de l'unité 101 cause la mort de 69 Arabes. À partir de l'été 1954, la légion arabe parvient à contrôler les infiltrations palestiniennes et les raids israéliens cessent.

4.1.4. Le plan Johnston

Les États-Unis tentent de parvenir à une entente israélo-arabe par le biais de la gestion commune des eaux de la région. Le problème palestinien pourrait être réglé par la réinstallation des réfugiés dans les nouvelles zones mises en valeur. C'est l'objet du plan Johnston, un ambassadeur américain chargé par Eisenhower des négociations entre les différentes parties. Le plan est présenté en août 1953. Tous les cours d'eau du nord seraient regroupés vers le lac de Tibériade d'où partiraient les réseaux d'irrigation vers le sud. Le stock d'eau ainsi constitué serait réparti entre Israël, la Syrie et la Jordanie. Israël réclame une part plus importante, incluant les eaux du Litani au Liban. Les États arabes refusent dans la mesure où tous les cours d'eau sont sur leur territoire.

En 1954, la LEA propose un contre-plan. Le lac de Tibériade ne serait pas utilisé comme réservoir et la part israélienne serait réduite. En 1955, Israël abandonne ses revendications sur les eaux du Litani. En réponse, les pays arabes acceptent qu'Israël utilise les eaux du Jourdain dans d'autres régions tel le Néguev. Le plan Johnston est relancé mais les raids israéliens contre la Syrie et Gaza annulent le rapprochement des parties. À partir de 1956, Israël entreprend des opérations de détournement des eaux à partir du lac de Tibériade.

4.2. L'émergence politique des Palestiniens

4.2.1. L'échec de la République de Palestine

La vie politique palestinienne dans les années 1950 reste dominée par Hajj Amin al-Husseini. Le 20 novembre 1957, ce dernier demande le rattachement de la Palestine à la future RAU mais Nasser refuse car il ne souhaite pas voir s'établir une autorité palestinienne dans le règlement de la question israélo-arabe. Le 23 février 1958, la bande de Gaza est dotée d'une charte créant des organismes mixtes palestino-égyptiens. Nasser propose de former une entité palestinienne avec des représentants élus, dirigée contre le Haut comité arabe. Cet organisme palestinien doit être un instrument entre les mains de Nasser pouvant éventuellement voter plus tard le rattachement à la RAU. À l'été 1959, le mufti et ses partisans protestent et quittent l'Égypte pour le Liban.

Le mufti est alors soutenu par l'Irak de Qasim qui propose la proclamation d'une République palestinienne sur l'intégralité de la Palestine mandataire. Ce projet signifie la suppression de l'administration égyptienne de Gaza et le détachement de la Cisjordanie de la Jordanie. Qasim forme en Irak une Armée de libération de la Palestine sur le modèle algérien. La RAU répond par la formation d'une Union nationale palestinienne. Loin de favoriser l'union des Arabes, la question palestinienne amplifie la discorde entre les différents États.

En 1963, Ahmad Hilmi Pacha, représentant de la Palestine au Conseil de la LEA, meurt. La LEA désigne en septembre 1963 Ahmad al-Shuqayri*.

4.2.2. La création du *Fath*

La génération palestinienne montante des camps de réfugiés a de plus en plus tendance à refuser les solutions institutionnelles et à vouloir reprendre la lutte contre Israël. Ayant milité dans des mouvements panarabes, la plupart étudiants d'universités arabes, ils se détachent du panarabisme et du nassérisme pour revendiquer un horizon politique plus proprement palestinien. C'est le cas de Yasser Arafat*, ancien étudiant en Égypte où il fut responsable de l'Organisation des étudiants palestiniens. Il fonde en 1959, à Koweït, le Mouvement de libération de la Palestine, dont les initiales inversées en arabe donnent le *Fath* (ouverture). Le *Fath* est composé principalement de membres de la diaspora palestinienne du Golfe.

Le *Fath* est proche de Qasim et de son projet de Palestine indépendante. Le slogan du *Fath* est : « l'unité arabe passe par la libération de la Palestine », slogan exactement inverse de celui du *Ba'th*. Nasser a de plus en plus de difficultés à canaliser l'affirmation montante de la personnalité palestinienne. Le 23 décembre 1963, il propose la réunion d'un sommet au Caire de tous les chefs d'État arabes.

4.2.3. L'OLP

Le premier sommet arabe du Caire est essentiellement consacré à la question israélo-arabe. Le sommet décide surtout la création d'une Organisation de libération de la Palestine (OLP), dont l'administration est confiée à Shuqayri. Nasser a accepté l'affirmation d'une identité politique palestinienne ne souscrivant pas nécessairement à ses projets d'unité arabe.

Le 28 mai 1964, Shuqayri inaugure le premier Congrès national palestinien (CNP) à Jérusalem, composé de participants palestiniens venus de tous les pays arabes, essentiellement la Jordanie. Ce congrès est l'acte fondateur définitif de l'OLP. Il décide également la création de l'Armée de libération de la Palestine (ALP), formée par des contingents militaires palestiniens intégrés dans les différentes armées régulières arabes. Une instance exécutive, le Comité exécutif de l'OLP (CEOLP), est élue et présidée par Shuqayri. Le Congrès de Jérusalem adopte la première charte palestinienne*. L'OLP y affirme ne pas revendiquer de responsabilités politiques sur Gaza et la Cisjordanie. Son action est purement politique et consiste à rassembler les activités palestiniennes. Le volet militaire est du ressort strict de l'ALP. L'article 1 de la charte affirme que « la Palestine est une terre arabe unie par des liens nationaux étroits aux autres pays arabes. Ensemble, ils forment la grande nation arabe ». L'orientation de l'OLP est donc nettement panarabiste et proche de Nasser, contrairement au *Fath* par exemple. En 1964, Yasser Arafat affiche son opposition en se rendant à Alger avec Abou Jihad et obtient l'aide de Ben Bella pour mener des actions de guérilla contre Israël.

4.2.4. La guérilla palestinienne

Le développement de la guérilla palestinienne est surtout le fruit de mouvements révolutionnaires. Le MNA en est un des meilleurs exemples. Il condamne la formation de l'OLP pour son caractère antirévolutionnaire. Certains Palestiniens du mouvement entament déjà des opérations militaires contre Israël. Georges Habache envisage de plus en plus le développement de la lutte armée. Après la guerre des Six jours, le MNA devient le Front populaire de libération de la Palestine (FPLP), toujours sous la direction de Habache.

Une organisation est créée à Beyrouth, *al-Asifa* (la tempête), branche militaire du *Fath*, qui mène des opérations commando contre Israël dès la fin 1964. Les États arabes sont inquiets de ses actions de résistance, notamment la Jordanie. *Al-Asifa*, composée de 300 jeunes combattants issus des camps, revendique plus de 300 opérations jusqu'en juin 1967.

La radicalisation d'une partie de la population palestinienne contraint les Arabes à durcir leur position dans la question israélo-arabe. Shuqayri multiplie les outrances verbales contre Israël, appelant à la destruction de l'État hébreu et à l'expulsion de la population juive. L'OLP se discrédite alors peu à peu aux yeux des Occidentaux. L'OLP durcit également sa position à l'égard de certains pays arabes. En 1966, elle tente de s'implanter en Cisjordanie, au grand mécontentement de la Jordanie qui rompt ses relations avec l'organisation. De même, les États arabes adoptent une position de plus en plus dure. En mars 1965, un plan de résolution du conflit est proposé par Bourguiba et reprend les propositions faites par Nasser dans les années 1950. Mais cette fois-ci, Nasser s'y oppose et accuse Bourguiba de trahison. En mai 1965, les révélations sur la livraison d'armes ouest-allemandes à Israël entraînent la rupture des relations diplomatiques entre la RFA et la majorité des États arabes.

4.3. Le prélude à la guerre des Six jours

4.3.1. La course aux armements

À l'automne 1962, les États-Unis décident, pour la première fois, de livrer des armes à Israël. Johnson intensifie cette politique devant l'arrêt des livraisons militaires ouest-allemandes à Israël. En mai 1964, le chef d'État américain est le premier à recevoir un président du Conseil israélien. Johnson affirme à cette occasion que son pays défendra l'intégrité du territoire hébreu. En novembre 1964, il suspend l'aide alimentaire à l'Égypte. En mars 1965, Johnson déclare publiquement que les États-Unis sont prêts à armer massivement Israël en cas de course aux armements. Cette politique a pour résultat d'éloigner l'Égypte de Washington. Nasser devient en conséquence plus dépendant de l'aide soviétique. Celle-ci est de plus en plus conditionnée à l'octroi de facilités navales à la flotte soviétique. En février 1966, l'Égypte signe un accord avec l'URSS qui permet la visite de navires soviétiques dans les ports de Salloum et de Port-Saïd. Mais il accorde en même temps des visites à la Turquie, à la France et aux États-Unis pour bien montrer son indépendance politique.

4.3.2. Le durcissement de la Syrie

Pour la Syrie, le combat contre Israël est associé à celui contre l'impérialisme occidental et contre les régimes arabes conservateurs. Le thème principal du *Néo-Ba'th* est celui de la guerre populaire, conforté par l'exemple de l'Algérie ou du Vietnam. Dans la mesure où la guerre menée par les régimes en place a échoué face à Israël, il faut désormais confier au peuple la responsabilité des actions militaires. Il s'agit, par ce biais, de faire l'unité de la nation arabe. La Syrie propose une rupture de la trêve sur toutes les lignes d'armistice. Elle veut armer la population et lui donner un entraînement militaire. La libération de la Palestine passe par celle des régimes jugés réactionnaires, telles la Jordanie et l'Arabie saoudite. L'Égypte est hostile à ces idées. Elle suggère plutôt la relance d'un pacte de défense commune avec la Syrie.

La radicalisation des positions syriennes inquiète Israël. Ce dernier multiplie les opérations de représailles en réponse aux actions des commandos palestiniens, derrière lesquelles Israël voit la main de la Syrie. Cette dernière réplique en bombardant les implantations israéliennes près de la frontière. Le 7 avril 1967, Israël lance un raid aérien dans la région du lac de Tibériade, détruisant une partie de l'aviation syrienne. Les responsables israéliens brandissent la menace d'une attaque sur Damas et concentrent à partir de mai des forces à la frontière syrienne. Nasser se sent obligé de porter secours à la Syrie. Le 15 mai, il ordonne à l'armée égyptienne de prendre position dans le Sinaï.

4.3.3. L'épreuve de force israélo-égyptienne

Le 16 mai 1967, l'Égypte demande le retrait des forces onusiennes de Gaza et de la région du golfe d'Akaba, effectif le lendemain. Le 18 mai, Israël mobilise et entend prendre une décision militaire rapide. Le 22 mai, Nasser ferme le détroit de Tiran à la navigation israélienne. Malgré la montée de l'épreuve de force, l'Égypte ne recherche pas un conflit militaire, sachant que son armée est affaiblie par l'engagement au Yémen. Elle opte davantage pour une politique de pression afin d'amener Israël à la table des négociations.

Pour Nasser, la question essentielle est celle du soutien extérieur apporté à Israël. Seuls les États-Unis peuvent fournir cette aide. Pour éviter une intervention américaine, l'Égypte ne doit pas se poser en agresseur et ne pas prendre l'initiative des combats. Nasser est confiant dans le potentiel défensif de son pays pour le succès de cette stratégie. Israël n'attaquera pas seul son pays. Les États-Unis tentent d'apporter un règlement diplomatique à la crise. Mais pour Israël, la fermeture du détroit de Tiran constitue un *casus belli.*

Le 1er juin, la Jordanie accepte de signer un pacte de défense commune avec l'Égypte. Cette dernière parvient ainsi à disloquer l'alliance des régimes arabes conservateurs autour de l'Arabie saoudite. La Jordanie entre dans cette alliance sous la pression populaire des Palestiniens du royaume qui n'accepteront pas une abstention jordanienne en cas de conflit avec Israël. Le 4 juin, l'Irak se joint au pacte de défense.

Devant ces alliances militaires, l'inquiétude d'Israël grandit. Le chef de gouvernement, Eshkol, espère régler la tension par la voie diplomatique mais les militaires (Allon, Rabin) poussent à une solution belliqueuse. Ces derniers sont soutenus par Ben Gourion, Shimon Pérès et Moshe Dayan. Le 1er juin, un gouvernement d'union nationale est formé. Dayan prend le portefeuille de la Défense et la droite israélienne entre dans le gouvernement (Menahem Begin). La solution militaire est adoptée, avec le soutien américain. Le 5 juin 1967, la guerre des Six jours commence.

À la veille de la guerre des Six jours, le fait qui apparaît le plus marquant est la division politique de l'Orient arabe. La tentation hégémonique de Nasser est d'abord combattue par les régimes monarchiques d'Irak et de Jordanie, puis par l'Arabie saoudite, chef de file des pays conservateurs proches de l'Occident. La tension avec l'Égypte culmine lors de la guerre du Yémen. Le nassérisme progresse en revanche dans les opinions publiques arabes et devient une force politique en Irak, en Syrie, en Jordanie, ainsi que chez les Palestiniens. La division des Arabes s'accentue avec l'échec de la RAU et la désunion du ba'thisme et du nassérisme. Tous ces jeux politiques s'appuient sur l'action des grandes puissances. La guerre froide permet aux régimes arabes des politiques de surenchère vis-à-vis des grands afin d'obtenir des positions régionales avantageuses, notamment dans la lutte contre Israël. Les alliances politiques demeurent donc fluctuantes, tant avec l'URSS qu'avec les États-Unis. Israël profite progressivement de cette instabilité et obtient le soutien militaire américain dans les années 1960, soutien fondamental à la guerre des Six jours.

Synthèse
La création de l'OPEP

Le fait économique majeur de l'histoire de l'Orient arabe après 1945 est l'ascension considérable de l'économie pétrolière du Golfe. Marginale jusqu'à la Deuxième Guerre mondiale, l'exploitation du pétrole moyen-oriental devient un enjeu stratégique et économique majeur pour les pays occidentaux, lancés dans le mouvement des Trente glorieuses. Cet essor profite d'abord aux compagnies occidentales installées dans la région dans l'entre-deux-guerres, mais peu à peu, les pays arabes regagnent leur indépendance.

1 LA RÉVOLUTION PÉTROLIÈRE DES ANNÉES 1950

Devant l'essor de l'exploitation pétrolière, certaines compagnies occidentales acceptent des arrangements avec les pays producteurs. Au tournant des années 1950, l'ARAMCO aménage ainsi ses relations avec l'Arabie saoudite. Elle accepte de payer ses impôts à Riyad et agrée un nouveau partage des revenus plus équitable, sur la base de la répartition à égalité des bénéfices. Cette évolution a été refusée par l'AIOC en Iran. Elle entraîne la nationalisation du pétrole iranien par Mossadegh en mai 1951, premier exemple de reprise en main de sa production nationale par un pays du tiers-monde.

Après la mort d'Ibn Sa'ud en 1953, l'Arabie saoudite se lance à nouveau dans une politique régionale expansionniste dont l'objectif essentiel est la recherche de nouvelles ressources pétrolières. Sa'ud, le nouveau souverain, revendique la possession de l'oasis de Buraymi contre le sultanat d'Oman et Abu Dhabi. Grâce à l'essor de ses revenus, l'Arabie saoudite soutient les initiatives anti-britanniques dans la Péninsule.

La part de la production moyen-orientale dans la production mondiale passe de 17 % en 1950 à 37 % à la fin des années 1960. Cette hausse s'accompagne d'une forte croissance de la demande mondiale : 540 millions de tonnes en 1950, 1 080 millions en 1960, 2 337 millions à la fin des années 1960. Cette expansion de l'économie pétrolière entraîne l'apparition de compagnies indépendantes concurrentes des *Majors*, sociétés privées américaines ou sociétés d'État comme en France et en Italie. Ces compagnies proposent de meilleures conditions aux pays producteurs en prenant des marges plus faibles.

L'essor des revenus pétroliers permet aux pays producteurs de se lancer dans des politiques nationales de modernisation de l'économie et de la société. Les pays pétroliers forment désormais des cadres locaux capables de concurrencer les compagnies occidentales sur le plan commercial, puis sur le plan technique.

2 L'OPEP

La concurrence des compagnies indépendantes a pour conséquence une hausse de la production mondiale qui dépasse la demande et accélère la chute des prix. En février 1959, les prix sont baissés de 9 %, entraînant une baisse des revenus pétroliers dans les états producteurs. En réaction, la LEA réunit au Caire, en avril 1959, le premier congrès arabe du pétrole. L'Iran et le Venezuela sont invités au titre d'observateurs. Le congrès propose de mettre en place une politique de concertation et de coordination entre les pays producteurs. Cette politique serait d'autant plus facile à mettre en place que cinq pays (Arabie saoudite, Koweït, Irak, Iran et Venezuela) contrôlent 90 % de la production mondiale.

En août 1960, les *Majors* décident une nouvelle baisse des prix de 10 %. Les principaux pays exportateurs se réunissent alors et constituent le 15 septembre 1960 l'Organisation des pays exportateurs de pétrole, l'OPEP. Le Qatar adhère à l'Organisation en 1961, la Libye et l'Indonésie en 1962, Abu Dhabi en 1967, l'Algérie en 1969, le Nigeria en 1971, l'Équateur et Dubaï en 1973, le Gabon en 1975. À cette date, l'OPEP comprend treize membres.

3 L'APPARITION DE L'ARME PÉTROLIÈRE

Pour la première fois en 1967, lors de la guerre des Six jours, l'arme pétrolière est brandie par les États arabes producteurs et se traduit par un embargo des livraisons de pétrole vers les pays soutenant l'action israélienne. Mais cette action est de courte durée et reste sans suite. Durant les premières années de l'OPEP, ses membres cherchent à obtenir de meilleures conditions de vente à un moment où la fermeture du canal de Suez crée des tensions sur le marché du pétrole. Les coûts augmentent dès lors que le transport énergétique doit se faire via l'Afrique du sud. Le 30 mai 1969, la *Tapline* est sabotée par le FPLP en Syrie et accroît davantage les pressions sur les ventes.

La révolution libyenne de 1969 provoque de nouveaux bouleversements. Khadafi* modifie les termes des contrats passés avec les compagnies pétrolières. Il obtient une hausse des prix, impose un contrôle et une limitation de la production. Cette politique signe le renversement des rapports de force entre compagnies exploitantes et états producteurs. Elle annonce également la forte hausse des prix du pétrole du début des années 1970. Le 15 août 1971, Nixon annonce l'inconvertibilité du dollar en or. Cette dévaluation masquée perturbe le marché pétrolier, où les ventes se font en dollars Les pays producteurs demandent une nouvelle augmentation des prix.

Le 9 janvier 1968, les pays arabes producteurs fondent l'Organisation arabe des pays exportateurs de pétrole (OPAEP), dont le but est de poursuivre les tentatives de coordination entreprises durant l'embargo de la guerre des Six jours. Le but de l'organisation est également de favoriser la récupération nationale des richesses pétrolières. Le 24 février 1971, l'Algérie nationalise à 51 % la production de pétrole. En juin 1972, c'est au tour de l'Irak, puis de la Libye en été 1973. Le 5 octobre 1972, un accord est signé entre les compagnies occidentales et l'Arabie saoudite, le Qatar, le Koweït et Abu Dhabi. Au 1er janvier 1973, ces États reçoivent 25 % du capital des sociétés concessionnaires.

> Conscients de la dépendance pétrolière croissante des économies occidentales, les États arabes producteurs font du pétrole un enjeu à la fois économique et politique. Le pétrole constitue un des symboles du processus de décolonisation et d'affranchissement vis-à-vis de l'Occident, avec la récupération progressive par les pays arabes de leurs ressources nationales.

Chapitre 7

Guerres et paix au Moyen-Orient (1967-1979)

La période qui s'ouvre après la guerre des Six jours consacre l'importance de la question israélo-arabe dans l'évolution interne et externe des régimes de l'Orient arabe. Elle se traduit, malgré le désastre militaire de 1967, par une affirmation plus nette de la cause palestinienne, reconnue à l'ONU en 1974, et par un renforcement des capacités offensives des États arabes contre Israël, sur fond d'affrontement est-ouest. La recherche de cette parité des forces explique l'engagement d'Israël dans la voie des compromis et son acceptation d'une solution diplomatique.

1 LA GUERRE DES SIX JOURS ET SES CONSÉQUENCES

1.1. Les opérations militaires

1.1.1. La défaite égyptienne

La priorité de l'action militaire israélienne est l'Égypte. Le 5 juin 1967, l'aviation israélienne attaque les aéroports égyptiens. L'aviation de ce pays est pratiquement détruite en quelques minutes. Dès l'attaque aérienne, l'armée israélienne envahit le Sinaï. Les forces égyptiennes, habituées à l'action par petites unités au Yémen, ne sont pas préparées aux mouvements de grande envergure que suppose l'agression ennemie. Dès le second jour des hostilités, le front égyptien est percé et les forces égyptiennes se replient vers le canal de Suez. Elles s'effondrent le 7 juin. Le 8 juin, l'armée israélienne atteint le canal. Le soutien aérien a été fondamental dans la victoire israélienne. Les opérations ont causé la mort de 10 000 Égyptiens et la destruction de la plus grande partie du matériel militaire.

Le 9 juin, Nasser annonce publiquement sa démission. De gigantesques manifestations se déroulent alors dans tout le pays afin qu'il revienne sur sa décision. Il accepte de revenir au pouvoir. Le chef d'état-major égyptien, le maréchal Amer, est démis de ses fonctions ainsi que les principaux généraux de l'armée. Amer tente d'organiser un complot contre Nasser mais il est arrêté en août 1967.

1.1.2. La conquête de la Cisjordanie

La Jordanie tente dès le premier jour de porter secours à l'Égypte, mais l'essentiel du potentiel aérien est détruit en quelques heures par l'aviation israélienne. Hussein est conscient que son engagement militaire mènera à la défaite, mais il est sûr qu'en cas d'abstention dans le conflit, Israël attaquera son pays et le conquerra. Son intervention dans le conflit permettra au moins de sauver la Transjordanie.

L'armée jordanienne reste la force la mieux entraînée de l'Orient mais elle manque totalement de couverture aérienne et est mal commandée. La direction des opérations militaires a été confiée à un général égyptien envoyé par Nasser. Les combats terrestres commencent le 5 juin. L'offensive israélienne se concentre sur Jérusalem et le nord de la Cisjordanie, avec un appui aérien décisif. Le 6 juin au soir, Hussein ordonne le repli de son armée à l'est du Jourdain. Les forces israéliennes occupent Jérusalem-est et l'ensemble de la Cisjordanie le lendemain. La Jordanie a laissé 6 000 morts et 30 000 blessés sur une armée de 50 000 hommes, contre 300 morts et 1 400 blessés du côté israélien.

1.1.3. La conquête du Golan

Dès le 5 juin, l'aviation israélienne attaque les installations aériennes syriennes qui connaissent le même sort que celles de l'Égypte et de la Jordanie. Les aéroports irakiens sont également bombardés le lendemain. En raison des fronts multiples, l'armée israélienne s'engage tardivement contre la Syrie. Israël craint également une réaction soviétique en cas d'agression. Finalement, la conquête du plateau du Golan, à l'est de la Galilée, commence le 9 juin. La résistance syrienne est d'abord très dure puis s'effondre le lendemain et se replie sur Damas.

La conquête du Golan correspond à des objectifs précis : ouvrir cette région à la colonisation et opérer une transformation géopolitique de la zone en favorisant les populations druzes du plateau et en les reliant aux Druzes installés en Israël. 120 000 Syriens fuient ou sont expulsés du Golan dans les six mois qui suivent. Seuls les 7 000 Druzes du plateau sont autorisés à y demeurer. Le Golan est également un des plus grands réservoirs naturels d'eau de la région. Sa conquête sert les ambitions israéliennes dans la maîtrise des eaux.

1.2. L'intransigeance des positions des belligérants

1.2.1. La politique annexionniste israélienne

Dès le 27 juin 1967, la partie est de Jérusalem est annexée à l'État hébreu. Pour Israël, les conventions de Rhodes de 1949 ne créent pas de droits territoriaux aux États arabes et peuvent être remises en cause par la force. Ainsi Israël refuse toute souveraineté jordanienne sur la Cisjordanie. Tout au plus, cette région a eu un statut d'occupation.

Israël n'accepte que des discussions bilatérales en vue d'obtenir une nouvelle définition des frontières de la région. Mais pour lui, Jérusalem-est, la Cisjordanie, la bande de Gaza, le Golan sont définitivement acquis. La libre circulation dans le golfe d'Akaba et dans le canal de Suez est également une condition majeure à la cessation des hostilités. Pour de nombreux responsables israéliens, le Sinaï doit être également intégré à Israël.

À Jérusalem, les maisons proches du mur des Lamentations sont détruites et leurs habitants sont expulsés. L'ancien quartier juif de la ville est l'objet d'un plan de modernisation immédiat afin d'y installer des Israéliens. Plusieurs villages arabes sont rasés autour de la ville et des mesures d'expropriation de terrains sont adoptées dans plusieurs agglomérations afin de préparer l'installation de colons. Israël envisage par ailleurs la création d'une ville israélienne à proximité de la ville arabe d'Hébron, lieu biblique où se trouve le tombeau des Patriarches. La population de Cisjordanie connaît en partie le sort de 1948 et fuit vers la Transjordanie. Ce sont les « personnes déplacées » de 1967.

1.2.2. La position égyptienne

Pour Nasser, l'intransigeance israélienne est renforcée par le refus des États-Unis d'exercer des pressions sur Israël. Il veut éviter à tout prix une négociation bilatérale et s'engage dans une internationalisation du conflit devant amener Israël à accepter des compromis et les États-Unis à renoncer à leur politique attentiste. Il demande ainsi un accroissement de l'aide soviétique et accepte la présence de militaires et de conseillers dans son pays. L'effet est de neutraliser le territoire égyptien contre toute attaque israélienne et de permettre ainsi la reconstitution du potentiel militaire égyptien. En échange de son aide, l'URSS se voit octroyer des facilités navales supplémentaires en Égypte. Le Ve Eskadra*, flotte de guerre soviétique dans les eaux méditerranéennes, double ses effectifs fin juin 1967. Cette initiative remet en cause la suprématie maritime américaine en Méditerranée orientale. Enfin, pour bien marquer sa volonté d'internationaliser la question, Nasser charge l'URSS de représenter l'Égypte dans les négociations de cessez-le-feu.

Dès les premiers jours de juillet 1967, Nasser teste la capacité combattante des troupes égyptiennes en provoquant des heurts violents dans la zone du canal. Satisfait des résultats, il accepte la mise en place d'observateurs des Nations unies destinés à faire respecter le cessez-le-feu entre les parties.

1.2.3. Le sommet de Khartoum

Dès le premier jour de la guerre, les ministres du pétrole des États arabes ont décidé la mise en place d'un embargo sur les livraisons de pétrole aux États soutenant l'attaque israélienne. Dans les pays pétroliers, d'importantes manifestations anti-américaines éclatent et contraignent les régimes à adopter une position plus radicale, prenant le risque d'une diminution de leurs revenus. Cette évolution n'est pas faite pour déplaire à Nasser. La pression des progressistes sur les conservateurs constitue pour lui un instrument nécessaire au dialogue interarabe.

Le 1er août s'ouvre à Khartoum la réunion des ministres des Affaires étrangères arabes. L'Égypte propose le retrait des forces égyptiennes du Yémen en échange de la formation d'un front arabe uni contre Israël. Nasser y espère également une aide financière des régimes pétroliers afin de reconstituer son armée. Le 15 août, à Bagdad, les ministres du pétrole arabes décident de soumettre la question de la levée de l'embargo au sommet de Khartoum. Ce dernier s'ouvre le 29 août 1967, en l'absence de la Syrie. L'Égypte confirme son évacuation du Yémen, l'embargo pétrolier est levé, 20 % des revenus pétroliers seront versés aux pays arabes de la ligne de front avec Israël. Khartoum scelle la réconciliation entre régimes progressistes et régimes conservateurs. C'est la fin de l'antagonisme égypto-saoudien.

Le sommet de Khartoum répond par l'intransigeance à l'intransigeance israélienne. Il réaffirme l'unité d'action des Arabes, la volonté de ceux-ci de « liquider les séquelles de la guerre ». Il proclame que les territoires occupés par Israël sont arabes et que la tâche de les récupérer incombe à tout État arabe. Il n'y aura pas de réconciliation avec Israël, pas de reconnaissance de cet État, ni de négociation avec lui. C'est un refus unanime des États arabes de capituler devant les demandes israéliennes.

Toutefois, le sommet accepte des négociations secrètes entre Israël et les États arabes. Ainsi, la Jordanie, soutenue par ailleurs par les États-Unis, entame des pourparlers en vue d'une paix complète avec son voisin contre le retrait des territoires occupés. Israël refuse les avances jordaniennes.

1.3. Les réactions internationales

1.3.1. La position américaine

Les États-Unis sont disposés à provoquer un retrait israélien des territoires occupés mais dans le cadre d'un règlement global assurant une paix durable. Au sommet de Glasboro (entre Johnson et Kossyguine), le 19 juin 1967, les États-Unis définissent leur position : la responsabilité de la guerre est due à la fermeture du golfe d'Akaba par Nasser, les États-Unis n'exerceront donc aucune pression sur Israël hors du cadre d'un règlement général de la question. Ce dernier repose sur cinq principes : droit de reconnaissance de l'existence de toutes les nations, justice pour les réfugiés, libre circulation sur les voies maritimes internationales, limitation de la course aux armements, indépendance et intégrité nationale de toutes les parties. La responsabilité américaine dans la victoire israélienne étant avancée, les régimes arabes progressistes rompent leurs relations diplomatiques avec cette puissance. La France désapprouvant l'occupation israélienne, les États-Unis en profitent pour accroître leur influence auprès de l'État hébreu. En 1968, Johnson livre à Israël des avions américains très perfectionnés, les F-4 Phantom. Il demande en retour la signature du traité de non-prolifération nucléaire par Israël, mais ce dernier refuse. Le 2 novembre 1968, les États-Unis répondent par la proclamation du retrait israélien du Sinaï dans le cadre d'un règlement global.

L'État hébreu favorise de son côté la constitution d'un lobby* électoral américain pro-sioniste, en mesure d'influer sur les décisions du Congrès concernant Israël. Ce lobby doit notamment encourager la poursuite de l'aide financière et militaire américaine. Il a pour mission de persuader les responsables américains qu'Israël constitue le meilleur rempart contre la menace soviétique et que les intérêts stratégiques américains coïncident avec ceux d'Israël. Une véritable surveillance du système politique américain est mise en œuvre et tout membre du Congrès adoptant des positions hostiles à Israël sera entravé dans sa réélection par le soutien financier et politique que le lobby juif apportera à son adversaire.

1.3.2. La résolution 242 de l'ONU

En septembre 1967, la question est portée devant les Nations unies. Le secrétaire général de l'ONU, U Thant, accepte le principe d'une médiation et d'une négociation précédant tout retrait israélien. Toutefois, il insiste sur la restitution du Sinaï à l'Égypte. La question du golfe d'Akaba devra être portée devant la cour internationale de Justice de La Haye. Le secrétaire général insiste également sur un règlement du problème des réfugiés.

Au Conseil de sécurité, l'URSS propose une résolution demandant le retrait d'Israël « de tous les territoires occupés ». Les États-Unis refusent cette formulation. Le 22 novembre 1967, les membres du Conseil parviennent à se mettre d'accord et adoptent la résolution 242. Celle-ci demande le « retrait des forces armées israéliennes des territoires occupés », la cessation de l'état de belligérance entre Israël et les Arabes, le respect et la reconnaissance de l'intégrité territoriale de tous les États de la région. Elle rappelle la liberté de navigation sur les voies d'eau internationales, demande le règlement de la question des réfugiés, la création de zones démilitarisées. L'Égypte, le Liban et la Jordanie acceptent la résolution. La Syrie refuse ainsi que les Palestiniens, opposés à voir leur sort réduit à la question des réfugiés (le terme palestinien n'est pas été utilisé dans le texte de la résolution). Israël décide en revanche de favoriser une certaine interprétation du texte. S'appuyant sur sa version en langue anglaise, il soutient que la résolution 242 demande le retrait israélien « de territoires occupés » (*from territories occupied in the recent conflict*) et non « des territoires occupés ».

1.4. L'avenir des Palestiniens

1.4.1. La gestion israélienne des Territoires occupés

Les territoires occupés en 1967 (Cisjordanie et Gaza) sont peuplés d'un peu plus d'un million d'Arabes dont la moitié sont des réfugiés de 1948. L'exode de la population vers la Jordanie se chiffre à environ 200 000 personnes. Le nombre total de réfugiés palestiniens est alors de 1,3 million contre 960 000 en 1950. L'essentiel d'entre eux est installé en Jordanie (près de 600 000 personnes). Ces chiffres grossissent encore dans les années suivantes avec les départs de plus en plus fréquents des Arabes de Cisjordanie.

La politique israélienne dans les territoires occupés est relativement libérale. Israël autorise la réunification des familles séparées par l'exode de 1967, accepte la circulation des personnes et des marchandises de part et d'autre du Jourdain. Une part de la gestion des affaires publiques de Cisjordanie est confiée à la Jordanie. L'État hébreu favorise l'intégration économique des territoires occupés. Les produits israéliens sont exportés vers ceux-ci, la main-d'œuvre arabe est autorisée à venir travailler en Israël. Ces mesures entraînent un essor économique israélien dans les années d'après-guerre.

Les territoires occupés sont conçus, sur le plan militaire, comme des zones tampons. Plusieurs régions doivent être consolidées afin d'empêcher une agression du territoire israélien. Ces régions sont la vallée du Jourdain, la côte méditerranéenne jusqu'à El-Arich, une partie de la côte du golfe d'Akaba, le plateau du Golan. Dans ce dernier, des installations militaires sont rapidement construites. Au nom des impératifs de sécurité, des propriétés arabes sont saisies. La région accueille progressivement des populations civiles israéliennes.

1.4.2. La radicalisation de la résistance palestinienne

La résistance palestinienne cherche à s'implanter dans les territoires occupés. Le centre du mouvement se situe à Naplouse, dans le nord de la Cisjordanie. Les Palestiniens entendent mettre en œuvre une guerre populaire sur le modèle vietnamien ou algérien. Israël réplique par des arrestations, des couvre-feux, des destructions d'habitations. En 1968, la résistance palestinienne se réfugie en Jordanie. L'implantation de celle-ci à Gaza est meilleure et plus radicale. Alors que le *Fath* domine en Cisjordanie, c'est l'aile gauche du mouvement palestinien, surtout le FPLP, qui mène l'action. Les attentats contre les forces occupantes se multiplient jusqu'en 1971, date à laquelle l'armée israélienne parvient à mettre fin à la résistance. Une administration civile est établie, sous la direction d'un notable palestinien, Rashid Shawa, maire de Gaza. Puis l'autorité militaire est rétablie en octobre 1972.

Les mouvements de résistance recrutent essentiellement dans les camps des pays voisins. Ils apparaissent comme des facteurs de cohésion sociale pour des populations ayant perdu l'essentiel de leurs repères. Le pouvoir traditionnel des notables est remis en cause par des responsables issus de la classe moyenne, ayant vécu directement l'exode et plus proches des réalités du terrain. Le 21 mars 1968, l'armée israélienne attaque le camp de Karamé où le *Fath* a établi une base, mais elle est repoussée par les commandos palestiniens et l'armée jordanienne. Ce succès renforce la popularité de la résistance palestinienne dans le monde arabe. De nombreux Arabes, palestiniens ou non, s'engagent dans les mouvements de combat. Ceux-ci se répartissent en plusieurs organisations :

- Le *Fath* : c'est l'organisation la plus importante, représentante du nationalisme arabe, dont la réalisation se fera par la libération de la Palestine.
- Le FPLP : c'est un mouvement plus révolutionnaire qui mêle la libération de la Palestine et le combat contre l'impérialisme. Il est en relation avec les forces révolutionnaires mondiales, notamment en Europe et au Japon. Le FPLP se scinde en 1968 en plusieurs mouvements : le Front populaire de la Palestine-Commandement général d'Ahmad Jibril, le Front démocratique de libération de la Palestine (FDLP) de Nayef Hawatmeh* et le FPLP. L'orientation des deux premiers mouvements est encore plus révolutionnaire.
- La *Sa'iqa* (foudre) : c'est la branche militaire du *Ba'th* syrien, créée après la guerre de 1967. De tendance nettement syrianiste, elle suggère que la libération de la Palestine doit se faire dans le cadre de la Grande Syrie. Elle est fortement soutenue par Damas.
- Le Front de libération arabe (FLA) : créé par le *Ba'th* irakien en avril 1969, il prône le panarabisme. Cette organisation demeure toutefois marginale dans la mesure où il n'y pas de camps en Irak.
- *Al-Ansar* (l'organisation des partisans) : elle est issue des partis communistes de la région. Bien implantée au Liban, elle demeure secondaire dans les autres pays arabes.

1.4.3. Les transformations de l'OLP

La première OLP est discréditée par la défaite de 1967. Shuqayri démissionne en décembre 1967. En 1968, les organisations de résistance entrent dans l'OLP et s'emparent de la majorité au CNP (Conseil national palestinien). Le *Fath* a décidé de respecter le pluralisme politique des différentes organisations et rejette l'idée d'un mouvement uni et monolithique. Le IVe CNP, en juillet 1968, durcit les termes de la charte de 1964. Priorité est donnée à la lutte armée révolutionnaire pour la libération de la Palestine. Pour ses membres, le sionisme est un mouvement « fanatique et raciste ». Ses buts sont expansionnistes et coloniaux. Ses méthodes sont « fascistes et nazies ».

En février 1969, Yasser Arafat devient le président de l'OLP lors du Ve CNP. Sous son impulsion, l'organisation développe tout un ensemble de services civils (santé, enseignement, finances). Les pensions sont versées aux familles des martyrs. Ces activités transforment l'OLP en un véritable État. L'OLP est financée par les Palestiniens de la diaspora et par les monarchies pétrolières du Golfe. Le 1er janvier 1969, le *Fath* a donné sa définition du futur État palestinien. Il s'agira d'un État indépendant et démocratique. Tous les citoyens, quelle que soit leur religion, seront égaux.

2 LA FIN DE L'ÈRE RÉVOLUTIONNAIRE

2.1. L'Égypte post-nassérienne

2.1.1. La succession de Nasser

Les dernières années de Nasser sont marquées par les conséquences de la guerre de 1967. En février 1968, des manifestations populaires éclatent dans le pays contre le régime, accusé de trop de modération envers les responsables de la défaite militaire. Nasser réplique en faisant son autocritique. Il condamne la nouvelle classe de militaires politiciens qui a confisqué la révolution et s'est emparé des rênes du pouvoir. Le 30 mars, un programme de réformes est présenté : élection des responsables de l'USA, éviction des militaires du gouvernement. Malgré tout, le régime est encore secoué par des manifestations, notamment dans les milieux étudiants.

À partir de 1968, Nasser, atteint de diabète, voit son état médical commencer à s'aggraver. Alors que la guerre d'usure avec Israël occupe toutes ses forces, ses médecins lui conseillent de réduire ses activités. Il meurt le 28 septembre 1970. Ses funérailles font l'objet d'immenses manifestations de foule. La mort de Nasser ferme l'époque de l'arabisme. Elle marque également la fin des élans populaires en faveur des régimes en place.

Numéro deux du régime, Anouar el-Sadate* assure l'intérim de Nasser puis est élu à la tête de l'État le 15 octobre 1970 par 90,04 % des voix. Il prône rapidement l'instauration d'un régime fondé sur la loi, dénonçant à demi-mots l'État policier mis en place par Nasser. Sadate doit faire face à de nombreuses oppositions dans l'appareil d'État et entend s'appuyer sur une légitimité populaire. Il entre en conflit avec l'appareil militaire sur la question de la fin du cessez-le-feu avec Israël qu'il souhaite prolonger. Une tentative de coup d'État semble avoir été préparée contre Sadate en 1971, mais ce dernier fait arrêter ses adversaires le 2 mai, supprimant ainsi le dernier centre de pouvoir concurrent.

En septembre 1971, Sadate abandonne le terme de RAU pour désigner l'Égypte. Cette dernière devient la République arabe d'Égypte. Le chef de l'État lance une vaste campagne d'amnistie des prisonniers politiques, se traduisant par la libération de nombreux opposants, dont les Frères musulmans. Il soutient la renaissance des organisations islamiques pour faire pièce à l'opposition de gauche. La nouvelle Constitution de septembre 1971 réaffirme la place de l'Islam dans le régime, comme religion d'État et source de législation.

2.1.2. Les relations soviéto-égyptiennes

Les fournitures soviétiques d'armements ont repris dès la fin de la guerre et permettent à Nasser de mener une guerre d'usure contre Israël. Le 22 janvier 1970, Nasser se rend à Moscou et demande la livraison massive de batteries de missiles anti-aériens (Sam 3). En cas de refus, l'Égypte se tournera vers les États-Unis. Les rampes de missiles sont finalement fournies, avec du personnel soviétique, ainsi que des avions de combat. Nasser entend ainsi mettre au point un système efficace de défense anti-aérienne et de protection des ports égyptiens accueillant la flotte soviétique.

Avec l'arrivée de Sadate au pouvoir, les relations soviéto-égyptiennes deviennent plus tendues. L'URSS s'inquiète de l'élimination des éléments les plus à gauche, dont les militaires, par le régime. En 1971, une délégation de Moscou est reçue au Caire par Sadate. Cette visite débouche, le 29 mai, sur un traité d'amitié et de coopération, assurant la poursuite des livraisons militaires à l'Égypte. Pour Sadate, ce traité constitue un moyen de pression sur les États-Unis et sur Israël. En 1972, l'URSS refuse d'augmenter l'aide apportée à l'Égypte. Moscou négocie avec Washington directement et sans en informer l'Égypte. Le rapprochement de l'URSS avec les pays arabes rivaux de l'Égypte comme l'Irak, la Syrie ou la Libye achève de marginaliser la politique égyptienne.

Le 18 juillet 1972, Sadate décide d'expulser de son pays les 20 000 conseillers militaires soviétiques. L'armée égyptienne est suffisamment entraînée pour se passer de ces conseillers. Le maintien de leur présence pouvait constituer une source de tension internationale. Un conflit direct entre Israël et l'Égypte redevient possible.

2.1.3. L'*infitah**

La période de Sadate se traduit manifestement par un rapprochement avec l'Occident, surtout les États-Unis, seuls en mesure d'apporter une aide économique et financière à l'Égypte. C'est *l'infitah*, l'ouverture. L'état de l'économie égyptienne pose de nombreux problèmes depuis la guerre de 1967 et la guerre d'usure. Le mode de développement bureaucratique s'est essoufflé. Sadate entend mener son pays vers le libéralisme économique. Il appuie le retour à l'entreprise privée dont pourrait bénéficier la classe dirigeante du régime. Les investissements étrangers sont encouragés

Alors que la légitimité de Nasser reposait en grande partie sur son rapport au peuple, Sadate, moins charismatique, cherche avant tout à plaire à l'Occident. Il fait accepter cette orientation à l'opinion publique égyptienne en flattant l'identité nationale du pays. Il se réfère moins à l'arabisme et davantage à l'appartenance proprement égyptienne. Le chef de l'État multiplie les références pharaoniques, y compris dans son accoutrement en public. Sadate se présente également comme plus proche de l'Islam que son prédécesseur. Il encourage les courants islamistes modérés. En 1980, la loi islamique devient la source principale de la législation du pays. Sadate met en place des mesures de libéralisation politique. La presse est plus libre et le multipartisme est autorisé. Le *Wafd* cherche à se reformer mais il est toutefois interdit. Plusieurs lois favorisant l'émancipation de la femme sont adoptées.

L'Égypte bénéficie de nouvelles ressources, essentiellement les revenus des émigrés égyptiens travaillant dans les pays du Golfe et l'Irak. La réouverture du canal de Suez et le tourisme apportent également de nouvelles ressources. La croissance économique redémarre : 7 % par an en moyenne de 1972 à 1986. Mais les écarts sociaux se creusent. 5 % des ménages urbains détiennent 55 % du revenu national au début des années 1980. Ces différences se traduisent par une reprise de la croissance démographique au sein des classes les moins bien loties. En 1977, le FMI fait pression sur l'Égypte pour qu'elle réduise ses subventions sur les produits de base. Il s'ensuit des manifestations populaires qui font 160 morts.

2.2. La stabilisation du régime syrien

2.2.1. Le coup d'État de 1970

En Syrie, la défaite de 1967 a renforcé l'impopularité du régime ba'thiste. Hafez el-Assad* se fait le porte-parole de cette contestation. Pour lui, la Syrie a laissé les Palestiniens adopter un discours radical de guerre. La non-participation au sommet de Khartoum a par ailleurs isolé la Syrie et privé celle-ci de l'aide financière des pétromonarchies. Assad se détache progressivement des conceptions révolutionnaires de ses collègues. Ministre de la Défense, il place ses proches aux postes clés de l'armée. En février 1969, il entame une première procédure d'élimination de ses adversaires.

La mort de Nasser porte un coup aux organisations arabistes de gauche. La lutte pour le pouvoir s'accroît entre ces dernières et Hafez el-Assad. Celui-ci s'empare par la force du pouvoir le 13 novembre 1970. Ses principaux adversaires sont arrêtés ou exilés. La police politique est épurée et le nouveau chef du régime mène une politique de libéralisation politique. Le 22 février 1971, il prend les pouvoirs présidentiels, approuvé par un plébiscite le 12 mars.

2.2.2. Les débuts de la politique assadienne

En 1972, une nouvelle Constitution est adoptée. Le personnel politique du régime est rassemblé au sein du Front national progressiste et regroupe arabistes, communistes et indépendants, sous le contrôle du *Ba'th*. Toute réelle opposition est réprimée. Assad entreprend une politique de libéralisation économique tout en conservant l'idéologie socialiste. Les importations étrangères sont pour partie autorisées, l'entreprise privée renaît.

Le nouveau régime renforce ses liens avec l'URSS. Depuis la mort de Nasser, la Syrie veut se montrer comme le partenaire privilégié de Moscou. En dépit des offres soviétiques, Assad refuse toutefois de signer un traité d'amitié et de coopération à l'image de l'Égypte. Sur le plan régional, il cherche à mettre fin à l'isolement consécutif à la guerre des Six jours. Assad se rapproche de l'Égypte et envisage en 1971 un projet de fédération arabe. Le 8 mars 1972, la Syrie accepte la résolution 242 à condition d'un retrait israélien de tous les territoires occupés et d'une prise en compte des droits des Palestiniens. Le pays bénéficie en retour de l'aide financière saoudienne.

2.3. Les nouvelles ambitions irakiennes

2.3.1. Le coup d'État de 1968

En Irak, la guerre de 1967 entraîne une nouvelle vague de contestation populaire et une radicalisation du régime. L'Occident est fustigé, à l'exception de la France qui est en train de nouer des relations commerciales importantes avec le régime, notamment dans le domaine pétrolier. Le 17 juillet 1968, une coalition de militaires et de ba'thistes s'empare du pouvoir et renverse Abd al-Rahman Aref. Les ba'thistes sont majoritaires et confisquent rapidement les rênes du pouvoir.

Le recrutement du *Ba'th* irakien est essentiellement sunnite. Ses dirigeants sont originaires de la même ville de Tikrit (Saddam Hussein*, Hassan al-Bakr). L'option politique des nouveaux dirigeants est clairement un régime de terreur pour renforcer l'État et mettre fin à la faiblesse politique du régime. Les forces d'opposition sont peu à peu éliminées (pro-nassériens, communistes). Les militaires dominent le parti et s'emparent rapidement des principaux postes de responsabilité, sous la direction de Saddam Hussein, nouvel homme fort du régime.

2.3.2. La montée des tensions irako-iraniennes

En janvier 1968, la Grande-Bretagne a annoncé son intention de se retirer de la Péninsule arabique pour 1971. L'Iran développe immédiatement un discours expansionniste. Il revendique l'île de Bahreïn et une prééminence sur les affaires du Golfe. Les prétentions iraniennes créent rapidement des tensions avec les États arabes de la région. Ces derniers invoquent la protection de l'Arabie saoudite.

Après le coup d'État de 1968, l'Irak s'inquiète également des ambitions régionales iraniennes. En février 1969, la question de la revendication du *Shatt al-Arab* par les deux parties est relancée. L'Iran dénonce le traité de 1937 et remet en cause les règles de navigation sur le fleuve. L'Irak répond en finançant l'opposition au régime de Téhéran. Les Kurdes d'Irak sont, en retour, soutenus par l'Iran. Au moment de l'indépendance des émirats du Golfe en 1971, l'Iran s'empare de trois îlots dans le détroit d'Ormuz et contrôle désormais la sortie du Golfe. L'Iran intervient militairement dans le sultanat d'Oman pour combattre la rébellion marxiste-léniniste du Dhofar*, soutenue par l'Irak. La guerre du Dhofar dure jusqu'en 1976 et se solde par la victoire des forces irano-omanaises.

L'Iran soutient également la résistance kurde en Irak. En avril 1974, les forces armées officielles reprennent le contrôle des plaines mais les régions montagneuses sont toujours entre les mains des rebelles. Le conflit risque de dégénérer en guerre ouverte avec l'Iran. Saddam Hussein décide de négocier directement avec Téhéran et les deux pays signent en 1975 l'accord d'Alger : l'Irak reconnaît la délimitation de la frontière irako-iranienne sur la ligne du thalweg du *Shatt el-Arab* et les deux parties s'engagent à cesser de soutenir leurs oppositions respectives. Privés du soutien iranien, les Kurdes acceptent la paix. Une autonomie limitée leur est accordée avec certains droits culturels.

2.3.3. L'intransigeance irakienne

L'Irak continue de refuser, dans les années 1970, de reconnaître la résolution 242. Le régime entend conserver l'authenticité du message arabiste et socialiste. En 1972 est créé le Front national patriotique, dominé par le *Ba'th* et avec la participation des communistes. La stabilité du tandem Bakr-Hussein n'empêche pas les rivalités politiques de se développer.

En avril 1972, l'Irak signe un traité d'amitié et de coopération avec l'URSS. Il renforce également ses relations avec la France. Grâce au soutien de ces deux pays, l'Irak décide de nationaliser l'IPC le 1er juin 1972.

2.4. La guerre civile libanaise

2.4.1. La montée en puissance des Palestiniens

Durant la guerre de 1967, le chef du gouvernement, le sunnite Rashid Karamé, a demandé l'intervention de l'armée libanaise. Mais les chefs maronites de l'armée ont refusé. Ainsi, une scission entre chrétiens et musulmans se met en place sur la question palestinienne. Elle devient un enjeu politique majeur avec l'essor des mouvements de résistance palestiniens dans le pays. En 1968, de grandes manifestations ont lieu dans les principales villes pour soutenir la cause palestinienne. Les Palestiniens établissent des représentations à Beyrouth. Les communiqués revendiquant les actions terroristes internationales émanent tous de la capitale libanaise.

Israël entend réagir en multipliant les actions de représailles sur le territoire libanais. Le 28 décembre 1968, un raid aéroporté israélien détruit treize avions de ligne sur l'aéroport de Beyrouth. Les groupes palestiniens répliquent en installant des bases militaires dans le sud du Liban, destinées à attaquer le territoire israélien. Les opérations de commandos débutent en 1969. L'armée tente d'empêcher ces actions mais se heurte à la résistance palestinienne, soutenue par les Libanais musulmans du sud. La question de la place des Palestiniens dans le pays devient un sujet de division politique majeur en 1969. Nasser propose une médiation qui aboutit à l'accord du Caire le 3 novembre 1969. Le Liban accepte la présence armée dans les camps palestiniens et autorise les opérations de guérilla dans le sud. L'accord du Caire renforce la légitimité politique des Palestiniens dans le pays.

En 1970, Soleiman Frangié, personnalité maronite du nord du pays, est élu président de la République. C'est la fin du chéhabisme qu'incarnait encore Charles Hélou. Le début des années 1970 constitue une période de grande floraison politique. Toutes les tendances politiques du monde arabe sont représentées au Liban. Les Palestiniens, de plus en plus libres de leur mouvement, multiplient les actions à partir du sud du pays. En retour, Israël lance une campagne d'assassinats de responsables palestiniens en 1972-1973.

2.4.2. Les bouleversements de la société libanaise

Le déclenchement de la guerre civile a également des causes internes. La société libanaise des années 1970 connaît de brutales mutations. L'exode rural entraîne le gonflement des agglomérations de la côte libanaise, singulièrement la ville de Beyrouth. Les populations des régions montagneuses sont les principaux acteurs de cet exode. Ce sont des populations à la culture marquée par les violences de groupe et les clivages des appartenances confessionnelles, tranchant avec l'esprit cosmopolite et d'échange des zones urbaines du littoral. Loin d'abandonner leurs pratiques, les émigrés de la Montagne transposent dans l'espace urbain les solidarités de groupe et les oppositions traditionnelles. Loin de se fondre dans le tissu urbain, les communautés confessionnelles de la Montagne, maronites, druzes et dans une moindre mesure chi'ites préservent leur particularisme en se regroupant dans les mêmes quartiers et en maintenant les structures de clans, les phénomènes de clientélisme et les hiérarchies traditionnelles.

Les bouleversements de la société libanaise s'appuient également sur les tendances démographiques séculaires du pays. Au XIXe siècle, les chrétiens de la Montagne ont connu une forte expansion démographique. Ils ont commencé à émigrer vers les villes ainsi qu'à l'étranger, notamment aux États-Unis. Entre les deux guerres, les chrétiens amorcent leur déclin et ce sont les populations musulmanes qui connaissent leur révolution démographique. Ce sont surtout les sunnites qui en sont les bénéficiaires. Ce rattrapage sur les chrétiens explique la conclusion du pacte national de 1943. Les chrétiens acceptent de reconnaître à leur pays un visage arabe sous la pression des musulmans, de plus en plus nombreux. Après 1945, c'est au tour des chi'ites de connaître un fort essor démographique. Le nombre de musulmans tend à s'équilibrer avec celui des chrétiens et dépasse probablement ces derniers dans les années 1970 (il n'y a pas eu de recensement depuis 1932). Ces bouleversements entraînent un essor des revendications musulmanes pour un nouveau partage des pouvoirs et pour une redistribution des principaux postes politiques et institutionnels.

Les musulmans minoritaires investissent les groupes arabistes et radicaux, dominés jusque-là par les Sunnites. Ils trouvent leur *leader* en la personne de Kamal Joumblatt*, de confession druze. Il fédère les forces arabistes au sein du Mouvement national. Il revendique une abolition du confessionnalisme politique. Il s'est allié aux Palestiniens et accroît ainsi son poids politique dans le pays. Les responsables chrétiens sont de plus en plus inquiets de cette évolution. Ils tentent de défendre une idée nationale libanaise contre les revendications panarabes des mouvements musulmans de gauche et des organisations de la résistance palestinienne. L'État se révèle incapable de transcender ces clivages. L'armée nationale est accusée des deux côtés. Soit elle ne soutient pas l'intégrité du pays, soit elle se désolidarise des actions de la résistance palestinienne dans le sud. Les différentes forces politiques décident donc de constituer leur propre milice d'hommes armés. La plus célèbre est celle du maronite Pierre Gemayel, les Phalanges. Avec d'autres chefs chrétiens, il forme le Front libanais.

2.4.3. Les événements de 1975

Dès 1973, les violences se multiplient au Liban entre Palestiniens et chrétiens, entre ces derniers et les forces de la gauche libanaise, entre chefs traditionnels, entre Israël et la résistance. L'accord Sinaï II a renforcé l'intransigeance du front du refus, dont les organisations sont principalement concentrées au Liban. Ces dernières recherchent l'épreuve de force avec Israël et multiplient leurs actions de commandos à partir du Liban, déstabilisant davantage encore ce pays. Leur force est d'autant plus grande qu'elles disposent de soutiens locaux. En février 1975, Pierre Gemayel demande un référendum national sur l'approbation de la présence des commandos palestiniens.

Le 13 avril 1975, dans la banlieue chrétienne de Beyrouth, des heurts sanglants ont lieu entre Phalangistes et Palestiniens. Pendant trois jours, les deux parties s'affrontent dans toute la ville. Les milices musulmanes rejoignent le combat contre les chrétiens. Le 24 mai, des barricades sont levées dans Beyrouth-ouest. La séparation de la ville entre le Front libanais et le Mouvement national devient une réalité. Pour apaiser la situation, Frangié compose un nouveau gouvernement le 30 juin et appelle le *leader* traditionnel sunnite, Rashid Karamé, à la présidence du Conseil. Malgré tout, les violences reprennent dans tout le pays durant l'été 1975. En septembre, Beyrouth subit de violents bombardements. La bataille pour la conquête du centre de la ville commence en octobre. Les chrétiens quittent les zones musulmanes et réciproquement, devant la peur des représailles (les milices chrétiennes se livrent à des massacres de musulmans le 6 décembre 1975, appelé le « samedi noir »). Les affrontements consacrent l'ascension des milices au détriment des responsables politiques.

2.4.4. L'intervention des acteurs régionaux

La Syrie a offert sa médiation dès le début du conflit. Elle craint que les événements libanais entraînent une action militaire israélienne vers la plaine de la Bekaa, ce qui rendrait la région de Damas vulnérable à une agression ennemie. Hafez el-Assad entend également contrôler la résistance palestinienne et dissocier en conséquence celle-ci du Mouvement national. Après le rapprochement de la Jordanie et de la Syrie, Damas entend étendre son contrôle sur le Liban et former un ensemble stratégique sous son contrôle et en mesure de faire face à Israël et à la défection égyptienne de plus en plus évidente. Au Liban, elle entend s'appuyer sur les minoritaires (le pouvoir est détenu à Damas par la communauté alaouite), principalement les chi'ites et les Maronites, contre les Sunnites, ennemis traditionnels.

En janvier 1976, les combats reprennent avec le siège des camps palestiniens par les milices chrétiennes. Ces camps sont pris progressivement d'assaut et leur population massacrée. L'OLP décide d'entrer dans l'épreuve de force. Cet accroissement du poids de l'organisation dans les événements libanais risque de remettre en cause l'influence que Damas exerce sur les groupes de la résistance. Le 19 janvier, l'ALP, stationnée en Syrie et sous le contrôle de Damas, entre au Liban et s'installe dans la Bekaa. Assad propose officiellement sa médiation le lendemain et avance un programme de réforme, le « document constitutionnel », destiné à réformer le pacte national de 1943. Il s'agirait d'obtenir la parité des parlementaires entre chrétiens et musulmans. Les pouvoirs du président de la République seraient augmentés au détriment de ceux du président du Conseil. L'accès aux fonctions publiques ne s'effectuerait plus sur des bases confessionnelles. L'accord du Caire est confirmé. Les chefs chrétiens acceptent le texte le 14 février 1976, mais les forces progressistes de Joumblatt le refusent et demandent la démission de Frangié. La Syrie y est totalement opposée. Les affrontements reprennent. Dans la Montagne, les chrétiens fuient les régions de coexistence ancienne avec les Druzes devant les opérations des milices progressistes. Assad décide alors d'intervenir au Liban. Le 9 avril, des contingents de la *Sa'iqa* pénètrent dans le pays et apportent leur soutien aux milices chrétiennes. Grâce au soutien de la Syrie, Elias Sarkis est élu à la tête de l'État le 8 mai 1976.

Le 31 mai, 6 000 soldats syriens entrent au Liban, précédant 6 000 autres et combattent difficilement les forces palestino-progressistes. En août, ces dernières s'effondrent sous l'action commune des milices chrétiennes, de l'armée syrienne et du soutien israélien, entraînant de nouveaux massacres dans les camps. Le Mouvement national se reconstitue dans la Montagne. La LEA décide alors d'intervenir afin de trouver une solution pacifique. Le sommet arabe de Riyad des 16-18 octobre 1976 instaure un cessez-le-feu et crée une force arabe de dissuasion (FAD), composée de contingents de différents pays. Les forces syriennes y prédominent largement. Elle se déploie dans le pays à partir du 14 novembre et instaure une paix relative.

3 D'UNE GUERRE L'AUTRE

3.1. Les tentatives de règlement du conflit

3.1.1. Le premier plan Rogers

L'ONU entend toujours trouver une solution diplomatique à la guerre des Six jours. Son secrétaire général désigne en 1968 un ambassadeur suédois, Jarring*, comme médiateur. Mais Israël refuse de reconnaître sa légitimité et rappelle son refus de restituer les territoires occupés. La mission onusienne échoue. L'arrivée de Nixon à la présidence relance le processus. Inquiet des retombées internationales du conflit israélo-arabe, il se propose de faire diminuer la tension dans la région et d'évincer l'URSS d'un règlement général. William Rogers, secrétaire d'État de Nixon, est favorable à cette ligne de conduite. Mais il se heurte aux conceptions divergentes d'Henry Kissinger, conseiller du président et responsable du Conseil national de sécurité. Ce dernier prône la stratégie de l'impasse. Il faut refuser toute solution pour obliger les États arabes à prendre conscience de l'inefficacité du soutien soviétique et de la nécessité d'une intervention américaine. Rogers estime de son côté que cette politique radicalisera davantage les positions arabes et favorisera l'implantation des Soviétiques.

Le 9 décembre 1969, Rogers présente son plan : évacuation du Sinaï selon un calendrier déterminé par Israël et l'Égypte, instauration de la paix entre les deux pays, création de zones démilitarisées près des frontières. Le 18 décembre, Rogers soumet un plan de règlement de la question cisjordanienne sur les mêmes principes. Le projet est refusé par Israël qui impulse une campagne d'opinion américaine contre le plan Rogers. Ce dernier perd l'appui de son président. Sous l'influence de Kissinger, Nixon s'engage vers la réalisation d'une politique de force contre l'Égypte, menée par Israël.

3.1.2. Le second plan Rogers

Le 19 juin 1970, Rogers présente un second plan devant l'escalade de la violence entre Israël et l'Égypte. Il propose un cessez-le-feu de trois mois, la reprise de la mission Jarring et l'acceptation par toutes les parties de la résolution 242. Nasser rejette ces propositions puis accepte l'idée d'un cessez-le-feu temporaire lui permettant de renforcer davantage son dispositif aérien et de mettre en œuvre le plan « granit ». Israël refuse également le plan Rogers. Nixon tente de faire revenir les responsables israéliens sur leur position en promettant la fourniture de nouveaux avions de combat.

Le 23 juillet 1970, Nasser accepte publiquement le plan Rogers. Il est suivi par le roi Hussein le 26. Le 1er août, c'est au tour d'Israël. Contre son approbation du plan, ce dernier a obtenu de nouvelles livraisons militaires, le maintien de l'interprétation israélienne de la résolution 242 et la nécessité d'un accord préalable avant tout retrait israélien. L'acceptation israélienne entraîne une crise politique dans le pays et le départ de la droite du gouvernement. Le cessez-le-feu entre en vigueur le 8 août 1970. En revanche, Israël refuse toujours la médiation Jarring et pose comme préalable le retour des forces égyptiennes sur leurs lignes de départ.

3.1.3. La diplomatie de Kissinger

Fin 1970, la ligne intransigeante de Kissinger l'emporte dans la politique américaine avec le maintien de la stratégie de l'impasse. L'amorce de la détente est-ouest laisse envisager un amoindrissement du soutien soviétique à ses partenaires arabes. Les États-Unis fournissent de nouvelles armes à Israël et décident dans le même temps de relancer la mission Jarring. Mais cette dernière échoue à nouveau sur la question des frontières. Israël se montre d'autant plus intransigeant qu'il est assuré du soutien américain. Le 4 février 1971, Sadate propose une réouverture du canal conditionnée par un retrait partiel des forces israéliennes. Le projet est soutenu par Washington mais il échoue sur la question de la démilitarisation du Sinaï et sur celle des frontières. Rogers, qui avait soutenu ce plan, est définitivement écarté des affaires moyen-orientales.

En février 1972, le refus soviétique d'augmenter l'aide économique et militaire à l'Égypte pousse Sadate à se tourner vers les États-Unis. Un canal discret est établi sous les auspices de Kissinger. Au sommet de Moscou de mai 1972, ce dernier obtient un engagement soviétique sur le règlement de la question israélo-arabe. Moscou accepte l'idée d'un règlement global par étapes, le retrait israélien « de territoires occupés », la fin de l'état de belligérance et la mise en place de la paix. Après l'expulsion en 1972 des conseillers soviétiques d'Égypte, le canal Sadate-Kissinger est activé. En février 1973, des rencontres ont lieu entre Kissinger et des responsables égyptiens. Le conseiller de Nixon établit sa politique des « petits pas » : en premier lieu, il propose la reconnaissance de la souveraineté égyptienne sur le Sinaï mais il insiste sur la nécessaire sécurité d'Israël et donc le maintien de sa présence militaire pendant plusieurs années. Sadate refuse, appuyé par les Soviétiques, qui rejettent leurs engagements du sommet de Moscou.

3.2. La poursuite des tensions israélo-arabes

3.2.1. La guerre d'usure israélo-égyptienne

Dès 1968, l'Égypte entreprend le réarmement de son armée avec du matériel soviétique et accueille un nombre toujours plus grand de conseillers soviétiques. Nasser recherche une escalade militaire en mesure de forcer les puissances occidentales à intervenir et à entamer un processus de règlement du conflit. Durant l'été 1968, les échanges de tirs d'artillerie deviennent fréquents. Les populations des villes égyptiennes proches du canal sont évacuées. L'armée israélienne multiplie les raids aéroportés, principalement sur les infrastructures économiques égyptiennes. Elle consolide également sa ligne de position devant le canal (ligne dite Bar Lev).

En mars 1969, Nasser déclenche une guerre d'usure contre Israël, dans la région du canal. Il met en place le plan « granit ». D'après celui-ci, la guerre d'usure doit ensuite déboucher sur une guerre totale et sur la neutralisation de l'aviation israélienne. L'Égypte pourra ensuite franchir le canal et reconquérir le Sinaï. La guerre d'usure se traduit par des bombardements intensifs sur les positions israéliennes, des actions isolées de tireurs d'élite et des actions de commandos derrière les lignes ennemies. Les pertes israéliennes sont sensibles. Israël répond toujours par des raids aéroportés, puis par des bombardements massifs sur le canal et la région du golfe de Suez. Il parvient à détruire les matériels anti-aériens de l'Égypte.

À partir du 7 janvier 1970, Israël déclenche une campagne de bombardements stratégiques à l'intérieur du territoire égyptien, destinée à détruire les installations militaires et à toucher le moral des populations civiles (bombardement des écoles, des usines). Les pertes humaines sont considérables mais la population égyptienne fait front derrière son chef. L'URSS réagit et adresse un avertissement à Washington. Si les bombardements israéliens se poursuivent, elle apportera un appui militaire direct à l'Égypte. À partir de mars 1970, l'efficacité des batteries de Sam 3 entraîne l'arrêt des raids aériens israéliens. L'apparition d'avions pilotés par des Soviétiques dissuade Israël de poursuivre sa campagne de bombardements stratégiques. Les États-Unis, soucieux de cette escalade, limitent leur fourniture d'avions à Israël. L'Égypte obtient enfin un compromis israélien, lorsque l'État hébreu accepte de négocier sur la base de la résolution 242 et abandonne sa demande préalable de négociations bilatérales directes. Fin juin 1970, l'Égypte achève de mettre en place son dispositif anti-aérien sur le canal. Plusieurs avions israéliens sont abattus. L'acceptation du second plan Rogers entraîne finalement l'établissement d'un cessez-le-feu le 8 août 1970. Une zone de 50 kilomètres de part et d'autre du canal est neutralisée. Pour Nasser, il s'agit d'un répit, l'opération « granit » étant maintenue pour le 7 novembre 1970. Elle doit s'accompagner d'une vaste diversion militaire sur le front est, menée par la Syrie, la Jordanie et les Palestiniens. La guerre d'usure a fait autant de victimes que la guerre de 1967.

3.2.2. La préparation de la guerre

L'URSS prévient en 1973 les États-Unis que la Syrie et l'Égypte sont décidées à déclencher un nouveau conflit. Elle demande aux États-Unis de relancer une initiative de paix dans la région. Le sommet américano-soviétique de juin 1973 y fait vaguement allusion, mentionnant les « intérêts légitimes du peuple palestinien ». L'URSS maintient sa coopération militaire avec l'Égypte, malgré l'expulsion des conseillers soviétiques.

En avril 1973, Sadate et Assad se rencontrent pour préparer un plan de reprise des combats contre Israël. Les responsables militaires s'accordent sur le début de l'automne suivant. Faysal d'Arabie saoudite, consulté par Sadate, promet une utilisation de l'arme pétrolière. Les buts de guerre divergent en revanche entre Damas et Le Caire. L'objectif de la Syrie est de reconquérir le plus de terres perdues afin de forcer Israël à se retirer de tous les territoires occupés de 1967. L'Égypte s'est en revanche fixée comme objectif la récupération du seul Sinaï.

3.3. La guerre d'octobre 1973

3.3.1. La difficile victoire israélienne

La date retenue pour l'offensive arabe est finalement celle du 6 octobre 1973, fête de la victoire du Prophète Mahomet sur les Mecquois. C'est également le jour de la fête juive du *Yom Kippour*. Dans les jours qui précèdent, la Syrie et l'Égypte procèdent à des mouvements de concentration de troupes sans que ceux-ci inquiètent les services de renseignements israéliens, qui croient à une seule manœuvre d'intoxication. Mais le 6 octobre au matin, Israël prend conscience de l'imminence d'une offensive arabe, mobilise et envisage une opération préventive, déconseillée par Washington.

Les deux armées arabes attaquent à midi. L'armée égyptienne franchit le canal et attaque la ligne Bar Lev. Elle s'empare de plusieurs postes fortifiés. Des commandos égyptiens sont parachutés derrière les lignes israéliennes pour couper les voies de communication. L'intervention de l'aviation israélienne se solde par un échec devant la puissance de feu des batteries anti-aériennes égyptiennes. L'Égypte n'entend pas pénétrer plus à fond dans le Sinaï. Son armée établit une ligne de défense en profondeur sur la rive Est du canal. Les Israéliens ont perdu 900 blindés dans les combats.

Sur le Golan, l'armée syrienne décide une offensive en force, combinée à des actions de commandos sur les principales bases militaires ennemies du plateau. L'aviation israélienne essuie de lourdes pertes. La ligne de défense israélienne recule puis, le 7 octobre, est au bord de l'effondrement. Le lendemain, la situation militaire se rétablit avec l'envoi par Israël d'une nouvelle flotte d'avions de guerre. Le 13 octobre 1973, les Syriens sont revenus à leurs lignes de départ. La Syrie réorganise alors ses forces à l'aide de blindés jordaniens et de contingents irakiens, assure la défense de Damas mais échoue à mettre en œuvre une contre-offensive.

L'armée israélienne a dû sacrifier le quart de son potentiel militaire. Inquiet de voir ses réserves s'épuiser, Israël s'adresse aux États-Unis pour de nouvelles fournitures de matériels. Après qu'Israël a menacé d'utiliser l'arme nucléaire, les États-Unis acceptent et organisent un pont aérien, effectif le 14 octobre. Le même jour, l'Égypte lance une nouvelle offensive dans le canal mais, devant l'arrivée du matériel américain, c'est un échec. L'armée égyptienne se replie sur le canal, laissant à découvert la zone de sortie du canal dans le lac Amer. Ariel Sharon, commandant des forces israéliennes, saisit immédiatement l'opportunité et traverse le canal pour mener une tentative d'encerclement de l'armée égyptienne.

3.3.2. La tension américano-soviétique

L'objectif de l'URSS durant le conflit est d'empêcher une escalade internationale tout en préservant son influence dans la région. Dans les premiers jours de la guerre, les responsables soviétiques recherchent un cessez-le-feu afin de conserver le gain des victoires arabes, tandis que les États-Unis, persuadés d'une rapide victoire israélienne, le refusent. Sadate accepte le cessez-le-feu le 16 octobre mais Israël refuse, emporté par l'élan de sa contre-offensive au sud du canal.

Une victoire israélienne totale est inacceptable pour les deux grandes puissances. L'URSS met en alerte des forces aéroportées susceptibles d'intervenir dans la région du canal. Elle met également en place des ponts aériens avec la Syrie et l'Égypte. Des négociations soviéto-américaines s'ouvrent le 20 octobre à Moscou. Les deux pays rédigent un document qui devient la résolution 338 du Conseil de sécurité des Nations unies, votée le 22. Le texte demande l'instauration d'un cessez-le-feu immédiat, l'application de la résolution 242, l'ouverture de négociations entre les parties. Pressée par la situation militaire, l'Égypte accepte la résolution 338. Puis c'est au tour de la Syrie et d'Israël. Mais ce dernier décide de ne pas respecter le cessez-le-feu et poursuit sa manœuvre d'encerclement de l'armée égyptienne.

Le 24 octobre, la résolution 339 exige le retrait des Israéliens sur leurs positions du 22. L'URSS propose une intervention militaire conjointe avec les États-Unis pour séparer les belligérants, mais Kissinger refuse. Les Soviétiques sont prêts à agir unilatéralement. Kissinger décide alors de mettre en état d'alerte toutes les forces américaines du secteur atlantique, y compris l'aviation stratégique porteuse d'armes nucléaires. La résolution 340 réitère l'ordre de cessez-le-feu et crée une Force d'urgence des Nations unies (FUNU). Devant la tension internationale, Israël accepte le cessez-le-feu.

3.3.3. Le premier choc pétrolier

Le 17 octobre 1973, les représentants des pays arabes pétroliers, réunis à Koweït, décident une réduction mensuelle de 5 % de la production pétrolière jusqu'à évacuation des territoires occupés et reconnaissance des droits des Palestiniens. Le 20 octobre, Faysal décide un embargo total sur les livraisons destinées aux États-Unis, puis aux Pays-Bas. L'embargo est symbolique, dans la mesure où les pays frappés peuvent se ravitailler ailleurs. En revanche, le prix du baril sur le marché libre connaît une forte hausse, passant de 3 $ à 18 $ en quelques semaines. Fin décembre, les pays de l'OPEP réunifient le prix du baril à 11,65 $. C'est donc en définitive un quadruplement de prix qui est opéré.

Les revenus des pays arabes pétroliers connaissent alors une hausse spectaculaire. Ceux de l'Arabie saoudite passent de 2 milliards de $ en 1970 à 43 milliards en 1977. La masse des revenus n'est pas totalement investie dans les projets de développement local. Les surplus sont considérables. Ils sont recyclés dans les pays occidentaux sous forme de placements bancaires. C'est ce qu'on appelle le recyclage des pétrodollars.

Très vite, certains pays arabes souhaitent une réduction de la production pour maintenir les prix à la hausse. Mais les États-Unis refusent cette perspective. Ils tentent de constituer un cartel international de consommateurs pour faire face à l'OPEP mais l'entreprise échoue en raison du refus de la France. Pour s'opposer à toute diminution de la production, les États-Unis sont prêts à mener une opération militaire dans la Péninsule destinée à prendre le contrôle des principaux champs pétrolifères. À défaut d'une intervention, ils sont disposés à faire de l'Iran, seule puissance militaire d'envergure dans la région, le gendarme du Golfe. Dès 1974, l'Arabie saoudite répond qu'elle est disposée à une réduction des prix mais elle se heurte à l'opposition de l'Algérie, de l'Irak et de l'Iran.

4 CAMP DAVID

4.1. Les négociations d'après-guerre

4.1.1. L'éviction diplomatique de l'URSS

Pour mettre fin au conflit, une négociation générale s'ouvre en décembre 1973 à Genève. Cette conférence est précédée du VIe sommet arabe d'Alger, les 26-28 novembre 1973. Le sommet réitère les objectifs des États arabes face à Israël : libération totale des terres conquises en 1967, libération de la Jérusalem arabe et refus de toute atteinte à la souveraineté de cette dernière, rétablissement des droits nationaux du peuple palestinien. Le sommet dresse un véritable programme d'action envers les différents pays du monde. À l'égard de l'Europe occidentale, il exige la fin du soutien économique et militaire à Israël et la suppression de l'embargo sur les ventes d'armes aux pays arabes. Envers les États-Unis, le sommet demande une meilleure prise en considération de la cause arabe. Envers les pays de l'Est, il réitère la nécessité du soutien de ces derniers à la cause arabe et de la poursuite des fournitures d'armes.

La conférence de Genève s'ouvre sous la coprésidence américano-soviétique. Mais il s'avère rapidement que seuls les États-Unis ont les moyens d'imposer un règlement. Kissinger propose d'établir entre Israël et les États arabes une médiation se passant de la participation soviétique. Le conseiller de Nixon inaugure ainsi la diplomatie des « navettes » entre Jérusalem et les différentes capitales arabes. Kissinger refuse un accord global et préconise un rapprochement progressif des positions des différentes parties par la politique des « petits pas ». Les pays arabes acceptent cette démarche et délaissent pour le moment l'appui soviétique.

4.1.2. Les accords de désengagement

Le 11 novembre 1973, un accord technique, dit du « kilomètre 101 », est accepté entre Israël et l'Égypte, sous les auspices de Kissinger. Il permet de ravitailler l'armée égyptienne, toujours menacée d'encerclement et des échanges de prisonniers. Du 13 au 18 décembre, Kissinger effectue une navette entre Israël et les pays arabes pour préparer la conférence de Genève. Syriens et Égyptiens sont avant tout soucieux d'obtenir un retrait militaire israélien et sont disposés à céder sur la question palestinienne. La conférence s'ouvre le 21 décembre 1973. Un comité technique militaire, chargé du désengagement des belligérants, est mis en place.

La navette de Kissinger des 10-18 janvier 1974 aboutit à la signature de l'accord du « kilomètre 101 ». Les forces israéliennes se retirent sur une ligne parallèle au canal, distante de ce dernier d'environ vingt kilomètres. Une zone tampon est créée entre les deux armées et est occupée par la FUNU. La question du Golan est plus délicate. Israël y a multiplié les implantations de colonies et entend annexer une grande partie de ce territoire. L'Arabie saoudite conditionne la fin de l'embargo à un désengagement israélien du Golan. La navette qui débute le 25 février 1974 a pour objectifs de concrétiser les accords de désengagement. Israël refuse un retrait total des territoires occupés durant la guerre d'octobre. Les tensions reprennent sur le Golan. Le 18 mars, l'embargo pétrolier est toutefois levé. Fin mai, un accord syro-israélien est signé sur le modèle de l'accord égypto-israélien. Les forces israéliennes ont accepté de se retirer au-delà de la ligne de juin 1967 en échange de fournitures d'armes américaines. Nixon se rend au Moyen-Orient du 12 au 18 juin 1974 et y effectue un voyage triomphal consacrant les succès de la diplomatie américaine.

4.1.3. La « cogestion » de la Cisjordanie

Refusant toujours toute représentativité aux Palestiniens, Kissinger se montre favorable à un retrait israélien de la Cisjordanie au profit de la Jordanie. Mais l'État hébreu s'y oppose fermement en raison du développement de sa politique dans les territoires occupés. À la veille de la guerre d'octobre, Israël a adopté le document Gallili qui prévoit l'intensification des implantations de colonies avec la création de villes nouvelles dans le Sinaï et le Golan. En Cisjordanie et à Gaza, les responsables israéliens envisagent une déterritorialisation des régions palestiniennes. La nationalité jordanienne serait accordée à tous les Palestiniens, les territoires continueraient d'être administrés par Israël, les citoyens israéliens disposeraient du droit de s'y installer. En refusant d'annexer les territoires, Israël évite de donner la citoyenneté israélienne aux Palestiniens et de se trouver ainsi dans une position démographique délicate.

La Jordanie refuse le plan israélien. Elle souhaite conserver une présence politique dans les territoires et refuse l'idée de la formation d'un État palestinien. Elle accepte d'octroyer un passeport jordanien aux ressortissants de la bande de Gaza. Les fonctionnaires arabes de Cisjordanie sont salariés par Amman. C'est à une sorte de cogestion jordano-israélienne qu'on assiste alors dans les territoires. Israël y est favorable car elle diminue les coûts d'occupation et les frais administratifs, alors que les prélèvements fiscaux restent importants. En revanche, l'État hébreu s'oppose à tout projet de développement économique. Les produits israéliens sont librement exportés vers les territoires alors que les biens palestiniens ne peuvent l'être que vers la Jordanie. Face à l'occupation, les populations arabes n'opposent qu'une résistance passive destinée à maintenir la présence arabe dans les territoires. Mais le sentiment national est de plus en plus vigoureux.

4.1.4. L'accord Sinaï II

La reconnaissance de l'OLP fait de cette dernière un acteur essentiel du processus de paix et pose la question de sa participation à la reprise éventuelle de la conférence de Genève. Le sommet arabe de Rabat a rappelé le refus de ses participants de dissocier les négociations entre la Syrie et l'Égypte. Les deux dossiers doivent faire l'objet d'un traitement global. Mais Sadate affirme secrètement qu'il est disposé à négocier un accord séparé avec Israël s'il en tire certains bénéfices. Les responsables israéliens se montrent disposés à opérer un retrait important dans le Sinaï en échange d'une déclaration de non-belligérance de l'Égypte.

En mars 1975, Kissinger obtient de Sadate l'acceptation du principe de non-utilisation de la force pour résoudre la question israélo-arabe. Israël refuse néanmoins et rompt ainsi les négociations. C'est la fin de la diplomatie de Kissinger. Ford, successeur de Nixon, envisage la nécessité d'une refonte complète de la politique américaine au Moyen-Orient. Les États-Unis décident de réduire leur aide économique et militaire à Israël. Mais ils refusent toujours d'accorder une légitimité diplomatique à l'OLP et s'opposent donc à la reprise de la conférence de Genève.

Le 5 juin 1975, Sadate réouvre à la navigation le canal de Suez, signifiant par là qu'il n'entend pas reprendre les hostilités contre Israël. Ford pousse ce dernier à accepter de reprendre les négociations sur le Sinaï en échange d'une relance de l'aide américaine. Le 4 septembre 1975, l'accord de désengagement, dit « Sinaï II », est signé entre Israël et l'Égypte. L'État hébreu décide de se retirer jusqu'à la ligne des cols du Sinaï et rend à l'Égypte les champs de pétrole du golfe de Suez. Les deux parties s'engagent à régler leurs différends par des moyens pacifiques, devant aboutir à un règlement de paix durable. L'Égypte autorise le passage par le canal de produits non militaires venant ou à destination d'Israël. En mars 1976, l'Égypte reçoit pour la première fois de l'armement américain. Les États-Unis tentent également de relancer les accords de désengagement israélo-syriens mais ils ne disposent plus d'aucun moyen de pression sur Israël. Comme toute négociation avec l'OLP et la Jordanie est exclue, le processus de paix est désormais interrompu.

4.2. Les accords de Camp David

4.2.1. Le rôle des États-Unis

La nouvelle administration Carter, arrivée au pouvoir en 1976, n'a pas une grande connaissance des affaires moyen-orientales. Carter, en tant que baptiste, est sensible aux thèmes bibliques du sionisme, mais il est également fortement préoccupé par la question des droits de l'homme, et donc par le sort des Palestiniens. La politique de Carter est inverse de celle menée par Kissinger. Il faut privilégier un règlement global de la question israélo-arabe et non un règlement par étapes. La conférence de Genève doit être reprise.

Afin d'amener Israël à la négociation, Carter porte l'aide américaine à 1,7 milliard de dollars. Puis il relance les pourparlers entre les parties en février 1977. Israël refuse toutefois tout entretien avec l'OLP. Le 16 mars 1977, le président américain répond que la question palestinienne doit être résolue et que les réfugiés doivent avoir une terre (*homeland*). Au Caire, le XIIIe CNP examine la question de la participation de l'OLP à la conférence de Genève. Le refus de la résolution 242 est rappelé. Toutefois, l'OLP affirme son intention d'être à Genève et laisse entendre qu'elle pourrait envisager la création d'un État palestinien dans les territoires occupés, signifiant ainsi l'acceptation d'une coexistence possible avec Israël.

Pour Carter, les négociations doivent porter sur trois points : la paix, les frontières et le sort des réfugiés. Il parvient à convaincre l'Égypte, la Syrie et la Jordanie de venir à la table des négociations. Le 17 mai 1977, les élections israéliennes portent au pouvoir le Likoud, formation de droite, dirigée par Begin*. Ce dernier accepte le principe de la conférence de Genève mais refuse la présence des Palestiniens. Il ouvre un canal secret de pourparlers avec Sadate et comprend que celui-ci est prêt à la paix contre la restitution du Sinaï. Le 1er octobre 1977, un communiqué commun américano-soviétique appelle à la tenue de la conférence de Genève, au retrait des forces armées israéliennes des territoires occupés en 1967, au respect des droits légitimes des Palestiniens. Assailli par les conservateurs et les prosionistes, Carter doit toutefois effectuer machine arrière et reconnaît un droit de veto à Israël sur la participation de l'OLP à la conférence de Genève.

4.2.2. Les négociations de Camp David

Le 9 novembre 1977, Sadate, sentant que les négociations en vue de la tenue d'une conférence internationale traînent, déclare, devant l'Assemblée nationale égyptienne, qu'il est prêt à se rendre en Israël pour négocier la paix. Le 19 novembre, Sadate est à Jérusalem. Au Parlement israélien, il réaffirme son désir de paix et le droit des Palestiniens. Cette visite est une reconnaissance *de facto* de l'État d'Israël, ce qui entraîne l'hostilité des autres pays arabes à l'égard de l'Égypte. Au sommet arabe de Tripoli, le 2 décembre, le front du refus palestinien et l'Irak s'opposent à la Syrie et à l'OLP qui souhaitent un règlement négocié avec Israël. Les participants décident de geler leurs relations diplomatiques avec l'Égypte. En revanche, cette dernière obtient le soutien de Carter. Tout s'oriente vers une négociation bilatérale israélo-égyptienne.

Israël fait connaître ses propositions : évacuation du Sinaï, maintien des colons sous la protection de l'ONU et d'Israël, report de toute discussion sur les territoires occupés. Mais le 25 décembre 1977, une rencontre entre Sadate et Begin aboutit à une impasse. Carter s'empare du dossier et convoque les deux parties pour un sommet à Camp David, une des résidences du chef de l'État américain. La négociation dure treize jours (5-17 septembre 1978). Les accords conclus réaffirment que la résolution 242 reste le cadre de référence des négociations. Israël se retire du Sinaï, y compris les colons. L'Égypte ne peut y effectuer qu'un déploiement militaire limité. Pour la Cisjordanie et Gaza, les parties appellent à la conclusion d'accords transitoires d'une période de cinq ans. Israël accepte l'instauration d'une « autorité autonome » arabe élue dans les territoires. La Jordanie sera associée à ce processus. Trois ans après l'établissement de l'autorité autonome, le statut définitif des territoires sera discuté entre Israël, l'Égypte, la Jordanie et les représentants élus de Cisjordanie et de Gaza. Israël est officiellement reconnu par l'Égypte. La liberté de navigation dans le canal de Suez lui est octroyée.

4.2.3. La paix israélo-égyptienne

Le traité doit être signé dans un délai de trois mois, mais Israël recule l'échéance. Begin cherche à vider de leur contenu les clauses concernant les territoires et resserrer l'accord sur la paix avec l'Égypte. La Jordanie, mentionnée à plusieurs reprises dans le texte des accords, refuse de s'engager dans un processus à la négociation duquel elle n'a pas participé. La question des territoires occupés continue de poser des problèmes pour la conclusion d'un accord. Begin relance la politique de colonisation juive. Ces territoires font partie historiquement d'Israël, il n'y aura pas d'État palestinien et l'armée israélienne ne sera pas retirée après la période transitoire de cinq ans.

En mars 1979, Carter est obligé d'intervenir de nouveau. Mais il ne parvient pas à modifier la nouvelle orientation de l'accord qui prend un sens purement israélo-égyptien et laisse de côté la question des Territoires. Le 26 mars 1979, le traité de paix israélo-égyptien est signé à Washington. Les pourparlers sur l'autonomie palestinienne reprennent le 29 mai 1979 en même temps que le retrait israélien du Sinaï. Ce retrait s'achèvera en avril 1982. Israël entend conserver le contrôle des dossiers essentiels (l'eau, la sécurité) et poursuivre sa politique d'implantation. Le 30 juillet 1980, le Parlement israélien vote l'annexion définitive de Jérusalem-Est. Ce geste met fin à toute négociation sur le sort des territoires occupés.

4.2.4. Les réactions arabes

Dans le monde arabe, à l'exception de l'approbation soudanaise et des positions nuancées du Maroc et d'Oman, la condamnation de l'Égypte est unanime. L'OLP mène cette opposition. Le 19 septembre 1978, quelques jours après la fin des négociations de Camp David, l'OLP condamne la « reddition » de Sadate et son passage du côté des intérêts américano-israéliens. Les pourparlers sur les territoires manifestent la volonté annexionniste d'Israël. L'organisation pense que l'implantation des colonies va se poursuivre.

Les pays du Golfe condamnent l'absence de la participation aux négociations de l'OLP et le manque de clarté des accords concernant Jérusalem. Le IXe sommet arabe se tient du 2 au 5 novembre à Bagdad, en l'absence de l'Égypte. Les accords de Camp David sont rejetés à l'unanimité et les participants étudient le transfert du siège de la LEA du Caire à Tunis.

À la fin des années 1970, la question israélo-arabe, facteur d'unité du monde arabe, est devenue un élément de division entre les États arabes. La politique de Sadate a abouti à une paix séparée, sans tenir compte des intérêts arabes généraux et du sort politique des Palestiniens. Après Camp David, avec la remise en cause du mythe de l'unité arabe, c'est l'arabisme qui entre en crise.

Chapitre 8

La remise en question de l'arabisme (1979-1991)

LA FIN DES ANNÉES 1970 se traduit par un affaiblissement notoire du message arabiste au Moyen-Orient. La guerre civile libanaise et les accords de Camp David ont mis un terme à l'idée, en partie fictive il est vrai, de l'unité arabe. La révolution iranienne consacre l'essor de l'Islam politique comme idéologie de rechange à l'arabisme. On assiste à une fermeture des États arabes sur leurs affaires internes. Seule la guerre Iran-Irak traduit encore une certaine solidarité régionale, mais cette dernière éclate à la fin du conflit et débouche sur la guerre du Golfe, au cours de laquelle la division du monde arabe se révèle flagrante.

1 L'ESSOR DE L'ISLAM POLITIQUE

1.1. Les grands courants de l'Islam politique contemporain

1.1.1. Les Frères musulmans

Grâce aux mesures de libéralisation politique de Sadate, la société des Frères musulmans renaît en Égypte. Ses membres sont marqués par l'influence du penseur égyptien Sayyid Qotb, pendu en 1964, qui a éliminé du message islamiste toute référence à l'arabisme. Il a orienté le mouvement vers une contestation violente du régime et réclamé une société politique dominée par la loi divine.

L'organisation est en rupture avec l'Islam officiel. Ses membres ont été formés hors des institutions religieuses et les responsables institutionnels accusent fréquemment ceux-ci de n'avoir aucune culture théologique et d'ignorer le contenu réel des textes sacrés. L'organisation est donc, comme la plupart des mouvements islamistes du monde arabe, en conflit avec les autorités religieuses traditionnelles.

1.1.2. Le wahhabisme

Ce mouvement puritaniste est la religion officielle de l'État d'Arabie saoudite. Avec l'accroissement considérable de ses revenus dans les années 1970, l'Arabie saoudite relance la prédication wahhabite dans le monde musulman comme moyen de combattre l'arabisme. Le roi Faysal, assassiné en 1975, en est le grand organisateur. Il fait des villes saintes de l'Islam des centres de formation pour les religieux musulmans du monde entier. Il mène également une politique de subventions des œuvres religieuses, comme la construction de mosquées dans l'ensemble du monde, et notamment en Occident.

Depuis les années 1960, les États-Unis soutiennent cette politique de prédication qui leur apparaît comme un excellent moyen de combattre l'arabisme révolutionnaire et le marxisme. Le wahhabisme n'a pas pour ambition de bouleverser l'ordre social. Il est considéré, par les responsables américains, comme un facteur de stabilité politique dans un Moyen-Orient révolutionnaire. Le wahhabisme recherche la restauration d'un ordre traditionnel, en partie mythique, fondé sur les relations entre religieux et pouvoir monarchique. Contrairement aux Frères musulmans, c'est un mouvement institutionnel et officiel, étroitement associé au pouvoir.

1.1.3. Le maududisme

L'Islam pakistanais a surtout à l'origine une vocation identitaire nationale face à l'hindouisme. Mais le problème se pose, dans le Pakistan contemporain, des rapports entre cette religion et l'État. Certains penseurs religieux ont envisagé la constitution d'un État purement islamique. C'est le cas du plus célèbre d'entre eux, Maulana Maududi, mort en 1979. Selon lui, l'Islam doit être totalitaire, à l'image du fascisme et du communisme. Le fondement de ce régime serait l'application exclusive de la loi religieuse. L'État islamique sera gouverné par un émir, imam ou calife, choisi par consensus de la communauté musulmane. Maududi refuse tout pluralisme politique tout comme il rejette la lutte des classes.

Le courant maududiste, tout comme celui des Frères musulmans, rejette l'Islam institutionnel. Il a beaucoup influencé Sayyid Qotb, le régime pakistanais du général al-Haqq et la résistance afghane à l'occupation soviétique (qui commence en 1979). L'Islam pakistanais a aussi engendré des mouvements confrériques prédicateurs et fondamentalistes très influents dans le milieu des travailleurs immigrés musulmans de l'Europe de l'Ouest. De nombreux islamistes maghrébins ont ainsi été formés par ces confréries avant de retourner dans leur pays mener une action de prédication. De véritables brigades de volontaires se constituent à travers le monde musulman pour aller mener la « guerre sainte » en Afghanistan contre le « Satan soviétique ». Le Pakistan constitue la base arrière de ce combat. Ce dernier est également financé par l'Arabie saoudite et aidé par les États-Unis.

1.1.4. Le chi'isme révolutionnaire

En raison de la croyance en un imam caché, les chi'ites ne reconnaissent aucune légitimité au pouvoir en place. Deux attitudes sont possibles : un refus de la vie politique par l'adoption d'une position quiétiste ou bien le combat contre les pouvoirs illégitimes. Dans les années 1960, en Irak, où les chi'ites représentent près de 60 % de la population, les religieux ont élaboré tout un corpus doctrinal destiné à répondre aux défis du monde contemporain. Le centre de ce mouvement de réflexion est la ville sainte chi'ite de Najaf. Il s'organise autour de l'autorité de l'*ayatollah* irakien Baqr al-Sadr. Dans l'entourage de ce dernier, on trouve les personnalités religieuses chi'ites les plus marquantes des années 1980, l'*ayatollah* Khomeyni*, alors en exil en Irak, l'imam libanais Fadlallah.

Rejetant le capitalisme et le communisme, le chi'isme irakien élabore une doctrine politique qui repose sur l'instauration d'une République islamique, dans laquelle la loi divine domine intégralement les activités humaines. Khomeyni affirme que seuls les religieux sont compétents pour mettre en œuvre cette république. L'État islamique doit être une sorte de théocratie institutionnelle. Elle sera dirigée par le délégué de l'imam ou vice-imam, chef de la communauté islamique et à l'origine des grands choix de l'État. D'autre part, un pouvoir étatique sera formé avec une assemblée puissante et un président de la République, chargés d'appliquer les orientations formulées par le vice-imam.

1.2. La montée de l'Islam politique dans les pays arabes

1.2.1. L'assassinat de Sadate

Opposés aux accords de Camp David, les islamistes égyptiens constituent une menace réelle pour le pouvoir. Ils ont investi, dans les années 1970, les milieux universitaires et y ont multiplié organisations et mouvements. La presse islamiste a été réautorisée et jouit d'une réelle influence dans le pays. Bientôt, les mosquées échappent au pouvoir et deviennent des centres d'opposition. Les prêches qui y sont donnés sont ensuite reproduits sur cassettes et diffusés à travers le monde. Dès 1974, les premiers attentats ont été perpétrés par des groupes proches de la pensée de Sayyid Qotb. Mais ils sont démantelés par une répression policière efficace.

Le réveil de l'Islam entraîne un renouveau religieux dans la communauté chrétienne d'Égypte, les coptes. Ces derniers refusent l'évolution demandée par les islamistes, qui reléguerait la religion copte à un statut secondaire. Ils réclament la liberté de construction d'édifices religieux. Les coptes s'opposent à la politique de conciliation de Sadate envers les islamistes, notamment dans le domaine de la législation. Le patriarche copte est lui aussi opposé aux accords de Camp David. Il interdit ses fidèles de se rendre en pèlerinage à Jérusalem et perturbe ainsi la politique de normalisation des relations égypto-israéliennes.

Les incidents confessionnels se multiplient, les coptes étant accusés par les islamistes d'être des agents de l'Occident. En juin 1981, des affrontements entre Coptes et islamistes ont lieu dans la banlieue du Caire. Le 3 septembre, Sadate ordonne une vaste opération de police et d'arrestations. 3 000 opposants de tout bord politique sont emprisonnés. Le patriarche copte est placé en résidence surveillée dans un monastère. L'opinion publique s'inquiète de cette dérive policière qui rappelle les années nassériennes. L'organisation islamiste de tendance qotbiste, *al-Jihad*, décide de préparer un attentat contre le chef de l'État, suivi d'un soulèvement populaire. Le 6 octobre 1981, lors du défilé commémoratif de la guerre d'octobre, Sadate est assassiné devant les caméras de télévision et meurt dans les heures suivantes. Un mouvement de révolte, lancé en Haute-Égypte, échoue.

Le vice-président, Hosni Moubarak*, est placé rapidement à la tête de l'État. Moubarak est un militaire, formé en partie en URSS. Né en 1928, il est d'une génération postérieure à celle de la révolution des Officiers libres. Il se présente comme le continuateur de Sadate. Mais il décide de libérer les opposants arrêtés par son prédécesseur. Son action est soutenue par les États-Unis. Il restaure un réel multipartisme (le *Wafd* renaît en 1984), bien que le Parti national-démocrate (PND), fondé par Sadate en 1978, continue d'exercer son hégémonie sur la vie politique égyptienne. En revanche, les organisations islamistes n'ont pas le droit de se présenter en tant que telles aux élections et demeurent sous étroite surveillance dans les années 1980. Sur le plan extérieur, Moubarak va chercher à obtenir la réintégration de l'Égypte dans le monde arabe. Au sommet d'Amman de novembre 1987, les relations diplomatiques entre les États membres de la LEA (à l'exception de l'Algérie, de la Libye, de la Syrie et du Liban qui renouent avec l'Égypte au cours de l'année 1989) et l'Égypte sont rétablies. En 1990, le retour du siège de la LEA au Caire est décidé.

1.2.2. Les émeutes syriennes de 1982

L'action des Frères musulmans en Syrie doit se comprendre dans une optique autant idéologique (opposition doctrinale au *Ba'th*) que confessionnelle. Les sunnites forment 70 % de la population mais sont privés du pouvoir, entre les mains des alaouites depuis les années 1960. La revendication islamiste constitue un moyen de contester cette situation politique. À la fin des années 1970, les islamistes se procurent des armes au Liban et les font passer en territoire syrien. Immédiatement, des attentats contre le pouvoir commencent. Le 16 juin 1979, un commando attaque l'école d'artillerie d'Alep et assassine 83 cadets, tous de confession alaouite. Le mouvement islamiste s'implante surtout dans les grandes villes du nord du pays (Alep, Hama, Homs, Lattaquieh) et délaisse la capitale syrienne, solidement tenue par les forces armées et policières du régime.

Le pouvoir décide de mener une répression sans pitié. En mars 1980, Alep se soulève pendant plusieurs jours. L'action policière fait plusieurs centaines de morts. Le 27 juin de la même année, les brigades de défense massacrent 500 prisonniers détenus à Palmyre. En février 1982, la ville de Hama se soulève sous l'impulsion des Frères musulmans. Après trois semaines de combat et d'intenses bombardements (le centre de la ville est rasé), Hama tombe. On estime à 15 000 le nombre des victimes des combats et des massacres qui s'en sont suivis. C'est l'effondrement des islamistes.

1.2.3. L'Arabie saoudite et le chi'isme

La contestation islamiste est moins importante dans le royaume en raison notamment des solidarités bédouines (le fait vaut également pour les autres régimes de la Péninsule). De plus, le rigorisme wahhabite, bien que non reconnu par le sunnisme, constitue une garantie religieuse entre les mains du pouvoir. En novembre 1979, un groupe d'exaltés s'empare de la grande mosquée de La Mecque et proclame son chef le *mahdi*, homme guidé par Dieu. Les forces de police, aidées par un contingent du GIGN français, reprennent le contrôle des lieux après quinze jours de sièges. Les insurgés sont tous exécutés.

L'affaire remet en cause le dogme de la protection des villes saintes par le régime saoudien. Ce dernier doit retrouver une légitimité en luttant notamment contre les hérésies de l'Islam, en premier lieu le chi'isme révolutionnaire. Regroupées sur la côte du Golfe, les populations chi'ites du royaume n'ont pas le droit de célébrer leur culte. En novembre 1979, pris dans l'exaltation de la révolution iranienne, les chi'ites organisent des manifestations religieuses, immédiatement réprimées par la police saoudienne (19 morts).

1.2.4. La répression irakienne

L'Irak doit faire face, à la fin des années 1970, à deux menaces. Celle de la République islamiste d'Iran (qui s'installe en 1979 après une révolution populaire ayant renversé le régime du Chah) et celle des mouvements politiques chi'ites irakiens. Le 16 juillet 1979, Bakr se retire de la vie politique. Saddam Hussein cumule désormais les fonctions de président de la République, secrétaire général du *Ba'th*, chef du conseil de commandement de la révolution et commandant en chef des forces armées. Dans les jours qui suivent, les opposants à Saddam Hussein au sein du *Ba'th* sont éliminés.

Face à la menace iranienne, l'Irak décide de se rapprocher de l'Arabie saoudite. En avril 1979, les deux États concluent un accord de sécurité par lequel l'Irak s'engage à défendre l'Arabie saoudite en cas d'agression iranienne (l'accord est également valable contre une menace soviétique). L'essor du rôle régional de l'Irak tient à sa puissance économique et militaire, capable de concurrencer désormais l'Égypte pour la place de première puissance arabe.

Les personnes arrêtées en 1979 par Saddam Hussein sont en majorité de confession chi'ite. Cette mesure traduit le déclin des chi'ites dans les instances du *Ba'th*. En même temps, la revendication révolutionnaire chi'ite s'affirme dans le pays. Elle est menée par Baqr al-Sadr et le parti de la prédication islamique, implanté dans les villes saintes chi'ites. À la fin des années 1970, ces dernières sont le théâtre d'émeutes populaires, sévèrement réprimées par le pouvoir. L'action policière se fait plus dure avec le déclenchement de la révolution iranienne. Les chi'ites d'origine iranienne, nombreux dans les villes saintes, sont expulsés. En avril 1980, un attentat manqué contre Tarek Aziz, membre important du gouvernement et de confession chrétienne, entraîne l'arrestation et l'exécution d'al-Sadr. La répression s'abat ensuite sur le clergé chi'ite, décimant des familles cléricales entières. Les villes saintes chi'ites se trouvent placées sous un régime d'arbitraire policier.

1.3. La guerre Iran-Irak

1.3.1. Les débuts de la guerre

La guerre Iran-Irak traduit l'opposition toujours croissante entre le *Ba'th* irakien et le chi'isme révolutionnaire. Les événements iraniens ont apporté un puissant encouragement aux mouvements chi'ites d'Irak. Dès février 1979, des incidents de frontière éclatent entre les deux pays. En 1980, le projet de charte panarabe de Saddam Hussein est interprété en Iran comme une véritable menace. Le projet énumère huit principes : refus d'admettre sur le sol de la patrie arabe des forces étrangères, interdiction du recours à la force entre les États arabes, utilisation de la force envers les pays voisins de la patrie arabe pour la défense du monde arabe, solidarité de tous les pays arabes contre une agression, respect des règles internationales d'utilisation des eaux, de l'espace aérien et des frontières, développement des relations économiques entre les pays arabes, rôle dirigeant de l'Irak dans le projet panarabe. La tension s'accentue entre les deux pays après l'exécution d'al-Sadr. Khomeyni appelle au renversement de Saddam Hussein.

Le 17 septembre 1980, l'Irak dénonce l'accord d'Alger et accuse l'Iran de ne pas l'avoir respecté. Le 22, Saddam Hussein lance une attaque surprise sur l'Iran. Il compte sur la désorganisation de l'armée iranienne, suite à la révolution, pour mener une guerre rapide. Mais l'agression irakienne entraîne en Iran un sursaut patriotique. Des volontaires s'engagent par milliers. Leur sacrifice au front permet à l'armée iranienne de disposer du temps nécessaire pour se réorganiser. En dépit de la résistance populaire iranienne, la ville de Khurammashar tombe entre les mains irakiennes le 24 octobre 1980. L'Irak ouvre un second front au nord dans les régions kurdes iraniennes.

L'offensive irakienne s'enlise à la fin 1980 et les opérations militaires se transforment en une guerre de position. En septembre 1981, l'Iran lance à son tour une série d'offensives pour libérer son territoire. Au prix de pertes humaines considérables, il parvient à reprendre les positions occupées par l'ennemi. En mai 1982, Khurammashar est repris et des milliers de soldats irakiens sont faits prisonniers. Le 20 juin, Saddam Hussein rappelle ses troupes sur la frontière internationale. Khomeyni ambitionne désormais d'envahir l'Irak, de renverser le régime ba'thiste et d'établir à sa place une république islamique.

1.3.2. La bataille d'Irak

En 1982, l'Iran lance une série d'offensives « coup de boutoir » contre l'Irak, fondée sur l'emploi et le sacrifice de vagues considérables de volontaires, les

« gardiens de la Révolution ». L'Irak oppose une ligne de défense fortifiée et protégée par une puissante artillerie. La première offensive iranienne échoue en juillet 1982 autour de Bassorah. Les offensives de l'automne apportent également peu de résultats par rapport aux pertes humaines. Entre avril et novembre 1983, les quatre offensives iraniennes « Aurore » sont menées sur le front nord mais ne donnent pas de résultats. Trois attaques sont encore lancées en 1984, dont une qui permet de conquérir une partie de la région des marais, près du *Shatt el-Arab*.

L'appareil militaire irakien a tenu face à l'Iran. Durant cette période, il a été considérablement renforcé par l'aide soviétique, Moscou étant hostile au régime iranien, et par l'aide française. L'Iran dispose des réserves de matériels militaires du temps du Chah. Il bénéficie des trafics internationaux d'armements. Israël est impliqué dans ces derniers. Le renforcement militaire de l'Iran immobilise l'Irak, un des principaux ennemis d'Israël. L'État hébreu participe au montage complexe de livraisons d'armes américaines contre la libération des otages américains au Liban, détenus pas des milices pro-iraniennes. La révélation de ce trafic entraîne un véritable scandale aux États-Unis (l'*Irangate**) à la fin de 1986.

1.3.3. L'internationalisation du conflit

Durant le début des années 1980, la guerre Iran-Irak acquiert une résonance de plus en plus internationale. On peut distinguer plusieurs conséquences externes du conflit :

– La solidarité des pays arabes du Golfe : dès le début du conflit, les monarchies pétrolières craignent la subversion politique de l'Iran mais s'inquiètent également des conséquences régionales d'une victoire irakienne. Pour faire face à ces menaces, les émirats, Oman et l'Arabie saoudite forment le Conseil de coopération du Golfe (CCG) en 1981. L'institution établit une coopération dans les domaines économique, politique et militaire. Après les défaites irakiennes de 1982, l'expansionnisme iranien devient le principal danger. Les monarchies décident de subventionner massivement l'effort de guerre irakien. Durant l'ensemble du conflit, elles prêtent près de 50 milliards de dollars à Bagdad. Les incidents se multiplient par ailleurs entre les autorités saoudiennes et les pèlerins iraniens se rendant dans les villes saintes. Durant l'été 1987, Riyad craint une occupation de la grande mosquée de La Mecque. Les heurts éclatent le 31 juillet et font plus de 400 morts, dont 275 Iraniens. Les relations diplomatiques sont rompues entre Riyad et Téhéran.
– Le contre-choc pétrolier : la révolution iranienne avait entraîné le retrait provisoire des livraisons iraniennes de pétrole dans le monde. Il s'en était suivi une nouvelle hausse des prix du pétrole, passant après 1979 au-dessus des 30 $ le baril (le second choc pétrolier). Avec la guerre Iran-Irak, les prix baissent de nouveau et les pays producteurs décident de réduire leur production. En mars 1983, le prix de référence passe à 29 $. L'Arabie saoudite, contrainte par l'aide financière qu'elle apporte à l'Irak, décide en 1985 de relancer sa production nationale. Les cours du pétrole s'effondrent immédiatement et passent à 15 $. C'est le contre-choc. Les revenus pétroliers de l'Arabie saoudite descendent à 18 milliards de dollars en 1986.
– La guerre économique : en 1985, l'Iran abandonne sa tactique des vagues humaines et prépare de petites offensives sur des points précis. En 1986, l'armée iranienne s'empare de Fao, puis décide de mener une grande offen-

sive vers Bassorah. En dépit des multiples attaques, la ville n'est pas prise et l'Iran renonce à ses ambitions militaires en 1987. Toujours sur la défensive, l'Irak réplique par la guerre économique. De nombreux raids aériens sont lancés contre les installations pétrolières iraniennes dans le Golfe. L'Iran, de son côté, a entravé tout accès irakien au Golfe. Bagdad construit de nouveaux oléoducs vers la Turquie et l'Arabie saoudite. La Jordanie devient également une plaque tournante économique essentielle vers Bagdad. Pour répondre aux risques réels d'asphyxie économique de l'Iran, Téhéran décide de s'en prendre au trafic international des pétroliers dans le Golfe.

– L'intervention occidentale : les premières victimes de cette stratégie sont les émirats riverains du Golfe, notamment le Koweït. Ce dernier demande la protection américaine mais Washington refuse. L'émirat en appelle alors à Moscou. Les États-Unis décident en conséquence d'agir et commencent à protéger les navires marchands dans le Golfe au printemps 1987. Les autres pays occidentaux envoient également des navires de guerre. Le 20 juillet 1987, la résolution 598 est adoptée par le Conseil de sécurité. Elle demande un cessez-le-feu immédiat et le retrait des forces belligérantes derrière les frontières internationales, la libération des prisonniers de guerre, l'instauration d'une médiation onusienne. Elle promet une assistance économique et financière pour la reconstruction des deux pays. En dépit des initiatives internationales, la guerre des pétroliers se poursuit. La flotte américaine se heurte à la flotte iranienne en octobre 1987 et en avril 1988. Le même mois, l'Irak repasse à l'offensive et reprend Fao, puis multiplie les victoires. En juillet 1988, le territoire iranien est de nouveau menacé. Le 18, Téhéran accepte la résolution 598. Le cessez-le-feu est opérationnel le 20 août.
– Les négociations de Genève : une conférence internationale s'ouvre alors à Genève autour des deux pays belligérants. Ceux-ci n'arrivent pas à se mettre d'accord sur la question des frontières internationales et sur l'échange des prisonniers de guerre. Après la mort de Khomeyni le 3 juin 1989, les luttes de pouvoir à Téhéran ne permettent plus d'obtenir une décision diplomatique.

2 LA GUERRE DU LIBAN

2.1. Les recompositions politiques du début des années 1980

2.1.1. L'instauration de l'ordre milicien

Les milices des différentes parties libanaises, ayant refusé le désarmement prévu par le sommet de Riyad, deviennent rapidement les principales forces et remettent en question les pouvoirs traditionnels. Dans les zones qu'elles contrôlent, elles lèvent des impôts de guerre et réorganisent les services sociaux. L'ordre milicien se substitue peu à peu à l'État. Malgré la volonté des milices de séparer les quartiers de la ville de Beyrouth, la population civile continue de circuler dans celle-ci.

À la fin des années 1970, les milices s'affrontent pour le contrôle respectif de leur zone. Bachir Gemayel*, fils de Pierre, prend le contrôle des Phalanges, appelées désormais les Forces libanaises (FL). Il entreprend d'unifier par la force toutes les milices chrétiennes. Des actions de vendettas sont menées par des commandos des FL. Ainsi, en juin 1978, une partie de la famille Frangié est assassinée dans le nord du pays. En juillet 1980, la milice de Camille Chamoun est à son tour éliminée. Bachir Gemayel contrôle désormais toute la zone chrétienne. Il relance l'activité économique par le port de Jounieh et s'oppose à la reconstruction de l'État.

Dans le camp musulman, la désorganisation s'est accrue après l'assassinat de Kamal Joumblatt en mars 1977. Son fils Walid le remplace à la tête de la communauté druze. Le Mouvement national se désagrège au profit de l'OLP, seule organisation capable de mettre sur pied une administration de services semblable à celle du secteur chrétien. La montée en force de l'OLP relance les combats au Liban-Sud. Pour se protéger, Israël y soutient des milices chrétiennes. Il établit également une ligne rouge (le fleuve Litani) que les Syriens ne doivent pas franchir.

2.1.2. Le rapprochement israélo-chrétien

À partir de la fin des années 1970, les chefs chrétiens cherchent à desserrer leurs liens avec la Syrie. Pour eux, la Syrie est devenue une puissance occupante. Ils préconisent désormais une alliance avec Israël. Des contacts discrets avaient été établis dès 1975. Israël décide de fournir de l'aide militaire et des instructeurs aux milices chrétiennes. À la suite de l'action d'un commando palestinien qui a fait 37 victimes israéliennes, l'État hébreu a lancé le 14 mars 1978 l'opération Litani et occupé tout le sud du Liban jusqu'au fleuve. 250 000 Libanais doivent se réfugier au-delà du Litani. L'opération est vivement condamnée par le Conseil de sécurité qui, par ses résolutions 425 et 426, crée la Force intérimaire des Nations unies au Liban (FINUL)*, composée de 4 000 casques bleus et déployée dans le Liban-Sud. En juin, l'armée israélienne se retire de la région mais conserve une bande d'occupation d'environ dix kilomètres le long de la frontière, contrôlée par la milice chrétienne de Saad Haddad, au service d'Israël, l'armée du Liban Sud*. Haddad proclame en avril 1979 l'État du Liban libre dans la région qu'il contrôle.

Le rapprochement israélo-chrétien inquiète la Syrie. Dès juillet 1978, les affrontements éclatent entre l'armée syrienne et les milices chrétiennes. En retour, Damas se rapproche des forces de gauche et de l'OLP. En 1979, la Syrie n'est pas parvenue à contrôler le réduit chrétien et diminue son engagement au Liban. L'essentiel de ses positions est remis à l'OLP en 1980 et elle se replie dans la plaine de la Bekaa.

2.1.3. La reprise des tensions israélo-arabes

Fin 1980, Bachir Gemayel entreprend de défier les forces syriennes de la Bekaa et tente de s'emparer de la ville de Zahleh. En mars 1981, les combats reprennent entre l'armée syrienne et les FL. Zahleh est assiégé tandis que des affrontements commencent à Beyrouth. Fin avril, les Syriens s'emparent des hauteurs surplombant la Bekaa et le réduit chrétien. Israël décide d'intervenir pour aider les chrétiens et maintenir le rapport de forces. Deux appareils syriens sont abattus par l'aviation israélienne le 28 avril. C'est une violation de la ligne rouge. En réponse, la Syrie installe des batteries de missiles anti-aériens dans la Bekaa. L'action israélienne au Liban est soutenue par l'administration Reagan qui voit dans la Syrie le dernier relais de l'influence soviétique au Moyen-Orient.

En juin 1981, Begin remporte les élections mais au prix d'un soutien plus accru de son aile droite. Celle-ci incarne la ligne dure du *Likoud* et est représentée au gouvernement par Ariel Sharon, ministre de la Défense. L'affrontement entre la résistance palestinienne et les forces israéliennes reprend au Liban-sud. L'armée israélienne bombarde Beyrouth-Ouest pour frapper les quartiers généraux des organisations palestiniennes. En réponse, les Palestiniens multiplient les bombardements sur la Galilée. Philippe Habib, émissaire envoyé par Reagan, parvient à obtenir un cessez-le-feu le 24 juillet 1981. C'est une reconnaissance implicite de l'existence des organisations palestiniennes par l'État hébreu.

2.2. Israël au Liban

2.2.1. Les opérations militaires de 1982

Le second gouvernement Begin est dominé par la ligne dure de la droite israélienne, notamment Ariel Sharon, ministre de la Défense, et Itshak Shamir*, ministre des Affaires étrangères. Begin et ces derniers sont partisans d'une intervention au Liban. Les objectifs sont multiples : mettre fin à la résistance palestinienne, supprimer la présence des batteries syriennes dans la Bekaa, assurer la victoire des FL au Liban, négocier un second accord de paix après Camp David. L'initiative israélienne est encouragée par Bachir Gemayel, qui promet son soutien armé aux forces israéliennes. Il demande en échange son élection à la présidence de la République.

Le 3 juin 1982, un attentat contre l'ambassadeur israélien à Londres déclenche le prétexte de l'intervention. Dès le lendemain, l'aviation israélienne frappe les positions palestiniennes au Liban-Ssud et à Beyrouth. Le 6 juin, l'armée israélienne entreprend l'opération « Paix pour la Galilée » et envahit le Liban. L'invasion s'effectue en fonction de trois objectifs :

- La liquidation des poches de résistance palestiniennes au Liban-sud : l'OLP et ses alliés ne sont pas en mesure de combattre l'armée israélienne. Ils sont facilement dispersés dans les zones littorales libanaises mais les camps de réfugiés offrent une résistance farouche durant plusieurs jours et les organisations armées ne disparaissent pas de la région. Israël entreprend, dès les premiers jours, la destruction des infrastructures de service palestiniennes. Une partie des camps est rasée et des milliers de personnes sont emprisonnées.
- La liquidation de la menace syrienne : le 9 juin, l'armée israélienne attaque l'armée syrienne. Cette dernière se replie après plusieurs jours de combats. Les rampes de missiles syriens sont détruites par l'aviation ennemie. L'aviation syrienne est pratiquement anéantie. Le 11 juin, un cessez-le-feu est signé entre les deux parties.
- La jonction avec les FL : elle a lieu le 13 juin et permet d'entreprendre le siège de Beyrouth-ouest où se trouvent les principaux centres de décision de la résistance palestinienne. Mais les opérations se révèlent plus difficiles que prévues. Bachir Gemayel refuse de faire participer ses hommes au combat. L'OLP cherche toutefois à négocier un accord d'évacuation de la ville des combattants palestiniens et syriens, ainsi qu'une garantie de protection des civils palestiniens demeurant au Liban. Le départ des forces de la résistance s'effectue en août 1982 sous la protection d'une Force multinationale américano-franco-italienne de 2 000 hommes. Le 23 août 1982, Bachir Gemayel est élu président de la République. Il refuse immédiatement le traité de paix proposé par Israël et exige le départ des forces étrangères. Le 14 septembre, il est assassiné. L'armée israélienne rentre immédiatement dans Beyrouth-ouest afin de nettoyer cette zone des dernières infrastructures de la résistance

palestinienne. Elle autorise les FL à entrer dans Beyrouth-ouest et à s'emparer des camps de réfugiés de Sabra et Chatila*. Du 16 au 18 septembre, les FL massacrent la population civile de ces camps. La responsabilité d'Israël étant mise en cause, de grandes manifestations populaires se déroulent en Israël tandis que les protestations internationales se multiplient. Le rapport de la commission israélienne d'enquête Kahane entraîne la démission d'Ariel Sharon en mars 1983. La Force multinationale assure le retrait de l'armée israélienne de Beyrouth, effectif le 26 septembre. Le 21 septembre, Amin Gemayel, frère de Bachir, a été élu à la présidence de la République.

2.2.2. L'enlisement israélien

L'armée libanaise a évacué Beyrouth mais elle demeure sur la majeure partie du territoire du pays. Une négociation sous auspices américains débouche sur un accord stipulant l'évacuation de toutes les forces étrangères et des « arrangements de sécurité » pérennisant la présence israélienne au Liban-sud. Afin de reconstituer l'unité de l'État, Amin Gemayel favorise la reconstruction d'une armée nationale et s'appuie sur la présence de la Force multinationale. Cependant, cette œuvre de réconciliation nationale se heurte à l'opposition des milices de tout bord soutenues par Damas. Celles-ci reprennent le combat dans tout le pays et l'accord avec Israël n'est pas ratifié par le Parlement. L'occupation israélienne s'enlise et, jusqu'à son départ en 1984, essuie une série d'échecs :

- La déstabilisation du Liban-Sud : elle est le fait des Palestiniens et des chi'ites. Ces derniers avaient dans un premier temps bien accueilli l'arrivée des Israéliens qui les débarrassait de la présence palestinienne. Mais l'alliance entre chrétiens et Israéliens fait basculer les chi'ites dans l'opposition aux occupants. Israël doit faire face à deux organisations : la milice *Amal* de Nabih Berri et le *Hizbollah* (parti de Dieu), mouvement chi'ite révolutionnaire. Ces organisations multiplient les attentats suicide. Le 20 septembre 1982 s'est constitué le Front de la résistance nationale libanaise, animé par les communistes libanais. La majorité de ses membres sont chi'ites. Le Front multiplie les attentats contre la présence israélienne. Le 11 novembre 1982, le quartier général israélien à Saïda est détruit par une explosion et cause la mort de 75 Israéliens. Ces actions de guérilla paralysent l'armée occupante.
- Les massacres du Chouf : dès 1982, les FL tentent de reprendre le contrôle du Chouf. Les druzes de Joumblatt reprennent les armes. Les combats entraînent la fuite ou la mort des populations civiles de tout bord. Israël soutient alternativement les druzes et les chrétiens, puis Moshe Arens, nouveau ministre de la Défense israélien, décide en 1983 de soutenir franchement les druzes. En septembre 1983, l'armée israélienne est évacuée du Chouf. Les forces druzes se lancent immédiatement dans une opération militaire contre les FL. Le pays est vidé de toute la population chrétienne restante. Les FL se replient sur Beyrouth devant laquelle les druzes mettent le siège avec l'aide de la milice *Amal*. L'armée libanaise, commandée par le colonel Michel Aoun*, parvient à arrêter l'offensive druze. Le 1er octobre, un cessez-le-feu est établi.
- L'échec du rapprochement israélo-libanais : les négociations entre les deux parties débutent en décembre 1982 sous le patronage américain. Moshe Arens, nouveau ministre de la Défense, propose un traité de paix fondé sur

les éléments suivants : retrait de toutes les forces étrangères israéliennes, syriennes et palestiniennes, arrêt de tout acte hostile, constitution d'une zone de sécurité au Liban-sud. L'accord est conclu le 14 mai 1983 sur cette base. Il est dénoncé par la gauche libanaise et par la Syrie. Le Parlement libanais refuse de le ratifier. Une conférence de réconciliation nationale est alors mise sur pied en octobre 1983 à Genève. Les responsables politiques demandent un retrait prioritaire d'Israël, ce que refusent les FL. En novembre, les combats reprennent. La Force multinationale est de plus en plus impliquée dans la guerre. Le 23 octobre, deux attentats à la voiture piégée frappent les casernes françaises (56 morts) et américaine (239 morts). En janvier 1984, la Force multinationale commence son évacuation du Liban, laissant libre l'action guerrière des milices dans Beyrouth. *Amal* et les druzes reprennent le contrôle de Beyrouth-ouest en février. En mars, Amin Gemayel dénonce l'accord israélo-libanais et rompt les relations avec Israël.

2.2.3. L'essor politique et militaire des chi'ites

À Beyrouth-ouest, la milice *Amal* tente de prendre le contrôle total de la ville. Les dernières milices sunnites sont éliminées, consacrant le déclin politique de cette communauté. Cette dernière tente de résister en favorisant le retour des organisations palestiniennes. Les chi'ites répondent par la guerre des camps, particulièrement meurtrière. Les affrontements se multiplient également au sud entre l'OLP, qui tente de se réimplanter, et *Amal*.

Les ambitions chi'ites se heurtent très vite à l'hostilité des druzes. *Amal* réclame une plus grande participation des chi'ites au pouvoir, au détriment des autres communautés musulmanes. Le *Hizbollah*, soutenu activement par la Syrie, veut établir une république islamique au Liban. Les deux mouvements chi'ites s'opposent sur la question de la reprise des combats contre Israël. À partir de 1985, les groupes chi'ites proches de l'Iran organisent des prises d'otage spectaculaires de ressortissants occidentaux. À l'automne 1985, la Syrie essaie d'établir un accord entre les trois principales milices : *Amal*, la milice druze, les FL (en mars 1985, les FL se sont soulevées contre Amin Gemayel et ont porté à leur tête Samir Geagea et Elias Hobeika).

L'accord prévoit la fin de l'état de guerre, un gouvernement d'union nationale, la dissolution des milices, une parité parlementaire entre chrétiens et musulmans, un renforcement des pouvoirs du président du Conseil au détriment du président de la République, le retour des réfugiés civiles, la réorganisation de l'armée libanaise, l'établissement de relations privilégiées avec la Syrie. Les chi'ites refusent finalement l'accord car la parité va à l'encontre de leur conquête du pouvoir. Les autres parties rejettent également l'accord.

2.3. Vers la paix

2.3.1. L'impasse libanaise

Les années 1986-1987 voient la multiplication des affrontements entre milices rivales : milices druzes contre *Amal* à Beyrouth, *Amal* contre *Hizbollah* dans les banlieues chi'ites. L'armée syrienne intervient pour rétablir l'ordre et s'installe de nouveau dans la capitale libanaise, avec l'accord du chef de gouvernement libanais, Rashid Karamé. Dans le réduit chrétien, trois centres de décision s'affrontent : les FL de Samir Geagea, l'armée libanaise commandée par le général

Aoun, les partisans d'Amin Gemayel. Le 4 mai 1987, le gouvernement Karamé démissionne. Il est accusé par les FL et les druzes d'avoir laissé l'armée libanaise se reconstituer au profit du président de la République. Karamé est assassiné le 1er juin.

Le Liban traverse une période de désorganisation économique totale. La livre libanaise s'effondre après la guerre de 1982. Le pays est devenu un grand producteur de drogues et toutes les milices sont financées par les revenus des stupéfiants. Les centres de production essentiels sont dans la Bekaa. L'exportation passe par les ports contrôlés par les milices.

Les élections de l'été 1988 doivent permettre le choix d'un nouveau président. La Syrie pousse son candidat, Soleiman Frangié. L'armée libanaise et les FL s'y opposent, soutenues par l'Irak, décidé à combattre l'influence syrienne au Liban. Geagea et Aoun parviennent à empêcher l'élection de Frangié. Le 22 septembre 1988, le général Aoun est nommé Premier ministre chargé de l'intérim de la présidence du Conseil. Sélim Hoss, chargé de l'intérim gouvernemental depuis la mort de Karamé, refuse de reconnaître cette nomination et maintient un second gouvernement rival.

2.3.2. L'épisode Aoun

La personnalité du général Aoun jouit d'une popularité grandissante, due à deux éléments : son opposition à la présence syrienne et son hostilité à l'ordre milicien. Le mouvement populaire autour du général dépasse les clivages confessionnels. Michel Aoun veut rétablir l'autorité de l'État libanais. Il ferme les ports clandestins du secteur chrétien et affronte les FL en février 1989. Puis il décide de s'en prendre aux ports sous contrôle druze. Les milices druzes résistent, soutenues par la Syrie. Le 14 mars 1989, Aoun déclare la « guerre de libération » contre l'occupant syrien. Les affrontements dans Beyrouth dépassent tout ce que la ville a connu. Les pertes civiles sont considérables.

La guerre dure plusieurs mois. Aoun, sentant qu'il ne pourra mettre fin à la présence syrienne, recherche une intervention internationale. Un comité arabe, composé des rois du Maroc et d'Arabie saoudite et du président algérien, est chargé d'une médiation entre les parties, devant déboucher sur une réforme institutionnelle et la restauration de l'autorité de l'État. Le 17 septembre, le comité propose un plan de paix, accepté par la Syrie, comprenant un cessez-le-feu général, la levée des blocus et la réunion des députés libanais en dehors du pays.

2.3.3. L'accord de Taëf

Le lieu de réunion choisi est la ville saoudienne de Taëf. Elle s'ouvre le 30 septembre en présence des 63 députés élus en 1972 et encore vivants. Le 24 octobre, un document d'entente nationale, dit l'accord de Taëf, est adopté. Il souligne l'indépendance du Liban, république démocratique et parlementaire, et rappelle la triple appartenance du pays à la LEA, aux Nations unies et au Mouvement des non-alignés. Le nombre des députés est porté à 108 avec parité entre musulmans et chrétiens. Les pouvoirs du président de la République sont réduits au profit du président du Conseil. La restauration immédiate de l'unité nationale passe par l'élection d'un nouveau chef d'État, la dissolution des milices, la mise sur pied d'un cabinet d'union nationale et l'adoption de réformes. Les forces syriennes sont autorisées à rester deux ans au Liban pour aider à la reconstruction de l'autorité de l'État. À la fin de ces deux années, l'armée syrienne se « redéploira » dans la Bekaa. Un accord définitif, prévoyant le volume des forces syriennes et la durée de leur présence au Liban, sera signé. Certains y voient une soumission à l'influence syrienne. L'accord insiste en effet sur les « relations privilégiées » entre Beyrouth et Damas.

L'opposition à l'accord vient d'une part des milices musulmanes, hostiles à leur démantèlement. Par ailleurs, les réformes institutionnelles bénéficient essentiellement aux sunnites, ce qui mécontente profondément les autres communautés musulmanes. D'autre part, l'opposition à l'accord est nourrie par Michel Aoun et ses partisans, qui voient dans le texte la consécration de la présence militaire syrienne au Liban. Le 4 novembre 1989, Aoun prononce la dissolution du Parlement, décision estimée illégale par Sélim Hoss. Le 5 novembre, en dépit des pressions aounistes sur les députés chrétiens, René Moawad est élu président de la République et désigne Sélim Hoss au poste de Premier ministre. Le 22 novembre, le nouveau chef de l'État est assassiné. Elias Hraoui est élu le 24 en remplacement. L'accès au Beyrouth chrétien demeure fermé aux nouveaux responsables politiques. Le général Aoun, soutenu par de grandes manifestations populaires, maintient son contrôle sur cette région. Sur le plan international, les ambassades décident de reconnaître Elias Hraoui et délaissent Aoun. Les FL acceptent en revanche de se rallier à l'accord de Taëf. À partir du 30 janvier 1990, des combats très violents éclatent entre forces aounistes et FL. À l'automne 1990, la Syrie a décidé d'en finir. Le 13 octobre, l'aviation syrienne bombarde les positions aounistes. Le général Aoun décide de se rendre et se réfugie à l'ambassade de France.

3 LES NOUVEAUX ENJEUX DE LA QUESTION PALESTINIENNE

3.1. L'échec des initiatives internationales

3.1.1. Le plan Fadh

Le 7 août 1981, le prince héritier d'Arabie saoudite propose un plan de paix pour le Moyen-Orient, fondé sur les résolutions de l'ONU. Fadh demande que les États-Unis fassent pression sur Israël et reconnaissent les droits nationaux du peuple palestinien. Les accords de Camp David sont un échec et Washington doit s'en détacher. Les principes qui doivent guider la paix sont les suivants : retrait d'Israël de tous les territoires occupés en 1967, y compris la Jérusalem arabe, démantèlement de toutes les colonies de peuplement dans les territoires occupés, garantie de la liberté de culte et d'accomplissement des rites de toutes les religions dans les Lieux-Saints, reconnaissance du droit des Palestiniens au retour, placement de la Cisjordanie et de Gaza sous tutelle onusienne, création d'un État palestinien indépendant avec Jérusalem pour capitale, reconnaissance du droit de tous les États de la région à vivre en paix. La réalisation de ces principes repose sur trois conditions : arrêt de l'appui américain à Israël, arrêt de « l'arrogance » israélienne incarnée par la politique de Begin, reconnaissance du fait palestinien.

Le plan Fadh reste, en dépit des apparences, prudent. Il ne mentionne pas l'OLP et ne parle qu'implicitement de la reconnaissance d'Israël. Il est immédiatement rejeté par Sadate mais les puissances occidentales se montrent intéressées. L'OLP demeure divisée. Arafat et la direction du *Fath* y sont favorables mais pas les membres de l'ancien Front du refus. La Syrie, après la mort de Sadate, est la grande adversaire du plan. La paix avec Israël ne saurait se limiter à la question des territoires. Elle ne sera possible qu'au prix d'un changement des rapports de force militaire et de la mise en place d'un équilibre entre les parties. Assad refuse de participer au sommet arabe de Fès et, le 25 novembre 1981, il force l'OLP à rejeter le plan Fadh. Begin profite de la division du monde arabe pour annexer le Golan le 14 décembre 1981, en dépit des protestations internationales.

3.1.2. Le plan Reagan

Le 1er septembre 1982, le plan Reagan, préparé par le secrétaire d'État Schultz, est rendu public. Il relance la question des territoires occupés et refuse leur annexion à Israël. Il prend acte des leçons de la guerre israélienne au Liban. Malgré un démantèlement des organisations palestiniennes, le sentiment national reste intact. Il faut donc trouver une solution qui satisfasse le désir de sécurité d'Israël et les « droits non moins légitimes » des Palestiniens.

Le règlement de paix à venir doit être basé sur les principes des accords de Camp David : totale autonomie des Palestiniens des territoires occupés pour régler leurs propres affaires, principe d'autogouvernement des habitants des territoires, élection libre d'une autorité palestinienne autogestionnaire au bout de cinq ans. Le gouvernement américain désapprouvera toute implantation de colonies durant la période intérimaire. En revanche, le plan Reagan refuse toute évolution du processus vers la formation d'un État palestinien indépendant. Le plan Reagan est rejeté par les Palestiniens lors du XVIe CNP à Alger en février 1983. Israël refuse également le plan.

3.1.3. L'option jordanienne

Le refus jordanien des accords de Camp David a entraîné un rapprochement entre le roi Hussein et l'OLP. Le plan Reagan accorde à la Jordanie un rôle important mais un accord avec l'OLP semble nécessaire à Amman pour des raisons de stabilité intérieure. La réconciliation entre Hussein et Arafat a lieu dans la capitale jordanienne en octobre 1982. En décembre, l'idée d'une confédération jordano-palestinienne est approuvée. Israël devra désormais négocier avec une délégation commune jordano-palestinienne. Au XVIe CNP d'Alger, ces principes sont approuvés. Mais le préalable à la formation de cette confédération doit être un État palestinien indépendant. Cette orientation est inacceptable pour Hussein et entraîne la rupture du dialogue en avril 1983.

Le dialogue est relancé l'année suivante avec la tenue à Amman du XVIIe CNP, en novembre 1984. Le principe d'une action coordonnée avec la Jordanie est affirmé. Le 11 février 1985, un accord jordano-palestinien est signé. Il souligne la nouvelle modération de l'OLP. L'OLP reconnaît toutes les résolutions de l'ONU et propose la « terre contre la paix ». L'accord rappelle le droit inaliénable du peuple palestinien à l'autodétermination et la solution du problème des réfugiés selon les résolutions internationales. Enfin, le texte appelle à une conférence internationale composée des cinq membres du Conseil de sécurité et de toutes les parties prenantes au conflit, y compris l'OLP.

L'accord ne fait pas l'unanimité au sein de l'OLP. Beaucoup ne sont pas prêts à reconnaître la résolution 242 comme le fait implicitement le document. La mise en place d'un gouvernement d'union nationale en Israël, en septembre 1984, regroupant le *Likoud* et la gauche, paralyse la réaction israélienne. La droite refuse tout processus de paix alors que Pérès* envisage favorablement l'option jordanienne. Il propose un règlement par étapes, avec une période intérimaire, où la Jordanie et Israël géreront les affaires palestiniennes en liaison avec une assemblée palestinienne élue. La rétrocession de Jérusalem et le retour aux frontières de 1967 sont exclus. Les États-Unis sont prêts à soutenir le projet à condition qu'il n'y ait aucun membre de l'OLP dans les négociations. Mais une série d'attentats palestiniens (comme l'affaire de l'Achille Lauro) et de représailles israéliennes met fin au processus. En février 1986, la Jordanie renonce au dialogue avec l'OLP, ne pouvant amener celle-ci à abandonner publiquement toute action violente. À la fin du mois de juillet 1988, l'option jordanienne est définitivement enterrée lorsque le roi Hussein annonce le désengagement total de la Jordanie des territoires occupés. Le régime d'Amman cesse d'exercer une tutelle sur ces derniers et crée ainsi un vide politique profitable aux Palestiniens.

3.2. L'essor politique des Palestiniens de l'intérieur

3.2.1. Les divisions de l'OLP

Le départ d'Arafat de Beyrouth en 1982 lui redonne une plus grande autonomie de décision, notamment face à la Syrie, toujours soucieuse de contrôler la résistance palestinienne. La guerre de 1982 consacre l'échec de la guerre populaire, soutenue jusqu'ici par la majorité des membres de l'OLP. Arafat entend désormais assouplir sa ligne politique. En septembre 1982, il accepte le plan Fahd malgré l'opposition de l'aile gauche du mouvement. En 1983, le projet de confédération jordano-palestinienne est également rejeté par ces forces politiques. En dépit des oppositions, Arafat se montre disposé à accepter un règlement fondé sur la création d'un État palestinien dans les seuls territoires occupés.

Les massacres de Sabra et Chatila ont déclenché une vague de contestation au sein de l'OLP. La décision d'évacuer Beyrouth est critiquée, ainsi que l'autoritarisme d'Arafat sur l'organisation. Pour cette opposition, la voie diplomatique est un leurre et il faut poursuivre la lutte armée contre Israël. Fin 1982, de nombreux cadres de l'OLP entrent en dissidence, soutenus par la Syrie. En mai 1983, la rébellion contre Arafat éclate dans la Bekaa, sous la direction du colonel Abou Moussa. Arafat est expulsé de Syrie en juin et s'installe dans le nord du Liban (Tripoli) en septembre.

La dissidence palestinienne, aidée de contingents syriens et libyens, met le siège devant Tripoli contre les forces palestiniennes loyalistes, soutenues par les milices sunnites locales. L'encerclement est complété par un blocus maritime israélien. En dépit des succès militaires de la dissidence, Arafat demeure le vainqueur politique. Ses adversaires sont accusés par l'opinion palestinienne de collusion avec Israël, voire pour certains avec la Syrie. La ligne dure est condamnée par la majorité des habitants des territoires occupés. Le FPLP et le FDLP rejoignent l'OLP. En définitive, suite à une médiation saoudienne, la Syrie accepte l'évacuation des forces loyalistes. La France, l'Italie et la Grèce assurent le libre passage par mer. Le 21 décembre 1983, Arafat et 4 000 de ses partisans partent s'installer à Tunis, nouveau quartier général de l'OLP.

3.2.2. Les nouveaux acteurs palestiniens

Le fait majeur de l'histoire palestinienne dans les années 1980 est l'essor des Palestiniens dit de l'intérieur, c'est-à-dire des territoire occupés. L'essor est en premier lieu démographique. En 1988, la population palestinienne des territoires se monte à 1 170 000 soit une progression de 75 % depuis 1967. À Jérusalem-est, la population arabe est de 122 000 en 1983 contre 60 000 quinze ans plus tôt. L'essor est par ailleurs politique. Les élections municipales de 1976 consacrent l'ascension d'une nouvelle élite au détriment des notables traditionnels proches de la Jordanie. Les nouveaux élus appartiennent aux classes moyennes éduquées ou sont parfois liés aux familles de notable. Leur programme politique et leur vision nationaliste sont proches de l'OLP.

Les accords de Camp David, puis le projet de confédération jordano-palestinienne, ont entraîné un essor de leur rôle politique dans le processus de paix. L'autonomie des territoires, envisagée dans les différents plans, repose en effet sur l'action des élus de l'intérieur. Mais devant les tergiversations israéliennes, ces derniers entrent en résistance passive contre l'occupant et refusent de suivre la politique administrative d'Israël. Des manifestations éclatent en 1982 et sont durement réprimées par l'armée israélienne.

En marge de ces acteurs institutionnels, de nouveaux acteurs locaux, plus radicaux, émergent au début des années 1980. Il s'agit des organisations islamistes palestiniennes. Leur essor est encouragé au début par Israël qui y voit un moyen de remettre en cause l'autorité de l'OLP dans les Territoires. Les universités forment les principaux centres de l'islamisme palestinien. Au début des années 1980, les islamistes s'en prennent effectivement aux forces de gauche rivales mais ils se retournent également contre l'occupation israélienne et deviennent le fer de lance du combat contre la présence armée. L'organisation la plus célèbre est alors le *Jihad* islamique. Ce dernier reprend la rhétorique révolutionnaire et anti-impérialiste des mouvements de gauche des années 1960. Il veut la libération totale de la Palestine par la lutte armée.

3.2.3. L'*Intifadah*

Le 9 décembre 1987, un camion israélien percute un taxi palestinien dans la bande de Gaza et fait quatre morts. La rumeur se répand qu'il s'agirait en fait d'un attentat perpétré par des colons israéliens. Des émeutes populaires éclatent dans les jours suivants et se propagent à la Cisjordanie. C'est le début de *l'Intifadah* (soulèvement) ou encore de la « guerre des pierres » (les insurgés se font connaître par des jets de pierres contre la présence israélienne). À partir de janvier 1988, les commerçants entrent en grève dans les centres urbains. Dans les campagnes, des barrages sont dressés sur les routes.

Itshak Rabin est chargé de la répression de l'insurrection mais celle-ci prend peu à peu une ampleur considérable. Les différentes composantes politiques palestiniennes entrent dans l'action et soutiennent le mouvement. Le 4 janvier, est mise sur pied la Direction patriotique unifiée du soulèvement. Son premier message réclame l'intensification de la lutte et l'édification d'un État palestinien indépendant. Une partie des islamistes se rallie à la Direction tandis que les plus radicaux forment le Mouvement de la résistance islamique (*Hamas* en arabe), dont le programme est la lutte permanente et la disparition totale de l'État d'Israël.

L'*Intifadah* s'organise autour de comités populaires, professionnels ou locaux chargés de mettre en œuvre les consignes de la Direction unifiée : grèves, boycott des marchandises israéliennes, refus de payer les taxes israéliennes, etc. Le soulèvement fait en moyenne un mort palestinien par jour. Environ 15 000 Arabes sont emprisonnés. Peu à peu, sous l'effet de l'action des Palestiniens, les territoires occupés cessent d'être pour Israël une source de revenus et deviennent une charge financière importante. Le 22 décembre 1987, la résolution 605 du Conseil de sécurité, adoptée grâce à l'abstention américaine, déplore « les politiques et pratiques d'Israël qui violent les droits du peuple palestinien dans les territoires occupés ». Alors que l'image d'Israël est ternie par le soulèvement palestinien, l'OLP déclenche une formidable offensive diplomatique.

3.3. L'achèvement national des Palestiniens

3.3.1. Le plan Schultz

Le plan Schultz, secrétaire d'État de Reagan, est présenté en février 1988. Il appelle à la tenue rapide de négociations, qui dureront six mois, entre Israël et une délégation jordano-palestinienne. Elles aboutiraient à un accord intérimaire sur les territoires puis à une discussion sur le statut définitif de ceux-ci. Le principe d'échange des territoires contre la paix sera la pierre angulaire de l'accord.

Pérès approuve le plan américain mais Sharon, chef du gouvernement israélien, le rejette. Schultz, qui se lance dans une intense diplomatie de navettes, propose une participation de l'OLP aux négociations en échange d'une reconnaissance d'Israël et de la résolution 242. Il refuse toujours la création d'un État palestinien. La Jordanie rejette l'idée de délégation commune avec les Palestiniens. L'OLP saisit l'occasion pour demander un dialogue direct israélo-palestinien dans le cadre d'une conférence internationale.

3.3.2. La proclamation de l'État de Palestine

L'*Intifadah* rehausse le prestige de l'OLP dans le monde arabe, alors que la question palestinienne avait tendance à passer au rang secondaire des préoccupations des sommets arabes. L'organisation redevient un interlocuteur privilégié des régimes en place. Bénéficiant donc d'un fort soutien régional, Arafat décide de mettre en œuvre sa politique de modération. Le 14 septembre 1988, devant le Parlement européen, il réitère son engagement à ne pas avoir recours au terrorisme et son acceptation de la légalité internationale. C'est une reconnaissance implicite des résolutions onusiennes. Il affirme être prêt à une coexistence avec Israël.

Le 15 novembre 1988, le XIXe CNP réuni à Alger prend la décision historique de proclamer l'indépendance de l'État de Palestine avec Jérusalem pour capitale. Il reconnaît la résolution 181 de 1947, donc le plan de partage de la Palestine, comme fondement des négociations à venir. L'usage de la force est à nouveau condamné. Dans les semaines suivantes, l'État de Palestine est reconnu par les membres de la LEA et un grand nombre de pays du tiers-monde.

Le 6 décembre 1988, Arafat fait un pas de plus et reconnaît implicitement Israël en affirmant qu'il y a bien deux États en Palestine, l'un juif et l'autre arabe. Les États-Unis exigent en revanche une déclaration nette et officielle de renonciation au terrorisme. À la conférence des Nations unies de Genève, les 13-16 décembre 1988, Arafat accepte l'existence d'Israël, admet les résolutions 242 et 338 et dénonce l'action terroriste. Le 22 décembre 1988, Itshak Shamir prend la tête du gouvernement d'union nationale et conserve une ligne dure face aux ouvertures palestiniennes.

3.3.3. La politique moyen-orientale de Bush

Suite aux déclarations d'Arafat, Washington accepte d'ouvrir le dialogue avec l'OLP. Cette décision coïncide avec l'arrivée de l'administration Bush. Cette dernière adopte une attitude différente dans la question israélo-arabe. Le soulèvement palestinien et les tensions entre pays arabes et Israël se poursuivent et ne permettent pas de lancer un processus de négociation vers la paix. Il est donc désormais nécessaire de favoriser et encourager l'émergence d'une autorité politique palestinienne acceptant la coexistence avec Israël et inciter ainsi ce dernier à négocier. Ces négociations doivent être directes. Une période intérimaire accordera aux territoires un statut autonome.

Le 14 mars 1989, le nouveau secrétaire d'État, James Baker, déclare qu'Israël devrait ouvrir le dialogue avec l'OLP. Cette dernière recherche avant tout une négociation avec les États-Unis qui entraînerait ensuite un assouplissement de la politique israélienne. En mai 1989, le Parlement israélien vote des propositions de paix définies par Shamir : élections dans les territoires mais refus de la participation de représentants de l'OLP, autonomie provisoire des territoires pendant trois ans, puis ouverture de négociations sur le statut final de ceux-ci (mais refus d'un État palestinien). Baker accepte le plan Shamir mais refuse l'idée d'une grande Israël, repoussant ainsi implicitement la politique d'annexion de l'État hébreu. Arafat accepte l'initiative de Shamir mais en l'amendant : retrait partiel de l'armée israélienne, supervision des élections par l'ONU, retour des réfugiés, création définitive d'un État de Palestine.

L'OLP tente d'ériger les États-Unis en médiateur mais ils refusent et poussent toujours au dialogue direct. Devant l'intransigeance israélienne, Washington se décide finalement à proposer un plan. Il est rendu public en octobre 1989 et propose : la mise en place d'une délégation palestinienne pour les négociations avec droit de regard d'Israël, des élections dans les territoires, la reconnaissance du plan Shamir. Le 9 mars 1990, le gouvernement israélien annonce qu'il accepte l'ouverture de négociations avec les Palestiniens. L'enjeu des discussions ne portera que sur la question d'une autonomie des territoires. Shamir, chef d'un nouveau gouvernement plus à droite depuis le 11 mars 1990, ajoute qu'il poursuivra la politique d'implantation de colonies et qu'il ne reconnaîtra pas la présence de ressortissants de Jérusalem-est dans la future délégation palestinienne. C'est l'impasse. Les États-Unis, refusant de faire pression sur Israël, renoncent également au dialogue avec l'OLP en juin 1989.

4 LA GUERRE DU GOLFE

4.1. La fin de la guerre froide

4.1.1. La domination américaine

L'effondrement des démocraties populaires européennes à l'automne 1989 et la chute du mur de Berlin ouvrent une nouvelle ère dans les relations internationales. C'est la fin de l'affrontement Est-Ouest. L'URSS, en pleine crise économique et politique (revendications d'indépendance de nombreuses républiques), se désengage désormais des régions où elle avait jusque-là exercé une certaine influence.

Au début des années 1990, les États-Unis restent donc seuls en lice au Moyen-Orient et exercent une domination de plus en plus visible. Washington redéfinit ses objectifs dans la région : isolement de la Syrie, contribution à la reconstruction libanaise, soutien continu à la sécurité des monarchies pétrolières, amélioration des relations avec l'Iran et avec l'Irak, refus de la propagation des armements non-conventionnels dans la région (armes chimiques, bactériologiques et nucléaires). La Syrie, consciente de son besoin d'une aide économique occidentale, se rapproche des États-Unis. Désormais, il n'y a plus d'États arabes à faire obstacle à la politique américaine.

4.1.2. L'affaire des Juifs soviétiques

La fin de la guerre froide entraîne un processus inattendu d'émigration des Juifs soviétiques vers Israël. Alors qu'en 1988, 20 000 Juifs avaient été autorisés à partir, le chiffre se monte à 84 000 en 1989. Mais jusque-là, l'essentiel de l'émigration allait vers les États-Unis. Seuls environ 15 % des émigrés se rendaient en Israël. Au début des années 1990, Washington, considérant que les Juifs soviétiques ne peuvent désormais acquérir le statut de réfugiés politiques, contingentent leurs entrées sur le territoire.

À partir de janvier 1990, les immigrants juifs arrivent en Israël au rythme de 10 000 par mois. Le gouvernement israélien encourage ce processus qui pourrait permettre un nouvel équilibre démographique avec les Palestiniens. Il cherche à placer les nouveaux venus dans les colonies d'implantation. Les États-Unis refusent de financer cette initiative. Cette nouvelle immigration complique les enjeux de la question israélo-arabe : transfert vers la Jordanie des Arabes des territoires pour favoriser l'installation des immigrés soviétiques, plus grande utilisation des ressources hydrauliques, etc.

4.1.3. Les événements de Jordanie

Le seul motif d'inquiétude pour la politique américaine au Moyen-Orient est constitué par les émeutes jordaniennes de 1989. La Jordanie est entrée, à la fin des années 1980, dans une situation économique préoccupante : la fin de la guerre Iran-Irak a considérablement ralenti les activités de transit commercial vers Bagdad. Le FMI a mis en place une politique d'austérité avec le régime, qui entraîne en avril 1989 des émeutes populaires. Hussein décide de procéder à des mesures de libéralisation politique. Il s'en prend publiquement à la politique américaine, affirmant, le 30 juin, que la situation économique jordanienne est le résultat des pressions américaines sur le pays.

Afin d'éviter une confrontation avec la rue, Hussein a préféré adopter un discours militant et accompagner le mouvement. Il annonce de nouvelles élections et autorise la réapparition des partis politiques, interdits depuis 1957. Il appelle les pays pétroliers à lui fournir une aide économique et financière. Les élections du 16 novembre 1989 montrent une forte progression des islamistes, qui remportent 31 des 80 sièges.

4.2. La crise du Golfe

4.2.1. La question de l'armement irakien

L'après-guerre en Irak est marqué par une difficile reconversion de l'appareil industriel vers la production civile. La reconstruction est bloquée par le formidable endettement irakien vis-à-vis des monarchies pétrolières. Saddam Hussein estime que le peuple irakien a versé « le prix du sang » pendant près de dix ans pour protéger la Péninsule et que les pays de cette dernière doivent assouplir leurs demandes de remboursements. Mais les effets du contre-choc entraînent les monarchies à ne pas céder. Saddam Hussein a des moyens de pression. Il dispose de la première armée de la région, entraînée par les années de guerre et en mesure de satisfaire ses éventuelles ambitions régionales.

La politique irakienne repose donc sur un maintien et un renforcement de l'appareil militaire. Les États-Unis soutiennent cette orientation mais refusent que l'Irak se dote d'armes non-conventionnelles. Or, les progrès technologiques irakiens dans ce domaine sont importants et inquiètent Israël. Washington tente de mettre en place un embargo sur les ventes de produits technologiques à l'Irak. Le 2 avril 1990, Saddam Hussein accuse publiquement les États-Unis et la Grande-Bretagne. Ces pays soutiendraient Israël dans sa volonté d'intervenir militairement contre l'Irak. Il menace de recourir à l'emploi d'armes chimiques contre Israël si ce dernier s'en prend aux sites industriels irakiens.

La désapprobation occidentale est générale. Le Congrès des États-Unis envisage un embargo commercial contre l'Irak. En mai 1990, le sommet de Bagdad souligne le droit de l'Irak de prendre toutes les mesures susceptibles « d'assurer sa sécurité et de favoriser les moyens de son développement, y compris par l'acquisition de moyens scientifiques et technologiques de pointe ». Les États-Unis sont accusés de soutenir la politique expansionniste israélienne. Le 30 mai 1990, un raid du Front de libération de la Palestine sur la plage de Tel-Aviv, certainement commandité par Bagdad, échoue.

4.2.2. L'occupation du Koweït

Le refus des monarchies pétrolières de transiger sur le paiement des dettes de guerre irrite de plus en plus le gouvernement irakien. L'émirat du Koweït est particulièrement visé par cette accusation. Il a beaucoup prêté à Bagdad durant la guerre mais les conditions économiques koweïtiennes du début des années 1990 (krach boursier, intervention financière de l'État) font que le Koweït exige un remboursement intégral. Par ailleurs, l'émirat, pour contrecarrer la surproduction des pays de l'OPEP, favorise une politique de bas prix qui entrave la reconstruction irakienne. Il a enfin exploité, durant la guerre Iran-Irak, les nappes pétrolifères communes aux deux pays et Saddam Hussein réclame des dédommagements.

Au début de 1990, les autorités irakiennes relancent la question des frontières avec le Koweït. Ce dernier réclame la cession de deux îlots koweïtiens devant l'embouchure du *Shatt el-Arab*, qui lui permettrait une plus grande ouverture sur le Golfe. Le Koweït aurait accepté mais en échange de la reconnaissance officielle de l'émirat par l'Irak. Bagdad aurait refusé. Le 17 juillet 1990, Saddam Hussein accuse les dirigeants du Golfe de collusion avec les États-Unis. Le lendemain, il remet un message à la LEA dans lequel il accuse le Koweït de voler le pétrole irakien depuis 1980. L'émirat demande une intervention de l'ONU pour mettre fin à la tension. Le 24 juillet, l'Irak déploie trente mille hommes à la frontière koweïtienne, puis 100 000 le 31.

Le 2 août 1990, l'armée irakienne envahit l'émirat. Les forces koweïtiennes s'effondrent rapidement et l'émir se réfugie en Arabie saoudite. Bagdad installe un gouvernement provisoire et fantoche à la tête de l'émirat. Dès le 2 août, la résolution 660 du Conseil de sécurité condamne l'invasion irakienne et exige un retrait immédiat. Le 4 août 1990, l'armée irakienne envahit les zones neutres séparant l'Irak, le Koweït et l'Arabie saoudite. Cette dernière craint une invasion irakienne de la région du Hasa, où se trouvent les principales réserves pétrolières du royaume. Le 6 août, la résolution 661 décrète le boycott financier, économique et commercial de l'Irak tandis que, deux jours plus tard, l'émirat est officiellement annexé à l'Irak.

4.2.3. L'opération « bouclier du désert »

L'annexion du Koweït est source de plusieurs craintes de la part de la communauté internationale. D'une part, l'épisode risque de former un précédent dangereux pour beaucoup de pays qui connaissent des problèmes de revendications rivales de frontières. D'autre part, en s'emparant du Koweït, l'Irak met la main sur une des plus grandes ressources pétrolières au monde et peut dicter sa loi sur le marché international. À cela, s'ajoute la menace irakienne persistante sur la frontière saoudienne. Le secrétaire d'État à la Défense, Dick Cheney, transmet le 6 août des informations satellites aux Saoudiens sur des concentrations de troupes irakiennes au sud du Koweït. Cependant, il est peu probable que Saddam Hussein ait eu la volonté d'envahir le royaume. Ce dernier accepte toutefois un déploiement militaire américain sur son territoire. C'est le déclenchement de l'opération « bouclier du désert ».

L'intervention américaine n'est pas improvisée. Depuis la fin des années 1970, les États-Unis ont mis sur pied une Force de déploiement rapide*, capable de réunir ses effectifs et d'agir vite sur un point du globe. Le Moyen-Orient est déjà désigné comme une zone vitale, et précisément le Golfe. Avec l'effondrement du régime iranien, les États-Unis perdent leur gendarme régional, à qui ils avaient délégué en quelque sorte la surveillance du Golfe. Aucun pays de la région n'étant assez puissant pour donner le change, les États-Unis reviennent à une politique d'intervention directe. Cette politique doit essentiellement s'appliquer aux conflits dits de basse ou moyenne intensité, c'est-à-dire à des actes de guerre bilatéraux, à des renversements non favorables de régime, à des tensions créées par la question des armements non-conventionnels. Le premier terrain d'essai de cette doctrine a été l'Amérique latine (la guerre des Malouines, Grenade, la Colombie, Panama). Dès 1982, les États-Unis ont établi un commandement régional au Moyen-Orient, à l'image des commandements de l'OTAN en Europe. Le *Central Command (Centcom)*, dont le siège est en Floride, est chargé de préparer des scénarios d'intervention dans le Golfe. Il ne dispose pas de forces dans la région mais peut rapidement mobiliser des effectifs, de l'aviation et des navires de guerre à partir des nombreuses bases militaires américaines de la région. En novembre 1988, le général Norman Schwarzkopf prend la tête du *Centcom*. Dès le début de l'année 1990, lorsque les tensions avec l'Irak se précisent, il est chargé par le chef d'état-major des armées américaines, Colin Powell, de réfléchir à la préparation logistique d'une intervention.

L'opération « bouclier du désert » nécessite la mise en place d'un immense pont aérien transportant troupes et matériels. Elle ne devient effective qu'à la fin du mois d'août. À partir de septembre, l'opération est renforcée par l'arrivée des troupes françaises et britanniques, ainsi que les forces armées de la coalition arabe (troupes syriennes, marocaines et égyptiennes commandées par le prince héritier saoudien Khaled ben Sultan). Les coûts de déploiement des forces sont pris en charge par le Koweït et l'Arabie saoudite. Le commandement général incombe à Schwarzkopf. Craignant une opération aérienne, Saddam Hussein s'empare des ressortissants occidentaux en Irak et au Koweït et s'en sert comme « boucliers humains » pour protéger les sites susceptibles d'être bombardés. Tous les ressortissants sont libérés dans les derniers mois de l'année.

Le 25 août 1990, le Conseil de sécurité a adopté la résolution 665 qui décrète un embargo économique total sur l'Irak. Le texte autorise le recours aux moyens militaires pour faire respecter cette décision. L'embargo prive l'Irak de toutes possibilités d'exporter son pétrole. Le déficit de production qui en découle sur le marché pétrolier est compensé par une hausse de la production des autres membres de l'OPEP. L'Irak se tourne alors vers l'Iran pour détourner l'embargo. Le 15 août, il a accepté un règlement définitif des contentieux territoriaux sur la base de l'accord d'Alger. Des échanges de prisonniers de guerre sont effectués. L'Irak se retire des derniers territoires iraniens qu'il occupait encore. Mais l'Iran refuse de rompre l'embargo.

4.2.4. La division du monde arabe

Face à la crise du Golfe, le monde arabe est divisé. Le 3 août 1990, le conseil ministériel de la LEA a condamné l'invasion du Koweït. Plusieurs pays arabes tentent immédiatement une médiation. C'est le cas de l'Égypte qui propose un arrangement irako-koweïtien sur la question des frontières et la cession des îlots koweïtiens à l'Irak. Mais le déploiement de l'opération « bouclier du désert » met fin aux tractations diplomatiques. Les États-Unis font pression sur les pays arabes pour abandonner toute solution diplomatique. La plupart d'entre eux se rangent alors derrière la bannière américaine et décident d'envoyer des forces armées dans la Péninsule.

Le discours de Saddam Hussein a toutefois un impact important sur les opinions publiques. Sa volonté de partage des richesses arabes et de rééquilibrage entre les riches et les pauvres rencontre la satisfaction des masses arabes. Saddam Hussein tient également un discours religieux de guerre sainte contre l'impérialisme américain, reprise de la rhétorique des mouvements islamistes. Enfin, il lie le conflit israélo-arabe et la crise du Koweït en promettant un arrangement si Israël quitte les territoires occupés. Tous ces thèmes sont très efficaces et rencontrent un fort écho populaire. C'est le cas dans les pays du Maghreb, mais surtout en Jordanie et dans les territoires occupés.

4.3. La guerre du Golfe

4.3.1. Vers l'épreuve de force

En novembre 1990, on peut dire que l'Arabie saoudite est solidement défendue par les forces de la coalition. Schwarzkopf peut désormais réfléchir à la deuxième phase des opérations, la libération du Koweït. Le concept stratégique essentiel de l'armée américaine repose sur l'économie des vies humaines (le *zero killing*). Tout choc frontal avec l'armée irakienne causerait des pertes inévitables. L'armée doit donc mener préalablement une intense campagne de bombardements aériens laissant les hommes de troupes à distance de l'ennemi. Ces conceptions seront ultérieurement appliquées dans le cas de la crise yougoslave et de celle du Kosovo.

Si les militaires plaident pour l'attente des effets des sanctions contre l'Irak, les responsables civils américains sont plus favorables à une intervention militaire. Schwarzkopf demande alors un renforcement de ses effectifs. Les forces américaines sont doublées avec l'arrivée des troupes américaines de l'OTAN, davantage préparées à l'offensive aéro-terrestre (*air-land Battle*). Désormais, la libération du Koweït par la force est partagée par tous. Bush se heurte au Congrès, majoritairement démocrate, qui s'en tient au maintien de la politique de l'embargo. Le président américain contourne alors l'opposition en favorisant l'action des Nations unies. Le 29 novembre 1990, le Conseil de sécurité adopte la résolution 678. Dans son paragraphe 2, elle « autorise les États membres qui coopèrent avec le gouvernement koweïtien si, au 15 janvier 1991, l'Irak n'a pleinement appliqué les résolutions susmentionnées (...), à user de tous les moyens nécessaires pour faire respecter et appliquer la résolution 660 (1990) et toutes les résolutions pertinentes ultérieures et pour rétablir la paix et la sécurité internationales dans la région ». Le 9 janvier 1991, Tarek Aziz, ministre irakien des Affaires étrangères et son homologue américain, James Baker, se rencontrent à Genève. Ce dernier menace explicitement l'Irak d'un recours à la force. Entre le 10 et le 13 janvier, le Congrès donne tout pouvoir au président pour utiliser les forces américaines en vue de libérer le Koweït.

4.3.2. L'opération « tempête du désert »

À la veille du déclenchement des opérations, les forces de la coalition se disposent comme suit : 550 000 soldats américains, 45 000 britanniques, 19 000 français, 1 800 canadiens, 1 300 italiens. Du côté arabe, on compte : 67 000 soldats saoudiens, 14 000 soldats du CCG (dont 4 000 koweïtiens), 35 000 égyptiens, 21 000 syriens, 1 200 marocains, auxquels il faut ajouter un contingent de 10 000 soldats pakistanais et un petit contingent sénégalais. L'offensive aérienne, appelée « tempête du désert », est déclenchée le 17 janvier 1991. Elle combine toutes les armes de la guerre aérienne moderne : tirs de missiles de croisière, action des hélicoptères, missions des avions de combats, bombardements statégiques. Plus de 100 000 missions sont effectuées jusqu'au 28 février 1991, dont 90 % par les forces américaines.

Les objectifs visés sont militaires (troupes au sol, défense anti-aérienne), politiques (centres de décision) et industriels. Dès le lendemain de l'attaque alliée, l'Irak réplique par l'envoi de missiles scud de fabrication soviétique. Leur portée a été allongée pour permettre d'atteindre le sol ennemi, au prix d'une perte de précision et de poids d'explosif (certains missiles partent à vide). Les objectifs visés sont les agglomérations saoudiennes et israéliennes. Le gouvernement Shamir est dissuadé par les États-Unis de répondre par une option militaire. En échange de sa passivité, Israël reçoit une aide financière et une aide militaire (missiles anti-missiles Patriot). À la fin janvier, l'Irak transfert toute son aviation sur le sol iranien. Le 25 janvier, l'Irak commence à déverser plusieurs millions de barils de pétrole dans le Golfe, créant une catastrophe écologique, puis le 7 février, déclenche l'incendie des puits de pétrole koweïtiens, gênant considérablement les offensives aériennes.

Le 15 février 1991, jour butoir de la résolution 678, l'URSS envoie Evgueni Primakof en émissaire au Moyen-Orient. Il parvient à rouvrir le dialogue avec Saddam Hussein. Ce dernier accepte la résolution 660 mais demande en échange le retrait israélien des territoires et le départ des forces de la coalition du Golfe. Le 22 février, Primakov obtient un calendrier de retrait irakien de l'émirat en trois semaines. Mais les États-Unis maintiennent une ligne ferme et demandent un retrait immédiat. L'objectif militaire américain n'est plus la seule libération du Koweït mais la destruction du potentiel militaire irakien. Bush précipite les décisions du dénouement militaire.

4.3.3. L'offensive terrestre

Elle commence le 24 février 1991, sous le haut-commandement du général Schwarzkopf. 250 000 soldats sont massés à l'ouest du Koweït tout en faisant croire à l'ennemi à une attaque par le sud et la mer. Très vite, les forces de la coalition pénètrent en Irak et au Koweït. La surprise de l'offensive est totale. Les soldats irakiens se rendent en masse. Bagdad ordonne le repli de ses forces du Koweït. L'aviation alliée s'en prend à ces forces en retrait et fait des milliers de victimes. Les pertes de la coalition demeurent donc légères et la progression de ses troupes est plus rapide que prévue.

La force alliée s'en prend alors au fer de lance de l'armée irakienne, les unités de la garde républicaine. La première division résiste farouchement à l'offensive ennemie et se fait détruire sur place, pendant que les autres divisions se replient. Le 27 février, la bataille est quasiment achevée. Le Koweït est libéré. En revanche, il n'est nullement question de poursuivre l'offensive vers Bagdad. Le 28, l'Irak accepte toutes les résolutions des Nations unies. Bush annonce le cessez-le-feu. L'offensive terrestre a duré quatre jours.

La victoire de la coalition alliée consacre la domination politique américaine au Moyen-Orient. L'URSS s'est révélée incapable d'offrir une solution diplomatique alternative à la crise. La position hégémonique américaine permet à Washington de relancer le processus de paix israélo-arabe, dans l'impasse à la fin des années 1980.

Chapitre 9

Le Moyen-Orient dans les années 1990

LA GUERRE DU GOLFE s'achève sur l'absence d'une solution à la question irakienne. Les États-Unis n'ont jamais envisagé d'aller jusqu'à Bagdad et réduisent leur intervention à la seule libération du Koweït. La volonté de maintenir le régime de Saddam Hussein est essentiellement motivée par la peur d'une déstabilisation politique profonde de l'Irak, soit interne (soulèvement chi'ite), soit externe (intervention iranienne). Ainsi se met en place durablement la lancinante question de la normalisation des relations américano-irakiennes. Si les États-Unis connaissent une impasse sur cette question, ils prennent en revanche une position dominante dans le processus de paix israélo-arabe.

1 LES ÉTATS-UNIS ET LA QUESTION IRAKIENNE

1.1. L'après-guerre

1.1.1. La révolte chi'ite

Dans les jours qui suivent la fin de l'offensive « tempête du désert », les populations chi'ites, concentrées au sud du pays, se soulèvent contre le régime et massacrent les cadres du *Ba'th*. Saddam Hussein perd le contrôle de la région mais la révolte ne bénéficie d'aucun appui. Ni les États-Unis, ni les monarchies du Golfe ne veulent de l'installation d'une république islamique au sud de l'Irak. Apporter un soutien militaire à l'insurrection entraînerait par ailleurs une prolongation de l'engagement militaire de la coalition, et probablement un enlisement dans une occupation permanente d'une partie de l'Irak. Or le mandat de l'état-major allié est clair : il s'agit seulement de libérer le Koweït. C'est le sens de la résolution 687, adoptée le 3 avril 1991 par le Conseil de sécurité. Elle demande la reconnaissance irakienne des frontières du Koweït, elle crée une zone démilitarisée entre les deux États, envoie des observateurs, interdit l'utilisation des armes non-conventionnelles, établie les responsabilités de l'Irak pour les dommages commis et maintient l'embargo.

L'absence de soutien extérieur permet à Saddam Hussein de reprendre l'avantage et d'organiser la répression du mouvement. Celle-ci est très violente et aurait fait des dizaines de milliers de victimes. Les insurgés chi'ites se replient vers l'Iran à la mi-mars 1991. Les forces de la coalition ne sont pas intervenues et se sont contentées d'interdire l'utilisation des armes chimiques. Une partie du sud du pays demeure toutefois en état d'insoumission.

1.1.2. La relance de la question kurde

La même situation d'insurrection contre le régime éclate au nord dans les régions kurdes. La révolte est animée par le Parti démocratique du Kurdistan (PDK) de Massoud Barzani et l'Union du peuple kurde (UPK) de Jamal Talabani. Ici aussi, la réaction de la coalition est celle de la non-intervention. La Turquie ne saurait admettre l'existence d'un État kurde indépendant à ses portes. Après l'écrasement de la révolte chi'ite, Saddam Hussein peut donc tourner ses forces vers le nord. Début avril, les Kurdes fuient par milliers vers la Turquie, sous les caméras internationales. L'émotion de la communauté internationale est forte. La Turquie, qui craint une déstabilisation de ses régions kurdes, demande une intervention occidentale.

Le 5 avril 1991, le Conseil de sécurité adopte la résolution 688, dans laquelle il exprime sa profonde préoccupation pour le sort des populations civiles irakiennes et considère que la répression menée par le régime menace la paix et la sécurité de la région. Le 13 avril, après de nombreuses hésitations, les États-Unis déclenchent l'opération « *Provide comfort* » destinée à apporter une aide humanitaire aux Kurdes. Une zone d'exclusion aérienne est créée au nord et les régions kurdes acquièrent une autonomie de fait, renforcée par des négociations entre les mouvements kurdes et le régime irakien. Comme l'ancienne coalition s'en tient au maintien de l'intégrité de l'État irakien, les Kurdes ne parviennent pas à obtenir plus, à savoir l'indépendance. L'opération « *Provide comfort* » permet en revanche le retour des réfugiés kurdes. Les deux partis politiques kurdes, le PDK et l'UPK, entrent en rivalité pour le contrôle de la région.

1.1.3. La création de l'UNSCOM

La résolution 687 crée également une commission spéciale des Nations unies chargée d'inspecter l'état de l'armement irakien (UNSCOM). Le mandat de la commission consiste à mettre en œuvre un plan de contrôle et de vérification de l'interdiction faite à l'Irak d'utiliser des armements non-conventionnels. Les capacités nucléaires de l'Irak doivent par ailleurs être surveillées par l'Agence internationale de l'énergie atomique.

Arrivée en Irak, la commission découvre peu à peu un programme militaire beaucoup plus avancé que prévu. Elle se heurte aux résistances des autorités irakiennes. Bien qu'ils aient la stricte interdiction de diffuser les informations qu'ils collectent auprès des États membres de l'ONU, les experts de la commission transmettent des données sur l'armement irakien au gouvernement américain. En retour, les États-Unis soutiennent activement l'UNSCOM et menacent d'intervenir militairement en cas de réticence de Bagdad. L'embargo est maintenu mais assoupli de clauses humanitaires (autorisation d'importations de produits alimentaires et de médicaments). Mais l'Irak se voit toujours interdire l'exportation de son pétrole, qui lui fournirait pourtant les fonds nécessaires aux achats humanitaires.

1.2. Le maintien du régime irakien

1.2.1. Le renforcement du régime

Le régime de Saddam Hussein n'a pas été renversé par la coalition. Les États-Unis auraient souhaité un coup d'État militaire instaurant un régime leur étant favorable. Faute d'y parvenir, Washington est déterminé à maintenir strictement l'embargo destiné à désarmer l'Irak et à l'isoler du reste du monde arabe. Pour les États-Unis, la pression de l'embargo doit être maintenue jusqu'à la chute de Saddam Hussein, alors que, dans le même temps, les Nations unies affirment qu'il suffira que l'Irak respecte les résolutions onusiennes pour que les contraintes internationales soient levées. Fin août 1992, une nouvelle zone d'exclusion aérienne est créée au sud du pays au nom de la protection des populations chi'ites. N'acceptant pas cette zone d'exclusion, l'Irak proteste en janvier 1993.

Les États-Unis répondent par des frappes aériennes. En octobre 1994, les États-Unis accusent l'Irak de concentrer des troupes à la frontière koweïtienne. Des troupes américaines sont immédiatement envoyées dans l'émirat. Saddam Hussein retire ses hommes mais démontre ainsi la totale dépendance des monarchies du Golfe envers la puissance américaine. Suite à une médiation russe, le Parlement irakien et le conseil de la révolution reconnaissent, en novembre 1994, les frontières internationales du Koweït.

L'Irak se lance, après la guerre, dans un vaste programme de reconstruction de l'infrastructure du pays. Saddam Hussein multiplie les dépenses somptuaires, telle la construction de palais présidentiels. Un nouveau réseau de canaux est creusé dans le sud irakien. L'opposition politique est inexistante. Les États-Unis tentent de créer un front uni de l'opposition irakienne à partir du Kurdistan autonome mais sans succès. Le régime irakien continue de pratiquer une politique de terreur et de répression. Des religieux chi'ites sont régulièrement assassinés. La politique de violence de Saddam Hussein entraîne la fuite de certains hauts dirigeants à l'étranger. Le blocus renforce le régime, en plaçant la population dans un état de dépendance et de malnutrition.

1.2.2. La discorde kurde

Au Kurdistan autonome, les partis politiques se sont transformés en milices armées et vivent de la taxation, des transports et de l'aide internationale. Dès 1994, l'UPK et le PDK s'affrontent militairement, entraînant la mort de centaines de personnes. L'Iran et la Turquie interviennent au Kurdistan irakien pour mettre fin aux guérillas kurdes qui touchent leur pays. Les États-Unis organisent en Europe des réunions de réconciliation mais n'obtiennent que des trêves temporaires.

De nouveaux affrontements sanglants ont lieu en août 1996. Au cours de ces affrontements, le PDK de Massoud Barzani décide de faire alliance avec Saddam Hussein. L'armée irakienne occupe à cette occasion la plus grande partie du territoire kurde. L'opposition irakienne doit évacuer la région. Les États-Unis répondent par de nouvelles frappes aériennes et étendent, sans mandat de l'ONU, les zones d'exclusion aérienne au sud de l'Irak. En octobre 1996, l'UPK, soutenu par l'Iran, contre-attaque et reprend une partie du terrain perdu. Une nouvelle trêve est conclue. Mais les années suivantes sont marquées par une alternance d'affrontements et de cessez-le-feu, ponctués d'incursions militaires turques.

1.2.3. La résolution « pétrole contre nourriture »

Les experts de l'ONU mènent une enquête de plus en plus vaste, entraînant une ingérence importante dans les affaires intérieures irakiennes. Les activités gouvernementales sont ainsi mises sous contrôle. Si le régime irakien refuse certaines inspections, les forces de la coalition menacent d'intervenir militairement. Bagdad finit généralement par céder mais accuse de plus en plus souvent l'UNSCOM d'espionnage. En dépit de ces tensions, le désarmement de l'Irak progresse. La question nucléaire est rapidement réglée. Puis les derniers missiles sont détruits et les sites soupçonnés de fabrication placés sous surveillance électronique. En dépit de ces avancées, les sanctions internationales ne sont pas assouplies. À partir de 1995, l'UNSCOM aborde le dossier des armes bactériologiques.

Le maintien de l'embargo, associé à la nature dictatoriale du régime, entraîne une dégradation de plus en plus visible des conditions de vie de la population (nourriture, soins médicaux, éducation, etc.). Les rapports de l'UNICEF attribuent à l'embargo la mort de 5 à 7 000 enfants de moins de cinq ans par mois.

Devant les protestations internationales, le Conseil de sécurité adopte, en avril 1995, la résolution 986, dite « pétrole contre nourriture ». Il autorise l'Irak à vendre pour un milliard de dollars de pétrole par trimestre pour acheter des produits alimentaires et des médicaments. L'ensemble du processus doit se faire sous le strict contrôle de l'ONU. La résolution 986 n'est acceptée par l'Irak qu'en mai 1996. Elle n'entre en application qu'à la fin de l'année. Elle contribue à apporter un mieux aux populations mais les besoins vitaux sont loin d'être satisfaits.

1.3. La tension américano-irakienne

1.3.1. La mission Butler

En 1997, l'Australien Richard Butler est nommé à la direction de l'UNSCOM. Sa démarche est nettement plus offensive que celle de son prédécesseur. Il exige de pouvoir visiter les palais présidentiels. L'Irak refuse et accuse Butler d'être au service des États-Unis. Fin octobre 1997, l'Irak expulse les membres américains de l'UNSCOM. Après une médiation diplomatique russe, Saddam Hussein accepte le retour des Américains mais exige que l'UNSCOM achève ses travaux dans un délai de six mois. Les États-Unis refusent et se préparent à de nouvelles actions aériennes. Kofi Annan, secrétaire général des Nations unies, tente une mission de la dernière chance. Il obtient, le 23 février 1998, un accord. La commission reprend ses travaux en mars.

1.3.2. L'opération « Renard du désert »

Une nouvelle crise éclate en août 1998 lorsque l'Irak refuse l'accès à certains sites et suspend sa coopération aux travaux de la commission. En novembre 1998, l'ONU retire son personnel d'Irak mais Bagdad cède et accepte le retour du personnel onusien. À la mi-décembre, Butler publie un rapport dans lequel il dénonce le manque de coopération de l'Irak et demande le retrait immédiat du personnel. S'appuyant sur ce rapport, les États-Unis et les Britanniques lancent, le 16 décembre 1998, l'opération de bombardements massifs « Renard du désert ». Tandis que la France reste réservée, la Russie et la Chine condamnent cette opération prise sans mandat de l'ONU. Les raids durent quelques jours mais l'impasse politique est totale. Désormais, l'Irak refuse tout retour de l'UNSCOM et recouvre ainsi son indépendance dans le domaine de l'armement. Bagdad refuse de reconnaître les zones d'exclusion aérienne. Tout au long de l'année 1999, l'aviation irakienne viole ces zones, entraînant des raids anglo-américains en retour.

2 LE PROCESSUS DE PAIX ISRAÉLO-ARABE

2.1. L'échec des négociations multilatérales

2.1.1. L'initiative Baker

La crise du Golfe a popularisé le lien entre la libération du Koweït par l'Irak et celle des territoires occupés par Israël. Mais les États-Unis refusent ce qu'il considère comme la politique d'amalgame d'un dictateur démagogique. Mais l'implication d'Israël dans la guerre du Golfe, avec les tirs de Scuds irakiens sur le territoire hébreu, a rendu impossible un maintien du dossier fermé. Bien que les relations entre Shamir et Bush soient mauvaises, le président américain, dont la popularité est au sommet, estime pouvoir amener Israël à la négociation. Il charge son secrétaire d'État, James Baker, de relancer le processus. L'OLP sort très affaiblie de la crise du Golfe, à cause de son soutien à la cause irakienne. Les pays du Golfe lui ont supprimé toute aide financière.

James Baker inaugure ses navettes diplomatiques dès le 8 mars 1991. Les différentes parties se montrent favorables à l'ouverture de négociations. Les États-Unis favorisent une représentation palestinienne des territoires occupés, constituée de personnalités d'envergure tels Faysal al-Husseini et Hanan Ashraoui. Cette délégation s'empresse de rendre allégeance à l'OLP qui la mandate. En avril 1991, Israël accepte l'idée d'une conférence régionale impliquant des rencontres bilatérales. Les Palestiniens peuvent être représentés mais dans le cadre d'une délégation commune avec la Jordanie. Les États arabes sont réticents à la formule israélienne. Arafat déclare, le 22 avril, que l'OLP ne permettra jamais ni à Israël, ni aux États-Unis, de désigner une délégation palestinienne. Finalement, en juillet 1991, Hafez el-Assad accepte d'ouvrir les négociations, soutenu par l'Égypte et l'Arabie saoudite. Au XXe CNP d'Alger, Arafat est mandaté pour désigner les membres de la délégation palestinienne. Israël ne veut aucun représentant de l'OLP et aucun ressortissant de Jérusalem. La direction de la délégation échoit à un vétéran des luttes politiques palestiniennes, un des fondateurs de l'OLP, Haydar Abd al-Chafi. Des « experts » désignés par l'OLP encadreront la délégation.

2.1.2. Le processus de Madrid

James Baker peut désormais préciser le cadre formel des négociations. Une conférence comprendra des entretiens bilatéraux entre Israël et les États arabes et réunira parallèlement des comités multilatéraux pour traiter des questions communes telles les problèmes de ressources hydrauliques, l'environnement, la question des réfugiés, la parité des armements. La partie bilatérale des négociations est sous le patronage de Washington et de Moscou, tandis que la partie multilatérale est prise en charge par les pays européens et le Canada.

La conférence de la paix s'ouvre à Madrid le 30 octobre 1991. Les négociations bilatérales commencent le 3 novembre. Rapidement, le débat tourne autour des revendications israéliennes confrontées à celles des Palestiniens :

- La délégation palestinienne demande un transfert rapide des compétences dans les domaines économique et politique, notamment la souveraineté sur la terre, l'eau et les différentes ressources naturelles, les questions de population et de nationalité, celles des institutions législatives et judiciaires.
- La délégation israélienne demande la fin de tout acte de violence et affirme vouloir poursuivre la politique de colonisation. La souveraineté d'Israël sur l'ensemble des terres qu'elle possède ou occupe ne saurait être remise en cause.

2.1.3. La négociation de Washington

Les tensions entre les délégations demeurent fortes, notamment entre la Syrie et Israël, qui s'accusent mutuellement d'être des états terroristes. Rapidement donc, la conférence de Madrid est levée. Les États-Unis suggèrent la poursuite des négociations à Washington. Les Palestiniens acceptent immédiatement mais Israël tergiverse, puis cède. La première session des discussions s'ouvre le 9 décembre 1991.

Les Palestiniens obtiennent un compromis sur la formation de leur délégation. Deux sous-commissions sont formées, une majoritairement palestinienne, l'autre majoritairement jordanienne. Toutes les deux traiteront avec les Israéliens. Les Palestiniens proposent un plan de retrait militaire israélien et le remplacement des occupants par des forces des Nations unies. Ils demandent également l'élection d'un gouvernement intérimaire chargé d'administrer les territoires occupés. Shamir, en pleine campagne électorale, réaffirme la pérennité des colonies mais évoque un statut d'autonomie dans les territoires.

Le 23 juin 1992, le parti travailliste emmené par Itshak Rabin* remporte les élections législatives. Shimon Pérès est nommé ministre des Affaires étrangères mais Rabin exerce un contrôle sur le processus de paix. Le chef du gouvernement annonce le gel de la politique d'implantation des colonies mais ne remet pas en cause celles déjà existantes. Rabin dispose du soutien inconditionnel du gouvernement américain. À Washington, les négociations se poursuivent. La nouvelle équipe accepte le principe de l'autonomie palestinienne, avec élections, mais refuse d'aborder les questions de fond : autodétermination des Palestiniens, question de la souveraineté. L'autonomie palestinienne est conçue comme une délégation de pouvoir des autorités israéliennes. La défaite électorale de Bush en novembre 1992 semble signifier le retrait américain du processus de paix.

2.2. Le processus d'Oslo

2.2.1. L'ouverture d'une négociation parallèle

Durant les négociations de Washington, Rabin prend conscience de l'influence que l'OLP exerce sur la délégation palestinienne. Des entretiens confidentiels entre responsables israéliens et responsables de l'OLP ont commencé déjà sous le gouvernement Shamir. Rabin décide de les intensifier. Une négociation parallèle s'ouvre par l'intermédiaire de l'Égypte. Shimon Pérès fait savoir que l'autonomie palestinienne pourrait commencer par la bande de Gaza. En avril 1993, Arafat fait savoir à son tour qu'il soutient une formule autonomiste sur la bande de Gaza et Jéricho.

Deux autres canaux de communication entre Israéliens et Palestiniens de l'OLP ont également été ouverts. Le premier réunit des personnalités de l'entourage de Rabin et des proches de l'OLP, mais il n'aboutit à aucun résultat. Le second canal, établi en septembre 1992, réunit des proches de Pérès et des responsables de haut niveau de l'OLP. Les rencontres ont lieu à Oslo, où le gouvernement norvégien assure une confidentialité totale aux discussions et intervient pour essayer de parvenir à un accord. Les États-Unis, prévenus de l'existence de ce canal, ne le prennent pas au sérieux et continuent de miser sur les négociations de Washington. Un pas nouveau est franchi lorsqu'en mai 1993, Rabin et Pérès remplacent les négociateurs israéliens d'Oslo par des hauts fonctionnaires.

2.2.2. L'échange de lettres Rabin-Arafat

Les délégués palestiniens à Oslo acceptent les exigences de Rabin : processus d'autonomie par étapes, renvoi des questions de fond à une négociation finale comme celle de Jérusalem ou celle des droits nationaux palestiniens. Durant l'été, les négociateurs rédigent ensemble une Déclaration de principes. Le document est signé par Pérès à Oslo le 20 août 1993. Les États-Unis apportent leur soutien au texte et proposent sa signature officielle à Washington. Cette dernière a lieu entre Rabin et Arafat le 13 septembre 1993 à la Maison blanche.

Deux lettres d'Arafat accompagnent le document des accords d'Oslo. La première est adressée au chef du gouvernement israélien. Arafat engage l'OLP à reconnaître le droit de l'État d'Israël à vivre en paix et en sécurité, à reconnaître les résolutions 242 et 338, à continuer de trouver une solution au contentieux israélo-palestinien par la voie pacifique des négociations et à renoncer au terrorisme. Arafat ajoute que les articles et points de la charte palestinienne niant l'existence de l'État d'Israël sont invalidés. Une seconde lettre est adressée au ministre des Affaires étrangères norvégien. Il s'engage à tout mettre en œuvre pour arrêter l'*Intifadah* dans les territoires occupés et rappelle son refus du terrorisme. En réponse, une lettre de Rabin reconnaît l'OLP comme « représentant du peuple palestinien » et confirme son engagement à mener désormais les négociations de paix avec l'organisation palestinienne.

2.2.3. La Déclaration de principes

Signée le 13 septembre 1993, la « Déclaration de principes sur les arrangements intérimaires d'autogouvernement » est un document complexe qui prête à différentes interprétations possibles. Les points essentiels sont les suivants :

Formation d'une autorité palestinienne d'autogouvernement intérimaire : assisté d'un conseil élu représentant les habitants de la Cisjordanie et de Gaza, il sera en place durant la période intérimaire (5 ans). Les élections du conseil constituent une étape significative « en vue de la réalisation des droits légitimes du peuple palestinien ». Les Palestiniens de Jérusalem auront le droit de participer aux élections.

- Le cadre géographique des accords : la Déclaration de principes reconnaît la Cisjordanie et Gaza comme une « unité territoriale unique » dont l'intégrité sera préservée durant la période intérimaire. La juridiction du conseil couvrira en conséquence l'ensemble de ces territoires.
- Le calendrier des étapes suivantes : la période transitoire de cinq ans commencera le jour de l'évacuation israélienne de Gaza et de Jéricho. Les négociations sur le statut définitif de l'entité palestinienne commenceront au plus tard trois ans après et aborderont des questions essentielles telles Jérusalem, les réfugiés, les colonies, la sécurité, les frontières.
- Le transfert d'autorité : le départ israélien de Gaza et de Jéricho entraîne le transfert des pouvoirs à l'autorité palestinienne dans les domaines de l'éducation, de la culture, des affaires sociales, de la fiscalité directe et du tourisme. Les Palestiniens sont autorisés à former une force de police. Les compétences du conseil seront définies par un nouvel accord intérimaire.

Les ambiguïtés du document sont nombreuses et annoncent l'avenir de son application :

- L'« autogouvernement » : le terme d'autogouvernement ne précise pas si la souveraineté de celui-ci vient du peuple palestinien ou d'une délégation de pouvoir israélienne.
- Une solution binationale : la séparation géographique de la Cisjordanie et de Gaza implique la mise en œuvre d'une coopération israélo-palestinienne, notamment dans les domaines économiques. On peut interpréter ce fait comme constituant la voie vers un état binational, donc vers la reconnaissance d'un État palestinien.
- Le renvoi des questions essentielles : ce renvoi hypothèque le succès des accords et constitue le prétexte possible à une rupture des négociations. Si

ces dossiers n'aboutissent pas, la situation évoluera vers un processus de refoulement et de cantonnement de la population palestinienne.

2.3. L'application difficile des accords israélo-palestiniens

2.3.1. Les oppositions aux accords

Arafat doit affronter de fortes oppositions aux accords au sein de l'OLP. Du côté israélien, les militaires et les administrateurs des territoires occupés protestent contre un accord dont ils ont été tenus à l'écart. Dès le mois d'octobre, le comité de liaison chargé de la préparation de l'accord intérimaire est le théâtre de fortes oppositions entre Israéliens et Palestiniens. Ces derniers veulent un transfert global de toutes les compétences tandis que les premiers cherchent à maintenir leur contrôle sur l'ensemble des territoires. Ils réclament le maintien sous leur contrôle des axes de communication et l'établissement de périmètres de sécurité autour des colonies.

Dans le cas de Jéricho, les Palestiniens souhaitent la définition géographique la plus étendue possible, profitant du fait qu'il n'y a pas de colonies israéliennes dans cette région. Les Israéliens entendent limiter l'autonomie palestinienne à la seule ville de Jéricho. Ils invoquent les questions de sécurité pour maintenir un contrôle total sur la circulation des personnes et des biens en zone palestinienne. Finalement, la zone de Jéricho comprendra un périmètre de 55 kilomètres carrés.

Dans les territoires occupés, le *Hamas** mène l'opposition aux accords de paix et poursuit l'*Intifadah*. Les colons juifs refusent de leur côté les garanties de sécurité formulées par Rabin et appellent à une *Intifadah* juive. Ils sont soutenus par le *Likoud*, la droite israélienne, et son nouveau chef, Benjamin Netanyahu*. Rabin tire prétexte du retour des tensions dans les territoires occupés pour retarder le calendrier et assujettir davantage la conclusion d'un accord aux questions de sécurité.

2.3.2. La poursuite des tensions

La violence dans les territoires occupés ne s'est jamais interrompue, en dépit du processus de paix. En janvier 1992, le Conseil de sécurité a condamné la politique israélienne à l'égard de la population palestinienne (déportations). Des attentats individuels frappent les colons israéliens. L'impasse des négociations de Washington a relancé la violence en octobre 1992. Celle-ci est menée par les mouvements islamistes. La répression israélienne est importante. Les maisons des suspects d'attentats sont détruites aux missiles anti-chars. En décembre 1992, le gouvernement Rabin déporte hors des territoires occupés plus de 400 Palestiniens accusés d'être des activistes islamistes. Ils sont envoyés au Liban mais ce dernier refuse de les accueillir et les déportés se retrouvent dans un *no man's land* entre les zones des deux armées. L'action israélienne est une nouvelle fois condamnée par le Conseil de sécurité. En avril 1993, les territoires occupés sont bouclés par Israël devant la recrudescence des violences.

Après les accords d'Oslo, les attentats du *Hamas* se multiplient contre les colons israéliens. En retour, ces derniers s'en prennent violemment à la population arabe. Le 25 février 1994, un colon juif d'Hébron ouvre le feu sur des fidèles musulmans priant dans le caveau des Patriarches. Des manifestations populaires éclatent immédiatement et sont durement réprimées par la police israélienne. Il y a plusieurs dizaines de victimes. Le colon, Barush Goldstein, meurt peu après son intervention armée. Rabin adresse des excuses officielles à Arafat, condamne deux organisations extrémistes juives mais il refuse toute évacuation de colons, en particulier de la ville d'Hébron. Après l'accord d'autonomie du Caire, il incombe à Arafat de maintenir l'ordre dans les territoires autonomes et notamment d'empêcher la poursuite des attentats islamistes. Cherchant à éviter une guerre civile, il refuse de mener une politique de répression et favorise l'intégration des radicaux aux nouvelles structures mises en place. En août 1994, suite à un attentat contre des colons israéliens, la première épreuve de force éclate entre l'autorité palestinienne et le *Hamas*. Plusieurs responsables de l'organisation sont arrêtés. En octobre 1994, une nouvelle campagne d'attentats entraîne le bouclage des territoires par Israël. Une opération suicide islamiste fait 22 morts civils le 22 octobre. Des affrontements entre islamistes et la police palestinienne font une quinzaine de morts le 18 novembre 1994.

2.3.3. Les débuts de l'autonomie palestinienne

Après le massacre d'Hébron, les négociations en vue de l'autonomie sont suspendues quelques semaines. Puis Israël accepte des concessions de nature symbolique : droit des Palestiniens d'avoir un drapeau national et un passeport, autorisation de l'établissement de l'OLP dans les territoires autonomes. Le 4 mai, l'accord intérimaire est signé au Caire. Israël s'engage à retirer son armée de Gaza et de la zone de Jéricho. Une autorité palestinienne* composée de 24 membres sera chargée de recevoir les pouvoirs et compétences transférés par l'État hébreu. Une force de police palestinienne est créée et est chargée du maintien de l'ordre en coopération avec l'armée israélienne. La période intérimaire de cinq ans commence le 4 mai 1994 et doit donc s'achever le 4 mai 1999.

Le 10 mai 1994, les premières forces de police palestiniennes arrivent à Gaza et accompagnent le retrait israélien. L'évacuation est terminée le 25 mai, à l'exception des zones d'implantation de colons. Arafat arrive à Gaza le 1er juillet 1994 et est reçu par une foule en liesse. Le 11 juillet, l'administration centrale de l'OLP s'installe dans la ville. Le processus de dévolution des compétences se poursuit. Le 24 août, un nouvel accord de transfert est conclu au Caire. Plusieurs milliers de fonctionnaires palestiniens de Cisjordanie passent sous l'autorité d'Arafat. Mais Israël refuse toujours tout signe de souveraineté nationale à la future assemblée palestinienne élue. Par ailleurs, le gouvernement Rabin ne met aucun obstacle à la poursuite des implantations. À la fin 1994, suite aux attentats islamistes, le processus de paix est arrêté. Les dirigeants israéliens sont de plus en plus divisés sur l'application de l'accord d'Oslo.

2.3.4. Oslo II

Début 1995, Israël décide de reprendre les négociations. Elles s'ouvrent dans un climat tendu. En effet, Israël a donné aux colonies le droit de s'étendre. Cette décision entraîne de nouvelles manifestations et de nouveaux attentats. Les négociations posent quelques principes : Israël conserverait le contrôle militaire de l'ensemble de la Cisjordanie et les territoires sous administration palestinienne s'agrandiraient. Trois zones sont définies : une zone A comprend toutes les agglomérations palestiniennes, sauf Hébron, qui seront sous la responsabilité directe de l'autorité palestinienne. Une zone B regroupe les villages administrés conjointement. Une zone C rassemble les régions peu peuplées et les colonies, sous contrôle israélien exclusif. Cette solution aboutirait à une sorte de ghettoïsation des territoires selon les Palestiniens, qui réclament un transfert plus global. La question des élections est également abordée. Israël accepte la formation d'un conseil législatif de 88 membres qui désignera un conseil exécutif.

Début juillet 1995, la signature d'un nouvel accord est en vue. Cette perspective entraîne le développement des oppositions israéliennes de la droite religieuse, qui refuse toute perspective de cession de territoires. Des rabbins appellent à la désobéissance civile. Finalement, l'accord est signé à la Maison blanche le 28 septembre 1995 et immédiatement connu sous le terme « accords Oslo II ». Entre octobre et décembre 1995, l'armée israélienne évacuera les agglomérations cisjordaniennes, à l'exception d'Hébron, et se retirera de plus de 450 villages arabes. Cet ensemble forme la zone A, soit 3 % du territoire cisjordanien. La zone B de contrôle conjoint forme 24 % du territoire, la zone C, 72 %. Entre janvier et avril 1996, les élections palestiniennes se tiendront. À la fin de cette période, l'armée israélienne évacuera Hébron, à l'exception de la zone de la colonie juive. Le 4 mai 1996, la négociation finale commencera et devra se terminer avant le 4 mai 1999. La zone B passerait progressivement, durant cette période, sous contrôle palestinien. L'accord entraîne le développement des contestations en Israël. Le 5 octobre 1995, les partisans du Grand Israël manifestent lors du vote de la ratification de l'accord par le Parlement. Le retrait de la Cisjordanie commence toutefois. Les oppositions israéliennes prennent une tournure de plus en plus violente. Des personnalités religieuses appellent au meurtre de Rabin. Le gouvernement réplique par une grande manifestation pour la paix, organisée à Tel-Aviv le 4 novembre 1995. Ce soir-là, Rabin est assassiné en public par un activiste israélien de droite.

2.4. Les relations israélo-arabes

2.4.1. La normalisation des relations israélo-arabes

Après le Maroc, la Tunisie décide en 1994 d'établir des relations diplomatiques avec Israël. De leur côté, les pays du Golfe lèvent partiellement le boycott économique sur l'État hébreu et l'Arabie saoudite approuve publiquement le processus de paix. Fin octobre 1994, une conférence économique se tient à Casablanca et réunit hommes politiques et hommes d'affaires arabes et israéliens. On discute de projets de coopération régionale avec libre circulation des personnes, des biens et des capitaux. Le principal partenaire extérieur de ce projet est l'Union européenne. Une seconde conférence économique pour le Proche-Orient et l'Afrique du Nord se tient avec succès fin 1995.

2.4.2. L'accord de paix israélo-jordanien

Le roi Hussein cherche à revenir dans les grâces des États-Unis après la guerre du Golfe. Sous la pression populaire, il a été amené à prendre position en faveur de l'Irak. Il est prêt à entamer des pourparlers avec les Israéliens en vue d'un traité de paix. Des négociations secrètes sont établies. Le 25 juillet 1994, Rabin et Hussein signent à Washington une déclaration mettant fin à l'état de guerre. Le roi Hussein se voit reconnaître la fonction de « gardien des Lieux-Saints » musulmans de Jérusalem. Cette décision entraîne les protestations de l'OLP.

Les négociations israélo-jordaniennes s'achèvent à la mi-octobre 1994. Le traité de paix est signé le 27 octobre. La frontière entre les deux États reste celle de la Palestine mandataire. La répartition de l'eau est mieux assurée, au profit de la Jordanie. C'est le roi Hussein qui a impulsé le processus. L'opinion populaire de son royaume reste hostile à une réconciliation avec Israël.

2.4.3. La question du Golan

Lors des négociations de Washington, la délégation syrienne a accepté un traité de paix contre la restitution du Golan. Rabin répond qu'il est favorable à l'ouverture de négociations globales sur la base de la résolution 242. Les discussions se révèlent très vite difficiles. Dès le mois de septembre 1992, les obstacles se multiplient. Rabin n'envisage qu'un retrait partiel du Golan tandis que Damas exige une évacuation totale, y compris des colonies. Israël conditionne tout accord territorial à la normalisation complète des relations israélo-syriennes. Après les accords israélo-palestiniens du 13 septembre 1993, la position israélienne est de plus en plus en retrait. Le gouvernement ne veut pas imposer de nouveaux compromis à l'opinion israélienne et remet à une date ultérieure tout retrait même partiel du Golan. Des contacts reprennent en 1994 sous l'impulsion américaine. Assad décide de lever les restrictions sur le déplacement des derniers Juifs syriens.

En 1996, le gouvernement Pérès engage des négociations directes avec les Syriens à Wye Plantation, dans le Maryland (États-Unis). Les problèmes de sécurité restent l'obstacle majeur : pour les Israéliens, la sécurité conditionne la paix, pour les Syriens, la paix conditionne la sécurité. Israël revendique la possession des eaux du Jourdain et incite Damas à rechercher des compensations du côté de la Turquie. Il refuse également d'aborder la question de la nature exacte du retrait militaire du Golan.

3 LES ÉTATS ARABES APRÈS LA GUERRE DU GOLFE

3.1. La reconstruction libanaise

3.1.1. L'influence syrienne

L'accord de Taëf, puis l'intervention militaire d'octobre 1990, ont consacré l'influence de la Syrie sur le destin libanais. C'est sous tutelle syrienne que commence la reconstruction du pays.

- La restauration de l'autorité de l'État : elle passe en premier lieu par la mise en place d'une armée forte. Cette tâche est confiée au général Émile Lahoud. Il entreprend la réunification des éléments de l'armée et le désarmement des milices et leur intégration partielle dans les unités militaires. À l'automne 1991, les milices évacuent l'agglomération de Beyrouth. Le 21 décembre, Umar Karamé forme un gouvernement, dans lequel certains chefs de milice obtiennent des portefeuilles, tels Samir Geagea (qui se retire rapidement), Elias Hobeika, Walid Joumblatt et Soleiman Frangié. Au début de l'année 1992, on peut considérer que la stabilisation politique est rétablie au Liban.
- Les premières mesures économiques : l'une des premières actions de l'État est d'obtenir le démantèlement des cultures de la drogue. L'état de l'économie est au plus bas. La monnaie nationale continue de perdre de sa valeur tandis que la reconstruction immobilière reste à faire. En mai 1992, la livre libanaise s'effondre à nouveau (le taux de change est d'un dollar pour 2 000 livres).
- La question des personnes déplacées : les déplacements civils forcés ou non se sont multipliés durant la guerre. La question de leur retour dans leur région de peuplement d'origine se pose à l'État libanais. Dans les zones de peuplement confessionnel mixte, tel le Chouf, le retour des réfugiés doit être négocié avec beaucoup de prudence et ne peut s'inscrire que dans la durée.

3.1.2. L'instabilité du Liban-Sud

La liberté de mouvement a été rétablie sauf au Liban-Sud. La région reste en effet très instable. Les Palestiniens tentent d'y conserver leurs positions mais se heurtent à l'armée libanaise. En juillet 1991, ils sont désarmés et l'OLP est pratiquement interdite au Liban. L'entrée de l'armée libanaise dans la zone sous contrôle de la FINUL entraîne immédiatement la réaction d'Israël. Ce dernier réclame des accords de sécurité lui donnant un droit de regard sur le Liban-Sud. L'État hébreu n'accorde aucun crédit à la reconstruction libanaise. Pour lui, le Liban est un État qui n'existe pas et qui dépend de la Syrie.

La milice du *Hizbollah*, présente dans le Sud, n'a pas été désarmée. Elle se lance dans une guérilla contre l'armée israélienne. Elle obtient le soutien occasionnel de la milice *Amal*. Ces actions sont vécues par la population comme des actes de résistance nationale et jouissent d'un fort soutien populaire. Le 25 juillet 1992, l'aviation israélienne décide de répliquer aux attaques chi'ites (on compte 13 soldats israéliens morts depuis le début de l'année). De nombreux sites, y compris civils, sont bombardés. Le *Hizbollah*, réplique en bombardant la Galilée. Rabin lance alors l'opération « règlement de compte » qui entraîne la fuite vers le nord du Liban de 300 000 personnes. Le 31 juillet, suite à une intervention américaine, un cessez-le-feu est obtenu.

Pérès relance, fin 1995, des opérations au Liban-Sud contre le *Hizbollah*. Ce dernier réplique en bombardant la Galilée. Le 10 avril 1996, le chef du gouvernement israélien lance l'opération « raisins de la colère », répétition de l'opération « règlement de compte ». Toutes les régions du Liban sont touchées. Les infrastructures économiques, comme les centrales électriques, sont visées. Les populations du sud fuient les raids israéliens. Les pertes civiles se multiplient (plus de 100 morts dans un camp de la FINUL le 18 avril 1996). Un cessez-le-feu est obtenu le 26 avril grâce à une médiation franco-américaine. Des comités de surveillance, comprenant la France, les États-Unis, la Syrie et le Liban, sont mis en place.

3.1.3. Les élections de 1992

Le mécontentement populaire s'amplifie avec la crise monétaire de 1992. Suite à des manifestations, le gouvernement Karamé donne sa démission. Rashid al-Suhl lui succède le 16 mai. La première tâche du nouveau gouvernement est d'organiser des élections législatives, les premières dans le pays depuis 1972. Un nouveau découpage des circonscriptions électorales est effectué. Les partis chrétiens forment un front d'opposition aux élections, mené par le patriarche maronite Sfeir, qui réclame un retrait préalable de l'armée syrienne et le retour complet des personnes déplacées.

Les élections se déroulent à la fin du mois d'août 1992. Elles sont boycottées par la population dans les secteurs chrétiens. La participation officielle est de 30 %. Le renouveau du personnel est important et traduit le déclin des notables traditionnels. Seuls 18 députés, sur 108 sièges, conservent leur mandat de 1972. On compte quatre femmes dans la nouvelle assemblée. Le *Hizbollah* et *Amal* ont accepté le jeu des élections et entrent au Parlement. Nabih Berri, chef d'*Amal*, devient le troisième personnage de l'État en prenant la présidence de la Chambre des députés. Le 12 novembre 1992, le gouvernement Hariri est investi.

3.1.4. Le Liban de Hariri

Rafic Hariri* est un homme d'affaire sunnite diposant d'une fortune personnelle considérable. Il a fait carrière en Arabie saoudite. Il dispose du soutien de cette dernière et de la confiance des milieux financiers libanais, arabes et des investisseurs étrangers. Le régime libanais qui s'installe en 1992 est fondé sur trois pouvoirs institutionnels : la présidence de la République (Elias Hraoui), la présidence du Conseil (Rafic Hariri) et la présidence du Parlement (Nabih Berri). Des querelles politiques éclatent entre eux et Damas se fait toujours plus l'arbitre de la situation. L'opposition chrétienne face aux ingérences syriennes demeure toujours importante. À la suite d'attentats, les FL sont interdites et leur direction arrêtée en février-mars 1994. Samir Geagea passe en procès et est condamné à la réclusion à perpétuité. C'est le seul chef de milice qui connaît un tel sort, renforçant encore le sentiment d'injustice répandu chez les chrétiens.

Le gouvernement Hariri se lance dans un vaste projet de réformes économiques. Le plus marquant est la reconstruction du centre-ville de Beyrouth et l'édification d'une immense cité d'affaires. Ce programme de reconstruction s'élève à 18 milliards de dollars. Le reste du pays profite également de travaux d'infrastructure. Le financement de ces projets passe par un appel à l'épargne intérieure et par l'endettement extérieur. La réalisation de ces programmes accélère la croissance : 8 % en 1994, 7 % en 1995. Mais le poids des charges financières est de plus en plus lourd et fait chuter la croissance à la fin de la décennie : 4 % en 1996, 3,5 % en 1997, 2 % en 1998.

En octobre 1995, Hraoui se voit accorder une prolongation de son mandat par Damas, au prix d'une révision constitutionnelle. Damas impose également des élections législatives pour l'été 1996. La participation électorale est nettement plus importante qu'en 1992. Les chrétiens ont cette fois-ci joué le jeu des élections. Il ressort du scrutin un net pluralisme politique, renforcé par les élections municipales du printemps 1998. Mais les élections présidentielles d'octobre traduisent le poids de Damas dans la vie politique libanaise. Damas impose son candidat, le général Lahoud, dont l'élection est entérinée par le Parlement libanais le 15 octobre 1998. Un conflit d'ordre constitutionnel l'oppose immédiatement à Hariri, qui refuse de poursuivre l'exercice de ses fonctions. En décembre, Lahoud désigne Sélim Hoss comme nouveau chef du gouvernement.

3.2. L'Égypte entre autoritarisme et libéralisme

3.2.1. Des libéralisations difficiles

L'Égypte profite immédiatement de son engagement dans la guerre du Golfe. Les États-Unis effacent une grande partie de la dette civile et militaire. Le régime se lance dans un vaste programme de libéralisation : privatisation et ouverture au capital étranger. Le FMI et la Banque Mondiale poussent l'Égypte à liquider le secteur public de l'économie. La première mesure adoptée est un assouplissement du contrôle des changes.

Le taux de croissance de l'économie égyptienne s'élève à 4 % par an au début des années 1990. Le revenu national est toutefois mal réparti et le taux de chômage est de l'ordre de 20 % de la population active. Une grande partie de la population vit sur les prix subventionnés des produits de base et sur les solidarités familiales. Les Renvois d'argent des émigrés de travail font également vivre une bonne partie de la population.

En novembre-décembre 1990, le régime organise des élections législatives. Les partis de l'opposition légale décident de s'abstenir. Ils jugent la loi électorale et les conditions de scrutin contraires à la démocratie. Le PND, parti gouvernemental, remporte 79,6 % des suffrages et 348 sièges sur 444. En octobre 1993,

Moubarak est réélu président avec 96,28 % des voix. Les élections législatives de novembre 1995 consacrent davantage encore le succès du PND. Devant le malaise social, Moubarak freine les réformes économiques, les privatisations et les politiques de diminution des subventions des produits de base. Suite à des accords passés avec les institutions financières internationales, les réformes économiques reprennent à l'automne 1996 et sont accompagnées de nouvelles annulations de la dette. L'économie connaît alors une nette reprise avec une diminution de l'inflation et le redémarrage de la croissance. Le pays s'ouvre aux investissements étrangers et accélère les privatisations.

3.2.2. L'épreuve de force islamiste

La jeunesse égyptienne, en grande partie alphabétisée, ne trouve pas d'emplois. Cette situation entraîne un mouvement de contestation dont bénéficient les mouvements islamistes. Ceux-ci se lancent dès 1991 dans une épreuve de force contre le régime, essentiellement en Haute-Égypte. Devant la recrudescence des violences, le régime prolonge l'état d'urgence et promulgue une loi « contre la subversion armée ». Les islamistes se lancent en 1992 dans une campagne d'attentats contre les groupes de touristes. Ils entendent ébranler ainsi l'une des premières activités et des premières ressources du pays. Les islamistes s'en prennent également aux Coptes.

La répression est forte : rafles, recours à la torture, condamnations à la peine capitale. Les islamistes tentent d'instaurer une guérilla urbaine au Caire mais échouent devant l'efficacité de la réaction policière. Le pouvoir combat également tout mouvement religieux cherchant à emprunter la voie légale. Les associations professionnelles qui passent aux mains des islamistes sont systématiquement dissoutes. L'épreuve de force amène le régime à s'appuyer sur l'Islam institutionnel représenté par l'université d'*al-Azhar*. La conséquence en est une dogmatisation religieuse du régime, entraînant un déclin de la liberté de pensée. Le 26 juin 1996, Moubarak échappe à un attentat en Éthiopie. L'Égypte accuse le Soudan de servir de base arrière aux mouvements islamistes.

3.2.3. La politique internationale égyptienne

La très habile diplomatie du président égyptien ne peut empêcher une certaine tension dans les rapports avec les États-Unis. Après avoir joué un rôle majeur dans le processus de paix, l'Égypte semble avoir une moindre place avec la concrétisation de rapports palestino-israéliens et palestino-américains directs. En 1995, l'Égypte se pose en champion du refus de la ratification du traité de non-prolifération nucléaire, si Israël ne le signe pas non plus. Elle est contrainte de céder devant les pressions occidentales. Autre sujet de controverse, l'attitude à prendre en ce qui concerne la Libye soumise aux sanctions internationales. L'Égypte, qui est sa voisine et qui a d'importantes relations économiques avec elle, cherche à trouver des formules de compromis, au grand agacement de Washington. Dans le même contexte, Le Caire accuse les Américains de trop ménager les mouvements islamistes dans le monde entier et d'avoir joué les « apprentis sorciers ».

3.3. La difficile libéralisation de la Syrie

3.3.1. Les mutations économiques et sociales

La Syrie n'est que faiblement engagée dans la voie de la transition démographique. En juillet 1996, les jeunes de moins de quinze ans représentent 47 % de la population. En revanche, le taux d'éducation est élevé avec 70 % d'alphabétisés de plus de quinze ans. Sur le plan économique, la Syrie a profité de la guerre du Golfe et reçu des aides diverses. Assad maintient une politique d'ouverture économique avec accueil des investissements privés. De nouvelles alliances politiques se nouent entre cadres de l'armée et de l'administration et membres de la bourgeoisie syrienne privée. Une véritable ouverture est mise en œuvre dans le domaine touristique. Le nombre important de jeunes nécessite une politique croissante d'embauche dans le secteur public. Ne pouvant fournir cet effort, le régime incite la population à chercher du travail au Liban. Ce dernier sert de plus en plus de modèle économique à la Syrie. Sur le plan international, la Syrie maintient son indépendance économique et refuse toute initiative des institutions financières internationales.

Depuis les élections de mai 1990, les transformations sociales induites par les réformes économiques se traduisent dans la vie politique. Les candidats indépendants remportent un certain nombre de sièges au détriment du parti *Ba'th*. Ce sont essentiellement des chefs tribaux, des hommes de religion et des hommes des nouveaux milieux d'affaires. Ils expriment surtout les nouveaux intérêts économiques et sociaux de la population et ne disposent d'aucun pouvoir politique. Les élections de 1994 accordent un tiers des sièges aux candidats indépendants. En février 1999, Assad est réélu président de la République par référendum (99,98 % des voix).

3.3.2. La question de la succession d'Assad

L'avenir politique du régime demeure hypothéqué par la question de la succession du chef de l'État, malade depuis de nombreuses années. Le président Assad semble s'être orienté vers une succession d'ordre dynastique. Il fait de son fils Basil le prétendant à la direction du régime mais ce dernier meurt dans un accident de voiture le 21 janvier 1994. Assad ordonne un deuil national pendant plusieurs semaines. Désormais, c'est le second fils d'Assad, Bashar, qui est porté au-devant de la scène politique.

3.3.3. Les rapports turco-syriens

Les années 1990 voient l'aggravation des tensions entre la Syrie et la Turquie. Aux contentieux anciens, comme la non-reconnaissance de l'annexion du *sandjak* d'Alexandrette en 1939, s'ajoute la question des eaux de l'Euphrate. Alors que les architectes d'un nouveau Moyen-Orient prévoient de compenser les eaux du Jourdain prises par Israël par des livraisons d'eau de Turquie, la volonté du gouvernement turc de donner une réponse économique au problème kurde en lançant un grand projet de développement économique du sud-est anatolien s'est traduite par la constitution d'un grand système de barrages hydroélectriques sur le Tigre et l'Euphrate au détriment des quantités d'eau disponibles pour la Syrie et l'Irak. Damas a cherché à faire pression sur Ankara en apportant un soutien discret au PKK d'Ocalan installé dans la Bekaa libanaise. En 1996, la Syrie accuse la Turquie d'avoir organisé des attentats terroristes sur son territoire. Il s'ensuit une forte tension militaire sur la frontière entre les deux pays. La Turquie a renforcé considérablement ses relations militaires avec Israël à la grande inquiétude des États arabes qui se sentent pris à revers. La Syrie dénonce de façon véhémente cette alliance et la Turquie proteste contre la volonté de Damas de réunir le monde arabe contre elle. La tension se renouvelle périodiquement. En octobre 1998, Ankara multiplie les menaces de conflit si Damas ne met pas fin à son soutien au PKK. Damas est obligé de s'incliner : le chef du PKK quitte le Liban pour le Kenya.

3.4. La Péninsule arabique à l'heure des bilans

3.4.1. L'Arabie saoudite en crise

L'Arabie saoudite passe pour avoir financé la moitié de l'effort de guerre de 1990-1991, soit environ 50 milliards de dollars. À un moment où les revenus pétroliers déclinent, cette ponction est lourde sur l'économie saoudienne. Le régime décide donc d'augmenter sa production, en profitant de l'absence de l'Irak sur le marché. Elle passe ainsi de 5,4 millions de barils par jour en 1990 à 8 millions en 1991. Ces mesures n'empêchent pas l'Arabie saoudite de connaître une crise financière. Elle est accentuée par des achats massifs et inconsidérés d'armements par le régime.

La monarchie dépense des sommes considérables pour son entretien et ponctionne ainsi une partie du revenu national. Le régime recourt de plus en plus à l'endettement international. Au milieu des années 1990, l'Arabie saoudite procède à une réduction de son budget de l'État et obtient le rééchelonnement de ses dettes. Le développement de l'activité pétrochimique permet une augmentation des revenus. En 1996, la crise financière est endiguée au prix de la stagnation du revenu national mais en 1997, le prix du pétrole s'effondre, passant de 19 $ en octobre 1997 à 12 $ en août 1998.

3.4.2. Les oppositions au régime saoudien

La crise économique des années 1990 entraîne la montée des contestations, dans le milieu des intellectuels et des hommes d'affaires. Le pouvoir absolu de la monarchie est de plus en plus ouvertement critiqué. Dès 1991, des manifestes sont diffusés, dénonçant la gabegie du régime. On accuse ce dernier d'avoir fait du pays un protectorat américain. Les opposants se regroupent dans un « comité de défense des droits légitimes » et exigent, au nom de la loi islamique, une véritable représentation politique et une participation au pouvoir. Le régime répond par une répression policière et contraint les opposants à s'exiler.

Le roi Fahd tente toutefois de mener une politique d'ouverture politique. Il forme un conseil consultatif de 60 membres nommés, choisis dans les mêmes milieux sociaux que ceux des islamistes. Une loi fondamentale du royaume fixe par écrit, pour la première fois, le rôle de la monarchie et de la famille royale. En décembre 1995, le roi, âgé de 74 ans, décide de transférer une partie de ses pouvoirs entre les mains du prince héritier Abdallah. En juillet 1997, le nombre des membres du conseil consultatif est porté à 90. Le 25 juin 1996, un attentat vise la base aérienne de Khobar et cause la mort de 19 Américains. L'enquête s'oriente vers le milliardaire islamiste Bin Labin, privé de sa nationalité saoudienne en 1994 et réfugié en Afghanistan. Il est à la tête d'un réseau international d'anciens « combattants de la liberté » en Afghanistan contre l'invasion soviétique.

3.4.3. Le Koweït après la guerre

Le bilan de l'occupation irakienne est lourd : incendies des puits de pétrole, déversement des barils dans le Golfe, actes de pillage de l'armée irakienne, minage du pays. La reconstruction est freinée par les sommes engagées par l'émirat pour soutenir l'action armée de la coalition. Le retour de la famille princière ne se fait pas sans difficultés : la bourgeoisie koweïtienne réclame un partage plus équitable du pouvoir. L'émir rétablit un Parlement dont les pouvoirs demeurent toutefois limités.

De part et d'autre de la frontière irako-koweïtienne, la résolution 687 a installé une force de surveillance de l'ONU. Une commission est chargée de définir une fois pour toutes les frontières du Koweït. Au printemps 1992, elle établit une délimitation défavorable à l'Irak, privant ce dernier de tout accès maritime. Bagdad proteste contre cette décision. Le contentieux frontalier irako-koweïtien demeure un objet de tension entre les deux pays.

Dans les jours qui suivent la libération, le régime organise une campagne de répression contre les collaborateurs supposés des Irakiens. En fait, ce sont essentiellement les populations palestiniennes qui sont visées. Assassinats et exécutions sommaires se succèdent et l'on estime le nombre des victimes à plusieurs milliers. Par la suite, le régime entame une action plus régulière avec jugements devant les tribunaux. L'essentiel de la population palestinienne (300 000 personnes environ) est toutefois expulsé et se réfugie en grande partie en Jordanie. C'est la fin de l'existence palestinienne au Koweït, en place depuis les années 1950.

3.4.4. La question du partage des dividendes pétroliers

Les États arabes ayant participé à la coalition entendent récupérer les dividendes de leur engagement. Se posant en protecteurs des monarchies du Golfe, ils demandent un partage des revenus pétroliers. Le 6 mars 1991, la déclaration de Damas établit une coopération et une coordination entre les États membres du Conseil de coopération du Golfe, la Syrie et l'Égypte. Le texte mentionne la mise en place d'une « force arabe de paix » destinée à « assurer la sécurité et l'intégrité des États arabes du Golfe ». Le document propose également une coopération économique sur les modèles des autres groupes régionaux.

Rapidement, la déclaration de Damas reste lettre morte. Les monarchies pétrolières se tournent davantage vers la protection militaire américaine. La coopération économique n'est pas mise en œuvre et la main-d'œuvre arabe travaillant dans les pays du Golfe est réduite au profit des travailleurs asiatiques. Le 8 mai 1991, Hosni Moubarak fait connaître sa déception et annonce le retrait des forces égyptiennes du Koweït et de l'Arabie saoudite. Les demandes d'établissement d'un « nouvel ordre arabe », un des thèmes essentiels du discours de Saddam Hussein durant la crise du Golfe, font long feu.

À la fin du siècle, les enjeux essentiels apparus dans l'histoire du Moyen-Orient sont toujours des objets de tension régionale et internationale : tension israélo-arabe, sécurité inter-arabe, question des frontières, répartition plus équitable de la rente pétrolière, etc. Ces éléments témoignent de la très forte personnalité géopolitique de la région. En dépit de la fin de la guerre froide, tous les problèmes liés au Moyen-Orient demeurent.

Synthèse
L'épisode du gouvernement Netanyahu

Le processus de négociation entre Israël et les Palestiniens, qui se développe entre 1993 et 1995, entraîne le développement des oppositions religieuses et de droite. Le mouvement est mené par le nouveau chef du *Likoud*, Benjamin Netanyahu. La multiplication des attentats islamistes lui donne l'occasion d'insister toujours plus sur les questions de sécurité et de mettre la gauche travailliste, emportée par Pérès après l'assassinat de Rabin, dans une position de plus en plus inconfortable.

1 L'ÉCHEC DU GOUVERNEMENT PÉRÈS

Shimon Pérès succède en novembre 1995 à Rabin à la tête du gouvernement. L'émotion populaire à la mort de Rabin est considérable. Le gouvernement Pérès jouit alors d'une grande popularité. Pérès entend continuer l'œuvre de son prédécesseur et procède au retrait militaire de la zone A de l'accord d'Oslo. L'opération est achevée à la fin de l'année. Rabin était un militaire de carrière, Pérès est un dirigeant civil. Ce dernier inspire en conséquence moins confiance sur les questions de sécurité. Pérès est conscient de cette faiblesse et décide de prendre la tête du ministère de la Défense en même temps que celle de la présidence du Conseil. Les Affaires étrangères sont confiées à un disciple de Rabin et ancien chef d'état-major de l'armée israélienne, Ehud Barak. Dès son accession au pouvoir, et dans le but d'éviter les accusations de mollesse, il lance des opérations de représailles au Liban-Sud et mène la lutte contre les islamistes palestiniens. Le 5 janvier 1996, l'homme le plus recherché du *Hamas*, l'artificier Yahia Ayache, est assassiné à Gaza. 100 000 Palestiniens se rendent à ses funérailles.

Le processus devant permettre la tenue d'élections palestiniennes est déclenché mais il se heurte immédiatement à des difficultés. À Jérusalem, toute campagne est interdite par les autorités israéliennes et une politique d'intimidation est mise en œuvre contre ceux qui tenteraient de voter aux élections palestiniennes. Le vote a lieu le 20 janvier 1996. Arafat est élu président de l'autorité palestinienne avec 88 % des suffrages. Ses candidats remportent les trois quarts des sièges du Conseil. L'abstention a été de l'ordre de 20 %, de 58 % à Jérusalem. Après les élections, Pérès autorise tous les membres du CNP à entrer à Gaza afin de tenir une réunion de révision de la charte palestinienne.

En février 1996, les violences terroristes reprennent. Une proposition de cessez-le-feu du *Hamas* est refusée par le gouvernement israélien. Le 25 février 1996, un double attentat suicide du *Hamas* fait 25 morts civils. Le 3 mars, une nouvelle opération cause la mort de 19 personnes. Pérès proclame une guerre totale contre l'organisation islamiste. Le 4 mars, un troisième attentat fait 13 morts. L'autorité palestinienne et l'armée israélienne se lancent dans une vaste opération conjointe de répression du mouvement islamiste. Devant la multiplication des attentats, la cote de popularité de Pérès s'effondre. Or Pérès a pris la décision d'avancer les élections israéliennes législatives au mois de mai. Bill Clinton prend alors l'initiative de convoquer un sommet mondial anti-terrorriste à Sharm el-Shaykh en Égypte. La réunion s'ouvre le 13 mars 1996, en présence de 13 délégations arabes (le Liban et la Syrie n'y participent pas). Le sommet est surtout une opération médiatique destinée à redonner du prestige au gouvernement Pérès.

À l'approche des élections, Pérès durcit sa position. Le 3 mai 1996, il annonce qu'il n'y aura pas de retrait israélien de la ville d'Hébron. Les élections se tiennent le 29 mai et consacrent la victoire de Netanyahu. Sa campagne est fondée sur la dénonciation des accords avec les Palestiniens et sur les arguments de la sécurité.

2 NETANYAHU ET LA REMISE EN CAUSE DU PROCESSUS DE PAIX

Le nouveau gouvernement Netanyahu a été élu sur un programme intransigeant à l'égard du processus de paix : refus de la création d'un État palestinien, refus de toute concession sur le Golan, refus de la division de Jérusalem, poursuite de la colonisation intensive de la Cisjordanie, maintien de la vallée du Jourdain comme frontière orientale d'Israël. Devant ce programme, les États arabes se réunissent au Caire le 23 juin 1996 où ils rappellent les principes de la paix (« la paix contre la terre ») et demandent le respect des engagements pris. Netanyahu estime cette prise de position comme une provocation et un « diktat ». La colonisation reprend durant l'été 1996. Le 24 septembre, le percement d'un tunnel à vocation touristique près de l'esplanade des Mosquées provoque une explosion de violence. On compte 81 morts dont 65 Palestiniens. Les territoires occupés sont immédiatement fermés.

Les États-Unis, inquiets de ces nouvelles tensions, multiplient les interventions en faveur de la reprise des négociations. Ils parviennent à réunir à Washington Arafat, Netanyahu et le roi Hussein. Les commissions israélo-palestiniennes reprennent leurs activités. Le premier dossier de négociation est la ville d'Hébron. Grâce à la médiation du roi Hussein, un accord est obtenu en janvier 1997. L'armée israélienne évacue les deux tiers de la ville. Sur la question de l'autonomie palestinienne, Israël ne propose que des retraits minimes nettement inférieurs aux engagements pris par le gouvernement Rabin. Sur place, la tension reste vive. Le 30 juillet 1997, un attentat à Jérusalem cause la mort de 13 civils israéliens. Le gouvernement Netanyahu légalise l'usage de la torture contre les suspects palestiniens. Sous divers prétextes administratifs, Israël cherche à supprimer les permis de séjour de Palestiniens à Jérusalem. Les institutions palestiniennes de la ville sont soumises à des pressions permanentes, ainsi que les lieux saints musulmans. En 1998, le gouvernement israélien propose la création d'un Grand Jérusalem en doublant la superficie de l'agglomération par annexion de nouveaux territoires arabes.

Dans le parti travailliste, Ehud Barak succède à Shimon Pérès à la tête de l'organisation. Proche de Rabin, il hérite du sentiment de sécurité qu'inspirait le vainqueur de la guerre des Six jours. Il est partisan de la séparation des deux peuples afin d'éviter une évolution d'Israël vers un état binational. Il laisse entendre qu'il est en conséquence favorable à la rétrocession de la moitié des territoires occupés à une entité palestinienne confédérée avec la Jordanie. Netanyahu propose en retour un plan laissant aux Palestiniens quatre enclaves représentant 40 % de la Cisjordanie. Israël conservera le contrôle de toutes les routes vitales et les ressources en eaux qualifiées « d'intérêts nationaux ». En novembre 1997, la quatrième conférence pour le développement économique du Moyen-Orient est boycottée par la plus grande partie des pays arabes. Les États-Unis estiment que le processus de paix est en danger. La secrétaire d'État américaine, Madeleine Albright, demande une pause dans la colonisation mais Netanyahu, fort du soutien du Congrès américain, refuse. En janvier 1998, un accord de coopération sécuritaire entre généraux israéliens et palestiniens est rejeté par Israël.

3 L'ACCORD DE WYE PLANTATION

Bill Clinton décide de reprendre en main le processus de paix. Décidé à organiser un nouveau Camp David, il convoque en octobre 1998 un sommet à Wye Plantation (États-Unis) entre Américains, Israéliens et Palestiniens. Les négociations durent plusieurs jours dans une atmosphère très tendue. Israël ne veut parler que des questions de sécurité. Un nouvel accord intérimaire est signé le 23 octobre 1998. L'accord transfère à la partie palestinienne 13 % de la zone C d'Oslo II vers la zone A (1 %) et la zone B (12 %). Une étroite coopération entre Israël et les États-Unis est établie sur les questions sécuritaires. L'autorité palestinienne est sommée de mener une lutte totale contre le terrorisme. Un plan de travail sera préparé dans ce sens avec les États-Unis, dont certains services collaboreront avec l'autorité. Un comité américano-palestinien se rencontrera toutes les deux semaines. La partie palestinienne devra informer les États-Unis des mesures concrètes qu'elle a prises contre les actions terroristes. En réalité, la partie américaine n'est autre que la CIA.

Une commission américano-israélo-palestinienne est également mise sur pied. Au cours de ses réunions, la partie palestinienne informera les membres de ses enquêtes menées contre les actes terroristes. Ces enquêtes et ces actions seront mises en œuvre par la police palestinienne. La coopération économique israélo-palestinienne est renforcée avec l'ouverture de voies de communication, particulièrement dans la bande de Gaza. La question du statut définitif de l'entité palestinienne est abordée. Les deux parties reprendront immédiatement les négociations en vue de la conclusion d'un accord pour le 4 mai 1999.

La droite israélienne et les colons s'insurgent violemment contre cet accord. Dès son retour en Israël, Netanyahu retarde sa ratification. Un attentat à Jérusalem, le 6 novembre 1998, fait 21 blessés israéliens. Finalement, le 11 novembre, le gouvernement approuve l'accord en y ajoutant de nouvelles conditions. Il insiste notamment sur la nécessité de la poursuite de la colonisation. Le Parlement ratifie à son tour l'accord. Les premiers retraits ont lieu le 20 novembre. Le 24, l'aéroport de Gaza est ouvert au trafic international. Début décembre, Israël pose de nouvelles conditions et suspend ses retraits. L'accord divise toujours plus la classe politique israélienne. À la mi-décembre, le Parlement est dissous et l'application des accords est gelée. Les élections législatives sont fixées au 17 mai 1999.

Les élections voient la victoire du candidat travailliste Ehud Barak. Son arrivée au pouvoir signifie une reprise du processus de paix mais le maintien de la fermeté israélienne sur les questions de sécurité. L'épisode gouvernemental Netanyahu s'achève. Il démontre qu'en dépit des velléités d'opposition à toute négociation avec les Palestiniens, la droite israélienne au pouvoir a dû accepter le processus de paix.

Plan
Le Moyen-Orient au début du 21e siècle

Le Moyen-Orient entre dans le XXIe siècle en donnant l'image d'une singulière permanence des problèmes qui ont traversé le siècle. Outre la tension israélo-arabe, qui demeure le dossier le plus visible des affaires moyen-orientales, d'autres questions restent des enjeux internationaux majeurs : la question pétrolière, l'islamisme et sa capacité de déstabilisation internationale, la présence permanente de l'influence des puissances occidentales, essentiellement aujourd'hui des États-Unis, la délicate question de la course aux armements entre Israël et les États arabes et de l'acquisition d'armes non-conventionnelles, la stabilité réelle des régimes arabes à un moment où les questions de succession se posent de plus en plus. Dresser le portrait du Moyen-Orient en 2000 demande de prendre en compte tous ces éléments. On verra, dans un premier temps, la place désormais incontestée des États-Unis dans la région, puis les aléas du processus de paix israélo-arabe, enfin l'évolution libérale des régimes arabes.

1 LA *PAX AMERICANA* ?

1.1. L'influence unilatérale des États-Unis depuis la fin de la guerre froide

1.1.1. Le vainqueur de la guerre du Golfe

Principaux animateurs de la coalition anti-irakienne, les États-Unis ont tiré un bénéfice politique et stratégique sans précédent de la guerre. Celle-ci a symbolisé l'effacement de la diplomatie de Moscou dans la région et l'inféodation de l'Europe aux orientations américaines.

1.1.2. L'alliance avec les pays arabes

La fin de la guerre du Golfe s'est manifestée par un renforcement des liens entre les États-Unis et les différents États arabes de la région. Outre l'alliance traditionnelle avec les monarchies du Golfe, ce rapprochement s'est essentiellement manifesté à l'égard de l'Égypte et de la Syrie.

1.2. La consolidation des intérêts américains dans la région

1.2.1. La sécurité des approvisionnements pétroliers

Les années 1990 ont vu les États-Unis renforcer leur présence en vue de s'assurer de la distribution internationale de la production pétrolière arabe.

1.2.2. La présence militaire américaine

Les États-Unis disposent désormais de ce qu'ils avaient toujours souhaité pour la satisfaction de leurs intérêts stratégiques dans la région : des bases militaires permettant d'assurer une présence américaine permanente dans la région (Arabie saoudite, Koweït, Jordanie, émirats du Golfe).

1.3. Un *leadership* localement contesté

1.3.1. Le défi irakien

Depuis 1991, l'Irak continue d'adopter une ligne hostile aux États-Unis et fait obstruction au contrôle de son armement. Cette attitude entraîne des épreuves de force régulières entre les deux pays, mais dont les effets sont nuancés : les opinions arabes prennent chaque fois plus position en faveur du régime de Bagdad, les États arabes de l'ancienne coalition critiquent toujours davantage l'interventionnisme américain, l'Irak en profite chaque fois pour récupérer sa totale souveraineté sur ses affaires militaires intérieures.

1.3.2. La contestation islamiste

Les mouvements islamistes continuent d'être hostiles à la présence américaine et poursuivent leur politique de déstabilisation : attentats contre les bases américaines en Arabie saoudite, contre les ambassades des États-Unis au Kenya et en Tanzanie.

2 LES ALÉAS DU PROCESSUS DE PAIX ISRAÉLO-ARABE

2.1. Les acquis de la négociation israélo-palestinienne

2.1.1. La reconnaissance du fait politique palestinien

Mise en place d'une autorité palestinienne et d'élections législatives. Reconnaissance par Israël d'une souveraineté territoriale partielle. Reconnaissance de l'OLP et de Yasser Arafat comme uniques interlocuteurs du peuple palestinien.

2.1.2. L'acceptation d'Israël

Reconnaissance par l'OLP de l'existence d'Israël et des résolutions des Nations unies, renonciation officielle au terrorisme.

2.2. Un processus de paix freiné

2.2.1. La permanence des oppositions

Du côté israélien : la droite israélienne et les organisations religieuses. Du côté palestinien : les organisations islamistes et de la gauche révolutionnaire. Poursuite des actes de violence de part et d'autre : assassinat de Rabin, campagne d'attentats contre des civils israéliens, affrontements dans les territoires.

2.2.2. L'échec de la droite israélienne

Volonté de remise en cause du processus d'Oslo à partir de l'arrivée au pouvoir de Benjamin Netanyahu. Ce dernier est finalement contraint de reconnaître le fait palestinien et accepte de négocier un nouvel accord à Wye Plantation. Il est toutefois battu par Ehud Barak aux élections de mai 1999.

2.3. La question de la normalisation des relations israélo-arabes

2.3.1. La poursuite du rapprochement israélo-arabe

Signature du traité de paix israélo-jordanien en 1994. Rapprochement israélo-égyptien. Développement de la coopération économique régionale entre Israël et les États arabes.

2.3.2. Les difficiles relations israélo-syriennes

Damas réclame comme préalable aux négociations de paix l'évacuation militaire du Golan par Israël. Refus de ce dernier pour des questions de sécurité. Impasse actuelle des pourparlers.

3 LES ÉTATS ARABES FACE AU DÉFI LIBÉRAL

3.1. La libéralisation économique des pays arabes

3.1.1. La poursuite de l'*Infitah* en Égypte

Le régime égyptien de Moubarak poursuit toujours la politique économique mise en œuvre par Sadate dans les années 1970. Cette politique a bénéficié d'importantes remises de dettes après la guerre du Golfe. Le résultat social est contrasté.

3.1.2. L'exemple libanais

Le Liban a renoué, depuis la fin de la guerre, avec le libéralisme économique qui a marqué son évolution depuis l'après-guerre. Rééquilibrage toutefois avec la puissance publique (grands travaux) et problèmes monétaires.

3.1.3. L'effet d'entraînement sur les autres pays arabes

La Syrie s'est lancée dans la voie du libéralisme économique, sous l'influence de l'*Infitah*, mais également du Liban. La Jordanie et l'Irak suivent également le même exemple.

3.2. Les impasses de la libéralisation politique

3.2.1. Un durcissement paradoxal des régimes arabes

L'après-guerre du Golfe s'est manifesté par un retour des méthodes autoritaires dans les pays arabes. La menace islamiste constitue souvent un prétexte à la répression.

3.2.2. Le maintien de la dictature irakienne

Le régime de Saddam Hussein offre l'image d'un régime de plus en plus dictatorial et personnel. Développement de la corruption d'État. Le régime se maintient alors que la population sombre dans le dénuement.

3.2.3. Le retour démocratique au Liban

Rétablissement du processus électoral : élections législatives, municipales, présidentielles. Fin de la violence politique et du pouvoir des milices.

Deux grands défis majeurs, qui sont liés, constituent les enjeux essentiels de l'avenir du Moyen-Orient : la véritable indépendance et la démocratisation. L'actuelle hégémonie américaine est mal supportée par les opinions publiques. Les pouvoirs en place s'y sont pliés par intérêts et par calcul des rapports de force, mais ils en payent le prix en terme de non-adhésion des populations. La génération des septuagénaires qui gouvernent les États (Moubarak, Arafat, Assad, Fahd) maintiendra le statu quo autoritaire, mais l'usure du temps est là et l'ère des successions s'est ouverte avec la disparition du roi Hussein, pourtant le plus jeune d'entre eux. On ne peut encore savoir ce que sera la vie politique des premières décennies du XXIe siècle, mais tout laisse à penser qu'elle sera fortement différente de celle de ce XXe siècle tourmenté.

Clés et repères

Abdallah (émir) : né en 1882 à La Mecque, c'est le fils aîné du chérif Hussein. En 1916, il dirige un des contingents de la révolte arabe dans le Hedjaz et a la charge de la région de Médine, détenue par une garnison ottomane jusqu'à la fin de la guerre. En mai 1919, il affronte les forces d'Ibn Sa'ud, ennemi juré de son père, et essuie une cinglante défaite qui permet à l'émir de la Péninsule de s'emparer progressivement de la région. Abdallah se tourne alors vers le Nord et convoite un temps le trône d'Irak. Mais voyant qu'on lui préfère son frère Faysal, il s'installe en Transjordanie où il accueille les nationalistes arabes de Damas en fuite depuis leur défaite devant les Français. En 1921, la Grande-Bretagne décide de lui confier la charge de diriger l'émirat de Transjordanie. Il construit le pays autour de quelques éléments solides : l'armée, l'allégeance des Bédouins, etc. Mais ses ambitions restent fortement régionales et il se présente comme un partisan résolu de la formation d'une grande Syrie. C'est dans ce contexte qu'il entame un rapprochement avec le mouvement sioniste, rapprochement durable puisqu'il se poursuit jusqu'à la guerre israélo-arabe de 1948. Ses objectifs sont essentiellement destinés à exercer la souveraineté sur la Palestine en échange d'une liberté d'installation accordée aux Juifs. Il passe des accords de coopération économique avec les sionistes mais ne parvient pas à obtenir une entente politique. En 1946, il prend le titre de roi de Jordanie. À la veille de la guerre de 1948, il tente de négocier avec les responsables sionistes un accord de non-agression et de partage de la Palestine, la Cisjordanie et Jérusalem lui revenant. Mais les sionistes ne s'engagent pas fermement et se fient davantage aux résultats des rapports de force militaires. Après la guerre, il parvient toutefois à obtenir l'allégeance des notables palestiniens de Cisjordanie et établit sa souveraineté sur cette dernière région. Ce coup de force lui vaut l'hostilité des nationalistes palestiniens. Un des leurs décide de l'assassiner et il meurt de cette agression en 1951 à Jérusalem.

Abdul Hamid II : dernier des grands sultans de l'Empire ottoman, il accède au trône en 1876, dans une période politique troublée qui voit la mise en place des premières réformes constitutionnelles de l'Empire. Après la guerre avec la Russie et le Congrès de Berlin en 1878, Abdul Hamid II profite de la confusion politique générale pour suspendre la Constitution de 1876 et écarter des postes du pouvoir les principales figures réformatrices. Il concentre tous les pouvoirs en sa personne. Après les pertes territoriales de la guerre de 1878, l'Empire se resserre démographiquement sur l'élément musulman qui devient de plus en plus important. Il abandonne le réformisme constitutionnel comme instrument de relèvement de l'Empire et s'appuie désormais sur la religion musulmane comme unité de la société ottomane. Abdul Hamid II se proclame calife de l'ensemble du monde musulman et étend son action au-delà des frontières ottomanes, notamment dans les colonies musulmanes européennes. C'est ce qu'on appelle le panislamisme, succès incontestable pour endiguer la menace européenne qui pèse sur l'Empire. Mais sur le plan intérieur, son autocratisme suscite des oppositions de plus en plus nombreuses (constitutionnalistes, CUP). La révolution jeune-turque de 1908 l'oblige à accepter la restauration de la Constitution de 1876. L'année suivante, suite à l'échec d'une tentative de coup d'État des conservateurs, il est déposé par le nouveau pouvoir.

Accord de Sèvres : l'accord de Sèvres est mis au point lors d'une conférence secrète tenue à Sèvres le 22 octobre 1956. Elle réunit la France, la Grande-Bretagne et Israël en vue d'une intervention militaire collective contre l'Égypte qui vient de nationaliser le canal de Suez. Les premiers contacts ont été établis en septembre. La France a joué un rôle central pour rallier Israël à l'opération. La conférence de Sèvres réunit des personnalités de premier ordre : du côté français, le chef du gouvernement Guy Mollet, le ministre des Affaires étrangères Christian Pineau et le ministre de la Défense nationale Maurice Bourgès-Maunoury ; du côté israélien, Ben Gourion, Shimon Pérès et Moshe Dayan. La discussion est d'abord franco-israélienne. Ben Gourion propose de profiter du coup de force contre l'Égypte pour assurer un règlement de l'ensemble des problèmes du Moyen-Orient. Il propose que la Jordanie soit annexée par l'Irak et que ce dernier accueille les réfugiés palestiniens. La Cisjordanie devrait passer sous contrôle israélien. Le Liban serait réduit territorialement aux régions principalement chrétiennes et repasserait sous l'étroite influence de la France. Le détroit de Tiran serait annexé par Israël. Les Français sont réservés et préfèrent se concentrer sur la préparation des opérations militaires. Le soir du 22, la délégation britannique se joint aux négociations. Elle est dirigée par Selwyn Lloyd, secrétaire d'État aux Affaires étrangères. Ce dernier propose le déroulement de l'opération comme suit : action militaire d'Israël contre l'Égypte, intervention franco-britannique officiellement pour séparer le belligérants, bombardements des terrains d'aviation égyptiens par l'aviation britannique. C'est ainsi que l'accord de Sèvres est tacitement convenu, peu avant minuit le 22 octobre.

Al-Azhar : université-mosquée fondée au Caire en 973, elle est fréquentée par les étudiants musulmans du monde entier. *Al-Azhar* a joué un grand rôle dans l'arbitrage des questions religieuses. On y enseigne toutes les matières, mais surtout les sciences religieuses et juridiques. Au XXe siècle, devant la concurrence des formules d'enseignement occidentales, elle adopte un certain nombre de réformes de modernisation réussies.

Allenby (général Edmund) : né en 1861, le général Allenby participe à la bataille d'Arras en avril 1917, à la tête de la IIIe Armée britannique. Il reçoit à l'automne 1917 le commandement des forces d'Égypte en remplacement du général Maxwell. Conscient des réels potentiels militaires de la révolte arabe (il soutient Lawrence), il décide de faire des insurgés l'aile droite de sa future offensive. En novembre 1917, celle-ci est déclenchée dans la région de Bersheba, avec diversion sur Gaza. Le front est forcé et l'armée britannique pénètre en Palestine et s'empare de Jérusalem le 2 décembre. Allenby est un militaire discipliné. Conformément à ses instructions, il refuse d'admettre une autorité civile tant britannique que française en Palestine et maintient un strict régime d'occupation militaire. Il se heurte à l'action de François Georges-Picot, haut-commissaire de Palestine, qui cherche à rétablir l'influence de la France dans la région. La jonction avec les forces arabes est tentée en 1918 dans la région de Salt mais c'est un échec et les deux armées avancent séparées vers le Nord et entrent ensemble dans Damas en octobre 1918. Fait maréchal, Allenby est nommé haut-commissaire en Égypte en 1919. Il se heurte aux nationalistes égyptiens et mène la répression de la révolution égyptienne de 1919. Il quitte l'Égypte en 1925 et meurt à Londres en 1936.

Aoun (Michel) : né près de Beyrouth en 1935 d'une famille chrétienne maronite, il est commandant en chef de l'armée libanaise dans les années 1980. Il s'efforce de faire de l'armée un lieu de neutralité confessionnelle. Il est nommé Premier ministre par intérim par Amin Gemayel en 1988. En mars 1989, il déclare une « guerre de libération » contre l'armée syrienne. Il rejette les accords de Taëf, refuse l'élection à la présidence de la République de René Moawad, puis celle d'Elias Hraoui. En janvier 1990, il lance l'armée contre les FL. En octobre 1990, suite à une demande d'Elias Hraoui, l'armée syrienne intervient définitivement contre lui. Les forces aounistes se rendent et le général Aoun se réfugie à l'ambassade de France. Il est exilé en France depuis 1991.

Arafat (Yasser) : Yasser Arafat est né le 24 août 1929 au Caire, dans une famille palestinienne apparentée aux Husseini de Gaza, branche lointaine de ceux de Jérusalem. En 1948, il part se battre contre Israël et laisse ses études universitaires. Après la guerre, il se réfugie à Gaza puis retourne au Caire en 1950. Il finit ses études et devient ingénieur des travaux publics. Il milite à l'Union des étudiants palestiniens et en devient le président de 1952 à 1956. Il y rencontre les principales figures qui vont créer l'OLP.

Proche des Frères musulmans, Arafat est arrêté par le régime égyptien en 1955 dans le cadre des opérations politiques contre l'organisation islamiste. Durant la guerre de Suez, il participe aux opérations militaires de l'armée égyptienne en tant que sous-lieutenant. Menacé d'une nouvelle arrestation, Arafat se réfugie au Koweït à la fin des années 1950. Il y fonde le *Fath* en 1959. La libération de la Palestine y est affirmée comme étant avant tout l'affaire des Palestiniens et secondairement celle des États arabes. Se fondant sur le modèle algérien, il prône la lutte armée contre Israël. Le 1er janvier 1965, le *Fath* mène sa première opération militaire. Ces initiatives sont mal vues par les États arabes. En 1966, il est emprisonné en Syrie. Durant la guerre de 1967, il décide de relancer la lutte armée, part en Cisjordanie occupée, noue des contacts avec Nasser en novembre 1967. Le 21 mars 1968, il participe à la bataille de Karamé. Ces combats confèrent au *Fath* un prestige inédit, permettant à Arafat de prendre la direction de l'OLP en février 1969. Durant les années 1970, il obtient la reconnaissance internationale de son organisation. Arafat devient peu à peu un interlocuteur décisif du processus de paix israélo-arabe. En 1993, il signe à Washington les accords intérimaires d'autogouvernement, dit accords d'Oslo. Le 1er juillet 1994, il s'installe à Gaza. Le 20 juillet 1996, il est élu président de l'Autorité palestinienne au suffrage universel.

Armée du Liban-sud : l'ALS est une milice libanaise financée et soutenue par Israël et dont le rôle est d'assurer la surveillance du réduit israélien au sud-Liban. Dès le début de la guerre civile, l'armée israélienne entretient de bons contacts avec les villages chrétiens et chi'ites du sud et leur ouvre l'accès à la frontière israélienne. En 1976, Israël apporte son soutien à une scission chrétienne au sein de l'armée, menée par le major Saad Haddad. Après l'intervention de 1978, Israël conserve une zone-tampon au sud-Liban qu'il confie à Haddad. Ce dernier dispose alors de 2 000 miliciens et de la présence de conseillers militaires israéliens. En avril 1979, Haddad proclame dans cette zone l'État du Liban libre. Le 17 mai 1980, il rebaptise sa milice l'Armée du Liban-sud. Après l'invasion israélienne de 1982, il suit l'armée israélienne dans sa course vers le nord et installe son quartier général à Saïda. En 1984, Saad Haddad décède et est remplacé par le général Antoine Lahad.

Arslan (Shakib) : émir druze né au Mont-Liban, Shakib Arslan est l'une des principales figures du nationalisme arabe entre les deux guerres. Demeuré sur sa réserve durant la guerre, il s'investit dans l'action nationaliste et participe, au premier plan, au Congrès syro-palestinien de Genève en 1921. Il devient le correspondant du Congrès auprès de la SDN et mène une intense activité en faveur de la cause arabe. Il fonde dans les années 1930 un journal en français, *La Nation arabe*. Arslan est également un héritier du réformisme islamique. Il condamne la politique laïcisante de Mustapha Kémal en Turquie ainsi que les idées des nationalistes arabes modernistes favorables à une occidentalisation de la région. Son modèle politique est celui d'Ibn Sa'ud. Il penche davantage pour un projet de confédération d'États arabes que pour leur regroupement sous un État unique. La diffusion de ses idées est importante dans les premiers milieux nationalistes maghrébins (*l'Istiqlal* au Maroc, l'Étoile nord-africaine de Messali Hadj dans les milieux ouvriers algériens de Paris, le Néo-Destour tunisien) et il est l'un des premiers à inclure l'Afrique du Nord dans le monde arabe, saut capital dans le discours nationaliste arabe de l'entre-deux-guerres.

Assad (Hafez el-) : né le 6 octobre 1930 dans le nord de la Syrie, Hafez el-Assad appartient à la minorité alaouite et est issu d'une famille de paysans aisés. Il fait ses études au lycée de Lattaquié et adhère au *Ba'th*. En 1952, il entre à l'Académie militaire de Homs. Pilote de chasse, il est envoyé en URSS pour un stage, puis en Égypte durant la période de la RAU. Il forme dans ce dernier pays, avec des collègues officiers, le Comité militaire ba'thiste, dont le rôle est prédominant dans le coup d'État de 1963. En 1965, Assad est nommé commandant en chef des forces aériennes syriennes. Il participe au coup d'État de 1966 et devient ministre de la Défense. De plus en plus opposé à la politique du régime, il prend le pouvoir le 16 novembre 1970 et devient président du Conseil. Dans les mois qui suivent, des élections le portent au secrétariat général du parti *Ba'th* et à la présidence de la République. Son pouvoir devient très vite autoritaire. Il s'appuie sur l'armée et sur les « brigades de défense », sorte de garde prétorienne dirigée par son frère. Il élimine toute opposition politique interne et fait du *Ba'th* un parti à sa dévotion. En novembre 1983, il subit une attaque cardiaque. L'incident entraîne des affrontements armés entre son frère Rifat et l'armée syrienne. Assad reprend les rênes du pouvoir et exile son frère. Sur le plan régional, il établit progressivement son influence sur le Liban, à partir de 1976. Ce dernier pays devient une véritable chasse gardée syrienne après les accords de Taëf en 1989. En 1990, il participe à la coalition anti-irakienne, ce qui lui procure une place importante dans la gestion des dossiers moyen-orientaux après la guerre du Golfe, notamment dans le processus de paix israélo-arabe. Assad est prêt à signer la paix avec Israël sous trois conditions : retrait israélien du Golan, reconnaissance de la prééminence syrienne au Liban, aide économique accrue. Le 10 juin 2000, le chef d'État syriuen décède d'une crise cardiaque. Son fils Bachar lui succède.

Autorité palestinienne : prévue dans la Déclaration de principes du 13 septembre 1993, l'Autorité palestinienne doit être l'organe exécutif de l'autonomie palestinienne. Elle se met en place en deux temps. D'une part, l'accord intérimaire du 4 mai 1994 entraîne le retrait israélien de Jéricho et Gaza et l'instauration d'une autorité limitée à ces zones. D'autre part, l'élection du conseil législatif, le 20 janvier 1996, étend l'autonomie à l'ensemble de la population de la Cisjordanie. Désignée par le conseil, l'Autorité palestinienne dispose désormais d'une légitimité populaire. Les pouvoirs de l'Autorité sont restreints : elle n'a aucun contrôle sur des dossiers comme ceux des colonies, de la politique étrangère ou des questions militaires. L'Autorité est formée de 24 « ministères » confiés à des proches d'Arafat. Ce dernier fait preuve rapidement d'autoritarisme à la tête de l'institution.

'Azm (Rafiq) : les 'Azm forment une des plus grandes familles musulmanes sunnites de Damas. Une bonne partie des membres de la famille a émigré, à la fin du XIXe siècle, en Égypte pour y exercer des professions libérales ou administratives. Rafiq al-'Azm se fait rapidement connaître par ses activités politiques. Il participe à la création d'un club littéraire arabe en 1911. Il affirme toutefois que l'Empire ottoman doit rester le souverain de la région. En 1912, inquiet des visées syriennes de la France, il réplique par la création au Caire du *Parti de la décentralisation administrative ottomane*, dont il est le président. Il est favorable à l'établissement d'une principauté syrienne, rattachée à l'Égypte, mais toujours sous autorité ottomane. À la veille de la guerre, il est en contact avec les organisations arabes qui prônent un soulèvement contre la Porte. Durant la guerre, il fonde l'*Union syrienne* et se rapproche du chérif de La Mecque, dont il soutient la révolte. Il est l'un des premiers à se mobiliser contre le sionisme. Rafiq al'Azm est l'une des figures les plus représentatives de la première génération des nationalistes arabes : grand notable urbain, ottomaniste et libéral.

Begin (Menahem) : né le 13 août 1913 à Brest-Litovsk en Russie, il devient militant dans les organisations sionistes de la ville dès l'âge de douze ans. Il adhère au *Betar*, organisation paramilitaire de droite. Il fait la connaissance à seize ans du fondateur du *Betar*, Jabotinski. Il fait des études de droit à Varsovie et devient rapidement un des dirigeants du *Betar*. Il fuit l'invasion allemande de la Pologne, se réfugie en URSS et est interné dans un camp soviétique. Libéré, il part en Palestine en 1942, où il est nommé commissaire du *Betar* et chef de son organisation militaire, l'*Irgoun*. Il est le principal instigateur du lancement de la lutte armée contre les Britanniques et s'oppose de plus en plus à l'attitude passive et attentiste de la *Haganah*. Begin mène, avec son organisation, les opérations terroristes les plus célèbres de l'après-guerre, dont l'attentat de l'hôtel King David en 1946. Il participe également au massacre de Deir-Yassine en 1948. Après la première guerre israélo-arabe, il décide de dissoudre l'*Irgoun* et se lance dans une carrière politique. Il fonde le parti de droite *Hérout* (liberté). Jusqu'à son accession au pouvoir, il mène de violentes campagnes politiques d'opposition, autour des thèmes suivants : refus de la reprise des relations diplomatiques avec la RFA, dénonciation de la mainmise des travaillistes sur l'État, droits d'Israël sur toutes les terres de part et d'autre du Jourdain. En 1977, après la victoire législative de son parti, le *Likoud*, il devient chef du gouvernement israélien. Après le succès de Camp David, il connaît deux échecs retentissants : la crise économique israélienne et l'enlisement militaire au Liban. Il quitte le pouvoir en 1983 et meurt en 1992.

Ben Gourion (David) : né en Pologne en 1886, il fuit les pogroms et s'installe en Palestine en 1906. Sioniste convaincu, socialiste de conviction, il travaille à réaliser l'union des différents mouvements de gauche, ce qu'il réalise en 1920 avec la création de l'*Hisdrahut*, puis du parti social démocrate (*Mapaï*) dont il est le secrétaire général. Dans les années 1930, il s'empare de la direction de l'Organisation sioniste mondiale. Il mène un combat de plus en plus virulent contre les Britanniques, hostiles à la poursuite de l'immigration juive en Palestine, et prend la tête de la *Hagannah*. Le 15 mai 1948, il proclame la création de l'État d'Israël et en devient le Premier ministre jusqu'en 1953, puis de 1955 à 1963. Il est partisan d'une politique d'expansion territoriale d'Israël et n'hésite pas à multiplier les coups de force contre les États arabes voisins. Il se retire de la vie politique en 1970 et meurt en 1973.

Catroux (général Georges) : né en 1877 à Limoges, il est gouverneur de l'Indochine de 1939 à 1940. Remplacé par le régime de Vichy, il rejoint le général de Gaulle. Après la défaite vichyste en Syrie et au Liban en 1941, il est nommé haut-commissaire de ces deux Mandats. Au nom du général de Gaulle, il promet une indépendance rapide. Nommé gouverneur général de l'Algérie en 1943, il doit revenir d'urgence en Syrie et au Liban pour mettre fin aux agitations créées par la politique de son successeur, Jean Helleu. Ambassadeur en URSS de 1945 à 1948, il est chargé de négociations, dans les années 1950, avec les dirigeants marocains. Il assure notamment le retour de Mohammed V en 1955. Il meurt à Paris en 1969.

Chamoun (Camille) : né en 1900 dans le Chouf, Camille Chamoun n'est pas issu du milieu des grands notables maronites de la Montagne libanaise. Grâce à son ton radical identifiant le patriotisme libanais aux intérêts de sa communauté, il a construit sa force politique qui s'est transformée ultérieurement en milices armées. En 1952, il devient président de la République libanaise et oriente la politique extérieure de son pays vers l'Occident. Cette orientation lui vaut l'hostilité croissante des autres *leaders* de la vie politique libanaise et aboutit à la guerre civile de 1958. Bien qu'ayant appelé les *marines* à son aide, il est contraint de démissionner. En 1959, il prend la tête du parti national libéral, puis, durant la guerre civile, il fonde le Front libanais, organisation combattante maronite. Après l'intervention syrienne de 1976, il apporte son soutien à l'armée du Liban-sud, organisation pro-israélienne. Sa milice est liquidée par les Phalanges libanaises de Pierre Gemayel en 1980 et il est évincé du Front libanais. Il meurt en 1987 à Beyrouth. Les règlements de compte entre les principales familles maronites continuent de toucher sa famille après sa mort, avec l'assassinat en 1990 de son fils Dany et de sa famille.

Charte palestinienne de 1964 : c'est au cours du premier congrès national palestinien, qui se tient à Jérusalem le 28 mai 1964 sous la présidence de Shuqayri, que la première charte de l'OLP est adoptée. La charte stipule l'arabité de la Palestine et l'unité de son territoire. Elle est une partie de la nation arabe. L'objectif principal de l'organisation doit être la libération de la Palestine. Une fois obtenue cette libération, les Palestiniens se donneront un gouvernement et des institutions de leur choix. La nation arabe doit apporter son aide active à la réalisation de ces buts. La charte prévoit par ailleurs de doter l'OLP d'institutions internes : un conseil national composé de membres élus pour trois ans par le suffrage direct du peuple palestinien, un comité exécutif de 14 membres désignés par le conseil national, un fonds national palestinien chargé de financer les activités de l'OLP. La charte établit un véritable programme d'action. Ses buts sont en premier lieu militaires. Il s'agit de : mettre en place des camps d'entraînement pour les hommes et femmes s'engageant dans la lutte de libération, former des bataillons palestiniens au sein des armées nationales arabes et des bataillons de combattants indépendants (les *fedayin*), favoriser l'admission des jeunes Palestiniens dans les écoles militaires des pays arabes, mener contre Israël une résistance populaire sur le modèle du FLN algérien.

Chérif : descendant du Prophète Mahomet. De nombreux Arabes portent encore aujourd'hui le titre de chérif, parmi lesquels Yasser Arafat. La famille chérifienne la plus prestigieuse du monde arabe est celle qui a la garde des villes saintes de l'Islam. Depuis le XIe siècle, cette fonction échoit aux Hachémites, descendants d'un aïeul du Prophète, Hachim ibn 'Abd Manaf. Au début du XXe siècle, c'est le chérif Hussein ben Ali qui occupe cette position.

Comité syro-palestinien : après la défaite des nationalistes arabes de Damas face à la France, une partie d'entre deux se réfugie en Europe où ils entendent mener une intense activité de propagande en faveur de la cause arabe. On trouve parmi eux des personnalités comme l'émir Lutfallah, l'émir Shakib Arslan, ou encore de nombreuses personnalités palestiniennes. Le centre de l'action politique des nationalistes arabes est Genève, où se trouve le siège de la SDN. C'est dans cette dernière ville qu'ils décident de tenir un congrès syro-palestinien, à la veille de la deuxième assemblée générale de la SDN en août 1921. Les conclusions du congrès sont ambiguës. Elles rappellent le droit de la Syrie, du Liban et de la Palestine à former des États indépendants, mais, dans le même temps, elles proclament l'intégrité de la nation syrienne. Cette nation est fondée sur l'unité de race, de langue, de civilisation. Ses membres ont conscience de posséder « un patrimoine historique identique et commun » et de « vouloir former une seule et unique société politique ». Le congrès demande : 1°- L'indépendance de la Palestine, du Liban et de la Syrie, 2°- L'évacuation des troupes franco-britanniques stationnées dans la région, 3°- Le droit de ces trois pays de former entre eux une fédération et de s'associer à d'autres États arabes, 4°- L'annulation de la déclaration Balfour. En dépit des apparences, le congrès de 1921 consacre la fin des thèses syrianistes. Les Palestiniens, autant que les Libanais, refusent en fait l'idée d'une grande Syrie et se tournent davantage vers l'affirmation d'une identité nationale plus locale. L'affirmation nationale palestinienne explique notamment l'appellation officielle du congrès (« syro-palestinien »). Le syrianisme est également remis en question par la création du royaume d'Irak de Faysal, dont l'existence rend trop étroite la définition uniquement syrienne de la nation arabe.

Conférence de Saint-James : en 1939, les Britanniques décident, afin de trouver une solution à la question palestinienne, de convoquer une conférence à Londres entre Juifs et Arabes. La formation de la délégation arabe se révèle difficile. Le gouvernement britannique refuse que le mufti de Jérusalem en fasse partie. Suite à une médiation irako-saoudienne, Londres accepte de libérer des personnalités proches d'Hajj Amin, emprisonnés durant la Grande révolte de 1937, qui représenteront le mufti à la conférence. Les États arabes sont également conviés à participer à la conférence. Cependant, la France interdit la Syrie et le Liban d'y être représentés. La délégation juive est composée largement, associant Juifs de Palestine et Juifs du monde entier. La conférence s'ouvre à Saint-James le 10 février 1939. Les Palestiniens ayant refusé de siéger en face des sionistes, les négociations se déroulent en sessions séparées. Les Britanniques rejettent le plan Peel et s'orientent désormais vers la constitution d'une Palestine unitaire, ni juive, ni arabe. La conférence bute sur la question de l'immigration juive, toujours refusée par les Arabes mais considérée comme vitale par les sionistes devant la situation européenne. À la mi-mars, le secrétaire d'État aux colonies, Malcom McDonald, propose aux conférenciers la solution du double veto : les Arabes auront un droit de veto sur l'immigration juive en Palestine, tandis que les Juifs disposeront du même droit envers la constitution d'un État arabe palestinien. Il pense ainsi amener les deux parties à négocier et à se mettre d'accord. Mais c'est un échec et la conférence est ajournée le 17 mars 1939.

Congrès de Bludan : suite à la publication du plan Peel, les Arabes de Palestine et du Moyen-Orient décident d'organiser un front du refus de la politique britannique.

C'est Hajj Amin al-Husseini qui prend l'initiative de convoquer un congrès à Bludan (Syrie) le 8 septembre 1937. Bien que non-gouvernemental, il réunit de nombreuses personnalités et des activistes arabes, notamment pour la première fois des Égyptiens. Le congrès est l'une des premières manifestations de la prise en charge de la question de Palestine par les pays arabes. On y déclare que la Palestine n'appartient pas aux Palestiniens mais aux Arabes. Dans ses conclusions, le congrès rejette le plan de partage de la Palestine proposé par le plan Peel. Il demande : la suppression du Mandat sur la Palestine, un traité anglo-palestinien sur le modèle irakien et devant aboutir à un État arabe indépendant de Palestine, l'arrêt immédiat de l'immigration juive, la cessation des ventes de terres aux étrangers, l'annulation de la déclaration Balfour.

Congrès du monde musulman : en 1925, Ibn Sa'ud est maître des villes saintes de l'Islam. Cette nouvelle souveraineté inquiète le monde musulman. Ibn Sa'ud est partisan du wahhabisme, secte de l'Islam prônant un rigorisme outrancier et risquant de remettre en cause les pratiques religieuses jusque-là tolérées dans les villes saintes. Afin d'apaiser les craintes musulmanes, Ibn Sa'ud convoque le 7 juin 1926 un congrès du monde musulman à La Mecque. Des délégations officielles de tous les pays musulmans, y compris une délégation soviétique, participent au congrès ainsi que des personnalités isolées comme Rashid Rida. Ibn Sa'ud n'entend pas obtenir de décisions du congrès mais simplement une consultation destinée à légitimer la présence du wahhabisme dans le Hedjaz. Lorsque certaines délégations, telle la délégation égyptienne, tentent d'introduire dans la discussion la question des rites populaires ou celle des mausolées de saints détruits par Ibn Sa'ud à La Mecque, ce dernier intervient pour mettre fin aux débats. Le congrès élit un comité exécutif qui ne se réunira en fait jamais. Les conclusions du congrès sont sans suite. Ibn Sa'ud a obtenu ce qu'il souhaitait, c'est-à-dire la réintégration du wahhabisme dans l'Islam sunnite.

Congrès syrien : en juillet 1919, dans le cadre de l'arrivée de la commission King-Crane, Faysal prend la décision de donner une valeur plus représentative aux revendications nationalistes arabes en réunissant un congrès syrien. Des élections sont organisées et donnent la majorité aux notables conservateurs dans le district de Damas, tandis que les mouvements politiques plus radicaux, tel le parti de l'indépendance arabe, sont vainqueurs dans les autres régions syriennes. Ces derniers adoptent une position dure sur la question de l'indépendance et refusent tout compromis avec une puissance occidentale. Faysal est contraint de tenir compte de leurs positions dans ses choix politiques. Ainsi, il décide de ne pas divulguer l'accord passé avec Clemenceau en janvier 1920, craignant de trop fortes oppositions de la part des congressistes. Il tente de s'appuyer sur les notables contre les radicaux mais ces derniers décident de proclamer l'indépendance de la Syrie avec Faysal comme roi, le 7 mars 1920, et adoptent un programme nationaliste intransigeant. C'est la rupture avec les puissances occidentales, et notamment la France. Après la bataille de Maysaloun, cette dernière occupe Damas et le congrès syrien est dispersé durant l'été 1920.

Croissant fertile : expression géographique qui désigne au Moyen-Orient un réseau de fleuves en arc de cercle, partant de la basse-Mésopotamie, montant jusqu'aux frontières de la Turquie et redescendant par les fleuves syriens et libanais (Oronte, Litani, etc.). C'est la région du monde arabe la mieux desservie en eaux (Égypte mise à part), permettant le développement de l'agriculture irriguée, d'où son nom de Croissant fertile.

Deir-Yassine : le massacre des habitants du village arabe palestinien de Deir-Yassine par les forces révisionnistes juives constitue l'un des événements majeurs de la guerre civile palestinienne du printemps 1948. Le 9 avril 1948, 120 combattants de l'*Irgoun* et du groupe Stern investissent le village de Deir-Yassine, à l'ouest de Jérusalem. Les miliciens, commandés par Menahem Begin et Itshak Shamir, se livrent à de véritables actes de violence et d'assassinats. Le nombre de victimes arabes civiles se monte à un peu plus d'une centaine. La population qui échappe aux massacres est expulsée vers Jérusalem. Condamné par l'Agence juive, la *Haganah* et le Grand rabbinat, le massacre fait l'objet d'excuses publiques de Ben Gourion au roi Abdallah. Israël parle d'une bavure. La réalité semble plus complexe. L'attaque du village de Deir-Yassine s'inscrit dans la logique de l'opération Nahshon, déclenchée le 31 mars par la *Haganah* et destinée à dégager l'axe Tel-Aviv-Jérusalem et à protéger ensuite les quartiers juifs de la Ville sainte. L'opération suppose de détruire un certain nombre de villages arabes dans la région afin d'assurer la sécurité des positions juives et d'éviter toute résistance arabe sur les arrières des forces juives. L'initiative de ces groupes armés semble avoir été coordonnée avec les troupes régulières, comme le montre l'attaque d'autres villages arabes par ces dernières au même moment. Il semble même que la *Haganah* ait apporté l'appui de son artillerie durant l'opération. Aussitôt connu, le massacre fait l'objet d'une grande publicité par les dirigeants arabes palestiniens. L'effet recherché est de sensibiliser les opinions arabes au massacre et de favoriser des réactions contre la population juive. Il sera entièrement contraire. La propagation de la nouvelle du massacre de Deir-Yassine entraîne un sentiment de panique dans les villages voisins et la fuite des populations civiles. Durant la guerre, les forces sionistes israéliennes se livrent à un certain nombre d'exactions de ce genre, mais de moindre ampleur.

Dhofar (guerre du) : le Dhofar est une province du sud-ouest du sultanat d'Oman, de climat chaud et humide, subissant les effets de la mousson. La province est composée d'une grande plaine littorale et d'une chaîne montagneuse culminant à plus de 2 000 mètres. Le Dhofar a été annexé par le sultanat en 1877-1879. À partir de 1963, le Front de libération populaire du Golfe arabe occupé, soutenu par le Yémen du Sud, mène une guérilla contre Oman et prend peu à peu contrôle de l'ensemble du Dhofar. L'intervention militaire britannique, alliée avec les forces saoudiennes et les forces iraniennes, permet de mettre fin à la sécession en 1975. Le sultan mena par la suite, dans la province, une forte politique de développement économique régional visant à désenclaver la région.

Doctrine Eisenhower : adoptée par le Congrès américain le 9 mars 1957, la doctrine Eisenhower, du nom du président des États-Unis, est une réponse au vide de puissance créé par la crise de Suez de 1956. Il s'agit d'apporter une aide économique et une assistance matérielle à tout pays arabe en faisant la demande. Les États-Unis s'engagent également à soutenir militairement tout pays arabe agressé par des pays du bloc communiste. La doctrine Eisenhower marque l'entrée véritable de l'Orient arabe dans la guerre froide.

Émir : titre honorifique donné aux chefs de la communauté musulmane, puis aux descendants du Prophète.

Eskadra : après la crise de Cuba en 1962, les Soviétiques cherchent à compenser leur échec par la mise en place d'une présence navale permanente en Méditerranée orientale. À la veille de la guerre des Six jours, l'amirauté soviétique met sur pied l'Eskadra. Ses forces ne sont pas en mesure de concurrencer la VIe flotte américaine : moitié moins de navires, pas de porte-avions, un seul porte-hélicoptères, 7 000 hommes contre 280 000 *marines*. L'Eskadra ne dispose pas de bases navales, notamment pour le ravitaillement, assuré par une base logistique en mer. Sa présence est donc avant tout de nature politique. Après la guerre de 1967, la coopération égypto-soviétique entraîne la mise à disposition par Le Caire de facilités dans les principales bases navales égyptiennes.

Farouk : né au Caire en 1920, fils de Fouad 1er, il fait ses études en Égypte et en Grande-Bretagne. Il devient roi d'Égypte en 1936, à l'âge de 16 ans. Sur le plan intérieur, son action politique se veut autoritaire et il s'oppose aux partis politiques égyptiens, essentiellement le *Wafd*. Sur le plan extérieur, il entend mener une véritable diplomatie régionale s'appuyant sur l'unité arabe. Farouk est le premier dirigeant égyptien à s'appuyer sur l'identité arabe. Lorsque la Deuxième Guerre mondiale éclate, Farouk se rapproche des puissances de l'Axe. Cette initiative lui vaut l'hostilité croissante des Britanniques. En 1942, après une démonstration militaire devant le palais royal, Farouk est sommé d'accepter un gouvernement wafdiste dirigé par Nahhas Pacha. Le

Wafd domine la vie politique égyptienne jusqu'au début des années 1950. En 1948, devant la pression populaire, il proclame l'entrée en guerre de son pays contre Israël. Accusé d'être responsable de la défaite égyptienne, il est de plus en plus impopulaire. En juillet 1952, il est renversé par un coup d'État des Officiers libres. Il quitte l'Égypte pour l'Europe et meurt à Rome en 1965.

Faysal (émir) : troisième fils du chérif Hussein de La Mecque, né dans le Hedjaz en 1883, Faysal est le principal organisateur de la révolte des Arabes contre l'Empire ottoman durant la Première Guerre mondiale. Aidé des conseils de l'agent britannique T. E. Lawrence, il porte l'insurrection au nord du Hedjaz, s'empare d'Akaba en juin 1917, puis remonte lentement vers Damas qu'il occupe en octobre 1918. Faysal y établit un gouvernement et se rend en Europe pour présenter à la conférence de Versailles les revendications arabes. Sentant que la Grande-Bretagne est en train de l'abandonner politiquement, il se tourne vers la France et signe avec Clemenceau l'accord de janvier 1920. Mais il se heurte à l'intransigeance du Congrès syrien qui le proclame roi de Syrie en mars 1920. Chassé de la région en juillet 1920 après la bataille de Maysaloun, il devient roi d'Irak en 1921 avec le soutien des Britanniques. Entouré des nationalistes arabes de la première heure, il entreprend une vaste politique de modernisation du pays, fondée sur l'éducation. Sa plus grande réussite est l'octroi du traité d'indépendance de 1930 et l'entrée de l'Irak à la SDN en 1932. Il meurt en Suisse en 1933.

FINUL : la Force intérimaire des Nations unies au Liban a été créée en mars 1978, en application de la résolution 425 du Conseil de sécurité. Son mandat est d'assurer l'évacuation militaire israélienne du sud-Liban, suite aux opérations de 1978, et de rétablir la paix et l'autorité de l'armée libanaise dans la région. Elle a compté jusqu'à 6 000 hommes, répartis en six bataillons (Fidji, Finlande, Ghana, Irlande, Népal, Norvège) et quatre détachements de soutien logistique (France, Italie, Norvège, Pologne). Sa mission se révèle rapidement insurmontable. L'ALS et les forces israéliennes s'opposent à son déploiement le long de la frontière israélienne. La FINUL ne parvient pas, par ailleurs, à empêcher les combats entre les forces palestino-progressistes et l'ALS. L'impuissance de la FINUL éclate au grand jour lors de l'invasion israélienne du Liban en 1982. L'armée israélienne traverse impunément les zones contrôlées par les forces onusiennes. Tout au plus, la FINUL parviendra, pendant les trois années de l'occupation israélienne, à limiter les actions de répression d'Israël contre les populations civiles locales. En 1988, la FINUL obtient le prix Nobel de la paix. Depuis la signature de l'accord de Taëf, l'armée libanaise reprend peu à peu le contrôle des zones surveillées jusque-là par la FINUL. Mais cette dernière demeure exposée aux actions militaires israéliennes, comme en 1996, lors du bombardement du camp onusien de Cana qui fit une centaine de victimes civiles libanaises.

Force de déploiement rapide : la FDR est un ensemble d'unités de l'armée de terre, de l'armée de l'air, de la marine de guerre et de *marines* destiné à être rapidement réunis pour intervenir au Moyen-Orient, dans le cas d'une mise en péril des intérêts vitaux américains dans la région. Héritière de l'*US Stricke Command*, créée en 1962, puis de l'*US Readiness Command*, créée dix ans plus tard, la FDR est née de la directive présidentielle 18, prise par Jimmy Carter en août 1977. L'entrée des troupes soviétiques en Afghanistan renforce l'importance de la FDR dans la stratégie moyen-orientale des États-Unis. En mars 1980, le commandement unifié de la Force est formé sous le commandement du général des *marines*. Arrivé au pouvoir, Reagan renforce considérablement les moyens et les effectifs de la FDR. Le commandement central de la FDR (*Centcom*) est basé en Floride. Une annexe se trouve située à Diego Garcia, dans l'océan Indien. Le *Centcom* dispose de 250 000 hommes et ses effectifs peuvent être portés à 500 000. La FDR comprend des éléments des forces terrestres (une division héliportée d'assaut, une division d'infanterie mécanisée, une division de cavalerie aéroportée, une division d'infanterie légère), des *marines* (une unité plus un tiers d'unité amphibie), des forces aériennes (sept escadres aériennes tactiques et deux escadrons de bombardiers stratégiques) et des forces navales (trois groupes de porte-avions d'escadre, un groupe de navires de surface et cinq groupes d'escadrons de patrouille maritime). La FDR peut être mise à pied d'œuvre dans un délai de deux à trois jours, pour les premières unités, et d'un mois à un mois et demi pour les dernières. Pour faciliter ce déploiement, les États-Unis ont multiplié, dans les années 1980, les négociations en vue d'obtenir des bases militaires dans la région : bases marocaines, base de Ras Bana en Égypte, de Masirah à Oman, de Mogadiscio et Berberah en Somalie, de Monbasa au Kenya. La FDR dispose également des bases militaires israéliennes. Le dispositif jusque-là théorique de la FDR montre alors sa pleine efficacité lors de la guerre du Golfe. Suite à sa victoire militaire en 1991, la FDR renforce encore sa présence dans la région : bases navales et aériennes en Turquie pour la surveillance du nord de l'Irak, facilités au Koweït suite à la signature d'un pacte de défense en septembre 1991, au Qatar suite à un autre pacte de défense signé en 1992, dans les émirats arabes unis et à Bahreïn. L'Arabie saoudite n'a signé aucun accord mais elle héberge actuellement 5 000 soldats américains, essentiellement à Riyad et sur la base de Dahran, qui sert de point de départ aux opérations aériennes contre le sud de l'Irak. Dans la seule région du Golfe, les États-Unis maintiennent encore la présence de 20 000 hommes.

Frangié (Soleiman) : né dans la Montagne libanaise en 1910, issu d'une grande famille traditionnelle maronite, il est président de la République libanaise de 1970 à 1976. C'est durant son mandat que la guerre civile éclate. Il se range alors du côté du Front libanais puis fait appel à l'armée syrienne pour évincer les forces palestino-progressistes. Son alliance avec la Syrie et son refus de tout rapprochement avec Israël entraînent le développement d'une opposition chrétienne à sa politique. Redevenu homme politique, il quitte le Front libanais. Une partie de sa famille est assassinée en 1978 par les FL de Pierre Gemayel. Il rompt alors avec la droite chrétienne et rejoint le Front de salut national, présidé par le *leader* druze Walid Joumblatt. Il meurt à Beyrouth en 1992.

Gallipoli : Gallipoli est une ville ottomane située sur la rive européenne du détroit des Dardanelles. C'est dans cette région que les Français et les Britanniques décident de débarquer en avril 1915 après l'échec du forcement des Détroits. La France y envoie plusieurs divisions. L'Empire britannique y a dépéché essentiellement des troupes du *Commonwealth*, des forces australiennes et néo-zélandaises. Ravitaillées en permanence par un imposant dispositif naval sous commandement britannique, les forces alliées tentent pendant des mois de pénétrer dans l'intérieur mais en sont empêchées par l'opiniâtre résistance des Ottomans (les contingents qui se battent sont en partie arabes depuis les transferts militaires de Jamal Pacha de Syrie). Les Alliés sont immobilisés sur les plages. Pour les soldats engagés, ce sera le Verdun oriental. Finalement, les forces militaires sont évacuées à l'automne 1915 et transférées à Salonique, en Grèce, où elles forment le noyau de la future armée d'Orient.

Gemayel (Bachir) : né le 10 novembre 1947, fils de Pierre Gemayel, fondateur du mouvement maronite des Phalanges libanaises, il fait ses études chez les jésuites, suit une formation d'avocat et passe un an aux États-Unis. Il prend la direction de la milice des *Kataeb* en juillet 1976, puis accède au commandement des Forces libanaises. Il fait de cette force une institution de plus en plus détachée des institutions politiques, qu'il n'hésite pas à remettre en cause. Il élimine également les milices chrétiennes rivales : celle de Soleiman Frangié en 1978, celle de Camille Chamoun en 1980. Élu le 23 août 1982 président de la République, suite à l'invasion israélienne, il est assassiné le 14 septembre 1982. C'est son frère, Amin, qui lui succède à la présidence.

Georges-Picot (François) : jeune diplomate français, les événements de la guerre le propulse à des responsabilités diplomatiques qu'il n'aurait probablement pas obtenues en temps de paix. Consul de France à Beyrouth à la veille de la guerre, il part en Égypte au moment du déclenchement des hostilités avec l'Empire ottoman. Du Caire, il entretient des relations étroites avec les maronites du Liban et propose à son gouvernement une insurrection de la région, appuyée par une intervention française. Au printemps 1915, il est rappelé à Paris. Membre du parti colonial français, c'est un virulent partisan d'une grande Syrie sous influence française. Au Quai d'Orsay, il se rend compte que les partisans du maintien de l'Empire ottoman sont encore très influents et il entame une discrète mais efficace campagne en faveur de ses idées. Il passe rapidement pour un expert des affaires orientales et c'est à ce titre que le gouvernement français l'envoie à Londres pour négocier avec les Britanniques sur l'avenir de l'Orient arabe. Il obtient de rédiger ses propres instructions diplomatiques, approuvées ensuite par Aristide Briand. Il y développe des revendications territoriales maximalistes, cherchant à octroyer sous le contrôle absolu de la France les régions arabes de Mossoul au littoral méditerranéen et d'Alexandrette au Sinaï. Ces vues se heurtent aux ambitions britanniques mais également aux idées de certains hauts responsables français qui envisagent une réduction des prétentions françaises pour des raisons de coûts d'occupation. Contraint de suivre les instructions de son gouvernement, il rédige avec Mark Sykes le mémorandum qui porte leur nom et qui constitue le premier document diplomatique sur l'avenir de l'Orient arabe. En mars 1916, il est envoyé avec Sykes à Pétrograd pour négocier l'adhésion de la Russie. Il se lie d'amitié avec son homologue britannique qui le convertit peu à peu aux thèses du nationalisme arabe. Fin 1916, il est nommé haut-commissaire des territoires occupés de Palestine et de Syrie, dont la conquête reste à faire. Il accompagne dans leur progression les forces britanniques jusqu'à Jérusalem et s'emploie dans les mois suivants à rétablir les « droits » de la France sur les Lieux-Saints. Mais il se heurte à l'autorité d'Allenby qui refuse toute administration civile d'occupation. En 1919, alors qu'il ambitionnait certainement des responsabilités diplomatiques à Beyrouth, il est rappelé à Paris et finit sa carrière dans les Balkans.

Gouraud (général Henri) : né à Paris en 1867, saint-cyrien, il est envoyé au Soudan en 1898 puis au Maroc en 1910. Durant la Première Guerre mondiale, il commande une division en Argonne puis le corps expéditionnaire français des Dardanelles. Amputé d'un bras au cours de cette dernière expédition, il est rappelé en France et prend le commandement de la IVe armée française en Champagne. Il parvient à empêcher l'ultime offensive allemande dans la région et prend la contre-offensive en juillet 1918 qui le mène à la victoire. Couvert de gloire, il est choisi par le gouvernement français pour succéder à François Georges-Picot au Haut-Commissariat de Syrie. Il arrive au Liban en 1919 avec d'importants contingents militaires français et doit affronter à la fois les troupes turques en Cilicie et les actions de guérilla des nationalistes arabes. Il défait ces derniers à la bataille de Maysaloun en juillet 1920, s'empare des villes syriennes, proclame l'indépendance du grand Liban en septembre 1920 et est chargé de la réorganisation administrative de la Syrie mandataire. Il est rappelé en France en 1923 et devient gouverneur militaire de Paris jusqu'en 1937. Il meurt en 1946.

Habache (Georges) : né le 2 août 1926 en Palestine, il est issu d'une famille de commerçants de confession grecque-orthodoxe. En juillet 1948, sa famille est expulsée de Palestine et se réfugie à Beyrouth. Il y effectue des études de pédiatrie à l'Université américaine. Très actif politiquement, il fonde en 1952 le Mouvement national arabe et s'installe à Amman. Il y fonde un « dispensaire du peuple ». Georges Habache est un fervent partisan de l'unité des pays arabes, comme condition préalable à la confrontation avec Israël et à la résolution du problème palestinien. Arrêté au moment des événements jordaniens de 1957, il se réfugie ensuite en Syrie et se convertit au nassérisme. En 1964, installé à Beyrouth, il fonde au sein du MNA une branche palestinienne combattante qui mène ses premières opérations en 1966. Après la guerre de 1967, le MNA est emporté dans les désillusions de l'unité arabe et disparaît. Georges Habache fonde alors le Front populaire pour la libération de la Palestine (FPLP). Installé à Amman avec les autres organisations de la résistance palestinienne, il se fait connaître par une série de détournements d'avions qui débute en 1968. Révolutionnaire convaincu, Habache devient de plus en plus offensif et appelle à la chute du royaume jordanien. « La libération de la Palestine passe par Amman » déclare-t-il. L'épreuve de force avec le roi Hussein aboutit aux événements de septembre 1970. Il est expulsé de la Jordanie. En 1972, Habache renonce aux détournements d'avions et décide de concentrer la lutte de son organisation sur le territoire israélien. Il adopte dans le même temps le marxisme-léninisme. Soutenu par l'Irak, il condamne les orientations politiques de l'OLP et notamment l'idée de formation d'un État palestinien sur les seuls territoires de Gaza et de Cisjordanie. Le FPLP quitte le comité exécutif de l'OLP en 1974 et ne le réintègre qu'en 1981. Après 1982, il joue un rôle important dans le Front du salut national palestinien, organisation de l'opposition palestinienne à Arafat, qui entraîne son départ pour Tunis. En dépit de ces résistances, il participe aux différents CNP de la fin des années 1980. Après les accords d'Oslo, il tente d'organiser un front du refus en coopération avec les islamistes, mais sans succès.

Hamas: le Mouvement de la résistance islamique ou *Hamas* (enthousiasme) est créé par la société des Frères musulmans dans les territoires occupés au lendemain du déclenchement de l'*Intifadah*. Il est présent surtout à Gaza. Ahmad Yassine, directeur du centre islamique de Gaza depuis 1973, en est son chef spirituel. La création du *Hamas* correspond à la montée en force de jeunes cadres, à l'intérieur de l'organisation des Frères musulmans, plus résolus à s'engager dans des actions belliqueuses contre Israël. Très bien structuré, proche des plus démunis, bénéficiant d'une aura religieuse, le mouvement est un sérieux concurrent du *Fath* et de l'OLP durant le soulèvement palestinien. Il crée sa branche militaire, les brigades al-Qassam. Le 18 août 1988, le *Hamas* adopte une charte dans laquelle il affirme que la Palestine est une propriété religieuse ne pouvant être ni négociée, ni cédée. Le mouvement est dirigé par un conseil consultatif. Il dispose de porte-paroles dans les autres pays arabes. Le *Hamas* a condamné la conférence de Madrid et l'accord d'Oslo. Il refuse de participer aux élections de janvier 1996 mais se rapproche toutefois d'Arafat. Imad Falouji, un des dirigeants du mouvement, accepte même d'être membre du gouvernement après le scrutin de 1996. L'assassinat du dirigeant Yehia Ayache par les Israéliens met toutefois fin au dialogue avec l'Autorité palestinienne et le *Hamas* relance ses activités terroristes.

Hariri (Rafic): né en 1944 à Saïda, dans le sud du Liban, issu d'une famille musulmane sunnite, il fait ses études à l'Université arabe de Beyrouth puis émigre, en 1966, en Arabie saoudite. Il y crée sa propre société de construction et établit des relations solides avec la famille royale, obtenant en retour des aides financières. Il se crée un empire composé de banques, de compagnies d'assurance, de sociétés de construction, d'informatique. Devenu milliardaire, il crée la fondation Hariri en 1983 qui finance notamment les bourses d'études à l'étranger des étudiants libanais. Proche du roi Fahd, il est l'un des artisans de la décision de faire tenir à Taëf les négociations libanaises en vue de la paix. En 1992, il est nommé Premier ministre. Cette promotion lui vaut un réel soutien populaire. On attend de lui qu'il dirige le relèvement économique du pays. Mais l'imbrication entre intérêts privés et marchés publics, l'affaire contestée de la reconstruction du centre-ville de Beyrouth par une de ses sociétés, le rendent de plus en plus impopulaire. Il démissionne en 1998.

Hawatmeh (Nayef): né en 1935 à Salt, en Transjordanie, il est issu d'une famille de confession grecque-catholique. Il entame en 1954 des études supérieures au Caire et décide d'adhérer au MNA de Georges Habache. De retour en Jordanie en 1956, il est condamné à mort par contumace pour activités révolutionnaires. Il participe à la guerre civile libanaise de 1958 puis se réfugie en Irak, où il dirige la section locale du MNA. De 1963 à 1967, il combat la présence britannique au Yémen du Sud en apportant son concours aux forces révolutionnaires locales. Bénéficiant d'une amnistie jordanienne, il revient à Amman après la guerre de 1967 et adhère au FPLP. En février 1969, ses orientations de plus en plus révolutionnaires l'amènent à faire scission avec le FPLP et à créer le Front démocratique et populaire pour la libération de la Palestine (FDPLP), qui devient le FDLP en 1974. Contrairement à Habache, Hawatmeh est ouvert à l'idée d'un dialogue avec les Israéliens. En 1970, il entre en contact avec des organisations d'extrême-gauche israéliennes. À partir de 1973, il défend, avec le *Fath*, le projet d'un État indépendant de Palestine sur les seuls territoires occupés. Ces ouvertures n'empêchent pas l'organisation de Hawatmeh de mener de nombreuses opérations terroristes contre Israël. À partir de la fin des années 1970, il s'éloigne du *Fath*, condamne le rapprochement de l'OLP avec l'Égypte et la Jordanie, approuve le plan de Fès en 1982. En avril 1987, il se réconcilie avec Arafat au cours du CNP d'Alger. Au CNP de novembre 1988, il approuve la nouvelle orientation de l'OLP, prévoyant la création d'un État palestinien sur la base de la résolution 242. Mais en 1991, il rejette totalement les négociations de Madrid puis refuse catégoriquement les accords d'Oslo. Comme Habache, il tente, sans succès, d'organiser un front du refus entre la gauche palestinienne et les islamistes. Depuis le CNP d'avril 1996 à Gaza, il se rapproche de nouveau d'Arafat et cherche à implanter son organisation dans les territoires autonomes.

Hedjaz (ligne du) : ligne de chemin de fer construite au début du XXe siècle par l'Empire ottoman pour rejoindre la capitale aux villes saintes de l'Islam. Sa vocation religieuse en fait une fondation pieuse de l'Empire. La ligne traverse l'Anatolie centrale, puis pénètre en Syrie par les tunnels du Taurus et de l'Amanus. Elle descend le long des différentes villes syriennes d'Alep, Homs, Hama, Damas puis à travers la Transjordanie. Elle pénètre enfin dans le nord-ouest de la Péninsule arabique, la région du Hedjaz, jusqu'à Médine. Pendant la guerre, le problème essentiel est constitué par la rupture de charge dans la région des tunnels. Au sud de ces derniers, la ligne se réduit à une voie unique jusqu'à son terminus. Cette rupture de charge entraîne des problèmes de logistique militaire pour le déplacement des armées et des matériels. La ligne du Hedjaz va être pendant deux ans l'objet des actions de guérilla de la révolte arabe : actions de sabotage de la ligne, attaque des gares et postes militaires, etc. Les Arabes réussissent ainsi à isoler la garnison ottomane de Médine et à la priver de toutes ressources extérieures. Ils peuvent donc à loisir porter l'insurrection vers le nord du Hedjaz, en Transjordanie puis en Syrie.

Herzl (Théodor) : écrivain juif d'origine hongroise, né à Pest en 1860, Théodor Herzl est le correspondant d'un des plus grands quotidiens autrichiens, *Neue Frei Presse*, à Paris. Témoin privilégié de l'affaire Dreyfus, qui éclate en 1894, il est rapidement convaincu du problème de l'assimilation civile et politique des Juifs. En 1896, il publie en allemand *L'État des Juifs*, dans lequel il affirme l'existence d'une nation juive et la nécessité de lui octroyer une patrie. Il fonde ses espoirs sur la Palestine. En août 1897, il réunit et préside le premier congrès sioniste à Bâle et fonde l'Organisation sioniste mondiale. Herzl est partisan du sionisme politique, c'est-à-dire de l'obtention d'un territoire pour les Juifs selon les règles du droit international. Il rencontre le sultan Abdul Hamid II, le kaiser Guillaume II et noue des liens avec les responsables politiques britanniques, mais n'obtient aucun engagement en faveur de l'établissement d'une présence politique juive en Palestine. Il meurt en Autriche en 1904.

Husri (Sati) : né en 1880 dans une famille de fonctionnaires ottomans originaires d'Alep, en Syrie, Sati al-Husri est l'une des plus importantes figures du nationalisme arabe de l'entre-deux-guerres avec Shakib Arslan. Il fait ses études à Constantinople et connaît plusieurs langues européennes. Avant la guerre, il est proche du CUP mais ne s'engage pas politiquement. Il se consacre à l'enseignement scolaire, rédigeant de très nombreux articles et manuels pédagogiques en turc à destination des enseignants. Durant la guerre, il demeure fidèle à l'Empire ottoman. Appelé par Faysal après la guerre, il devient directeur général de l'éducation en Syrie. Il adopte alors les positions du nationalisme arabe. Ayant suivi Faysal en Irak, il exerce d'importantes fonctions dans le domaine de l'enseignement et met en place un programme d'éducation nationale fondé sur le modèle patriotique des écoles françaises de la IIIe République. Il donne également de nombreuses conférences publiques sur le thème du nationalisme arabe, au cours desquelles ses idées se répandent dans la région.

Hussein (roi) : Hussein ibn Talal, petit-fils de l'émir Abdallah, est né en 1935 à Amman. Il suit une formation à l'académie militaire de Sandhusrt, en Grande-Bretagne. En juillet 1951, il est témoin de l'assassinat de son grand-père à Jérusalem. Après l'épisode éphémère du règne de son père, il accède au pouvoir, qu'il exerce réellement à sa majorité, le 2 mai 1953. Hussein va régner près de 46 ans, un record de longévité politique au Moyen-Orient. Dans les années 1950, l'action politique de Hussein est fortement influencée par l'opinion publique de son pays, nettement radicale et contraire aux orientations que le roi aurait peut-être souhaité prendre. Il rejette tout projet d'alliance militaire occidentale et condamne même, après la crise de Suez, l'alliance avec la Grande-Bretagne. Sur le plan intérieur, il est contraint d'accepter la formation d'un gouvernement nationaliste progressiste. En avril 1957, craignant un coup de force des radicaux, il renvoie le gouvernement, dissout le Parlement et établit un régime autoritaire. La présence palestinienne importante dans le royaume amène Hussein à adopter une politique d'ouverture en faveur de la résistance palestinienne. En 1964, il parraine la création de l'OLP à Jérusalem. Il tolère une présence de l'armée palestinienne dans le pays, jusqu'au moment où celle-ci devient menaçante pour le régime. Sa réaction sera l'épisode de Septembre noir, la liquidation de la résistance palestinienne en Jordanie. En 1974, Hussein reconnaît l'OLP comme seul représentant du peuple palestinien et comme l'instance devant négocier l'avenir des territoires occupés. En février 1983, il accepte l'idée d'une fédération jordano-palestinienne, proposée par l'OLP, mais devant les difficultés de sa mise en œuvre, il décide, le 31 juillet 1988, de renoncer à toute souveraineté sur la Cisjordanie et met fin ainsi à l'annexion de ce territoire effectuée par son grand-père à l'issu de la première guerre israélo-arabe. Durant la guerre du Golfe, il prend position en faveur de l'Irak, certainement encore sous la pression de son opinion. Malgré cette orientation qui lui vaut la condamnation des États-Unis et des pays du Golfe, il réintègre rapidement le jeu régional et joue un rôle important dans le processus de paix israélo-arabe. Le 26 octobre 1994, il signe un traité de paix avec Israël. L'année suivante, il rompt avec l'Irak et autorise le stationnement dans son pays d'avions de combat destinés aux raids sur l'Irak. Atteint d'un cancer et de plus en plus malade, il continue toutefois de jouer un rôle jusqu'à l'accord de Wye Plantation de 1998. Il meurt à Amman le 7 février 1999.

Hussein (Saddam) : musulman sunnite, il est né à Takrit, dans le nord de Bagdad, le 28 avril 1937. Il est issu d'une famille de paysans. Il s'inscrit au lycée de Bagdad en 1955. Il se politise et adhère au *Ba'th* en 1957. Opposé au nouveau régime issu de la révolution de 1958, il participe en 1959 à une tentative d'assassinat du général Qasim. Blessé, il s'enfuit en Syrie puis en Égypte où il achève ses études secondaires. Après le renversement de Qasim en 1963, il revient en Irak et intègre la direction du *Ba'th*. Son parti repasse rapidement dans l'opposition et Saddam Hussein mène alors des activités clandestines. En 1964, il est arrêté et emprisonné pendant deux ans. À sa sortie, il est élu secrétaire général adjoint de *Ba'th*. Après le coup d'État ba'thiste de 1968, il se rapproche du pouvoir. En collaboration avec Hasan al-Bakr, il renforce l'aile politique du parti au détriment de l'aile militaire. Il installe 3 000 commissaires politiques chargés de surveiller les officiers de l'armée. En novembre 1969, il accède à la vice-présidence du Conseil du commandement de la révolution. Il n'hésite pas à éliminer physiquement ses rivaux et renforce le couple politique Bakr-Hussein à la tête du régime. Le 16 juillet 1979, Hasan al-Bakr démissionne de la présidence de la République et du CCR. Saddam Hussein le remplace immédiatement. Il poursuit alors une nouvelle politique d'épuration et fait du CCR une organisation à sa solde, composée de membres natifs de la même ville que lui et de membres de sa famille. La guerre Iran-Irak est l'occasion d'un formidable développement de l'appareil militaire irakien, soutenu par les pays occidentaux. L'Irak sort toutefois épuisé de cette guerre. Saddam Hussein estime que son pays a payé le prix du sang contre l'Iran, afin de protéger les pays de la Péninsule arabique. Il réclame après la guerre des compensations financières. Devant le refus des monarchies du Golfe, il décide l'invasion du Koweït le 2 août 1990. C'est un échec et la coalition alliée, menée par les États-Unis, le chasse de l'émirat par la force. Désormais, son pays passe en partie sous contrôle étranger et les activités militaires du pays sont étroitement contrôlées par l'ONU. En août 1995, la défection de ses deux gendres, qui se réfugient à Amman, porte un coup à son pouvoir.

Hussein ben Ali : né vers 1858, Hussein ben Ali est le descendant de la famille hachémite gardienne des villes saintes de l'Islam. Cette tâche lui incombe au début du siècle et il prend le titre officiel de chérif de La Mecque. Sa fonction est prestigieuse et lui donne une autorité religieuse immédiatement en dessous de celle du sultan-calife de l'Empire. Pour cette raison, les mouvements arabistes du début du siècle prennent contact avec lui et envisagent des projets d'autonomie de la région, de soulèvement, voire de transfert du califat aux Arabes. Approché par les organisations nationalistes arabes durant la guerre, il s'engage à déclencher un mouvement insurrectionnel dans le Hedjaz mais appuyé par la Grande-Bretagne. C'est dans ce cadre qu'il entre en contact avec le haut-commissaire britannique en Égypte, Henry MacMahon, et entretient avec lui la célèbre correspondance qui voit l'octroi de l'indépendance des régions arabes. En juin 1916, il déclenche la révolte, qu'il confie à ses différents fils, restant lui-même à l'écart. À la fin 1916, il se proclame roi (*Malik*) du Hedjaz mais ce titre n'est pas reconnu par les puissances européennes. Dès la fin de la guerre, Hussein est confronté aux ambitions saoudiennes vers le Hedjaz. Il envoie son fils Abdallah à la tête des troupes armées, en mai 1919, mais c'est un échec militaire. En mars 1924, profitant de l'abolition du califat ottoman, il se proclame calife. Ce titre lui est dénié par les Saoudiens qui envahissent le Hedjaz. Hussein abdique le 3 octobre 1924. Il se réfugie à Amman, chez son fils Abdallah, où il meurt en 1931.

Husseini (famille) : la famille Husseini, descendant du Prophète, est l'une des plus importantes familles de Jérusalem. Elle s'appuie sur une forte clientèle urbaine afin d'asseoir son pouvoir local et de lutter contre l'influence des autres familles. Elle se pose en médiateur des populations civiles envers les autorités, ottomanes avant la guerre, britanniques après la guerre. En 1919, c'est un membre de la famille, Musa Kazim al-Husseini, qui est le maire de Jérusalem. Il est démis de ses fonctions après les émeutes du Nabi Musa en 1920. Un autre membre de la famille, Amin al-Husseini, membre du Parti de l'indépendance arabe, âgé de 25 ans, est condamné à dix ans de prison par contumace mais il est amnistié quelques mois plus tard par Herbert Samuel. Lors du troisième congrès arabe palestinien de Haïfa (décembre 1920), Musa Kazim est désigné comme président d'un comité exécutif permanent du congrès. En 1921, Hajj Amin al-Husseini (le terme Hajj indique qu'il a fait le pèlerinage aux villes saintes de l'Islam) devient mufti de Jérusalem, l'une des plus importantes dignités religieuses, et préside le Conseil suprême musulman. La même année, Musa Kazim dirige la délégation palestinienne qui se rend à Londres pour négocier les termes du Mandat avec Churchill. Il préside un exécutif arabe issu des comités islamo-chrétiens. Il meurt en 1934. Après les émeutes de 1929, Hajj Amin acquiert une autorité plus prestigieuse en convoquant à Jérusalem le premier congrès islamique mondial en décembre 1931. Son action internationale consiste désormais à populariser la question de Palestine dans le monde arabe et musulman. Il fonde le parti arabe palestinien, dont la direction est confiée à son cousin, Jamal al-Husseini. Lors de la grande grève de 1936, le mufti forme un comité suprême arabe réunissant les principales tendances politiques du pays et destiné à canaliser les manifestations populaires. Certains membres de la famille, tel 'Abd al-Qadir al-Husseini, fils de Musa Kazim, tente de prendre la tête des mouvements de révolte dans les campagnes. Lors du déclenchement de la révolte de 1937, le mufti est démis de ses fonctions et s'exile jusqu'en 1948.

Infitah : l'*Infitah* (ouverture) correspond à la politique économique libérale mise en œuvre après 1970 par Sadate et en rupture avec les orientations socialistes de la période nassérienne. L'exemple a été ensuite imité par la Syrie, puis l'Irak après l'épisode koweïtien. L'*Infitah* égyptienne connaît son plein essor après la guerre de 1973 : encouragement au secteur privé et aux investissements étrangers, autorisation des banques non-égyptiennes, libéralisation du commerce extérieur, restriction des activités du secteur public. Le bilan de cette politique demeure nuancé. Le capital privé ou étranger s'est d'abord investi dans des secteurs non productifs et à rentabilité immédiate, tels le tourisme, l'immobilier, l'import-export. L'*Infitah* s'est accompagnée du développement de la corruption et de la spéculation. Les inégalités sociales se sont accentuées. L'Égypte a accentué sa dépendance à l'égard de l'aide extérieure et des revenus de ses travailleurs émigrés. Certains succès, en retour, ont été obtenus : développement de l'activité pétrolière, ainsi que de certains secteurs agricoles et industriels. En revanche, l'*Infitah* a entraîné de nombreuses manifestations populaires dans le pays.

Irangate : par analogie au *Watergate*, l'*Irangate* nomme le scandale des ventes d'armes à l'Iran entre 1985 et 1987. L'affaire prend ses origines dans la question du Nicaragua. En octobre 1984, le Congrès des États-Unis interdit toute activité américaine de soutien et d'aide dans le pays. La CIA, dirigée par William Casey, cherche immédiatement à détourner cette loi pour continuer d'aider les forces anticommunistes. Certains hauts responsables pensent alors vendre des armes à l'Iran pour financer la *contra* nicaraguayenne, activité totalement interdite depuis la mise en place de l'embargo contre l'Iran en 1980. Pour parvenir à mettre en place ce réseau, les Américains font appel à Israël. Cette dernière livre, depuis longtemps, des armes à la *contra* et à l'Iran. Israël aide ce dernier pays car il constitue ainsi une menace militaire permanente contre l'Irak, pays qui pourrait remettre en cause la sécurité de l'État hébreu. En janvier 1985, l'accord est mis en place entre Iraniens et Israéliens. Les hommes clés du contrat sont, du côté israélien, David Kimche, directeur général du ministère des Affaires étrangères, Amiram Nir, conseiller en contre-terrorisme du Premier ministre, Yaacov Nimrodi, ancien agent des services secrets israéliens et ex-attaché à l'ambassade d'Israël à Téhéran et du côté iranien, Manucher Ghorbanifar, ancien agent de la police secrète du Chah. L'accord prévoit des livraisons de missiles américains par l'intermédiaire de Jérusalem, en échange de la libération des otages américains détenus au Liban. Les ventes d'armes permettraient de financer généreusement la *contra*. Deux livraisons vont avoir lieu : la première, datée d'août 1985, porte sur 508 missiles antichars, la seconde, en novembre de la même année, sur des missiles antiaériens. Mais les libérations d'otages se font attendre. L'administration américaine décide alors de se passer d'Israël et négocie directement avec Téhéran. En février 1986, un contrat secret de 3 000 missiles antichars est passé. Ce sont des agents américains qui assurent la livraison. Au total, ces ventes d'armes ont permis d'apporter une aide aux contre-révolutionnaires du Nicaragua, de l'ordre de 30 à 50 millions de dollars. Le scandale éclate en octobre 1986. Une commission parlementaire est chargée de mener l'enquête. Les plus hautes personnalités américaines, Ronald Reagan et son vice-président, George Bush, sont impliquées. Toutefois, l'enquête n'aboutit à aucune condamnation.

Jarring (mission) : la mission Gunnar Jarring, représentant suédois des Nations unies, est mise sur pied après la guerre de 1967 pour tenter d'amener les parties belligérantes à la négociation et à la paix. Mais les États arabes refusent tout compromis et Israël rejette son rôle éventuel de médiateur. Tout au plus, elle doit être un émissaire entre Israël et les États arabes. En 1968, Jarring demande aux différentes parties de prendre position, notamment sur la résolution 242, et appelle à une conférence internationale. Le premier plan Rogers s'appuie sur la mission Jarring et fait de ce dernier le médiateur d'une nouvelle réunion. Mais le refus du plan par les différentes parties entraîne l'échec de la mission. Le développement de la diplomatie de Kissinger achève d'enterrer celle-ci.

Joumblatt (Kamal) : né dans le Chouf (Mont-Liban) en 1917, dans une famille de notables féodaux druzes, il entame des études de droit à la Sorbonne, qu'il achève à l'université Saint-Joseph de Beyrouth. À l'indépendance, il est élu député et conserve son mandat jusqu'à sa mort. Ministre en 1947, il fonde deux ans plus tard le parti socialiste progressif, qui rejoint l'Internationale socialiste. En 1958, il joue un rôle important dans les événements de la guerre civile et dans la coalition anti-Chamoun. Après la défaite de 1967, il prend résolument parti pour la Résistance palestinienne et il se range, en 1973, aux côtés de l'OLP dans son action au Liban. Durant les débuts de la guerre civile, il fonde et préside le Mouvement national libanais, regroupant une quinzaine d'organisations politiques et prônant des réformes radicales : instauration d'un régime laïque, réformes de l'État, maintien du caractère arabe du pays. En 1976, il s'oppose vigoureusement à l'intervention syrienne auprès des forces chrétiennes mais le MNL et l'OLP sont défaits à l'automne 1976. Kamal Joumblatt reste toutefois hostile à la présence syrienne. C'est certainement sur ordre de Damas qu'il est assassiné le 16 mars 1977. Son mouvement sera repris par son fils, Walid Joumblatt.

Khadafi (Mouammar) : né en 1938 dans une famille nomade, Khadafi reçoit une éducation religieuse puis fait des études à l'école de Sebha, dans le *Fezzan*. Très jeune, il milite dans les organisations nassériennes. En 1964, il entre à l'Académie militaire de Benghazi et fonde le mouvement des Officiers libres unionistes. Convaincu que seule l'armée peut relever le pays, il renverse le régime monarchique en septembre 1969 et devient président du Conseil de commandement de la révolution. Nassérien convaincu, fervent partisan de l'unité arabe, Khadafi donne également une orientation plus religieuse à son régime. La Libye est le premier pays arabe à réislamiser le droit positif. Après la mort de Nasser, il publie le Livre vert, où se trouvent réunies les nouvelles orientations du régime : démocratie directe et non représentative, fin du salariat, retour au « socialisme naturel ». Depuis 1987, après les échecs de sa politique internationale et les sanctions conduites par les États-Unis pour raison de suspicion d'actes terroristes, Khadafi a engagé une série de rapprochements avec l'Égypte (condamnée après Camp David), les pays du Maghreb et ceux d'Afrique noire. Sur le plan intérieur, il favorise l'initiative privée et le petit commerce.

Khomeyni (Ruhollah) : né le 24 septembre 1902 dans une famille religieuse de la région d'Ispahan, il fait ses études dans le grand centre théologique chi'ite de Qom. Il accède à la dignité de *mujtahid* (celui qui est habilité à interpréter la loi islamique), puis au titre d'*ayatollah*. Il s'intéresse aux questions politiques et publie un ouvrage de réfutation du laïcisme. Il participe aux émeutes populaires contre la révolution agraire du Chah en 1963 et est emprisonné. Relâché, il est expulsé d'Iran en 1964 et s'installe dans la ville chi'ite irakienne de Najaf. Il acquiert alors une grande stature religieuse. En octobre 1978, il est expulsé d'Irak et se réfugie en France. Il organise de là, par la diffusion de cassettes, l'opposition croissante au régime iranien et devient le grand *leader* de la révolution. Le 1er février 1979, il rentre triomphalement à Téhéran et proclame le régime de la révolution islamique. La guerre avec l'Irak provoque un sursaut patriotique qui permet à Khomeyni de renforcer son pouvoir et d'éliminer ses rivaux. Toute opposition est réprimée, à l'exception des Kurdes. Mais la prolongation du conflit entraîne la montée des revendications populaires. En août 1988, son acceptation d'un cessez-le-feu est vécue comme un échec personnel. Il meurt le 1er juin 1989.

Khoury (Becharra al-) : né en 1880 à Beyrouth, de confession maronite, il milite, dès avant la Première Guerre mondiale, en faveur d'un Grand-Liban indépendant. En 1943, il est le premier président du Liban indépendant. Réélu en 1948, à l'aide d'une révision constitutionnelle, il démissionne en 1952. Becharra al-Khoury est, avec le sunnite Riad al-Suhl, le principal artisan du Pacte national libanais, en faisant reconnaître aux chrétiens le visage arabe du Liban. Il meurt en 1964.

Lieux-Saints : les Lieux-Saints sont constitués par les différents lieux spirituels des débuts du christianisme en Palestine. Ils sont regroupés à Jérusalem (Saint-Sépulcre, Cénacle, Calvaire), à Bethléem (basilique de la Nativité) et à Nazareth (église de l'Annonciation, mont Thabor). Au VIIe siècle, les Lieux-Saints passent sous domination arabe et musulmane, et le demeurent jusqu'au XXe siècle, sauf durant certaines époques des croisades en Orient. En dépit de la présence politique musulmane, les pèlerinages vers les Lieux-Saints ont toujours existé. Au XIXe siècle, l'apparition de la navigation moderne permet un afflux plus important de pèlerins venant tant d'Europe occidentale que d'Europe orientale (notamment la Russie). Les différentes puissances en profitent pour établir leur protection consulaire sur les nombreux édifices saints de la région. Ainsi, dans la seconde moitié du XIXe siècle éclate la querelle des Lieux-Saints. Chaque puissance chrétienne (essentiellement la Russie et la France) réclame la préséance dans les cérémonies religieuses, la possession des accès aux édifices, la priorité à l'entretien de ces derniers, etc. L'enjeu est tel qu'il pousse la Russie à déclarer la guerre à l'Empire ottoman en 1854 car ses droits ne sont pas respectés dans les Lieux-Saints. Cette déclaration débouche sur la guerre de Crimée. Cette dernière constitue désormais l'exemple même de l'internationalisation d'une crise locale. Les Lieux-Saints forment ainsi jusqu'en 1914 une caisse de résonance dangereuse pour la paix européenne. En cas de disparition de l'Empire ottoman, la solution la plus sage envisagée pour l'avenir de la région est l'internationalisation des Lieux, c'est-à-dire un système de cogestion par les puissances.

Lobby juif : le lobby juif est un groupe de pression fortement organisé, qui tente d'influer sur la politique américaine, tant au niveau du Congrès qu'à celui du gouvernement. Les Juifs américains sont près de six millions, soit 30 % de plus qu'en Israël même. Leur influence électorale est notable dans certains États : Californie et Connecticut (3 % de la population), Pennsylvanie et Massachusetts (4 %), New Jersey (5 %), État de New York (14 %). La discipline de vote étant très forte au sein de la communauté juive, la pression que celle-ci peut exercer est encore renforcée. De grandes organisations civiles dirigent le lobby juif : la Conférence des présidents des organisations juives, le Conseil sioniste américain, la Ligue de défense juive, l'Organisation sioniste d'Amérique. Chacune de ces organisations constitue des relais des partis politiques israéliens. L'intervention des organisations du lobby est coordonnée depuis 1954 par une puissante institution, le Comité des affaires publiques américano-israéliennes (AIPAC). Il compte 50 000 membres actifs. Son budget annuel s'élevait à 15 millions de dollars en 1995. Son action est assurée par des dizaines de comités d'action politique (PAC). Ses fonds servent à financer des représentants parlementaires. L'AIPAC exerce une influence importante sur une cinquantaine de membres du Sénat et sur près de 200 membres de la Chambre des Représentants. Le lobby juif contribue pour 60 % aux campagnes électorales du parti démocrate et pour 40 % à celles du parti républicain. Les Juifs américains votent traditionnellement à 70 % démocrate et à 30 % républicain, mais en 1980, l'engagement pro-israélien du candidat Ronald Reagan lui a permis de recueillir 40 % des suffrages juifs. Bill Clinton a obtenu en 1992 plus de 85 % des voix juives. Après la guerre du Liban de 1982 et l'*Intifadah*, l'opinion juive américaine a commencé à se désolidariser de la politique israélienne et à condamner certains actes du gouvernement. Au début des années 1990, les deux tiers des Juifs américains souhaitaient des négociations de paix, contre 10 % en Israël.

Mahdisme : mouvement religieux croyant dans la venue du Mahdi, envoyé d'Allah pour compléter l'œuvre du Prophète Mahomet.

Moubarak (Hosni) : né le 4 mai 1928 en Basse-Égypte, dans une famille paysanne, il fait ses études à l'Académie militaire et en sort en 1949. Il devient pilote de chasse et effectue des stages en URSS. Il est nommé chef d'état-major des forces aériennes en 1969, puis commandant en chef de l'armée de l'air en 1972. L'efficacité de l'aviation égyptienne durant la guerre d'octobre 1973 lui vaut d'être promu général. En avril 1975, Sadate le nomme vice-président de la République. Il soutient activement le processus de Camp David. Après l'assassinat de Sadate en octobre 1981, le Parlement l'investit des pouvoirs de chef d'État. Il utilise immédiatement l'état d'urgence pour lutter contre la menace islamiste, mais, dans le même temps, il libère les opposants politiques et accepte de démocratiser la vie politique du pays. Sur le plan économique, il se veut le continuateur de l'*Infitah*. Dans le domaine diplomatique régional, il travaille activement à la réintégration de l'Égypte dans la LEA. Le siège de celle-ci revient au Caire en 1990. Durant la crise du Golfe, il se range résolument du côté américain et prend la tête de la coalition arabe anti-irakienne en envoyant

30 000 soldats en Arabie saoudite. Élu pour un troisième mandat en novembre 1993, il mène une politique de plus en plus autoritaire, au nom de la lutte contre les islamistes. Le 26 juin 1995, il échappe à un attentat dans la capitale éthiopienne. Il n'a jamais désigné de vice-président ce qui pourrait poser de graves problèmes politiques et constitutionnels à sa disparition.

Nasser (Gamal Abdel) : Nasser est né le 15 janvier 1918 dans la province d'Assiout en Haute-Égypte. Issu de la petite paysannerie, fils de fonctionnaire, il est bachelier en 1934 et décide d'entamer des études de droit. Il participe aux grandes manifestations de 1935 contre l'occupation britannique et le roi. Nasser entre à l'Académie militaire en 1936. Sous-lieutenant affecté en Haute-Égypte, il fait la rencontre de Sadate et initie avec lui la création du mouvement des Officiers libres. Colonel durant la première guerre israélo-arabe, il se rend célèbre par sa résistance à l'offensive israélienne dans le Sinaï. En 1951, le mouvement des Officiers libres fournit matériels et encadrement à tous les volontaires partant se battre sur le canal de Suez contre les Britanniques. À trente-quatre ans, le 23 juillet 1952, il est l'artisan essentiel du coup d'État militaire qui renverse la monarchie et établit le général Néguib à la tête du pays. En octobre 1954, il écarte Néguib et établit un pouvoir personnel à la tête du régime. Il est fasciné par les États-Unis et tente, dans un premier temps, de se rapprocher de l'Occident. Mais les malentendus s'accumulent. Finalement, Nasser adopte progressivement une politique hostile aux intérêts américains : refus d'une alliance militaire antisoviétique, fondation du Mouvement des non-alignés en 1955, achat d'armes soviétiques, nationalisation du canal de Suez en 1956. Après l'immense succès politique des événements de Suez, Nasser devient un *leader* dans son pays mais également dans les pays arabes et ceux du reste du tiers-monde. Après l'échec de la RAU en 1961, Nasser oriente son pays sur une voie plus socialisante qui connaît d'indéniables succès économiques. Son pays est perçu comme un modèle par de nombreux pays arabes. Après la défaite de 1967, il donne sa démission, qu'il reprend sous la pression de l'opinion publique. Il mène alors la guerre d'usure contre Israël tout en étant malade du diabète. Il meurt épuisé le 28 septembre 1970. Le peuple égyptien lui rend un hommage grandiose lors de ses funérailles.

Neguib (général Muhammad) : né en 1901 à Khartoum, fils de militaire, Néguib fait lui-même carrière dans l'armée. Il participe, au grade de général, à la première guerre israélo-arabe. Néguib est en contact avec le mouvement des Officiers libres, sans en être membre. Il est choisi par ces derniers comme le chef du coup d'État de juillet 1952. Président de la République égyptienne, proclamée en 1953, et chef du Conseil de la révolution, il rencontre l'opposition croissante de Nasser à l'égard des grandes orientations politiques du nouveau régime. Néguib désapprouve notamment le coup de force de Nasser contre les Frères musulmans en 1954. Nasser le démet de ses fonctions présidentielles en février 1954, mais sous la pression populaire, il est contraint de le rappeler, avant de le démettre définitivement en octobre de la même année. Il n'exerce alors plus aucune activité politique jusqu'à sa mort au Caire en 1984.

Netanyahu (Benjamin) : né à Tel-Aviv en 1949, il émigre aux États-Unis à l'âge de 14 ans. Son père fut longtemps le secrétaire particulier du chef révisionniste Jabotinsky. Benjamin Netanyahu étudie l'architecture et l'économie au célèbre *Massachusetts Institut of Technology*. Il rentre en Israël en 1967 pour y accomplir ses obligations militaires. En 1982, l'ambassadeur d'Israël aux États-Unis, Moshe Arens, l'appelle dans ses services et le nomme ministre plénipotentiaire. Il est ambassadeur d'Israël aux Nations unies de 1984 à 1988, puis vice-ministre des Affaires étrangères de 1988 à 1991 et vice-ministre dans le cabinet Shamir de 1991 à 1992. À partir de 1988, il siège au Parlement dans les rangs du *Likoud*, dont il prend la direction en 1993 après la retraite de Shamir. Le 29 mai 1996, il remporte les élections contre son concurrent, Shimon Pérès, et devient Premier ministre. Son programme est d'abord économique. Énoncé dans la charte économique du 2 juillet 1996, adoptée par le gouvernement, il s'inspire de l'ultralibéralisme : réduction de neuf milliards de francs dans les dépenses de l'État en 1997, privatisation des entreprises publiques, réduction des droits de douane et suppression du contrôle des changes, abaissement de l'impôt sur les hauts revenus et sur les entreprises. Sur le plan extérieur, il se présente comme l'ardent défenseur de la sécurité du pays en développant la lutte contre le terrorisme. Cette lutte doit être, selon lui, menée en étroite coopération avec les États-Unis. Ayant juré de ne pas rencontrer de dirigeants palestiniens, il accepte une entrevue avec Yasser Arafat le 3 septembre 1996. Mais il maintient une ligne dure contre toute négociation et poursuite du processus de paix. Cette radicalisation entraîne la multiplication des soulèvements populaires dans les territoires occupés et la poursuite des actions terroristes. En 1998, il finit par se rendre à l'évidence et accepte de signer l'accord de Wye Plantation, bien que par la suite, il freine son application. En mai 1999, il est battu aux élections par le candidat travailliste Ehud Barak.

Pacte de Bagdad : la stratégie américaine, dans la guerre froide naissante, consiste à cerner l'URSS par la conclusion d'alliances militaires régionales. Le Moyen-Orient n'échappe pas à cette logique mais Washington se heurte à trois obstacles dans la réalisation de ses projets : la volonté d'influence régionale de la Grande-Bretagne, l'hostilité des pays arabes à un Occident favorable à Israël, le nationalisme arabe unitaire qui refuse une alliance avec l'Occident. Les États-Unis décident donc d'agir par étapes. En mai 1950, ils signent avec le Pakistan un accord de défense mutuelle. En mai 1951, ils obtiennent l'adhésion de la Turquie à l'OTAN. Mais la Grande-Bretagne demeure hostile à un projet de pacte régional. Le 10 novembre 1951, les États-Unis, la Grande-Bretagne, la France et la Turquie fondent le Commandement suprême allié au Moyen-Orient, mais après la révolution des Officiers libres en Égypte, les pays arabes refusent d'en faire partie. Les États-Unis poussent alors à des accords bilatéraux : accord turco-pakistanais en avril 1954, série d'accords d'aide militaire en mai entre les États-Unis, la Turquie, l'Iran et l'Irak. Le 24 février 1955, la première pierre du pacte de Bagdad est posée avec la signature d'un traité de défense entre la Turquie et l'Irak. La Grande-Bretagne adhère au traité en avril, le Pakistan en septembre et l'Iran en novembre. La première réunion se tient à Bagdad le 21 novembre 1955. Un conseil et un comité militaire permanent sont mis en place, avec la présence d'un représentant des États-Unis. Le pacte de Bagdad a pour effet de renforcer l'hostilité des pays arabes à l'Occident. L'Égypte décide de se rapprocher de l'URSS, la Syrie se rapproche de l'Égypte, des troubles éclatent en Jordanie et au Liban qui empêchent l'adhésion de ces pays au pacte. En 1959, après la révolution de juillet 1958, l'Irak se retire du pacte. Celui-ci devient, le 21 août 1959, l'Organisation du traité central (CENTO), davantage tournée vers la coopération économique. Le CENTO disparaît après le retrait iranien en 1979.

Pérès (Shimon) : né en 1923 en Biélorussie, il émigre en Palestine à l'âge de onze ans. Il y poursuit des études commerciales, puis agricoles, et milite très tôt dans les organisations sionistes. En 1943, il devient le secrétaire du *Mapaï*, parti de gauche et ancêtre du mouvement travailliste. Il œuvre à la fondation de kibboutz. Il rejoint en 1947 le quartier général de la *Haganah*. Ben Gourion le charge de récupérer les armes tchèques livrées à Israël au début du premier conflit israélo-arabe. À 29 ans, il est promu directeur général du ministère de la Défense et devient le grand expert des questions d'armements. Il est l'artisan de la puissance militaire de l'armée israélienne. Lors des entretiens de Sèvres d'octobre 1956, il négocie la participation israélienne à l'opération contre l'Égypte et obtient des Français un contrat de coopération technique en vue de construire en Israël une centrale nucléaire. En 1959, il entre au Parlement et devient vice-ministre de la Défense. Il supervise le programme nucléaire israélien : le pays acquiert la bombe A en 1966, la bombe H dans les années 1970. À nouveau ministre en 1969, il est successivement chargé de la gestion des territoires occupés, de la question des réfugiés, des transports et des communications, de l'accueil des immigrants juifs. En 1974, le Premier ministre Itshak Rabin le nomme ministre de la Défense de son gouvernement. Après la victoire du *Likoud* en 1977, il prend la présidence du parti travailliste. En 1984, il devient chef d'un gouvernement d'union nationale. Il jugule la crise monétaire et négocie le retrait israélien du Liban. Il se présente comme le grand artisan de la solution jordano-palestinienne, qui sera finalement un échec. Il redevient ministre des Affaires étrangères en 1986. Il conserve ce poste en 1992 après la victoire travailliste et l'installation du gouvernement Rabin. Ce dernier lui donne la responsabilité de mener les négociations secrètes d'Oslo en 1993. Il est aux côtés de Rabin lors de la signature des accords à Washington le 13 septembre 1993. À la fin de l'année, il reçoit, conjointement avec Arafat, le prix Nobel de la paix. Après l'assassinat de Rabin en 1994, il redevient Premier ministre. La campagne d'attentats du *Hamas* déstabilise son pouvoir et sa popularité. La campagne militaire qu'il ordonne au Liban consacre un nouvel enlisement d'Israël dans ce pays. En 1996, il est battu par le candidat de droite Benjamin Netanyahu.

Phalanges libanaises : le mouvement des Phalanges libanaises est créé en 1936 par un pharmacien maronite de Beyrouth, Pierre Gemayel. C'est l'un des premiers mouvements populaires de la vie politique libanaise. Il s'agit d'une organisation de jeunesse à caractère sportif et militaire, s'inspirant du modèle fasciste italien et du modèle des sociétés de gymnastique tchèques, les Sokols. L'organisation entend supplanter les divisions nationales et réaliser l'unité de la nation libanaise. En dépit de ces appels unitaires, le mouvement recrute essentiellement dans la population chrétienne maronite. Les musulmans sunnites répondent à la création des Phalanges par la formation des scouts musulmans.

Plan Dalet : daté du 10 mars 1948, le plan D (ou plan Dalet) est élaboré par les organisations politiques et militaires juives. Il est destiné à transformer radicalement le rapport de force en Palestine au profit des forces sionistes et dans la perspective d'une intervention militaire prochaine des États arabes. L'objectif du plan est de « prendre le contrôle des territoires de l'État hébreu et d'en défendre les frontières ». Il a aussi pour objectif de protéger les colonies juives hors de la partie juive du plan de partage de 1947. Les principales directives du plan sont donc les suivantes : résistance aux forces arabes incluant la protection militaire des colonies et contre-attaques sur les lignes de l'ennemi, y compris en profondeur du territoire palestinien, contrôle des positions stratégiques et des principaux axes de communication, attaque des positions stratégiques ennemies, siège d'un certain nombre de villes. Le plan précise que, pour réaliser ces différentes tâches, les forces armées sont autorisées à monter des opérations contre des « centres de populations ennemies » à proximité du système de défense sioniste : destruction de villages, expulsion des populations arabes en cas de résistance. L'objectif du plan Dalet est donc de nettoyer le terrain avant l'intervention armée des États arabes, afin de disposer d'un espace stratégique sûr et efficace. Son exécution se révèle un véritable succès. En mai 1948, environ 300 000 Arabes ont fui les régions dévolues à l'État hébreu. Le départ de ces populations permettra à l'armée israélienne de tenir solidement ses positions face aux assauts des offensives arabes.

Plan Morrison-Grady : le plan Morrison-Grady est une des solutions anglo-américaines proposées pour résoudre la question palestinienne entre 1945 et 1947. Il est énoncé le 31 juillet 1946 à la Chambre des communes par Herbert Morrison. Le plan propose la division de la Palestine en quatre régions : une région juive formée à partir des différentes colonies sionistes et des espaces les séparant, la région de Jérusalem-Bethléem et ses environs, la région du Néguev, une région arabe incluant tous les territoires restants. Les régions juive et arabe disposeront d'une large autonomie administrative et législative dans le cadre de cantons, mais les questions essentielles (défense, politique étrangère, police intérieure, finances publiques) demeureront sous l'autorité d'un gouvernement central britannique. Le plan accepte l'immigration de 100 000 Juifs en Palestine, à condition que les États-Unis financent l'opération. Jugé trop peu favorable aux vues sionistes, le plan est refusé par les États-Unis. La conférence de Londres de l'automne 1946 est une tentative de réunion des différentes parties pour discuter du plan, mais c'est un échec, les sionistes refusant que la question du plan soit mise à l'ordre du jour. Arabes et Juifs rejettent définitivement le plan en février 1947. Le plan Morrison-Grady est la dernière tentative de la Grande-Bretagne de trouver une solution à l'impasse palestinienne. Elle transmet ensuite le dossier au Conseil de sécurité de l'ONU.

Protocole de Damas : ce document est rédigé par les membres d'*al-Fatat* à Damas en avril 1915, suite à la visite de l'émir Faysal, fils du chérif Hussein. Non communiqué aux responsables britanniques, le protocole de Damas propose la reconnaissance de l'indépendance des pays arabes à l'intérieur des frontières suivantes : au nord, une ligne allant de Mersine à la frontière persane, à l'est, la ligne de la frontière persane, au sud, le littoral de l'océan Indien, à l'exception d'Aden, à l'ouest, la mer Rouge et la Méditerranée. Les Capitulations seront définitivement abolies, un traité défensif sera signé avec la Grande-Bretagne, ainsi qu'un accord de préférence économique. Le protocole prend acte de la volonté du chérif Hussein d'associer la Grande-Bretagne à tout projet d'indépendance. Le chérif de La Mecque reprendra, dans sa correspondance avec MacMahon, les mêmes termes que ceux du protocole. L'existence de ce dernier prouve donc que Hussein n'est pas isolé mais au contraire entouré et soutenu par les organisations politiques arabes.

Qasim (Abd el-Karim) : né à Bagdad en 1914, Qasim fait une carrière militaire et devient général. En juillet 1958, il organise le coup d'État militaire contre le régime monarchique. Il devient Premier ministre d'Irak. Il est assassiné à son tour à Bagdad lors du coup d'État de 1963.

Qassam (Izz al-Din) : l'action d'al-Qassam traduit l'apparition des premiers mouvements populaires arabes de Palestine, face au pouvoir traditionnel des notables. Ils apparaissent au milieu des années 1930 et entendent mener une lutte armée contre la présence à la fois juive et britannique. Al-Qassam est un religieux musulman d'origine syrienne, ancien militant de l'*Istiqlal*. En 1935, il forme un groupe armé et prépare une insurrection populaire. Le 20 novembre 1935, ses forces sont encerclées par les Britanniques mais refusent de se rendre. Al-Qassam meurt dans les combats. Il devient l'un des premiers martyrs de la cause arabe palestinienne.

Rabin (Itshak) : né en 1929 en Palestine, diplômé d'une école d'agriculture, il s'engage dans la *Haganah* à l'âge de 18 ans. Son activité militaire clandestine lui vaut cinq mois d'emprisonnement en 1946. À 26 ans, il devient colonel de la future armée juive. Il s'illustre, durant la guerre de 1948, dans la bataille de Jérusalem. Il a pris une part active à l'expulsion des civils arabes. En 1964, il devient le chef d'état-major de l'armée israélienne. Il est le principal artisan de la victoire de 1967. Le prestige qu'il en tire lui permet de quitter la carrière militaire et d'accéder à de hautes responsabilités. En 1968, il est nommé ambassadeur d'Israël à Washington. En juin 1974, il devient Premier ministre, mais un scandale financier touchant sa famille l'amène à démissionner trente mois plus tard. Il laisse la place à la droite, représentée par Menahem Begin. En 1982, il approuve l'opération militaire israélienne au Liban. Ministre de la Défense du gouvernement d'union nationale en 1984, il dirige le retrait du Liban. Le 1er octobre 1985, il fait bombarder le quartier général de l'OLP à Tunis, faisant 60 morts. En 1987, il prend en charge la répression de l'*Intifadah*, qui fera 400 morts et 25 000 blessés. Le 14 avril 1988, il fait assassiner le numéro deux de l'OLP, Abou Jihad. Il quitte le gouvernement en 1990, persuadé de plus en plus de l'inefficacité d'une solution militaire. La fin de la guerre du Golfe lui semble apporter l'occasion favorable pour négocier la paix avec les Arabes. Il est choisi, en 1992, pour mener le parti travailliste aux élections législatives. C'est un succès électoral et il devient Premier ministre. Alors qu'il laisse le processus de négociations de Madrid, puis de Washington, s'enliser, il soutient de plus en plus les entrevues secrètes d'Oslo, dont il charge Shimon Pérès d'assurer la coordination. Le 13 septembre 1993, il signe avec Arafat, à Washington, les accords intérimaires, dits accords d'Oslo. Mais il se montre réticent à leur application et retarde le retrait de l'armée israélienne des territoires dévolus à l'Autorité palestinienne. Il freine également le processus des élections palestiniennes. En 1995, il négocie un deuxième accord avec les Palestiniens, dit accords Oslo II, qui restreint la marge de manœuvre des Arabes dans les territoires occupés. Cet accord est toutefois mal perçu par la droite israélienne et les groupes religieux. Le 4 novembre 1995, lors d'un grand rassemblement pacifique à Tel-Aviv, il est assassiné par un extrémiste juif.

Recommandation n° 181 : le 29 novembre 1947, l'Assemblée générale des Nations unies vote la recommandation n° 181 sur la Palestine, inspirée des propositions issues des travaux d'enquête de l'UNSCOP. Il s'agit d'un plan de partage avec union économique. Bien que divisées, les différentes régions palestiniennes devront en effet s'entendre sur le plan économique. Le document adopté prévoit la fin du Mandat britannique au plus tard le 1er août 1948. Les forces armées britanniques évacueront progressivement la Palestine jusqu'à cette date. L'évacuation devra être suffisamment avancée au 1er février 1948 pour permettre aux sionistes de prendre contrôle du territoire qui leur sera dévolu, notamment sur le littoral, et pour amorcer l'accueil des émigrés juifs. Une commission des Nations unies est chargée d'assurer la dévolution des pouvoirs. Reprenant les propositions de l'UNSCOP, la recommandation propose la création d'un État juif et d'un État arabe. Le premier serait constitué de trois régions : le Néguev, le littoral palestinien et la Galilée orientale. Le second serait également formé de trois régions : la Cisjordanie, la Galilée occidentale et la bande de Gaza. Ce découpage est conçu de telle façon qu'il doit obliger les deux États à coopérer. Cette coopération doit être essentiellement économique : union douanière, monnaie commune, mise en commun des voies de communication et des ressources naturelles, liberté de circulation des biens et des personnes. La ville de Jérusalem sera érigée en *corpus separatum* sous un régime international contrôlé par les Nations unies, sous la forme d'un conseil de tutelle. Pour obtenir un vote favorable, les États-Unis n'ont pas hésité à multiplier les pressions économiques sur les États membres de l'ONU, notamment les pays d'Amérique latine et certains pays européens. La recommandation n° 181 est accueillie avec enthousiasme par les sionistes mais elle est refusée par les États arabes.

Rida (Rashid) : Syrien musulman sunnite né à Tripoli, il réside en Égypte à partir de la fin du XIXe siècle et se consacre aux études religieuses, sous l'influence du grand réformiste égyptien Muhammad 'Abduh. Il fonde une célèbre revue politique et littéraire en 1896, *al-Manar* (Le Phare). Dans la lignée de la *Salafiyyah*, il plaide pour un relèvement de la société arabe par les valeurs de l'Islam. Il fonde en 1910 à Constantinople la *Société de la connaissance et du conseil*, puis la *Société de l'action arabe* en 1912, destinée à favoriser l'unité politique des émirs de la Péninsule autour d'un État arabe unique. En 1913, il est membre du *Parti de la décentralisation administrative ottomane* au Caire. Il participe durant la guerre à la création de l'*Union syrienne*, en collaboration avec Rafiq al-'Azm. Il est favorable à la formation d'une principauté syrienne indépendante et dirigé par un émir issu d'une grande famille arabe. Ses conceptions politiques l'éloignent du chérif Hussein après 1916. Après la guerre, il revient à des activités plus islamistes. Il inspire la fondation de la société des Frères musulmans en Égypte et est l'un des artisans de la conception politique de l'État islamique. Il meurt en 1935 au Caire.

Sabra et Chatila : Sabra et Chatila sont deux camps de réfugiés palestiniens, situés dans la banlieue sud de Beyrouth, et édifiés en 1949. Au début des années 1980, le camp de Chabra compte 25 000 réfugiés, celui de Chatila 12 000. Le 2 septembre 1982, les derniers combattants palestiniens quittent Beyrouth sous la pression militaire israélienne. Après l'assassinat de Bachir Gemayel, l'armée israélienne investit Beyrouth-ouest. Le 16 septembre 1982, à 17 heures, elle laisse les milices chrétiennes des Forces libanaises entrer dans ce secteur et s'attaquer aux camps de Sabra et Chatila. Il s'ensuit un effroyable massacre de civils palestiniens, avec la probable complicité des Israéliens. On estime le nombre de victimes entre 800 et 1 500 morts. Dès les faits connus, ils déclenchent une immense émotion dans le monde et en Israël. 400 000 personnes manifestent à Tel-Aviv le 25 septembre. Begin est contraint d'accepter la mise sur pied de la commission d'enquête Kahane. La commission, dans son rapport, met en cause directement Begin et demande le limogeage du ministre de la Défense, Ariel Sharon. Le chef d'état-major Raphaël Eytan est également mis en cause. L'affaire scelle la fin de la carrière de Begin, qui démissionne en 1983, mais n'empêche pas Ariel Sharon de poursuivre une active carrière ministérielle.

Sadate (Anouar al-) : né le 25 décembre 1918 en Basse-Égypte dans une famille modeste de paysans, il entre à l'Académie militaire et en sort officier en 1938. Dans sa première ville de garnison, il rencontre ceux qui vont former avec lui le mouvement des Officiers libres, dont Nasser. Voyant dans une alliance de l'Égypte avec l'Allemagne nazie un moyen de mettre fin à la présence britannique, il est arrêté en octobre 1942 pour espionnage au profit de l'Axe. En contact étroit avec les Frères musulmans, il participe à des attentats contre le régime et est emprisonné trois ans. Il est expulsé de l'armée en 1948 puis réintégré en 1950 et participe à la révolution de juillet 1952. Il occupe dès lors une série de postes importants : secrétaire général de l'Union nationale, président de l'Assemblée nationale entre 1960 et 1968, vice-président de la République en 1964 et en 1969. Il est chargé par Nasser de mener la répression contre les Frères musulmans. Ceux-ci lui en garderont rancœur jusqu'à son assassinat. Il succède à Nasser en septembre 1970. Sa politique diffère radicalement de son prédécesseur : politique de libéralisation économique, éloignement de l'URSS, renvoi des conseillers soviétiques. Il déclenche la guerre d'octobre 1973 et en sort avec un prestige grandi qui lui permet de se rapprocher des États-Unis, de jouer un rôle de plus en plus important dans les négociations de paix avec Israël et qui lui donne plus de marge de manœuvre pour mener à bien ses réformes intérieures. À la fin des années 1970, il autorise le multipartisme et un fonctionnement démocratique limité du régime. En janvier 1977, des émeutes populaires violentes éclatent toutefois, suite aux mesures de redressement économique mises en place par le FMI. Pour apaiser l'opinion, il décide de faire la paix avec Israël. En décembre 1977, il se rend à Jérusalem et entame le processus de Camp David. Malgré l'hostilité des autres États arabes, il maintient sa ligne, persuadé que la paix rapportera la prospérité économique en Égypte. La gauche égyptienne refuse sa politique à l'égard d'Israël. Pour contrecarrer cette opposition, il s'appuie de plus en plus sur les Frères musulmans. L'essor de ces derniers provoque dans le pays des troubles confessionnels sans précédent. Il réprime les organisateurs des manifestations, tant chrétiens que musulmans, et arrête 1 500 opposants en septembre 1981. Le 6 octobre, un commando islamiste l'assassine lors d'une parade militaire.

Sa'id (Nuri) : officier irakien ayant milité dans des organisations arabes secrètes avant la Première Guerre mondiale, Nuri Sa'id se bat dans les rangs de l'armée ottomane puis rejoint les rangs de Faysal et de la révolte arabe. Après la défaite de Masayloun, il suit Faysal en Irak. C'est un farouche partisan de la modernisation du pays et il entend s'appuyer sur l'exemple des Jeunes-Turcs. En 1930, il est chargé par Faysal de négocier avec la Grande-Bretagne le traité d'indépendance anglo-irakien. Au moment du coup d'État de 1936, il parvient à fuir le pays et organise l'opposition au pouvoir. Il obtient le soutien de l'armée qui le replace au pouvoir en 1938. Après la mort de Ghazi, il impose Abdul Illah, fils de Ali et petit-fils du chérif Hussein, comme régent. Il s'impose comme le principal artisan du ralliement de l'Irak en faveur de la cause arabe palestinienne. En 1940, ministre des Affaires étrangères dans le gouvernement de Rashid Ali, il est partisan d'un rapprochement avec les puissances de l'Axe. À la suite du coup de force militaire de 1941, il s'enfuit de nouveau avec le régent. Après la reprise en main de l'Irak par les Britanniques, il est rappelé au pouvoir et chargé de mener la répression dans les milieux nationalistes arabes hostiles à la Grande-Bretagne. Ses actions le discréditent aux yeux de l'opinion publique. À la fin de la guerre, Nuri Sa'id devient le premier artisan du projet d'union avec la Syrie, dit du « Croissant fertile ». Après 1945, il domine la vie politique irakienne et est fréquemment chef du gouvernement. Il est l'un des principaux artisans du ralliement de l'Irak au pacte de Bagdad. En février 1958, il devient Premier ministre d'une union fédérale jordano-irakienne. Le 14 juillet 1958, à la suite du coup d'État de Qasim, il est exécuté avec la famille royale.

Shamir (Itshak) : né en 1915 en Pologne, il émigre en Palestine et adhère au mouvement révisionniste de Jabotinsky. Lors de la révolte palestinienne, il participe à des opérations « de représailles » contre la population civile arabe. En 1940, il est l'un des fondateurs du mouvement d'extrême-droite des « Combattants de la liberté d'Israël », le *Lehi* (appelé aussi groupe Stern). Hostile à la présence britannique, le mouvement recherche, durant la guerre, une alliance avec l'Allemagne nazie. Dans une lettre aux autorités allemandes datée de 1940, il suggère une participation de son mouvement à la guerre que mène l'Allemagne en échange de la création d'un État juif en Palestine. L'offre est refusée par Berlin. Shamir se lance alors dans une série d'actions terroristes contre les Britanniques. Arrêté en 1946, il est déporté et ne revient en Israël qu'après l'indépendance. Son groupe est responsable de l'assassinat du comte Bernadotte en septembre 1948. Dans les années 1950, Shamir appartient aux services secrets israéliens. Il ne commence une carrière politique que dans les années 1970. En 1983, il succède à Begin à la tête du gouvernement et prend la direction du *Likoud*. Il est vice-Premier ministre en 1984 puis à nouveau Premier ministre en 1986. Il reste au pouvoir jusqu'en 1992 et préside la délégation israélienne à la conférence de Madrid en 1991. Il demeure partisan d'une politique dure à l'égard de la question palestinienne. En 1992, il est battu aux élections législatives et c'est Rabin qui lui succède.

Shuqayri (Ahmad al-) : né à Acre (Palestine) en 1908, il fait sa carrière en Arabie saoudite et obtient la nationalité de ce pays. Il est avocat, puis représentant de l'Arabie saoudite à l'ONU. Dès 1948, il entreprend d'organiser la lutte armée contre l'État d'Israël. En 1964, il devient le premier président de l'OLP. Pour conforter la base populaire du mouvement, il adopte un discours de plus en plus vindicatif à l'égard d'Israël. Après la guerre de 1967, cette attitude lui est vivement critiquée. En décembre 1967, il doit donner sa démission. Arafat lui succède deux ans plus tard. Il meurt à Amman en 1980.

Soufisme : le soufisme, ou islam mystique, est une réaction contre l'islam rigoriste. Il apparaît très tôt dans l'histoire de cette religion. Le soufisme est organisé en cellules (*tarika*) urbaines et rurales. Elles ont souvent apporté un réconfort spirituel à des populations qui comprenaient mal les rigueurs de l'orthodoxie sunnite. En voie d'extinction au début du XXe siècle, le soufisme réapparaît actuellement, notamment en Égypte et en Turquie.

UNSCOP : le 14 février 1947, la Grande-Bretagne décide de remettre le dossier palestinien entre les mains des Nations unies. Une assemblée générale extraordinaire se réunit en mai. Le 15, elle vote la constitution d'une commission d'enquête, l'UNSCOP. Elle est chargée de se rendre en Palestine, de recueillir des auditions des différentes parties et de proposer aux membres de l'Organisation une solution. Le 31 août 1947, elle rend son rapport. Ce dernier propose la fin du Mandat britannique et l'indépendance de la Palestine. La majorité des membres de la commission propose un plan de partage et l'internationalisation de Jérusalem. Une minorité suggère la création d'un État fédéral judéo-arabe avec Jérusalem pour capitale. Le dossier repasse alors devant l'Assemblée générale. Les États-Unis et l'URSS acceptent immédiatement la solution du partage tandis que la Grande-Bretagne s'abstient. Fort de l'aval des deux superpuissances, le plan de partage va désormais constituer la base de la recommandation n° 181.

Weizmann (Chaïm) : né en Biélorussie en 1874, Weizmann fuit les pogroms russes et sa famille se réfugie en Suisse. Il y fait des études de chimiste. À la veille de la guerre, il s'installe en Grande-Bretagne et prend la tête du mouvement sioniste du pays. Suite à la découverte du procédé de synthèse de l'acétone, il acquiert une grande notoriété dans le milieu des responsables britanniques et use de son influence pour faire avancer les projets sionistes de création d'un État juif en Palestine. C'est essentiellement par son action que les sionistes obtiennent l'engagement britannique constitué par la déclaration Bafour. En 1920, il préside l'Organisation sioniste mondiale, puis l'Agence juive en 1929. En 1949, il est élu premier président de l'État d'Israël jusqu'à sa mort en 1952.

Zaghloul (Saad) : homme politique égyptien né en 1860, il exerce plusieurs fonctions ministérielles au début du siècle et est l'un des dirigeants du *Hizb al-Umma* (parti national), le plus grand parti politique égyptien. En 1914, il est élu vice-président de l'Assemblée égyptienne (sans réels pouvoirs), dissoute durant la guerre. Après cette dernière, Zaghloul prend la tête des opposants à la présence britannique et des partisans de l'indépendance. Il se fait mandater par l'assemblée défunte pour constituer une délégation (*Wafd*) destinée à se rendre à la conférence de Versailles. Opposés à son action nationaliste, les Britanniques l'exilent en mars 1919, déclenchant la révolution égyptienne. En avril, il est libéré et autorisé à se rendre à Paris, mais ne parvient pas à empêcher la reconnaissance internationale du protectorat britannique sur l'Égypte. En décembre 1921, il est une nouvelle fois exilé suite à son opposition à la politique britannique. Libéré en décembre 1923, il mobilise le *Wafd* en vue des premières élections législatives égyptiennes de 1924. C'est un succès électoral et Zaghloul devient chef du gouvernement en mars 1924. Mais il démissionne, sous la pression britannique, en novembre. Il préside la Chambre égyptienne en 1926 mais il meurt en 1927.

Sujets portant sur le Moyen-Orient jusqu'en 1945

–La question de Palestine entre les deux guerres
–Le Moyen-Orient et les grandes puissances, 1914-1918
–Faysal, symbole du nationalisme arabe ?
–L'Égypte et la Grande-Bretagne entre les deux guerres
–Les États-Unis et le Moyen-Orient, 1939-1945
–L'essor du nationalisme arabe, 1930-1945
–La Grande révolte palestinienne, aspects et conséquences
–Les Mandats français entre les deux guerres
–Les questions pétrolières au Moyen-Orient entre les deux guerres
–Les transformations de l'Islam, 1924-1939

Sujets portant sur le Moyen-Orient au 20e siècle

–Juifs et Arabes en Palestine (1917-1979) (Agrégation d'histoire, 1998)
–Le rôle des chrétiens dans l'évolution de l'Orient arabe contemporain
–L'Occident et le Moyen-Orient au XXe siècle
–La place de l'Islam dans l'évolution contemporaine du Moyen-Orient
–Grandeur et crise de l'idéologie du nationalisme arabe
–L'Égypte au XXe siècle
–La Grande-Bretagne et la France au Moyen-Orient de 1900 à nos jours
–Les rapports soviéto-arabes
–La « guerre froide » arabe
–La question pétrolière au Moyen-Orient depuis 1900
–Islamisme et nationalisme arabe au XXe siècle
–L'Arabie saoudite au XXe siècle
–Les guerres israélo-arabes
–La Palestine au XXe siècle

Bibliographie

ABBAS (Mahmoud), *Le chemin d'Oslo. Accords de paix israélo-palestiniens*, Edifra, 1994.
ARONSON (Geoffrey), *Israël, Palestinians and the West Bank*, Washington, 1987.
BALTA (Paul), *L'Islam dans le monde*, Paris, La découverte/Le Monde, 1986.
BARON (Xavier), *Les Palestiniens, un peuple*, Paris, 1977.
– *Proche-Orient. Du refus à la paix*, Paris, Hachette, Coll. « Pluriel », 1994.
BONNEFANT (Paul) éd., *La péninsule Arabique d'aujourd'hui*, Paris, 1982.
BURGAT (François), *L'islamisme en face*, Paris, La Découverte, 1995.
BUSH (George) et SCOWCROFT (Brent), *A la Maison blanche*, Paris, Éditions Odile Jacob, 1999.
CARRÉ (Olivier) et MICHAUD (Gérard) [Michel Seurat], *Les Frères musulmans, 1928-1982*, Paris, Archives, 1983.
CARRÉ (Olivier), *Septembre noir, Refus arabe de la résistance palestinienne*, Bruxelles, Complexe, 1980.
CARRÉ (Olivier) et DUMONT (Paul), *Radicalismes islamiques*, Paris, 1986.
CHABRY (Laurent) et CHABRY (Annie), *Politique et minorités au Proche-Orient*, Paris, Maisonneuve-Larose, 1984.
CHEVALLIER (Dominique) éd., *Renouvellement du monde arabe, 1952-1982*, Paris, Armand Colin, 1987.
– *Les Arabes : du message à l'histoire*, Paris, Fayard, 1995.
COBAN (Helena), *The Palestinian Liberation Organisation, People, Power and Politics*, Cambridge, 1987.
CORM (Georges), *Le Proche-Orient éclaté*, Paris, 1999.
CROSBIE (Sylvia), *A Tacit Alliance, France and Israel from Suez to the Six Days'War*, Princeton University Press, 1974.
DIECKHOFF (Alain), *Les Espaces d'Israël*, Paris, 1989.
GRAZ (Liesl), *Le Golfe des turbulences*, Paris, L'Harmattan, 1990.
GRESH (Alain) et VIDAL (Dominique), *Palestine 1947 : un partage avorté*, Bruxelles, Complexe, 1994.
– *Les cent portes du Proche-Orient*, Paris, L'Atelier, 1996.
HAYKAL (Mohammed), *Le Sphinx et le Commissaire, heurs et malheurs des Soviétiques au Proche-Orient*, Paris, 1980.
KEPPEL (Gilles), *Le Prophète et Pharaon, les mouvements islamistes dans l'Égypte contemporaine*, Paris, 1984.
LABAKI (Boutros) et Abou Rjeily (Khalil), *Bilan des guerres du Liban*, Paris, L'Harmattan, 1993.
LAURENS (Henry), *L'Orient arabe. Arabisme et islamisme de 1798 à 1945*, Paris, Armand Colin, 1993.
– *Le retour des exilés. La lutte pour la Palestine de 1869 à 1997*, Paris, Laffont, Coll. Bouquins, 1998.
– *Paix et guerre au Moyen-Orient. L'Orient arabe et le monde de 1945 à nos jours*, Paris, Colin, 1999.
MANSOUR (Camille) (éd.), *Les Palestiniens de l'intérieur*, Paris, 1989.
MAOZ (Moshé) et Yaniv (Avner) (éd.), *Syria under Assad*, Londres, 1986.
MARR (Phoebe), *The Modern History of Iraq*, Londres, 1985.
PÉRÈS (Shimon), *La Force de vaincre*, Paris, 1981.

PICAUDOU (Nadine), *La Déchirure libanaise*, Paris, 1989.
QUANDT (William B.), *Decade of Decisions, American Policy Toward the ArabIsraeli Conflict*, University of Cailfornia Press, 1977.
Camp David, Peacemaking and Politics, Washington, 1986.
The Middle East, *Ten Years after Camp David*, Washington, 1988.
RABBATH (Edmond), *La Formation historique du Liban politique et constitutionnel*, Beyrouth, 1986.
RABIN (Yitzhak), *Mémoires*, Paris, 1980
RANDALL (Jonathan), *La Guerre de mille ans*, Paris, 1984.
RAYMOND (André) (éd.), *La Syrie d'aujourd'hui*, Paris, CNRS, 1980.
RONDOT (Philippe), *Le Proche-Orient à la recherche de la Paix, 1973-1982*, Paris, 1982.
SALAMÉ (Ghassan) éd., *Démocraties sans démocrates*, Paris, Fayard, 1994.
SAVIR (Uri), *Les 1100 jours qui ont changé le Moyen-Orient*, Paris, Éditions Odile Jacob, 1998.
SHARON (Ariel), *Mémoires*, Paris, 1990.
SCHAWDRAN (Benjamin), *The Middle East, Oil and the Great Powers*, Jérusalem, 1974.
SHIMONI (Jonathan), *Israel and Conventional Deterrence, Border Warfare From 1953 to 1970*, Cornell University Press, 1988.
SHLAIM (Avi), *Collusion across the Jordan, King Abdullah, the Zionist Movement and the Partition of Palestine*, Oxford, 1988.
SLUGLETT (Peter) et Farouk-Sluglett (Marion), *Iraq Since 1958, from Revolution to Dictatorship*, Londres, 1987.
THOBIE (Jacques), *Ali et les 40 voleurs, impérialismes et Moyen-Orient de 1914 à nos jours*, Paris, 1985.
VAN DAM (Nikolaos), *The struggle for Power in Syria, Politics and Society under Assad and the Ba'th Party*, Londres, Tauris, 1996.
WILSON (Mary), *King Abdullah. Britain and the Making of Jordan*, Cambridge University Press, 1987.

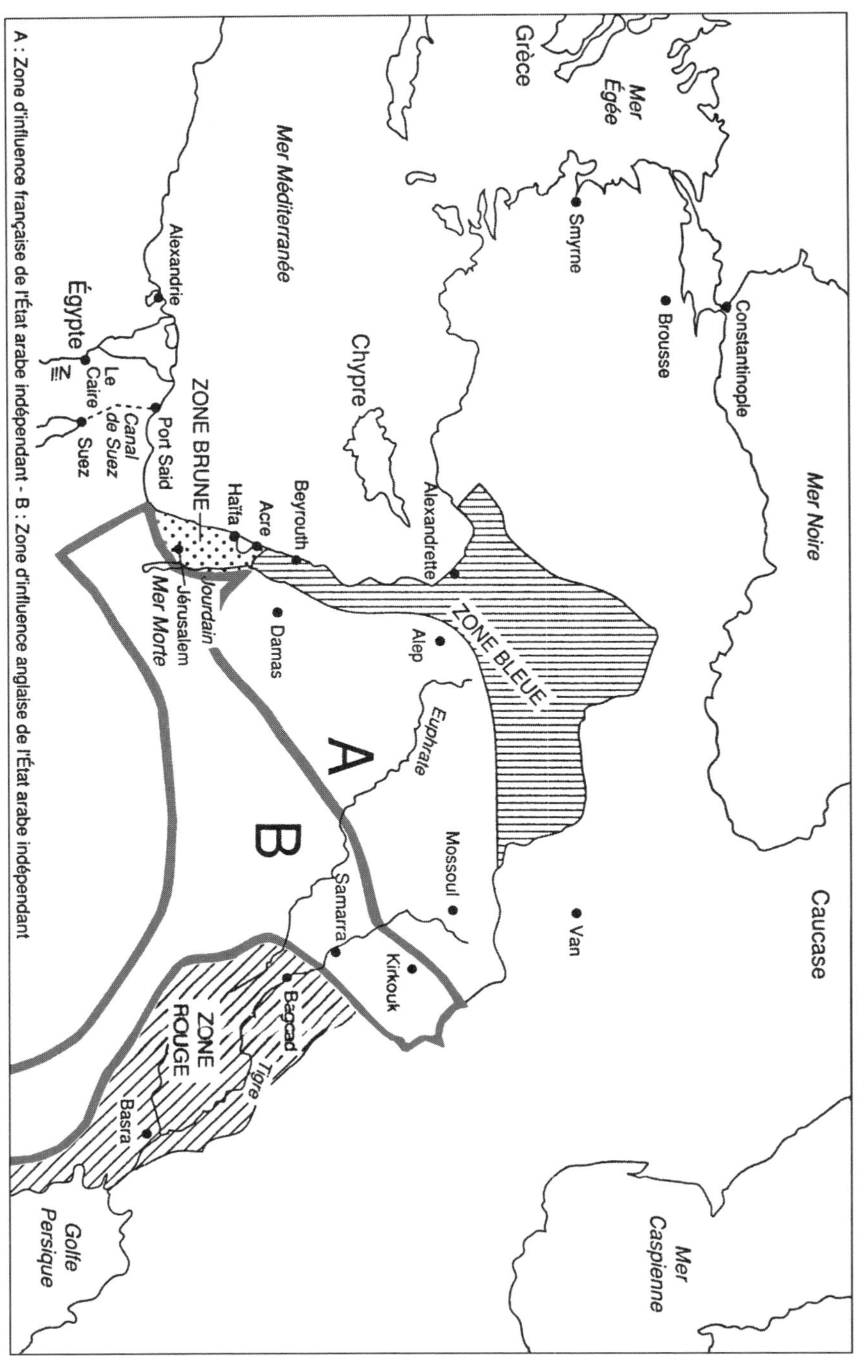

Source : H. Laurens, *L'Orient arabe. Arabisme et islamisme de 1798 à 1945*, Armand Colin, 1993.

Carte 1 Les accords Sykes-Picot - mai 1916

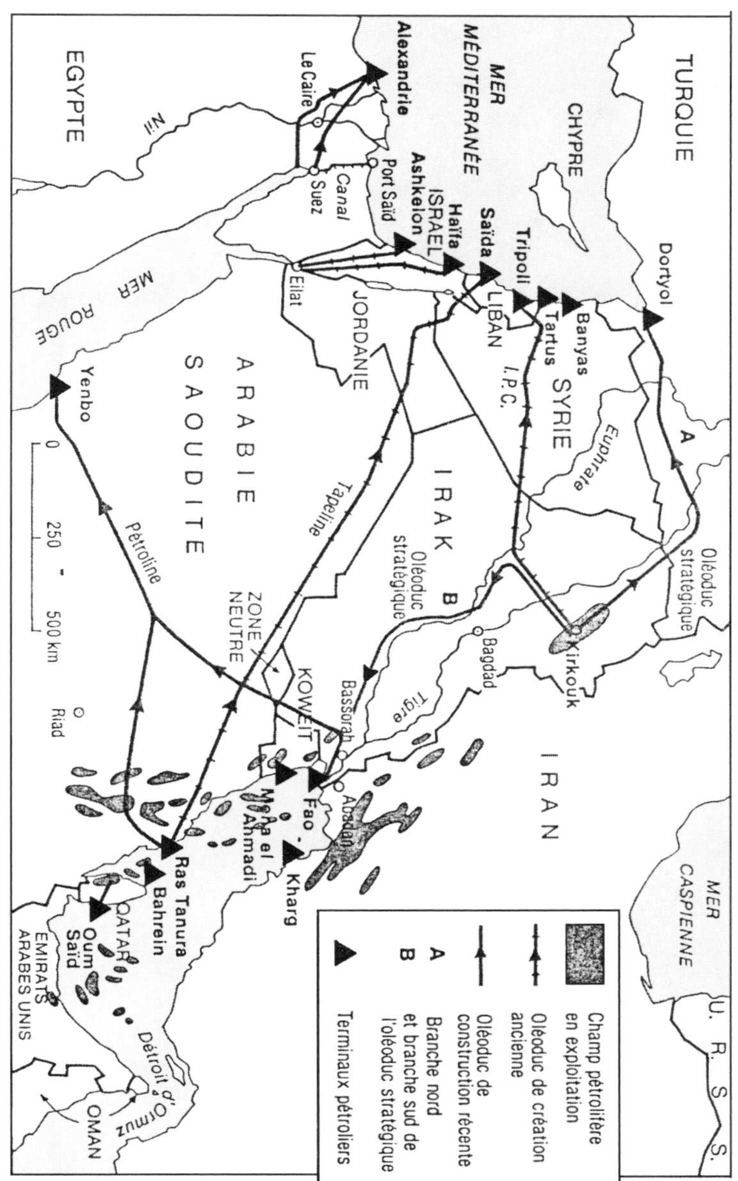

Source : M. Baleste, *Le monde aujourd'hui*, Armand Colin, 1993.

Carte 2 Oléoducs et ports terminaux de pétrole

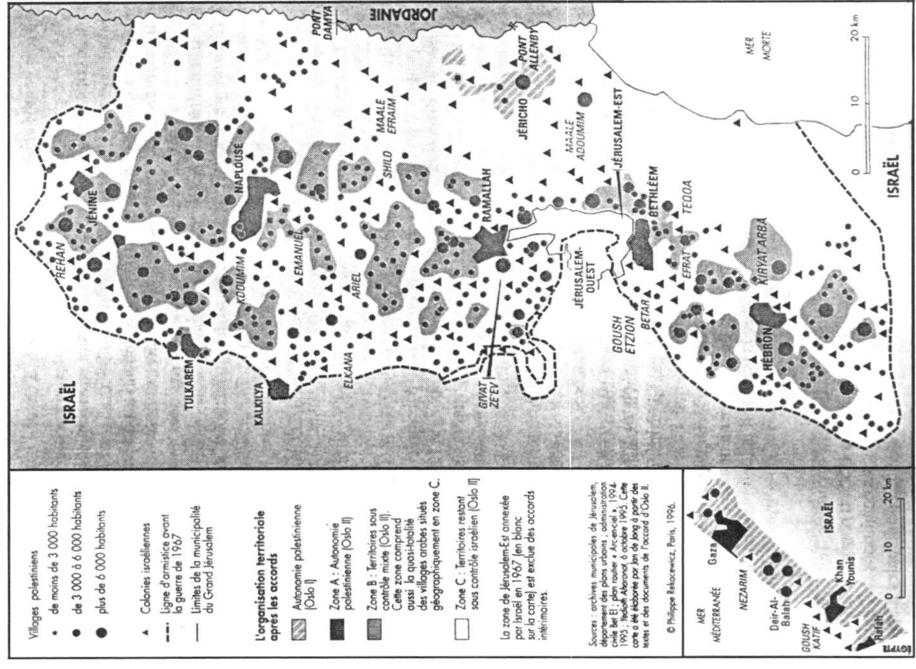

Carte 3*a* Les accorts d'Oslo 2

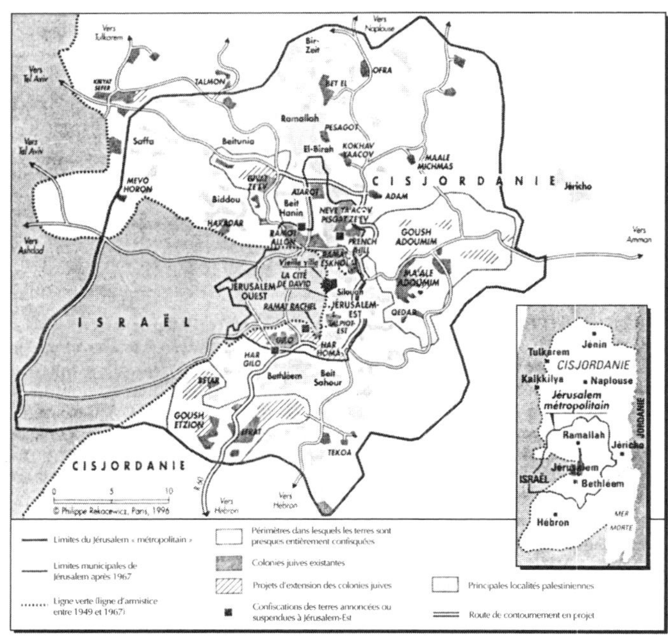

Sources :
D'après une carte dressée par Jon de Jong, *Challenge*, n° 30, mars-avril 1995 (bimestriel israélo-palestinien publié à Jérusalem) Centre palestinien d'information et de recherches géographiques (PALGRTIC).

Carte 3*b* Jérusalem

Index

1 Index des noms de personnes

2 Index des matières

E

F

G

H

I

J

K

L

M

Table des matières

Armand Colin
21, rue du Montparnasse• 75006 Paris

11004971 - (III) - (1,5) - OSB 100° - PFD

Dépôt légal : février 2007

Achevé d'imprimer sur les presses de
SNEL Grafics sa
Z.I. des Hauts-Sarts - Zone 3
rue Fond des Fourches 21
B-4041 Vottem (Herstal)
Tél +32(0)4 344 65 60 - Fax +32(0)4 286 99 61
février 2007 – 40875

Imprimé en Belgique